ICD-10 literarisch

ICD-10 literarisch

Prof. Dr. Gerhard Köpf

Mit einem Vorwort und Kommentaren
von Prof. Dr. Hans-Jürgen Möller

Die Deutsche Bibliothek – CIP-Einheitsaufnahme

ICD-10 literarisch / Gerhard Köpf (Hrsg.)
Wiesbaden: DUV, Dt. Univ.-Verlag, 2006
(DUV: Medizin)
ISBN 3-8350-6035-X

Herausgeber: Gerhard Köpf
Mit einem Vorwort und Kommentaren von Hans-Jürgen Möller

1. Auflage Mai 2006

Der Deutsche Universitäts-Verlag ist ein Unternehmen der Fachverlagsgruppe BertelsmannSpringer.
www.duv.de

ISBN 3-8350-6035-X

Quellenverzeichnis

© 2000 by C.H. Beck, München. John Bayley. Elegie für Iris. Aus dem Englischen von Barbara Rojahn-Deyk
© 2002 by Rowohlt Taschenbuch Verlag, Reinbek bei Hamburg. Jonathan Franzen. Das Gehirn meines Vaters. Aus: Anleitung zum Einsamsein. Essays. Deutsche Übersetzung von Chris Hirte
© 1963, 1974, 1984 by Rowohlt Verlag GmbH, Reinbek bei Hamburg. Malcolm Lowry. Unter dem Vulkan. Deutsche Übersetzung von Susanna Rademacher und Karin Graf
© 1988 by Manesse Verlag, Zürich, in der Verlagsgruppe Random House GmbH, München. Charles Baudelaire. Die künstlichen Paradiese. Aus: Die Dichtung vom Haschisch. Aus dem Französischen übersetzt von Hannelise Hinderberger. S. 23–25, 28–30, 37–38, 42–46, 55
© 1982 by Medusa, Wien, Berlin. Thomas de Quincey. Bekenntnisse eines englischen Opiumessers. Übertragen von Walter Schmiele
© 1995 by Rowohlt Verlag GmbH, Reinbek bei Hamburg. Italo Svevo. Über das Rauchen. Aus: Die Kunst, sich das Rauchen nicht abzugewöhnen. Von Greisen, Dichtern und letzten Zigaretten. Copyright für die deutsche Übersetzung von Ragni Maria Gschwend
© 1983 by Carl Hanser Verlag, München – Wien. Italo Calvino. In einem Netz von Linien, die sich verknoten. Aus: Wenn ein Reisender in einer Winternacht. Aus dem Italienischen von Burkhart Kroeber
© 1964 by Philipp Reclam jun. GmbH & Co., Stuttgart. Guy de Maupassant. Der Schmuck, Der Teufel, Der Horla. Novellen. Übersetzung aus dem Französischen und Nachwort von Ernst Sander
© 2001 by Philipp Reclam jun. GmbH & Co., Stuttgart. Johann Wolfgang von Goethe. Die Leiden des jungen Werthers. Nachwort von Ernst Reuter
© 1947, 1992 by Sammlung Dieterich, Verlagsgesellschaft mbH, Berlin. Anton Tschechow. Ein Fall aus der Praxis: Aus: Meisterer-

zählungen. Aus dem Russischen von Reinhold Trautmann, eingeleitet von Rudolf Marx, Sammlung Dieterich 54
© 2000 by Philipp Reclam jun. GmbH & Co., Stuttgart. Hugo von Hofmannsthal. Ein Brief. Aus: Der Brief des Lord Chandos
© 1987 by Diogenes Verlag AG, Zürich. Patrick Süskind. Die Taube
© 2004 by Matthes & Seitz, Verlagsgesellschaft mbH, Berlin. Friederike Kempner. Gedichte. Noctorno
© 1984 by Insel Taschenbuch, Frankfurt am Main. Brüder Grimm: Kinder- und Hausmärchen, gesammelt durch die Brüder Grimm in drei Bänden. Mit Zeichnungen von Otto Ubbelohde und einem Vorwort von Ingeborg Weber-Kellermann
© 1982 by Armin Ayren, Wunderlich, Tübingen. Armin Ayren. Buhl oder Der Konjunktiv
© 1982 by Suhrkamp Verlag, Frankfurt am Main. Ernst Weiß. Der Augenzeuge
© 1991 by Suhrkamp Verlag, Frankfurt am Main. Cees Nooteboom. Die folgende Geschichte. Aus dem Niederländischen von Helga von Beuningen
© 1986 by Heyne, München. Robert Louis Stevenson. Henry Jekylls vollständige Erklärung. Aus: Unheimliche Geschichten Bd.1. Ausgewählt und herausgegeben von Manfred Kluge
© 1901 by S. Fischer Verlag, Berlin. Thomas Mann. Buddenbrooks
© 1981 by Philipp Reclam jun. GmbH & Co., Stuttgart. Molière. Der eingebildete Kranke. Komödie in drei Aufzügen. Übersetzung und Nachwort von Doris Distelmaier-Haas
© 1986 by S. Fischer Verlag GmbH, Frankfurt am Main. Franz Kafka. Die Verwandlung. Aus: Erzählungen. Hrsg. von Max Brod
© 1975 by Luchterhand, Darmstadt und Neuwied. Franz Hohler. Bedingungen für die Nahrungsaufnahme. Aus: Der Rand von Ostermundigen. Geschichten
© 1963 by Carl Hanser Verlag, München – Wien. Jean Paul. Sämtliche Werke. Bd. 6. Herausgegeben von Norbert Miller. Nachwort von Walter Höllerer
© 1920 by Georg Müller Verlag, München. August Strindberg. Inferno. Aus: Werke. Deutsche Gesamtausgabe. Inferno. Legende. Deutsch von Emil Schering
© 1956 by S. Fischer Verlag GmbH, Frankfurt am Main. Heinrich von Kleist. Michael Kohlhaas. Aus einer alten Chronik. Aus: Die Erzählungen. Mit einer Einleitung von Thomas Mann

© 1980 by Paul Zsolnay Verlag, Wien. Graham Greene. Dr. Fischer aus Genf oder Die Bomben-Party. Roman. Aus dem Englischen von Peter Michael und Hans W. Polak
© 1963 by Verlag C.H. Beck, München. Heimito von Doderer. Die Heilungen. Aus: Die Merowinger oder Die totale Familie. Die erste Auflage dieses Werkes ist im Biederstein Verlag erschienen
© 1961 by S. Fischer Verlag GmbH, Frankfurt am Main. Arthur Schnitzler. Die erzählenden Schriften. 2. Band
© 1992 by Philipp Reclam jun. GmbH & Co., Stuttgart. Fjodor M. Dostojewskij. Der Spieler. Aus den Aufzeichnungen eines jungen Mannes. Übersetzt und herausgegeben von Elisabeth Markstein
© 2005 by S. Fischer Verlag GmbH, Frankfurt am Main. Gerhard Roth. Das Labyrinth
© 2002 by Achilla Presse Verlagsbuchhandlung, Hamburg, Bombay, Friesland. Leopold Günther-Schwerin. Der Kleptomane. Mit freundlicher Genehmigung der Achilla Presse Verlagsbuchhandlung, Mirko Schädel
© 1990 by S. Fischer Verlag GmbH, Frankfurt am Main. Virginia Woolf. Orlando. Gesammelte Werke. Prosa 7. Deutsch von Brigitte Walitzek
© 2000 by F. A. Herbig Verlagsbuchhandlung GmbH, München. Pauline Réage. Geschichte der O. Rückkehr nach Roissy. Aus dem Französischen von Simon Saint Honoré
© 2002 by Diogenes Verlag AG, Zürich. Patricia Highsmith. Der Schrei der Eule. Aus dem Amerikanischen von Irene Rumler
© 1968 by Insel Verlag, Frankfurt am Main. Leopold von Sacher-Masoch. Zwei Verträge. Aus: Venus im Pelz. Mit einer Studie über den Masochismus von Gilles Deleuze
© 1993 by Steidl, Göttingen. Günter Grass. Die Blechtrommel. Werkausgabe Bd. 3. Erstausgabe September 1959
© 1992 by Paul Zsolnay Verlag, Wien. John Steinbeck. Von Mäusen und Menschen. Roman. Aus dem Amerikanischen von Elisabeth Rotten
© 1983, 2003 by Piper Verlag GmbH, München. Sten Nadolny. Das Dorf. Aus: Die Entdeckung der Langsamkeit
© o. J. by Xenos Verlagsgesellschaft, Hamburg. Heinrich Hoffmann. Die Geschichte vom Zappel-Philipp. Aus: Der Struwwelpeter. Lustige Geschichten

Inhaltsverzeichnis

Vorwort

Die literarische Darstellung von psychischen Erkrankungen ist offensichtlich für viele Schriftsteller von Interesse, wie die große Anzahl diesbezüglicher Elemente in Erzählungen und Romanen zeigt. Natürlich spielen diese Darstellungen nicht immer die Hauptrolle in literarischen Werken, sondern sind z.T. nur ein Nebenaspekt im Rahmen eines größeren Werkes. Von den in der Literatur so zahlreichen Publikationen konnten hier aus Platzgründen nur einige wenige zusammengestellt werden. Insofern ist das Buch eher als eine Beispielsammlung anzusehen.

Doch was bringt Schriftsteller dazu, eine psychische Krankheit als Sujet zu wählen? Wahrscheinlich gibt es eine Vielzahl von Motivationen. Unter anderem könnte es darum gehen, am Beispiel psychischer Erkrankungen Grenzerfahrungen menschlicher Existenz darzustellen. Auch mag bei einigen Darstellungen die Fremdheit oder die Skurrilität der Symptomatik einer bestimmten psychischen Erkrankung den Schriftsteller faszinieren. Das Interesse der Schriftsteller an psychischen Erkrankungen steht offensichtlich auch im Zusammenhang mit der Entwicklung der Psychiatrie und den immer genaueren Beschreibungen und verbesserten ätiopathogenetischen Vorstellungen über psychische Erkrankungen. So ist zu beobachten, dass im 19. Jahrhundert, als sich erstmals eine wissenschaftlich orientierte Psychiatrie entwickelt – insbesondere verkörpert durch die französische Psychiatrie mit den Autoren Pinel und Esquirol – Depressionen, Suizid und Wahnerkrankungen zu einem viel beachteten Sujet der Literatur wurden und dann von dort z.T. in Opernlibretti übernommen wurden, die dann wiederum die Komponisten zu interessanten musikalischen Kompositionen verleiteten.

Eine interessante Frage ist, wie die Autoren mit dem Krankheitsbild umgehen. Bilden sie es genau ab, oder bleiben sie eher im Ungenauen, Vagen, Allgemeinen? Wie berichten sie über Symptome psychischer Erkrankungen bzw. über Krankheitsursachen: eher fachmännisch oder laienhaft? Steht die Darstellung der Krankheit im Zentrum oder ist sie nur ein Beiwerk des Romans bzw. Mittel zum Zweck? Wird sie vielleicht nur eingeführt, um daran die besondere Beziehungsstruktur zweier Menschen darzustellen? Diese und andere Fragen stellen sich, wenn man Darstellungen psychiatrischer Erkrankungen in der Literatur aus psychiatrischer Sicht kommentiert.

Der Titel »ICD-10 literarisch« beschreibt ein Programm, das eigentlich aus psychiatrischer Sicht von vornherein zum Scheitern verurteilt ist, da sich die ICD-10 erst in den letzten Jahrzehnten entwickelte. Wenn man wirklich das Thema so stringent nehmen wollte, wie es formuliert ist, könnte man eigentlich nur Literatur aus der Zeit wählen, die nach der Entwicklung der ICD-10 publiziert wurde. Ein schneller Blick in das Inhaltsverzeichnis macht aber deutlich, dass die für das Buch zusammengestellten Beispiele weit vor die Zeit der ICD-10 zurückgehen und u.a. Werke aus dem 19. Jahrhundert miteinbeziehen. Die ICD-10 ist zwar das von der Weltgesundheitsorganisation international vorgeschriebene Klassifikationssystem psychiatrischer Erkrankungen, sie stellt aber keine »Neuerfindung« von Krankheitskonzepten dar. Die in der ICD-10 dargestellten bzw. definierten psychiatrischen Krankheitskonzepte gehen auf eine ältere Systematik psychiatrischer Erkrankungen zurück, die z.T. noch aus dem 19. Jahrhundert stammt und insbesondere durch die systematisierende Arbeit Kraepelins vor ca. 100 Jahren eine wichtige Neugliederung erfuhr. Auch andere Autoren in der ersten Hälfte der letzten 100 Jahre haben sehr wesentlich zur Ausformung der Systematik der Klassifikation psychiatrischer Erkrankungen beigetragen, wie z.B. Eugen Bleuler, Karl Leonhardt, Kurt Schneider. Hinsichtlich einer feinsinnigen differenzierten psychopathologischen Beschreibung von Krankheitssymptomen ist insbesondere Karl Jaspers zu nennen. Kurzum: Die ICD-10 fasst etwas in operationalisierender und für alle Welt verbindlicher Weise zusammen, was in wesentlichen Vorstufen schon vorher als Tradition der psychiatrischen Diagnostik und Klassifikation bestanden hat.

In diesem Zusammenhang sei kurz auf die Entwicklung des psychiatrischen Teils der International Classification of Diseases (ICD-10) eingegangen. Bis 1970 existierten zwischen verschiedenen Ländern und sogar verschiedenen psychiatrischen Schulen eines Landes teilweise erhebliche Diskrepanzen in der psychiatrischen Klassifikation. Die Schaffung einer international akzeptierten Systematik psychischer Störungen, die im Rahmen der ICD-8 von der Weltgesundheitsorganisation (WHO) erarbeitet wurde, ermöglichte eine internationale Vereinheitlichung der psychiatrischen Klassifikation. Der psychiatrische Teil dieser ICD-8 basierte, von Modifikationen abgesehen, auf dem nosologischen System, das Kraepelin um 1900 geschaffen hatte. Die Gliederung erfolgte vorwiegend nach ätiologischen und syndromatologischen sowie nach Verlaufscharakteristika. Während bei Kraepelin die Einteilung der Erkrankungshauptgruppen nach ursächlichen Faktoren erfolgte, wurden in der ICD-8 psychische Störungen primär syndromatologisch eingeteilt. Mängel, wie z.B. ein Wechsel in den Einteilungsprinzipien, sind grundsätzlich auch heute noch bei allen derzeit verfügbaren psychiatrischen Klassifikationssystemen vorhanden und spiegeln die Unvollkommenheit des Wissens über psychische Störungen wider. Die 1979 eingeführte ICD-9 unterscheidet sich von der ICD-8 insbesondere durch die Einführung einer multikategorialen Diagnostik. Der Patient kann hier u.a. gleichzeitig durch mehrere Nummern der Krankheitssystematik charakterisiert werden. So kann z.B. eine erste Diagnose aus dem Kapitel der psychiatrischen Erkrankungen das klinische Erscheinungsbild bezeichnen, eine zweite Nummer aus einem anderen Kapitel der ICD die zugrunde liegende organische Erkrankung. Die weitere Entwicklung zur ICD-10 wurde gekennzeichnet durch die zwischenzeitlich stattgefundene Entwicklung des amerikanischen Diagnosesystems, des »Diagnostic and Statistical Manual of Mental Disorders«, das von der American Psychiatric Association 1980 in der revidierten Fassung als DSM-III System herausgegeben wurde. Das Besondere dieses DSM-III Systems und seiner Nachfolgesysteme – heute ist das DSM-IV System in der amerikanischen Psychiatrie gebräuchlich – ist der Versuch, eine möglichst präzise Definition der Krankheitskonzepte unter Verwendung von Ein- und Ausschlusskriterien, also eine Operationalisierung diagnostischer Begriffe, zu erreichen. Diesem Ansatz folgte die 1991 von der WHO eingeführte, seit 2000 auch in Deutschland verbindliche ICD-10. Durch die Angabe diagnostischer Leitlinien zu den allgemeinen Krankheitsbeschreibungen sollte eine möglichst gute Reliabilität der klinischen Diagnostik erreicht werden. Es wurde zudem versucht, die ICD-10 so weit wie möglich mit dem DSM-IV kompatibel zu machen. Die Charakterisierung der einzel-

nen Störungen weicht in den neueren Diagnosesystemen zum Teil nicht unbeträchtlich von der traditionellen Krankheitslehre der deutschsprachigen Psychiatrie ab. Das hängt einerseits mit der Notwendigkeit präziserer Konzepte im Rahmen der Operationalisierung zusammen, andererseits mit der stärkeren Einbeziehung neuerer empirischer Forschungsergebnisse.
Die Einführung der ICD-10 führte eine Umbruchsituation in der psychiatrischen Diagnostik herbei und wurde von vielen Psychiatern mit Skepsis aufgenommen. Sie hatten vorübergehend große Schwierigkeiten, sich von den hergebrachten Konzepten zu lösen, die in der deutschsprachigen Psychiatrie und Medizin sehr verbreitet waren. Diese Konzepte erschienen vielen Kollegen, die in dieser Tradition aufgewachsen sind, am einfachsten und plausibelsten. Ein einseitiges Festhalten an dieser theoretischen Tradition hätte aber den erheblichen Validitäts- und Reliabilitätsproblemen dieser Diagnostik nicht Rechnung getragen und wäre deswegen dem diagnostischen Fortschritt nicht förderlich gewesen. Auch bekommen bestimmte Sachverhalte aus dieser traditionellen Sicht einen zu hohen Stellenwert, wie z.B. die Unterscheidung zwischen endogener und neurotischer Depression, die ihr aus der Sicht neuerer Forschung nicht zukommt. Andere Störungen, wie z.B. die Angststörungen, wurden in der traditionellen Systematik nur sehr global dargestellt und erfuhren nicht die aus heutiger Sicht notwendige Differenzierung, z.B. in Panikerkrankungen und generalisierte Angststörungen. Die ICD-10 versucht, den neueren Ansätzen in der psychiatrischen Klassifikation gerecht zu werden und dabei ein möglichst hohes Maß an diagnostischer Übereinstimmung zwischen verschiedenen Ärzten herzustellen. Das vorliegende Buch folgt in seiner Gliederung den Hauptkapiteln der ICD-10.
Was ist der Sinn einer Zusammenstellung von literarischen Texten, die sich mit psychiatrischen Erkrankungen beschäftigen, für den Psychiater? Neben dem literaturhistorischen Aspekt, dass psychiatrische Konzepte immer wieder auch in die Literatur einbezogen worden sind, und neben der interessanten Frage, in welchem Ausmaß und mit welchem Kenntnisstand das geschieht (s.o.), ist wahrscheinlich für den Psychiater der wichtigste Nutzen, dass er sich mit der zum Teil subtilen bzw. sensiblen Darstellung psychiatrischer Symptome bzw. der möglichen Ursachen psychiatrischer Erkrankungen in der Literatur beschäftigt und dadurch seine eigene Sensibilität für die psychischen Veränderungen seiner Patienten und sein Einfühlungs-

vermögen im Hinblick auf mögliche Verursachungen verbessert. Auch die differenzierte sprachliche Umsetzung psychopathologischer Phänomene und Verursachungsprozesse, wie sie in den literarischen Darstellungen zu finden sind, kann im Sinne einer Verbesserung der sprachlichen Präzision in der Darstellung komplexer psychischer Phänomene Vorbildcharakter haben.
Das Buch wendet sich aber nicht nur an den Psychiater, sondern auch an interessierte Laien, die sich mit dieser Thematik beschäftigen wollen und vielleicht über den Umweg der literarischen Darstellung einen besseren und verständnisvolleren Einblick in psychiatrische Erkrankungen bekommen.
Die Texte sind jeweils vom Herausgeber, dem Germanisten und Literaturwissenschaftler Prof. Gerhard Köpf mit einer kurzen Einführung versehen worden, um zu vermitteln, aus welchem inhaltlichen Gesamtkontext die jeweilige Textstelle entnommen ist und um ein paar Hinweise zum Stellenwert des jeweiligen Werkes und des Autors zu machen. Im Anschluss werden die dort publizierten literarischen Beispiele im Hinblick auf psychiatrisch relevant erscheinende Aspekte kommentiert. Es sei ausdrücklich betont, dass diese kurzen Kommentierungen keine über die psychiatrischen Sachverhalte hinausgehende Interpretation der jeweiligen Textes beabsichtigen. Jedem der Kapitel F0 bis F9 ist ein einführender Text mit der Darstellung des jeweiligen psychiatrischen Krankheitskonzeptes vorangestellt.

Prof. Dr. Hans-Jürgen Möller
München, im Januar 2006

Einleitung

Ich habe keine Lehre.
Ich führe ein Gespräch.
Martin Buber

Ein Titel wie »ICD-10 literarisch« ist durchaus geeignet, sowohl psychiatrische wie literaturwissenschaftliche Einwände und Missverständnisse zu provozieren. Um diese als »Lesebuch für die Psychiatrie« konzipierte und kommentierte Textsammlung aber jenseits aller wissenschaftstheoretischen Diskussion genießen zu können, soll möglichen Irritationen gleich zu Beginn mit einer kleinen Lese-Spiel-Anleitung begegnet werden:

Der Leser lehne sich bequem zurück und setze sich eine Brille aus jenen psychopathologischen und psychiatrischen Kriterien auf, die ihm fachlich kompetent aus berufenem Munde vom Direktor der Klinik und Poliklinik für Psychiatrie und Psychotherapie der Universität München, Prof. Dr. Hans-Jürgen Möller, freundlich bereitgestellt werden.

Durch diese Brille lese er dann die literarischen Texte, ziehe seine eigenen Schlüsse, vergesse aber keinen Augenblick, dass es sich nicht um Menschen aus Fleisch und Blut handelt, sondern um erdachte literarische Gestalten, die anderen Gesetzen unterliegen – nämlich jenen der Literatur.

Was hier vorliegt, ist ausdrücklich keine literarische Kasuistik zur ICD-10. Heinrich Heine zufolge hat die Literatur zwar die »Fähigkeit zur rückwärtsgewandten Prophetie«, sie kann sich aber dennoch durchaus auch irren, Vor- und Fehlurteilen aufsitzen und zeitgeistig gebundene Stereotypien und Klischees verbreiten.

Schließlich wird dem aufmerksamen Leser nicht entgehen, dass etliche literarische Zeugnisse erheblich älter sind als die Kriterien, durch die man sie heute betrachten kann. Im Sinne von Schillers »republikanischer Freiheit des lesenden Publikums« ist solches aber durchaus legitim.

Mitunter geht es zu wie im Märchen von Hase und Igel: Wo die Wissenschaft hin will, ist die Literatur nicht selten schon da. Literatur und Medizin verbindet ein langes Verhältnis, dessen Grundlagen in der Antike gelegt wurden. Medizinische Kenntnisse können helfen, literarische Texte zu verstehen, wie andererseits die Literatur die Medizin stets daran erinnert, dass sie es mit biologischen, psychischen, sozialen und intellektuellen Entitäten zu tun hat. »Literatur fördert schließlich allgemein, was als genuine Funktion der literarisierten Medizin begriffen werden kann, das Verständnis für den Kranken und die Krankheit, für den Arzt und die Therapie – beim Kranken wie beim Gesunden, in der Öffentlichkeit wie in der Politik« (Engelhardt).

In diesem Sinne verweist der Kritiker Reich-Ranicki in einem Aufsatz über Medizin und Literatur auf Schopenhauer, der gesagt habe, der Jurist sehe den Menschen in seiner ganzen Schlechtigkeit, der Theologe in seiner ganzen Dummheit und der Arzt in seiner ganzen Schwäche. »Der Arzt und der Schriftsteller – sie haben unterschiedliche Aufgaben und Möglichkeiten, doch die einen wie die anderen sind Fachleute für menschliche Leiden. (...) So darf man denn sagen, dass sie Geschwister sind – die Medizin und die Literatur« (Reich-Ranicki).

In der Literaturwissenschaft ist man dieser geschwisterlichen Verbindung bisher überwiegend auf den Spuren der Metaphorik (z.B. das Herz), der vergleichenden Thematik (z.B. Krankheit als Metapher) oder der Motivgeschichte (z.B. die Figur des Arztes) nachgegangen.

Im hier vorliegenden Lesebuch soll eine andere Form der Annäherung vorgeschlagen werden: Die von der WHO herausgegebene zehnte Fassung der Internationalen Klassifikation psychischer Störungen (ICD-10) umfasst im Kapitel V (Buchstabe F) neun große Kategorien von den organischen, einschließlich symptomatischer psychischer Störungen (F0) bis hin zu den nicht näher bezeichneten organischen oder symptomatischen psychischen Störungen (F9). Hierzu werden jeweils die für Forschung und Praxis relevanten diagnostischen Kriterien aufgeführt.

Der Leitgedanke des vorliegenden Lesebuches ist, den entsprechenden Kategorien von F0 bis F9 literarische Beispiele zuzuordnen. Was zunächst wie ein spielerischer Einfall anmutet, nämlich fachmedizinische Kriterien gewissermaßen auf die Literatur zu übertragen und zu sehen, wie sie sich unter den Bedingungen der Fiktion in literarischen Texten spiegeln, verweist schließlich auf jene vielfältigen Beziehungen zwischen Psychiatrie und Literatur, wie sie in ihrer gesamten

Tragweite bisher kaum erforscht wurden. Das soeben vorgelegte verdienstvolle Lexikon »Literatur und Medizin« (2005) ermuntert zur Erschließung eines bisher vernachlässigten Terrains.
Im dem vorliegenden Lesebuch soll mit ehrgeiziger Bescheidenheit ein erster Schritt gewagt werden in Richtung einer Annäherung zwischen einer sich als biopsychosozial definierenden medizinischen Disziplin und der nicht weniger komplexen Welt der Literatur.
Im Konzert der wechselseitigen Erhellung der Wissenschaften kommt der Verbindung von Psychiatrie und Literatur seit jeher eine herausragende Bedeutung zu. So sind die ältesten Zeugnisse von Literatur immer auch schon von erheblichem psychiatrischen Interesse. Das mag zum einen an der Sonderbegabung der Literatur liegen, im Individuellen das Allgemeine erkennen, benennen und ins Gleichnis heben zu können. Zum anderen ist es das genuine Interesse von Literatur und Psychiatrie gleichermaßen, das (Psycho-)Pathologische in Ursprung, Verlauf und Auswirkung zur Sprache zu bringen.
Nun kann es freilich nicht darum gehen, mit positivistischem Fundamentalismus die Kriterien der ICD-10 den literarischen Beispielen überstülpen zu wollen, um schließlich wenig erstaunt festzustellen, dass da jeweils ein großer Rest an Inkongruenz bleibt. Das wäre auch ein methodisch fragwürdiges Vorgehen.
Hier geht es um andere Schnittmengen. Der Reiz von »ICD-10 literarisch« besteht darin, spielerisch zu überprüfen, wo sich Annäherungen und wo sich Abweichungen beim Zusammendenken von Diagnosekriterien und narrativ-reflektorischen Texten ergeben. Lesen ist, so hat es Dieter Wellershof einmal formuliert, »Probehandeln in Simulationsräumen bei herabgemindertem Risiko«. Wer bereit und gewillt ist, dies als Grundregel anzuerkennen, der wird auf erstaunliche Zusammenhänge zwischen Psychiatrie und Literatur stoßen.
Jeder Psychiater weiß, wie wichtig die Rolle des Erzählens schon bei der Anamnese ist. Die Exploration eines Patienten lebt nicht zuletzt von der Narration. Die »narratio« ist eine anthropologisch universale humane Grundkonstante und als solche dem Forschungsinteresse all jener Disziplinen ausgesetzt, die sich mit dem Erzählen alltäglicher, fiktiver oder »realer« Geschichten auseinander setzen. Eine Welt ohne »narratio« ist kaum vorstellbar, denn allein das Gewahrwerden der eigenen Biographie ist an die »narratio« gebunden. Das autobiographische Gedächtnis definiert sich ebenso über die »narratio« wie das allgemeine und das kulturelle Geschichtsbewusstsein. Jeder

Mensch besitzt eine gewisse narrative Kompetenz. Wird diese durch eine Störung eingeschränkt, büßt damit der Mensch eine seiner grundlegenden Qualitäten und Fähigkeiten ein, denn es ist die »narratio«, in welcher sich das Individuum selbst zum Gegenstand der Reflexion und des Erzählens machen kann. Schließlich erfährt das Individuum über die »narratio« auch die Dimension Zeit, und in der dialogisch-interaktiven Identitäts-»narratio« ist für das Ego die Stiftung von Sinn und Kohärenz eines der obersten Ziele.

Zahlreiche Störungen, mit denen sich die Psychiatrie beschäftigt, sind an eine Reduzierung dieser narrativen Kompetenz gekoppelt. So ist es beispielsweise möglich, bestimmte Krankheitsbilder am Verhältnis von Kohäsion und Kohärenz in der »narratio« festzumachen. Nicht erst die Artikulation, sondern bereits die kognitive Elaboration in Form kohärenter narrativer Elementarteilchen organisieren die Netzwerk-Basis von Gedächtnis und Erinnerung – und stellen somit eine große neuropsychiatrische Herausforderung dar. Die Kompetenz, Erinnertes in Form narrativ kohäsiver Teile abzurufen oder zum »abstract« einzuschmelzen, verweist auf das weite Feld neuropsychiatrischer Narrationsforschung. Narrative Sinnbildungsprozesse setzen eine neurophysiologisch vernetzte narrative Grammatik voraus, die in theoretischen Modellen bislang meist idealtypisch beschrieben wurde.

Warum die »narratio« für die Psychiatrie so bedeutsam ist, dokumentiert sich nicht zuletzt durch die Tatsache, dass der *narrative Ansatz* die theoretische Modellbildung *und* die empirische Untersuchung der Entwicklung des Gedächtnisses erlaubt, »indem er nahe legt, dieselbe an den sozialisatorisch vermittelten Erwerb narrativer Kompetenz zu binden. Narrative Kompetenzen und die damit verwobenen mnestischen Fähigkeiten bilden sich schrittweise aus: von prosodischen Wortspielen, dem bloßen Aufzählen isolierter Ereignisse und sogenannter Thema- und Variationen-Geschichten über die zunehmend elaborierte Verwendung temporaler Markierungen und Verknüpfungen sowie logischer, finaler (einschließlich intentionaler/motivationaler) und kausaler Konnektoren bis hin zur Produktion von sequenziell kohärent geordneten Geschichten mit einem regelrechten Plot, in dessen Mittelpunkt eine Komplikation steht, die den oder die Protagonisten sowie den Erzähler/Rezipienten emotional berührt« (Pethes/Ruchatz 2001, 401).

Eine Reihe psychoanalytischer Arbeiten erforscht die unbewussten

Motive und Funktionen des Erzählens. Die psychologische Bedeutung narrativer Sinnbildung wird schließlich in jenen Theoremen der Psychoanalyse hervorgehoben, die im Homo sapiens den »storyteller« entdecken und dessen »Selbsterzählungen« als identitätsbildend einstufen. Daraus hat sich eine eigene Konzeption von Gedächtnispsychologie entwickelt.

Eine die »narratio« erforschende Psychiatrie freilich wird dem Faktum Rechnung tragen müssen, dass sich in der Epoche des Digitalen auch die Formen des historisch vertrauten Erzählens verändern und verändert haben. Als Leitlinie kann dabei die Einsicht helfen, dass die »Narration der Illusion anthropomorpher Erinnerung dient, gegenüber dem Gedächtnis als Speicher einen Raum des Unmaschinisierbaren aufrechtzuerhalten.« Mit anderen Worten: Der Computer vermag allein in Zuständen zu kalkulieren und zu zählen; *er*zählen aber kann er nicht.

Die Frage, die sich aus dem vorliegenden »Lesebuch für die Psychiatrie« ergibt, ist nun, ob die Literatur als *die* Domäne der »narratio« nicht auch dem Psychopathologen bei seiner Arbeit behilflich sein kann. Johann Glatzel hat 1990 in seinem Buch »Melancholie und Wahnsinn« darauf aufmerksam gemacht, wie die Psychopathologie durchaus nicht auf ihre Funktion als psychiatrische Hilfsdisziplin beschränkt ist. Ihre Eigenständigkeit liegt nicht allein im Methodischen begründet, sondern auch in ihrem Gegenstand, über dessen Vermittlung sie etwa zur Psychologie, Soziologie, Theologie und Literaturwissenschaften in Beziehung tritt: »Die Psychopathologie darf überall dort ein Mitspracherecht beanspruchen, wo psychische Abwegigkeit begegnet. Insoweit ist ihr Kompetenzbereich ungleich weiter gespannt als derjenige der Psychiatrie« (Glatzel, 2).

Ist also die Literatur ein geeignetes Instrument zur Erkenntnisgewinnung in der Hand des Psychiaters? Ist es nicht an der Zeit, neben der von der Psychiatrie aus guten Gründen hoch geschätzten »Zahl« auch einmal einen Blick auf die Kehrseite der Münze, also gewissermaßen den »Kopf«, zu werfen? Oder gibt es – im Gegenteil – nicht eine Menge vernünftiger Gründe für einen Psychiater, die Finger von der Literatur zu lassen?

1) Belletristik ist für die Praxis eines Mediziners irrelevant. Literatur hat bisher keinen wesentlichen Einfluss auf den Fortschritt der Medizin genommen. Psychiatrie ist nun einmal eine naturwissenschaftliche Disziplin. In einer Welt des Labors, der biochemischen Versuchsrei-

hen, der Mikroskope, der Neurotransmitter, der Synapsen oder der statistisch fundierten Epidemiologie hat die schöngeistige Literatur nichts verloren und deshalb nichts zu suchen. Was hätte sie auch schon groß anzubieten? Was Psychiater über den Patienten wissen müssen, das lehren die »Neurosciences«.

2) Die Literatur arbeitet nicht kategorial oder quantitativ, sondern assoziativ, in der Regel qualitativ unkoordiniert, bisweilen chaotisch, meist unsystematisch, ihre Gesetzmäßigkeiten scheinen da zu sein, um über den Haufen geworfen zu werden, d.h., sie ist unzuverlässig, erlaubt weder exakte Diagnosen noch Prognosen. Sie taugt bestenfalls für eine geistreiche Unterhaltung. Aber das leistet Whiskey auch.

3) William Somerset Maugham, ein ebenso erfolgreicher wie anerkannter Schriftsteller, übrigens ausgebildeter Mediziner, betonte immer wieder, dass uns das Lesen nicht automatisch zu besseren Menschen macht: Es möge zwar den intellektuellen Horizont erweitern, deshalb aber noch lange nicht zum Altruismus führen. Er verweist dabei auf Tolstois Geschichte über jene aristokratische Dame, die im Theater bittere Tränen vergoß angesichts der Tragödie auf der Bühne, indes draußen ihr treuer Kutscher in der Eiseskälte erfror.

4) Das Lesen von Belletristik ist kein Ersatz für Erfahrung. Im Gegenteil. Exzessive Lektüre führt zu psychiatrischen Erkrankungen. Im Zeitalter von Pisa-Studien ist es kaum mehr vorstellbar, dass Lesesucht einst gefährlicher eingestuft wurde als das »gelbe Fieber« von Philadelphia: »Die Lesesucht ist ein schädlicher und törichter Missbrauch«, verkündeten die Mächtigen des 18. Jahrhunderts.

Miguel de Cervantes erzählt in seinem »Don Quixote« nichts anderes als die Geschichte eines Mannes namens Alonso Quijano, dem über der zur Sucht gewordenen Lektüre alter Ritterromane die Grenzen von Tag und Nacht, von Realität und Fiktion derart verschwimmen, dass sich der biedere Landadelige selbst als Ritter wähnt und mit seinem Schlachtross Rosinante aufbricht, um in heldenhaft-närrischen Taten als Beschützer der Armen und Unterdrückten seinen Idealen von Gerechtigkeit und Liebe zum Sieg zu verhelfen. Obgleich Don Quixote als der Ritter vom Stamme Sisyphos immer wieder Schiffbruch erleidet und kräftig Prügel bezieht, bleibt er siegesgewiss und zuversichtlich, solange ihn die Liebe zur unbekannten Dulcinea immer wieder aufrichtet. Im Widerspiel von Ideal und Wirklichkeit aber, von Narrheit und Vernunft wird die tragische Unerfüllbarkeit von Idealen immer mehr zur Gewissheit. Die Umwelt treibt so lange ein

grausames Spiel mit seiner Narrheit, bis seine Trugwelt zusammenbricht. Seine grenzenlose Enttäuschung schlägt um in eine Krankheit, die zum Tode führt. Doch indem er die entzauberte und trübselige Wirklichkeit erkennt, kehrt er zurück zu sich selbst und stirbt in heiterer Gelassenheit wieder als Alonso Quijano.
Es war kein Geringerer als Dostojewskij, der nach der Lektüre des »Don Quixote« meinte, dieser Roman über die Pathologie des Lesens reiche aus, um angesichts des Jüngsten Gerichtes vor dem Allmächtigen der gesamten Menschheit zur Generalabsolution zu verhelfen.
Goethes »Werther« ist ebenso ein Fall von Lesepathologie wie jene Emma Bovary, die sich die Welt gerne nach dem Muster ihrer romantischen Schullektüre träumt und deshalb kläglich scheitert.
5) Angesichts von Mord und Totschlag, Betrug, Verrat und Enttäuschung, angesichts all der Katastrophen, welche die Literatur seit der Antike in immer neuen Variationen erzählt, ist deren Lektüre weder erbaulich, aufbauend noch klinisch oder therapeutisch hilfreich. Oscar Wilde famously declared: »All art is quite useless, and resisted any suggestions that it was educational or morally uplifting.«
Kurz gesagt: Lauter vernünftige Gründe, die aus der Sicht eines Psychiaters gegen die Lektüre von Belletristik sprechen – aber sind es deshalb auch gute Gründe?
Trotz aller einleuchtender Gegenargumente wird es immer wieder Psychiater geben, die gerne »Fiction« lesen und darin sogar einen Wert sehen. An der University of Durham gibt es immerhin eine »Faculty of Arts and Medicine«. Man hört mit Staunen von Interessengruppierungen zu »Arts and Psychiatry im Royal College of Psychiatrists«. Der englische Schriftsteller David Lodge dramatisiert auf amüsant polemische Weise in seinem Roman »Thinks« (2000) den Konflikt zwischen einem Neurophysiologen mit dem vielsagenden Namen »Messenger« und einer Schriftstellerin namens Helen »Reed«. »They argue over whether science or imaginative literature offers the best way of unlocking the mysteries of the mind.«. Beruhigt stellen wir fest, dass am Ende dieses Diskurses die Literatur die Oberhand behält. Kein Wunder: Der Autor ist befangen.
Ist nicht der Arztberuf von Anbeginn an mit kultureller, ja literarischer Bildung verbunden? Warum genießen heute die »humanities« so wenig Ansehen in der Ausbildung unserer Ärzte und Psychiater? Schließlich muss es doch auch Argumente geben, die für eine Beschäftigung der Psychiater mit Literatur sprechen.

Die allmähliche Annäherung von Psychiatrie und Literatur über die Jahrhunderte spiegelt sich nicht zuletzt in etlichen psychiatrischen Fachbegriffen wie etwa dem »Werther-Effekt« oder dem »Othello-Syndrom«, denen ihre literarische Herkunft mühelos anzumerken ist. Suchen wir also nach Argumenten, die aus der Sicht eines Psychiaters für die Lektüre von Fiction sprechen: Angesichts der zeitgenössischen Vorherrschaft der biologischen Psychiatrie stellte Allan Beveridge im Frühjahr 2003 im »British Journal of Psychiatry« eine durchaus ketzerische Frage: »Should psychiatrists read fiction?«

Feinsäuberlich wie in einer Geschäftsbilanz führt der englische Psychiater die Argumente pro und contra auf. Für jede Position findet er je sechs Begründungen, wobei die Rhetorik des Aufbaus dieses Essays nicht ohne Hintergedanken sein mag, zumal zuerst die Argumente pro, dann aber die contra kommen. Der (Psychiater als) Leser ist daher geneigt, aufgrund dieser Dramaturgie zu einer negativen Beantwortung der Ausgangsfrage zu kommen.

Richtig interessant wird die Sache freilich erst im Unterpunkt *Discussion*. Dort heißt es nämlich abschließend: »However, one of the claims in favour of reading is the notion that books about illness and suffering help doctors better understand the inner experience of their patients and, as a consequence, develop greater empathy. It is here that a suggested reading list may be of value ... It is important that such reading lists are offered in the spirit of suggestion rather than as compulsory texts. It will then be left to the individual psychiatrist to decide whether they are worth exploring. A medical culture that takes a positive approach to the humanities will greatly encourage such explorations« *(*Beveridge, 386*)*.

Für wie relevant im psychiatriewissenschaftlichen Diskurs letztlich die Fragestellung, ob Psychiater nun »Fiction« lesen sollten oder nicht, insgesamt gehalten wird, zeigt die Angabe zu dem Essay unter der Rubrik »Declaration of Interest«*:* Die Antwort »NONE« kann durchaus als ironisch-sarkastischer Kommentar zum Primat der biologischen Psychiatrie verstanden werden.

Halten wir uns mit Blick auf unser »Lesebuch für die Psychiatrie« also an die ebenso unprätentiösen wie pragmatisch nachvollziehbaren Argumente »für« eine Lektüre von »Fiction«, wie sie von Beveridge aufgelistet werden:

»(a) We can explore the lives and inner worlds of a wide variety of individuals by imaginatively engaging with them in novels.

(b) There is some evidence that medical students who have a background in the humanities and science, rather than science alone, go on to perform better in important areas of practice.
(c) Reading literature helps to develop empathy. One can see the world from another person's viewpoint.
(d) The techniques involved in understanding and analysing a novel can be applied to the understanding of patient discourse. One can become more sensitive to the nuances and subtexts of a patient's communication.
(e) The ›ethical‹ approach teaches ethical reflection and how to approach moral quandaries and decision-making.
(f) The additive view is that medicine can be ›softened‹ by exposing its practitioners to the humanities; the integrated view is more ambitious, aiming to shape the nature, goals and knowledge base itself.«

Worauf der britische Kollege abzielt, ist nichts weiter als eine Vorschlagsliste, die es dem einzelnen Psychiater überlässt, welche Schlussfolgerungen und Konsequenzen er daraus ziehen will. Leider verrät uns Dr. Beveridge aber mit keinem Wort, welche Bücher Psychiater lesen sollten.

Das vorliegende »Lesebuch für die Psychiatrie« macht hierzu Vorschläge. Es geht dabei weder um einen Kanon psychiatrisch relevanter Belletristik noch um eine literarische Illustration einzelner Kategorien der ICD-10. Literatur ist per se nicht geeignet, wissenschaftliche Kriterien und Kategorien nur zu illustrieren; vielmehr verhält es sich im günstigsten Falle umgekehrt.

Und noch etwas ist beiden scheinbar einander so fremden Disziplinen Literatur und Psychiatrie gemeinsam: ihr hermeneutischer Anteil. Aller Bedeutung und Dominanz einer biologischen Psychiatrie zum Trotz bleibt die Relevanz der »Kunst des Verstehens und des Deutens« auf der feinen Grenze zwischen naturwissenschaftlichen Erkenntnisbereichen einerseits und den »seelisch-geistigen Rätseln« andererseits, wie Hans-Georg Gadamer dies genannt hat. Denn psychiatrisches Handeln ist stets mehr als nur die Anwendung von fachmedizinischem Wissen.

Mit der vorliegenden Liste von Vorschlägen, die keine Vorschriften sein können oder wollen, bietet sich dem Psychiater die Chance, aus unterschiedlichem Erkenntnisinteresse und je nach individuellem Lesetemperament über die komplexen und multifaktoriellen Verbin-

dungen seiner medizinischen Fachdisziplin in literarischen Texten von Rang nachzudenken.
Es darf jedoch nicht von der vorliegenden Textauswahl erwartet werden, die Kategorien und Kriterien der ICD-10 jeweils bis ins Detail »erfüllt« zu sehen, denn die Literatur kümmert sich nicht um derlei Kategorialitäten. Wohl aber darf von einem »Lesebuch« dieser besonderen Art erwartet werden, dass es »Vorschläge« für Denk- und Vorstellungsrichtungen geben kann. Die hier versammelten Textbeispiele laden ein zur streunenden Lektüre; der Zusammenhang einzelner Textbeispiele erschließt sich je nach individueller Lektüre immer wieder neu. Ein durchaus hehres, nichtsdestoweniger realistisches Ziel dieser Anthologie aber ist die Sensibilisierung des lesenden Psychiaters: für Sprache und Vorstellungswelten, wie sie exemplarisch an einzelnen handelnden und leidenden Personen der Literatur entwickelt und veranschaulicht werden. Nicht zuletzt ist dabei auch an die Studierenden der Psychiatrie gedacht, deren dominant naturwissenschaftliche Ausbildung durchaus ein sanftes hermeneutisches Gegengewicht verträgt.
Der Medizinhistoriker von Engelhardt sagt trotz der Irrtümer, denen Schriftsteller sehr wohl aufsitzen können und die die Literatur naturgemäß durchaus auch verbreiten kann: »Im Medium der Literatur wird die Grundsituation der Medizin in ihrer Konkretheit und Symbolik dargestellt.«
So gesehen geht es keinesfalls um eine literarische Alphabetisierung der Psychiatrie, so wenig wir es mit einer Psychiatrisierung der Literatur zu tun haben. Denn über all den Abgründen zwischen den Disziplinen und den zarten transdisziplinären Annäherungsversuchen steht die leuchtende Gewissheit: Literarisch gebildete, d.h. lesende Psychiater haben einen weiteren Horizont und sind deshalb zuletzt vielleicht die besseren Ärzte!
Wie gesagt: Mitunter geht es zu wie im Märchen von Hase und Igel. Wo die Wissenschaft hin will, ist die Literatur nicht selten schon da. Mögen Psychiatrie und Literatur also freundlich aufeinander zugehen und sich die Hand reichen. Sie müssen ja nicht gleich heiraten, denn wichtig ist in unserem Zusammenhang nicht so sehr die Lehre, sondern vielmehr das Gespräch.

Prof. Dr. Gerhard Köpf
München, im Frühjahr 2006

Zitierte Literatur:

Beveridge, Allan: Should psychiatrists read fiction? In: British Journal of Psychiatry 182/2003, 385-387

Engelhardt, Dietrich von: Geleitwort. In: Bettina von Jagow/Florian Steger (Hrsg.): Literatur und Medizin. Ein Lexikon. Göttingen: Vandenhoek & Ruprecht 2005, S. 2-6

Friederici, Angela (Hrsg.): Sprachrezeption. Göttingen, Bern, Toronto, Seattle: Hogrefe 1999 (= Enzyklopädie der Psychologie, Serie III, Band 2)

Gadamer, Hans-Georg: Über die Verborgenheit der Gesundheit. Frankfurt/M.: Suhrkamp 1993

Glatzel, Johann: Melancholie und Wahnsinn. Beiträge zur Psychopathologie und ihren Grenzgebieten. Darmstadt: Wissenschaftliche Buchgesellschaft 1990

Jagow, Bettina von/Steger, Florian (Hrsg.): Literatur und Medizin. Ein Lexikon. Göttingen: Vandenhoek & Ruprecht 2005

Pethes, Nicolas und Ruchatz, Jens (Hrsg.) unter Mitarbeit von Martin Korte und Jürgen Straub: Gedächtnis und Erinnerung. Ein interdisziplinäres Lexikon. Rowohlt Taschenbuch Verlag. Reinbek bei Hamburg, 2001

Reich-Ranicki, Marcel: Herz, Arzt und Literatur. Zwei Aufsätze. Zürich: Ammann 1998, 33

Schafer, Roy: Erzähltes Leben. Narration und Dialog in der Psychoanalyse. München: J. Pfeiffer Verlag 1995

F0: Dementielle Erkrankungen

Dementielle Erkrankungen sind häufig, insbesondere im hohen Lebensalter. Die Prävalenz steigt mit dem Alter. Bei 65-Jährigen liegt sie in der Größenordnung von 5 Prozent, bei 80-Jährigen in der Größenordnung von 20 Prozent. Die häufigste Demenzform im Alter ist die Alzheimer-Demenz. Häufig kommt sie in Kombination mit der vaskulären Demenz vor. Der Anteil der vaskulären Demenz bei allen dementiellen Erkrankungen im Alter beträgt ca. 20 bis 30 Prozent. Nachfolgend wird auf die Alzheimer-Demenz fokussiert.

Dabei handelt es sich um eine primär degenerative, zerebrale Erkrankung mit typischen neuropathologischen Kennzeichen (Hirnatrophie, pathologische Fibrillenveränderungen, amyloide Plaques). Das Krankheitsbild wurde 1906 von Alois Alzheimer erstmals als präsenile Demenz (beginnende Erkrankung vor dem 65. Lebensjahr) klinisch und neuropathologisch beschrieben. Da psychopathologisch und morphologisch kein Unterschied zwischen seniler Demenz und Alzheimer-Demenz (beginnende Erkrankung nach dem 65. Lebensjahr) besteht, werden die beiden Formen heute als ein Krankheitsbild angesehen. Die Alzheimer-Demenz ist die häufigste Ursache für eine Demenz im Alter. Ihr Anteil an den Altersdemenzen beträgt 60 Prozent. Etwa 5 Prozent der über 60-Jährigen und etwa 20 Prozent der über 80-Jährigen leiden an einer Demenz.

In faszinierender Weise werden zentrale Details der Ätiopathogenese der Alzheimer-Demenz in jüngster Zeit mit den Möglichkeiten der modernen Molekularbiologie aufgeklärt. Im Zentrum steht dabei das Amyloid-Precursor-Protein (APP), das durch eine falsche enzymatische Aufspaltung zu den Amyloidablagerungen (amyloide Plaques) führt. Der damit einhergehende Neuronenverlust führt zu Defiziten in den durch den Transmitter Acetylcholin vermittelten kognitiven Prozessen. Die Patienten oder Angehörigen bemerken meist als erstes

Symptom eine schleichend zunehmende Vergesslichkeit, die häufig zunächst noch auf das fortgeschrittene Alter zurückgeführt wird. Allmählich werden Gedächtnisstörungen und Störungen der höheren geistigen Funktionen immer deutlicher. Die Erkrankung kann außerdem zu Beginn durch ein depressives Bild geprägt sein, was die Diagnose erschwert. Dieser Zustand äußert sich in Interesselosigkeit, Antriebsstörungen und Leistungseinbußen. Im weiteren Verlauf können alle möglichen neuropsychologischen Symptome (z.B. Sprachstörungen, Alexie, Akalkulie, Apraxie, Agnosie) und psychopathologischen Symptome (z.B. Wahn, Halluzinationen, Unruhezustände, Weglauftendenzen) hinzutreten. In den späteren Stadien der Demenz können zudem auch neurologische Symptome (z.B. Pyramidenbahnzeichen, Primitivreflexe) auftreten. Die Patienten selbst reagieren ganz unterschiedlich auf die Erkrankung. Manche bemerken die vorliegenden Störungen selbst nicht, andere wiederum erkennen die eigenen Defizite und reagieren depressiv bis hin zur Suizidalität. Eine weitere Patientengruppe erkennt zwar die Defizite, überspielt diese aber und erscheint eher unangemessen fröhlich.
Neben einer ausführlichen psychiatrischen Befunderhebung, Fremdanamnese und einer neurologischen Untersuchung, bei der man zumindest im Anfangsstadium meist keine Auffälligkeiten entdeckt, ist eine neuropsychologische Testuntersuchung zur Früherkennung unverzichtbar. Durch sie werden die Bereiche Intelligenz, Sprache, verbales und visuelles Gedächtnis und Psychomotorik überprüft, zudem wird auf apraktische Störungen, Akalkulie, Alexie und Agnosie geachtet.
Der Morbus Alzheimer ist bis heute eine Ausschlussdiagnose. Aus diesem Grunde müssen alle notwendigen laborchemischen Untersuchungen zum Ausschluss anderer entzündlicher oder internistischer Erkrankungen durchgeführt werden, die eine Demenz verursachen können oder als Risikofaktoren z.B. für vaskuläre Erkrankungen einen Hinweis auf eine andere Genese geben können. Ebenso sollten eine CCT oder MRT zum Nachweis Alzheimer-typischer struktureller Veränderungen und zum Ausschluss anderer Demenzursachen durchgeführt werden. Zurzeit werden verschiedene Liquormarker wissenschaftlich erprobt, u.a. Tau-Protein-Fragmente.
Die Therapie der Alzheimer-Krankheit setzt sich aus mehreren Bestandteilen zusammen, die in den einzelnen Verlaufsabschnitten unterschiedlich kombiniert werden müssen: die Pharmakotherapie kog-

nitiver und nicht kognitiver Symptome, das kognitive Training und die Beratung der Bezugspersonen. Der Versuch einer kognitiven Leistungssteigerung durch Acetylcholinesterase-Hemmer und die Beeinflussung der Krankheitsprogression sind im frühen und mittleren Stadium besonders sinnvoll. Die Behandlung von unspezifischen Verhaltensänderungen rückt im mittleren und fortgeschrittenen Stadium in den Vordergrund.
Die Beratung der Angehörigen ist in allen Verlaufsabschnitten notwendig, allerdings verlagert sich ihr Schwerpunkt mit zunehmender Dauer der Krankheit von der Informationsvermittlung auf die Bewältigung praktischer Probleme in der Pflege. In jüngster Zeit zeichnen sich darüber hinaus Möglichkeiten der Präventation ab. Im frühen Krankheitsstadium brauchen die Angehörigen ebenso wie die Patienten eine Aufklärung über die Art der vorliegenden Krankheit und die Prognose. Für die Leistungsdefizite und Verhaltensänderungen muss eine medizinische Erklärung gegeben werden. Dies wirkt der Krankheitsverleugnung auf beiden Seiten entgegen und hilft, Missverständnisse, Konflikte und Schuldzuweisungen zu vermeiden. In späteren Krankheitsstadien müssen die pflegenden Angehörigen lernen, die zunehmende Hilfsbedürftigkeit des Patienten aufzufangen und mit den unspezifischen Symptomen wie Aggressivität, Wahn, Sinnestäuschungen, Unruhe oder Schlafstörungen zurechtzukommen. Die für das Zusammenleben mit einem Alzheimer-Kranken nötigen Kenntnisse und Erfahrungen lassen sich am besten in Angehörigengruppen erwerben, die von vielen örtlichen Gruppierungen der Deutschen Alzheimer Gesellschaft durchgeführt werden. In mehreren methodisch sorgfältigen Untersuchungen ist mittlerweile nachgewiesen worden, dass eine intensive Beratung der Angehörigen die Tragfähigkeit der Familie erhöht und die Häufigkeit von Heimunterbringungen reduziert. Da keine ursächliche Therapie möglich ist, versterben die Patienten im Durchschnitt etwa zehn bis zwölf Jahre nach Ausbruch der Alzheimer-Krankheit meist an interkurrenten Erkrankungen (z.B. Pneumonie). Der präsenil auftretende Subtyp führt in der Regel schneller zum Tod. Bei schweren, manchmal auch schon bei mittelschweren Demenzstadien ist in vielen Fällen eine Heimunterbringung erforderlich. Der Zeitpunkt der Heimunterbringung ist stark von den psychosozialen Rahmenbedingungen abhängig.

John Bayley

Elegie für Iris

aus: Elegie für Iris. Aus dem Englischen von Barbara Rojahn-Deyk.
© 2000 by Verlag C.H. Beck, München

Einführung

Der englische Literaturwissenschaftler, Schriftsteller und Kritiker John Bayley (Jahrgang 1925), eine Kapazität an der Oxford University, Chairman des Booker Prize Committee, erzählt in »Elegie für Iris« (2000) die Geschichte seiner 43 Jahre währenden Ehe mit der umfassend gelehrten, persönlich aber zeitlebens höchst eigenwilligen und komplizierten Philosophiedozentin, Schriftstellerin und Pulitzerpreis-Trägerin Iris Murdoch (1919–1999), deren deutlich vom Existenzialismus Sartres geprägtes wissenschaftliches und literarisches Werk zum Kanon der englischen Literatur des 20. Jahrhunderts zählt.
Im Mittelpunkt stehen dabei die letzten Jahre, als Iris Murdoch 1994 an Alzheimer erkrankt. Bayley pflegt sie aufopferungsvoll, bis sie zuletzt in einem Oxforder Pflegeheim stirbt. Takt, Aufrichtigkeit und Lebensweisheit kennzeichnen den Bericht. Das von Warmherzigkeit und gelassen-vertrauensvoller Zuneigung bestimmte, Tragik und Komik auch in der Erkrankung weder verschweigende noch beschönigende Erinnerungsbuch »Elegy for Iris« wurde zur Grundlage für die eindrucksvolle Verfilmung unter dem Titel »Iris« (2000) mit einer brillanten Dame Judi Dench in der Titelrolle, wobei erstmals Verlauf und Auswirkungen von Morbus Alzheimer zum zentralen Thema eines Hollywood-Formates wurden. Bayleys zweites Erinnerungsbuch »Das Haus des Witwers« (2002) haben einige Kritiker als literarische Entwertung von »Elegie für Iris« gesehen, da er sich selbst zu sehr in den Mittelpunkt stelle.

Weiterführende Literatur:
Hans Förstl (Hrsg.): Demenzen. Perspektiven in Forschung und Praxis. Elsevier 20

Elegie für Iris

Wenn sie einmal für einen kurzen, friedlichen Moment aufwacht, dann blickt sie verständnislos auf die »Tropical Olivetti«, die, mit einem ihrer Pullover als Unterlage, auf meinen Knien ruht. Als ich sie vor nicht allzu langer Zeit einmal fragte, ob das Tippen sie störe, meinte sie, sie höre dieses komische Geräusch morgens gerne. Sie muß sich daran gewöhnt haben, obwohl sie vor ein paar Jahren um diese Zeit – sieben Uhr – aufgestanden wäre und sich angeschickt hätte, ihren eigenen Arbeitstag zu beginnen. Heute liegt sie ganz ruhig da, schläft und gibt nur manchmal ein leises Grunzen oder Murmeln von sich. Oft schläft sie bis lange nach neun Uhr. Dann wecke ich sie und ziehe sie an. Diese Fähigkeit, wie eine Katze zu schlafen, zu jeder Tages- und Nachtzeit, muß eine der segensreichen Begleiterscheinungen der Krankheit sein – im Gegensatz zu den Beklemmungen, die im Wachzustand auftreten und sich in besorgten Fragen wie »Wann gehen wir?« ausdrücken. Das Anziehen ist an den meisten Tagen eine ziemlich vergnügte und komische Angelegenheit. Ich selbst bin alles andre als sicher, wie herum ihre Unterhose gehört. Für gewöhnlich einigen wir uns darauf, daß es egal ist. Bei langen Hosen ist es einfacher. Ihre haben hinten drin ein schmuddeliges weißes Etikett. Ich sollte Iris baden oder besser irgendwie waschen, da Baden schwierig ist, aber ich verschiebe das gern von einem Tag auf den anderen. Aus irgendeinem Grund ist es einfacher, die Sache in aller Ruhe im späteren Verlauf des Tages zu erledigen, wenn gerade sonst nichts anliegt. Iris hat nichts dagegen. Sie scheint es auf seltsame Weise für etwas ganz Normales und gleichzeitig für eine absolute Ausnahme zu halten, so als ob für sie zwischen den beiden Vorstellungen kein Unterschied mehr bestünde. Vielleicht kann sie deshalb auch ihren täglichen Zustand hinnehmen, weil sie sich ihres früheren nicht bewußt ist und auch nicht damit rechnet, daß ein anderer sie irgendwie verändert finden könnte. Ganz so, wie meine Erinnerung sie jetzt immer zeigt, wie sie ist und wie sie – so scheint die Erinnerung anzunehmen – immer gewesen sein muß.

Da ist es wohl ganz normal, daß ihr die alltäglichen Verrichtungen von früher, wie etwa Waschen und Anziehen, entschwunden sind, so als hätte es sie nie gegeben. Wenn sie sich an sie erinnern könnte, was nicht der Fall ist, dann würde sie vielleicht denken: Habe ich mich wirklich jeden Tag diesen unnötigen Ritualen unterzogen? Ich selbst mag meiner Erinnerung schließlich auch kaum glauben, daß ich mich einmal verliebt habe mit all den üblichen Begleiterscheinungen wie Erregung, Verzückung und Verzweiflung – in gewisser Weise auch alles Rituale.

Zur gleichen Zeit sind Iris' gesellschaftliche Reflexe noch sehr gut, was irgendwie unheimlich ist. Wenn jemand vor der Tür steht (der Briefträger, der Mann, der die Gasuhr abliest), und ich gerade beschäftigt bin, dann empfängt sie ihn mit einem liebenswürdigen Lächeln und ruft mich dann in jenem gelassenen, ein wenig »huldvollen« Ton, den Ehepaare in der Gegenwart Fremder automatisch benutzen. »Schatz, ich glaube, hier ist der Mann, der die Gasuhr ablesen will.« Auch mit komplexeren Situationen geht sie ganz instinktiv genauso um, scheint der Unterhaltung zu folgen, lächelt und überbrückt bereitwillig eine Gesprächspause mit einer Frage. Für gewöhnlich immer mit derselben: »Woher kommen Sie?« oder »Was machen Sie jetzt?« – Fragen, die im Verlauf eines solchen Beisammenseins viele Male wiederholt werden. Die anderen, zu Besuch gekommene Fremde oder Freunde, stellen sich, sobald sie begriffen haben, was los ist und was hinter diesen Wiederholungen steht, gut auf sie ein, und für gewöhnlich gelingt es ihnen, der Rolle, die Iris spielt, zu entsprechen.

Wie ich feststelle, mache ich von den noch vorhandenen Verhaltensmustern durchaus Gebrauch. Wenn früher einmal etwas schiefgegangen oder nicht ordentlich erledigt worden war, etwas, für das ich zu Recht oder zu Unrecht Iris verantwortlich machte, dann bekam ich manchmal einen kindischen Wutanfall. Sie reagierte in einem solchen Fall ganz gelassen und beruhigte mich auf fast mütterliche Weise. Das geschah nicht überlegt, sondern war eine völlig unbewußte weibliche Reaktion, für die es normalerweise keinen Auslöser gab, was der Fall gewesen wäre (und das fast täglich), wenn wir Kinder gehabt hätten. Im allgemeinen war Iris überhaupt nicht »weiblich«, eine Tatsache, für die dankbar zu sein mir dann und wann einfiel. Inzwischen habe ich gelernt, von diesem Reflex Gebrauch zu machen. Wenn sie mir den ganzen Tag folgt wie Marys Bär und mich immer wieder bei einer lästigen Arbeit oder beim Briefeschreiben (sehr oft Briefe an ihre Fans) unterbricht, dann fange ich – selbst für mein Gefühl – hemmungslos an zu toben, stampfe mit dem Fuß auf, schleudere die Papiere und Briefe auf den Boden und fuchtele mit den Händen in der Luft herum. Es funktioniert immer. Iris sagt: »Entschuldige ... entschuldige . . . « und tätschelt mich, bevor sie still weggeht. Sie wird bald wieder da sein, aber das macht nichts. Mein Wutanfall hat sie in einer Weise beruhigt, wie ich es weder durch meine Fürsorglichkeit noch durch Versuche, auf sie einzugehen, hätte erreichen können.

Die Dame, die auf ihre bewußt fröhliche Art zu mir gesagt hatte, mit einem Alzheimer-Kranken zu leben sei, als wäre man an einen Leichnam gekettet, steigerte sich zu einem noch größeren Ausbruch verzweifelten Spaßens, indem sie bemerkte: »Und wie Sie und ich wissen, ist es ein Leichnam, der sich in einem fort beschwert.«

Ich weiß das nicht. Trotz ihrer unaufhörlichen, ängstlichen Fragerei scheint Iris gar nicht zu wissen, wie man sich beklagt. Das hat sie auch früher nicht gewußt. Die Krankheit, die Wesenszüge so sehr betonen kann, daß es fast einer teuflischen Parodie gleicht, hat es in ihrem Fall nur geschafft, ihre natürliche Güte zu verstärken.

An einem guten Tag hat ihr Bedürfnis nach liebevoller Nähe, gegenseitigem Streicheln und zärtlichem Gemurmel etwas Engelhaftes an sich, und sie selbst scheint etwas von dem zu haben, was unsichtbar in einer Ikone anwesend ist. Noch wichtiger aber ist diese Nähe für sie an den Tagen voll stiller Tränen, einem Kummer, der scheinbar nichts von der geheimnisvollen Welt des Schöpfertums, die sie verloren hat, weiß und doch spürt, daß etwas fehlt. Die »Kleine-Stier-Seite« an ihr, wenn sie mit gesenktem Kopf entschlossen auf ihr Ziel losging, kam früher ganz besonders heraus, wenn sie morgens aufstand und ins Badezimmer strebte. Nachdem sie sich angezogen hatte, kam sie und stattete mir, der ich noch im Bett war und arbeitete, einen kurzen Besuch ab und ging dann hinunter in den Garten, um nachzuschauen, wie es draußen so aussah. Das Wetter und die Vögel, Bilder und Klänge – all das notierte sie manchmal in ihr Tagebuch, wenn sie sich an die Arbeit setzte. Sie frühstückte dann nie. Allerdings brachte ich ihr, wenn ich zu Hause war, später am Morgen Kaffee und einen Schokoladenkeks.

Jetzt ist diese einstmals gute Morgenzeit die schlimmste Zeit. Wie für die Soldaten beider Weltkriege das In-Bereitschaft-Stehen in den Schützengräben. Schwarzer Humor ist darauf die natürliche Antwort, selbst wenn man den trüben Scherz nur insgeheim machen kann, denn schon der Versuch, ihn zu dieser einstmals so vielversprechenden Stunde mit dem Opfer teilen zu wollen, wäre herzlos.

Während ich mir also den Kopf darüber zerbreche, wie man am besten den Tag herumbringen könnte, hege ich durchaus kameradschaftliche Gefühle gegenüber der Frau, die sich dadurch ein wenig Erleichterung verschafft hatte (ich hoffe es jedenfalls), daß sie über sich und ihren kranken Mann Witze machte. Obwohl mir nicht danach zumute gewesen war, aus vollem Herzen mitzuwitzeln, wäre es doch sehr viel schlimmer gewesen, wenn ich auf feierlich-teilnahmsvolle, »korrekte« Art und Weise aus einer ähnlichen Situation heraus Mitgefühl hätte zeigen müssen. Überhaupt haben ja Menschen, die im gleichen Boot sitzen, den natürlichen Wunsch, Erfahrungen auszutauschen. Ein gepflegt aussehender, grauhaariger Mann, den ich gekannt hatte, als wir beide achtzehn und Soldaten waren, schrieb mir, um mir sein Mitgefühl auszudrücken. Abgesehen von seinem Beruf – er war Börsenmakler – hatte er sich hauptsächlich für Frauen und Oldtimer interessiert. Als seine Frau, die jünger war als er, Alzheimer bekam und ihr Zustand sich rapide verschlechterte, pflegte er sie mit beispielloser Hingabe. Er berichtete über den Fortschritt der Krankheit gern in eindrucksvollen kleinen Briefchen. Einmal schrieb er: »Früher habe ich des Weibes göttliche Form in einem etwas anderen Licht gesehen. Jetzt, so stelle ich fest, spritze ich sie einfach jeden Morgen mit dem Schlauch ab.«

Ich tue das bei weitem nicht so oft. Aber wenn mir der Scherz in den Sinn kommt, während ich Iris zwischen den Beinen wasche und mir dann das Übrige ihrer »göttlichen Form« vornehme, dann muß ich innerlich kichern. Woher hatte mein alter Kriegskamerad bloß dieses unerwartete Beispiel altmodischer Schalkhaftigkeit, dieses komische, aber zugleich auch irgendwie poetische Cliché, an dem auch James Joyce einmal Gefallen gefunden hatte? Ganz sinnlos, den Scherz mit Iris teilen zu wollen. Nicht daß sie Anstoß nehmen würde, aber das Schnodderig-Absurde dieses Satzes würde ihr inzwischen entgehen. Kürzlich stieß ich auf eine Sammlung von Palindromen, die uns jemand vor Jahren geschickt hatte – geniale und surrealistische Sätze mit dementsprechenden Illustrationen. Eines davon, dessen telegraphische Knappheit uns ebenso wie seine Illustration amüsiert hatte, hieß: »Sex at noon taxes.« (»Sex zur Mittagszeit strengt an.«) Ich zeigte es Iris zusammen mit einigen anderen, die wir damals besonders gut gefunden hatten, und sie lächelte und lachte ein bißchen, um mir eine Freude zu machen, aber ich wußte, daß sie sie nicht verstand. Andererseits schaut sie sich die Trickfilme im Kinderfernsehen mit an

Entzücken grenzender Freude an. Sie können zwischen zehn Uhr – der schwierigsten Zeit – und elf Uhr morgens eine große Erleichterung sein. Für gewöhnlich gucke ich mir mit ihr zusammen die Teletubbies an, und ihre seltsame kleine, sonnenbeschienene Welt mit, wie es scheint, echten Kaninchen, echtem Himmel und echtem Gras nimmt auch mich gefangen. Sind diese Wesen tatsächlich irgendwie menschlich? Schlaue kleine Zwerge? Jedenfalls sieht es so aus, und die Illusion, wenn es denn eine ist, fesselt uns immer wieder.

Wir haben erst seit ein paar Monaten Fernsehen – vorher sind wir nie auf die Idee gekommen. Jetzt lausche ich auf die Geräusche aus der Küche und hoffe, daß der Fernseher angestellt bleibt. Wenn es still ist, weiß ich, daß Iris ihn ausgemacht hat und reglos dasitzt. An nachlassendem Konzentrationsvermögen kann es nicht liegen. Sie verfolgt gebannt Fußballspiele, Cricket, Bowling oder auch Tennis, ohne das Spiel oder den Spielstand zu kennen, aber völlig von der Atmosphäre gefangengenommen. Meine an den Leichnam gekettete Freundin sagte jeden Abend zu ihrem Mann: »Heute gibt's Poolbillard im Fernsehen.« Dann spielte sie ihm ein altes Video vor. Es sei jedesmal neu für ihn, sagte sie.

Da ich kein sechsjähriges Kind zur Hand habe, das mit so etwas umgehen kann, ist es mir leider nie gelungen, das Videogerät zu programmieren. Aber Iris stellt den Kasten ohnehin nicht ab, weil sie sich langweilt (Langeweile scheint bei ihr einfach nicht vorzukommen), sondern aus jenem instinktiven Drang heraus wegzukommen, der sie auch sagen läßt: »Wann gehen wir?« oder »Muß aber weg.« Aus demselben Grund hat sie Beschäftigungen, die ich ihr anbot und an denen sie sich auch versuchte, abgebrochen – ich habe so etwas inzwischen stillschweigend wieder aufgegeben. Wann lassen sie uns hier raus?

Vom ersten Tag unserer Ehe an haben wir uns nie groß um Hausarbeit gekümmert. Täglich immer wieder zu erledigende Dinge gab es nie. Keiner von uns hatte das Bedürfnis, das Haus sauberzuhalten, und der Gedanke, daß jemand anders kommen und es für uns tun könnte, störte uns. Inzwischen hat der Zustand des Hauses einen Punkt erreicht, von dem es wirklich kein Zurück mehr gibt. Früher kam es uns unnötig vor, etwas zu unternehmen, und jetzt ist es zu spät. Falls unsere Freunde bemerken, wie es bei uns aussieht (ausgesprochen gemütlich, finde ich), dann sagen sie es nicht. Nichtsdestoweniger habe ich hin und wieder das Gefühl, daß wir, hätten wir es uns rechtzeitig angewöhnt, zusammen irgendwelche Hausarbeiten zu verrichten, jetzt damit fortfahren könnten. Selbstdisziplin. Und eine Methode, sich die Zeit zu vertreiben. Aber wie der Tramp in *Warten auf Godot* in etwa sagt, irgendwie scheint die Zeit trotzdem zu vergehen.

Nicht daß wir ein ausgesprochenes Staubmuseum unser eigen nennen – wie Dickens' Miss Havisham. Wenn man den Staub in Ruhe läßt, scheint er sich mit Leichtigkeit in die allgemeine Kulisse einzufügen. Wie die Kleidungsstücke, Bücher, alten Zeitungen, Briefe, Pappkartons. Das eine oder andere kann man vielleicht noch einmal gebrauchen. Aber Iris hat sowieso nie etwas wegwerfen können. Sie hat mit aufgerissenen Briefumschlägen oder verschlußlosen Plastikflaschen schon immer Mitleid gehabt, das inzwischen allerdings zwanghaft geworden ist. So werden trockene Blätter gerettet, Stöcke und Stummel von Zigaretten, die nicht sehr heimlich von den Schülerinnen der Oberschule hier in der Nähe geraucht worden sind. Heutzutage ist das Rauchen ja zu einer Outdoor-Aktivität geworden. Ganz gesund, denke ich manchmal.

Es ist wunderbar friedlich, hier so im Bett zu sitzen, während Iris neben mir beruhigend schläft und leise schnarcht. Ich werde selber wieder ganz schläfrig, und mir ist, als ob ich den Fluß hinabtriebe und zusähe, wie das ganze Zeug hier aus dem Haus und aus unserem Leben – das gute wie das schlechte – langsam im dunklen Wasser versinkt, bis es in der Tiefe nicht mehr zu sehen ist. Iris treibt oder schwimmt ruhig neben mir. Krautige Pflanzen oder größere Blätter schwanken und recken sich unter der Wasseroberfläche. Blaue Libellen schießen am Ufer hin und her oder stehen in der Luft. Und plötzlich der leuchtende Blitz eines Eisvogels.

Kommentar

In dem Erinnerungstext von John Bayley »Elegie für Iris« werden einige zentrale Symptome der Demenz in sehr subtiler und in einer durch große Verstehensbereitschaft getragenen Weise geschildert, ohne dass das Gesamtbild der Demenz beschrieben wird. Der Erzähler berichtet in der »Ich-Form« über die Krankheitssymptome und die Veränderungen seiner Frau in einer Weise, die die große emotionale Nähe zu ihr, die eigene Betroffenheit durch die Erkrankung und den Versuch, sich nicht zu sehr durch die

Krankheitssymptome beeinträchtigen zu lassen, erkennbar werden lässt. Es handelt sich also nicht um einen sachlichen, objektiven Bericht über die Krankheitssymptome, sondern um einen Versuch, diesen Krankheitssymptomen, obwohl sie so schwer sind und das partnerschaftliche Leben beeinträchtigen, möglichst viel von ihrer schicksalhaften Tragik dadurch zu nehmen, dass immer wieder auch versucht wird, die „positiven" Aspekte der Krankheitssymptome zu sehen. In oft z.T. subtil humorvoller Weise wird die frappierend »gute Fassade« der Demenzkranken in bestimmten sozialen Routinekontexten, die für den nicht eingeweihten Außenstehenden die Krankheit manchmal völlig verschleiern kann, dargestellt. Der Erzähler beschreibt auch eindrucksvolle Versuche, mit den jeweiligen Krankheitssymptomen so umzugehen, dass möglichst wenig Demütigungen für die erkrankte Ehefrau entstehen und dass gleichzeitig die emotionale Belastung für ihn so weit wie möglich reduziert werden kann. Auch berichtet er, wie er sich auf das veränderte Verhalten seiner Ehefrau einstellt, um möglichst wenig konflikthafte Situationen entstehen zu lassen. Die für den Ehemann aufkommenden Pflegeaufgaben und Belastungen werden in einem sehr vorsichtigen Ton und ohne Klagen geschildert. Der Erzähler stellt seine Bemühungen dar, eine intensive Beziehung zu seiner Ehefrau beizubehalten, wenn auch unter den durch die Demenzerkrankung völlig veränderten Ausgangsbedingungen.

Die tragische Realität, die die Demenzerkrankung eines Partners mit sich bringt, wird vom Erzähler in einer sehr eindrucksvollen Weise poetisch gestaltet, ohne dass dadurch ein falsches Bild von der Erkrankung gegeben wird. Eine wichtige Strategie, die Belastung der Demenzerkrankung der Ehefrau nicht zu exzessiv werden zu lassen, ist dabei der z.T humorvolle Umgang mit den Demenzsymptomen.

Der Beitrag gibt mit seiner Darstellung Anlass zu der Hoffnung, dass bei einer guten und tragfähigen Partnerschaft auch ein so schweres und tragisches Schicksal gemeinsam getragen und positiv bewältigt werden kann.

Jonathan Franzen

Das Gehirn meines Vaters

aus: Jonathan Franzen. Anleitung zum Einsamsein. Essays.
Deutsch von Chris Hirte.

Einführung

Der amerikanische Schriftsteller Jonathan Franzen (Jahrgang 1959), der zeitweise an der FU Berlin studierte, wird bereits jetzt international zu den Twenty Writers for the 21st Century gezählt. Für seinen dritten Roman »Die Korrekturen« erhielt er 2001 den National Book Award.

In seiner Essaysammlung »Anleitung zum Einsamsein« (2002), der auch der nachfolgende Text entnommen ist, setzt sich der Autor mit der Alltagswelt der Gegenwart auseinander und sieht in den verschiedenen Formen von Einsamkeit eine der letzten Möglichkeiten, sich der medialen und ideologischen Reizüberflutung zu entziehen. Einer der eindrucksvollsten Texte ist der zwar stark autobiographisch gefärbte, kompositorisch und erzählstrategisch dennoch literarisch überhöhte Text über die Alzheimer-Erkrankung seines Vaters.

Unter Rückgriff auf das literaturgeschichtlich konventionalisierte Muster des Anteil nehmenden Beobachters darf gerade dieser Essay über den an Demenz erkrankten Vater nicht ausschließlich durch eine bloß autobiographische Brille gelesen werden. Es geht hier nicht um eine Homestory zur Befriedigung voyeuristischer Blicke ins Privatleben eines berühmten Schriftstellers, sondern durchaus um das literarische und ästhetische Bestreben, in der Darstellung des Individuellen das Allgemeine zu akzentuieren. Was sich teilweise als schier erschreckende Offenheit tarnt, wird in erster Linie von kunstgestalterischem Willen, nicht von journalistischem Exhibitionismus geleitet. Zu beachten ist außerdem der Werkkontext, zumal bereits in dem Roman »Die Korrekturen« Albert Lambert, eine der zentralen Figuren, an der Krankheit leidet.

Weiterführende Literatur:
Hans Förstl (Hrsg): Demenzen. Perspektiven in Forschung u. Praxis. Elsevier 2005

Das Gehirn meines Vaters

Eine Erinnerung: An einem trüben Februarmorgen des Jahres 1996 bekam ich von meiner in St. Louis lebenden Mutter ein Päckchen zum Valentinstag, das eine kitschig rosa Glückwunschkarte, zwei große Schokoriegel (Mr. Goodbars), ein rotes Filigranherz mit Schleife und die Kopie eines neuropathologischen Berichts über die Gehirnautopsie meines Vaters enthielt.

Ich entsinne mich des hellgrauen Winterlichts jenes Vormittags. Ich weiß noch, dass ich die Schokoriegel, die Karte und das Herz im Wohnzimmer liegen ließ, mit dem Autopsiebericht ins Schlafzimmer ging, mich hinsetzte und las. *Das Gehirn* (so begann der Bericht) *wog 1255 Gramm und zeigte parasagitale Atrophien mit Furchenerweiterungen.* Ich weiß noch, dass ich Gramm in Pfund übersetzte und Pfund in die vakuumverpackten Fleischklumpen im Kühlregal des Supermarkts. Ich weiß noch, dass ich nicht weiterlas und den Bericht in den Umschlag zurückschob.

Ein paar Jahre vor seinem Tod hatte mein Vater an einer Studie der Washington University zum Thema Gedächtnis und Altern teilgenommen, und eine der Draufgaben war die kostenlose Gehirnautopsie nach dem Tod des Probanden gewesen. Ich vermute, dass meine Mutter, die auf alles flog, was es umsonst gab, meinen Vater wegen der ebenfalls kostenlosen Betreuung und Behandlung zur Teilnahme an dieser Studie gedrängt hatte. Sparsamkeit war vermutlich auch das einzige bewusste Motiv dafür, dass sie den Autopsiebericht in mein Valentinspäckchen gesteckt hatte. Sie sparte zweiunddreißig Cent Porto.

Meine klarsten Erinnerungen an diesen Februarmorgen sind visueller und räumlicher Art: die gelben Mr. Goodbars, der Wechsel vom Wohnzimmer ins Schlafzimmer, das Vormittagslicht einer Jahreszeit, die vom Winteranfang genauso weit entfernt war wie vom Frühlingsbeginn. Ich weiß jedoch, dass selbst diesen Erinnerungen nicht zu trauen ist. Den neuesten Theorien zufolge, die auf einer Vielzahl neurologischer und psychologischer Forschungen der letzten Jahrzehnte aufbauen, ist das Gehirn kein Album, in dem jede Erinnerung einzeln aufbewahrt wird wie ein Foto. Der Psychologe Daniel L.

Schachter beschreibt eine Erinnerung vielmehr als »temporäre Konstellation« der Gehirntätigkeit – eine naturgemäß unscharf begrenzte Erregung neuronaler Schaltkreise, die eine Reihe von Wahrnehmungsbildern und semantischen Daten in die temporäre Wahrnehmung eines erinnerten Ganzen einbindet. Diese Bilder und Daten sind selten das exklusive Eigentum einer bestimmten Erinnerung. Schon während die Erlebnisse jenes Valentinstags in mir aufsteigen, bedient sich mein Gehirn der viel älteren Begriffe »rot«, »Herz« und »Mr. Goodbar«, der graue Himmel vor den Fenstern ist mir von tausend anderen Wintertagen vertraut, und ich habe bereits Millionen von Neuronen auf das Bild meiner Mutter verwandt – ihren Geiz in Portofragen, die Liebesbeweise für ihre Kinder, ihre unterdrückte Wut auf meinen Vater, ihren grotesken Mangel an Takt und so weiter. Meine Erinnerung an diesen Morgen besteht also nach neuesten Erkenntnissen aus einer Reihe fester neuronaler Verbindungen zwischen den zuständigen Gehirnregionen und einer Prädisposition für die Gesamtkonstellation, die sich chemoelektrisch aktiviert, wenn ein Teilbereich stimuliert wird. Man sage »Mr. Goodbar« und bitte mich um freie Assoziation.

Wenn ich nicht auf »Diane Keaton« komme, dann ganz bestimmt auf »Gehirnautopsie«.

Meine Valentinserinnerung würde auch so funktionieren, wenn ich sie jetzt zum ersten Mal ans Licht zöge. Dieser Februarvormittag ist mir aber seitdem unzählige Male in den Sinn gekommen. Ich habe die Geschichte meinen Brüdern erzählt. Ich habe sie Freunden, die auf solche Dinge stehen, als mütterliche Entgleisung erzählt und beschämenderweise auch Leuten, die ich kaum kenne. Jede neue Aktivierung und Wiedergabe verstärkt die Konstellation der Bilder und der Fakten, aus denen die Erinnerung besteht. Auf Zellebene betrachtet, wird die Erinnerung nach Aussage der Neurowissenschaftler jedes Mal ein wenig tiefer eingebrannt, wird die Vernetzung der Komponenten weiter befestigt, das Feuerwerk der betreffenden Synapsen kräftiger geschürt. Eine der größten Anpassungsleistungen des Gehirns, die unsere grauen Zellen um so vieles raffinierter machen als jede bislang erdachte Maschine (die verstopfte Festplatte meines Laptops oder ein World Wide Web, das sich stur und bis ins letzte Detail die »Beverly Hills 90210«-Fan-Site merkt, *last updated* 20. 11. 98), ist die Fähigkeit, fast alles zu vergessen, was uns je widerfahren ist. Ich bewahre weitgehend verallgemeinerte Erinnerungen an die Ver-

gangenheit auf (ein Jahr in Spanien, mehrere Besuche in den indischen Restaurants der East Sixth Street), aber verhältnismäßig wenig konkrete Episoden. Indem ich auf diese Erinnerungen zurückgreife, stärke ich sie. Sie werden wortwörtlich – morphologisch, chemoelektrisch – zum Teil meiner Gehirnarchitektur.
Dieses Gedächtnismodell, das ich hier ziemlich laienhaft wiedergebe, begeistert den Amateurwissenschaftler in mir. Es bietet mir eine Erklärung sowohl für die Unschärfe als auch für die Vielfalt meiner Erinnerungen und erregt meine Ehrfurcht, wenn ich mir die neuronalen Netzwerke vorstelle, die sich mühelos und in unabsehbarer Parallelität selbst organisieren, um mein phantomhaftes Bewusstsein und mein ziemlich robustes Ichgefühl zu erzeugen. Eine hübsche, postmoderne Vorstellung. Das menschliche Gehirn ist ein Gespinst aus hundert, vielleicht auch zweihundert Milliarden Nervenzellen, aus Billionen Nervenfasern und Dendriten, die Billiarden von Botschaften übermitteln und sich dazu mindestens fünfzig verschiedener Transmitter bedienen. Das Organ, mit dem wir das Universum beobachten und deuten, ist der mit großem Abstand komplexeste Gegenstand, der uns in diesem Universum begegnet.
Und zugleich ist er ein Klumpen Körpermasse. Irgendwann, vielleicht im weiteren Verlauf des Valentinstags, zwang ich mich, den ganzen Pathologiebericht zu lesen. Er enthielt den »mikroskopischen Befund« des Gehirns, das meinem Vater gehört hatte:

Sektion der Stirn-, Scheitel-, Hinterhaupts- und Schläfenlappen zeigte zahlreiche senile Plaques vom markanten und gestreuten Typus mit geringer neurofibrillarer Lockenbildung. Kortikale Levy´sche Körperchen ließen sich in der H & E-gefärbten Substanz leicht nachweisen. Der Mandelkern wies Plaques auf, vereinzelte Locken und leichten Zellschwund.

Neun Monate zuvor, beim Aufgeben der Todesanzeige, hatte meine Mutter auf der Formulierung bestanden, mein Vater sei »nach langer Krankheit« verstorben. Ihr gefiel daran das Förmliche und Verhaltene, aber der Groll, der im Wort »lang« mitschwingt, ist kaum zu überhören. Die bei der Obduktion entdeckten senilen Plaques bestätigten, womit mein Vater viele Jahre Tag für Tag zu kämpfen hatte: Wie Millionen anderer Amerikaner litt er an der Alzheimer-Krankheit.

Das war seine Krankheit, aber auch, so könnte man sagen, seine Geschichte. Doch lassen Sie mich erzählen.
Alzheimer ist eine Krankheit mit schleichendem Verlauf. Da auch gesunde Menschen mit dem Alter vergesslich werden, lässt sich nicht feststellen, wann eine Gedächtnisleistung erstmals dem Morbus Alzheimer zum Opfer fällt. Bei meinem Vater war es besonders kompliziert, weil er nicht nur depressiv, introvertiert und schwerhörig war, sondern auch starke Medikamente wegen anderer Krankheiten nahm. Lange Zeit war es möglich, seine inadäquaten Antworten auf die Schwerhörigkeit zu schieben, seine Vergesslichkeit auf die Depression, seine Halluzinationen auf die Medikamente, und genau das taten wir.
Meine Erinnerungen an die Jahre seines beginnenden Verfalls befassen sich lebhaft mit anderen Dingen. Ich bin sogar ein bisschen entsetzt, welch großen Raum ich in ihnen einnehme und wie peripher meine Eltern sind. Aber in jenen Jahren war ich weit weg von zu Hause. Mein Wissen bezog ich vor allem aus den Klagen meiner Mutter über meinen Vater, und diese Klagen nahm ich nicht ganz ernst, denn mein Leben lang hatte ich nichts anderes von ihr gehört.
Die Ehe meiner Eltern war, man kann es so sagen, alles andere als glücklich. Sie blieben wegen der Kinder zusammen und weil sie nicht glaubten, durch eine Scheidung glücklicher zu werden. Solange mein Vater arbeitete, hatte jeder seinen eigenen Bereich, sie den Haushalt, er den Beruf, aber 1981, nach seiner Pensionierung mit 66 Jahren, begannen sie in ihrem gemütlich eingerichteten Vorstadthaus mit der Ganztagsdarbietung des Ehedramas »No Exit«. Ich reiste zu Kurzbesuchen an wie eine UN-Friedenstruppe und hörte mir die erbitterten Vorwürfe beider Seiten an.
Im Unterschied zu meiner Mutter, die in ihrem Leben fast dreißigmal im Krankenhaus lag, war mein Vater bis zu seiner Pensionierung kerngesund. Seine Eltern und Onkel hatten es auf über achtzig oder neunzig Jahre gebracht, und er, Earl Franzen, war fest davon überzeugt, dass er mit neunzig noch leben würde, um, wie er gern sagte, »zu sehen, wie sich die Dinge entwickeln«. (Sein anagrammatischer Namensvetter Lear stellte sich das Greisenalter ganz ähnlich vor: Er wollte mit Cordelia dem Hofklatsch lauschen und erfahren, »wer siegt und wer verliert, wer drin ist und wer draußen«.) Mein Vater hatte keine Hobbys, seine Freuden beschränkten sich aufs Essen, auf die Besuche seiner Kinder, aufs Bridgespiel, aber er hatte ein *episches* Interesse am Leben. Unermüdlich sah er die Fernsehnachrichten.

Sein Altersehrgeiz war es, die Entwicklung der Nation und seiner Kinder zu verfolgen, solange es nur ging.
Das Passive dieses Ehrgeizes und die Gleichförmigkeit seines Alltags machten ihn weitgehend unsichtbar für mich. Aus den Anfängen seiner Demenz am Ende der achtziger Jahre ist mir nur ein einziger konkreter Vorfall im Gedächtnis: Beim Besuch des Restaurants scheiterte er trotz aller Bemühungen an der Aufgabe, anhand der Rechnung das Trinkgeld zu ermitteln.
Glücklicherweise war meine Mutter eine großartige Briefschreiberin. Die Passivität meines Vaters, die ich bedauerlich fand, aber nicht als mein Problem betrachtete, war für sie eine Quelle bitterer Enttäuschung. Bis zum Herbst 1989, als mein Vater, wie ich ihren Briefen entnehme, noch Golf spielte und die wichtigsten Hausreparaturen selbst vornahm, blieben ihre Klagen strikt auf den familiären Bereich beschränkt:

Es ist extrem schwierig, mit einem unglücklichen Menschen zu leben, wenn man weiß, dass man die Hauptursache seines Unglücks ist. Schon vor *Jahrzehnten,* als Dad mir erzählte, dass es so was wie Liebe nicht gibt (dass Sex eine »Falle« ist) und dass es ihm nicht vergönnt war, glücklich zu sein, hätte ich so klug sein müssen zu erkennen, dass es keine Hoffnung auf eine Beziehung gab, die *mich* erfüllte. Aber ich war mit den Kindern und den Menschen, die ich gern hatte, ausgelastet und habe mir wahrscheinlich wie Scarlett O'Hara gesagt: »Sorgen mache ich mir später.«

Der Brief stammt aus einer Zeit, als sich das elterliche Ehedrama auf das Thema seiner Schwerhörigkeit verlagert hatte. Meine Mutter klagte, es sei rücksichtslos von ihm, keine Hörhilfe zu tragen, mein Vater klagte, die anderen seien rücksichtslos, weil sie nicht laut genug sprächen. Die Auseinandersetzung kulminierte in einem Pyrrhussieg: Er kaufte eine Hörhilfe, ohne sie zu benutzen. Und wieder machte ihm meine Mutter »Sturheit«, »Eitelkeit« und »Fatalismus« zum Vorwurf. Aber im Rückblick ist kaum zu übersehen, dass die schlechten Ohren als Staffage für weit ernstere Probleme herhalten mussten.

Ein Brief vom Januar 1990 enthält den ersten schriftlichen Hinweis auf diese Probleme:

Letzte Woche hat er seine morgendlichen Pillen weggelassen, weil er zum Fahrtauglichkeitstest an der Washington University musste, wo er an der Studie zu Alter und Gedächtnis teilnimmt. In der Nacht wurde ich von seinem elektrischen Rasierer geweckt, ich schaute auf die Uhr, es war halb drei, und er war im Bad und rasierte sich.

Wenige Monate später machte mein Vater schon so viele Fehler, dass meine Mutter andere Erklärungen bemühen musste:

Entweder ist er überanstrengt oder zerstreut oder hat irgendeine geistige Störung, aber es gab eine ganze Menge Vorfälle, die mir wirklich Sorgen machen. Er lässt die Wagentür offen oder die Scheinwerfer brennen, und innerhalb einer Woche mussten wir zweimal den Pannendienst rufen und die Batterie aufladen lassen. (Jetzt habe ich Zettel in der Garage aufgehängt, und das scheint zu helfen.) ... Mir ist wirklich nicht wohl beim Gedanken, ihn für längere Zeit allein im Haus zu lassen.

Die Angst, ihn allein zu lassen, gewann im Lauf des Jahres immer mehr an Gewicht. Ihr rechtes Knie war abgenutzt, und weil sie bereits eine Stahlplatte von einer früheren Fraktur im Bein hatte, stand ihr eine komplizierte Operation mit langer Genesung und Rehabilitation bevor. Ihre Briefe von Ende 1990 und Anfang 1991 sind durchsetzt von quälenden Zweifeln, ob sie die Operation riskieren konnte und was in diesem Fall mit meinem Vater geschehen sollte.

Wäre er nur eine Nacht allein im Haus und ich im Krankenhaus, würde ich durchdrehen, weil er das Wasser laufen lässt, manchmal den Herd nicht abstellt, überall Licht macht und so weiter ... Ich prüfe in letzter Zeit alles nach, sooft ich kann, aber selbst dann herrscht bei uns ein heilloses Durcheinander, und was mich am härtesten ankommt, ist sein Vorwurf der Einmischung – »Halt dich aus meinen Angelegenheiten raus!!!«. Er sieht oder akzeptiert nicht, dass ich ihm *helfen* will, und das ist das Allerschwerste für mich.

Zu der Zeit hatte ich gerade meinen zweiten Roman beendet, deshalb bot ich ihr an, während ihres Klinikaufenthalts auf meinen Vater aufzupassen. Um seinen Stolz nicht zu verletzen, einigte ich mich mit ihr darauf, so zu tun, als wäre ich ihretwegen und nicht seinetwegen gekommen. Das Seltsame war jedoch, dass ich das nur halbherzig tat. Was meine Mutter über die Fehlleistungen meines Vaters schrieb, war nicht zu bezweifeln, aber genauso glaubhaft beschrieb mein Vater meine Mutter als nörgelnde Schwarzseherin. Ich fuhr nach St. Louis, weil seine Defizite für sie absolut real waren; doch als ich dort war, verhielt ich mich so, als existierten sie überhaupt nicht.

Wie befürchtet, blieb meine Mutter fast fünf Wochen im Krankenhaus. Obwohl ich nie so lange mit meinem Vater allein gewesen war und es auch nie wieder sein sollte, habe ich heute keine ausgeprägten Erinnerungen mehr an unser Zusammensein. Mein heutiger Eindruck ist, dass er ein wenig zu ruhig, aber insgesamt völlig normal war. Das, könnte man meinen, stand in direktem Widerspruch zu den Briefen meiner Mutter. Doch ich kann mich nicht erinnern, dass mir dieser Widerspruch aufgefallen wäre. An einen Freund schrieb ich damals lediglich, dass die Medikation meines Vater angepasst wurde und dass nun alles in Ordnung sei.

Wunschdenken? Ja, zu einem gewissen Grad. Aber die Neigung, aus Bruchstücken ein Ganzes zu konstruieren, ist eine Grundeigenschaft unseres Verstandes. Wir haben einen blinden Fleck im Sehfeld, wo der Sehnerv auf die Netzhaut trifft, aber das Gehirn liefert uns ein lückenloses Bild der Außenwelt. Wir fangen Wortfragmente auf und hören die Wörter vollständig. Wir sehen dämonische Fratzen in Blumentapeten. Ständig füllen wir Leerstellen aus. Wohl in ähnlicher Weise war ich geneigt, sein Schweigen und seine geistigen Absenzen umzudeuten und ihn unverändert als den alten, völlig intakten Earl Franzen zu erleben. Ich brauchte ihn noch als Akteur in der Geschichte meiner selbst. Im Brief an meinen Freund beschreibe ich eine morgendliche Generalprobe des St. Louis Symphony Orchestra, die wir auf Geheiß meiner Mutter besuchen mussten, damit die Freikarten nicht verfielen. In der Pause nach dem Violinkonzert von Sibelius und dem fulminanten Solo der sehr jungen Midori sprang mein Vater mit greisenhafter Unrast von seinem Sitz auf. »So«, sagte er, »jetzt gehen wir.« Ich war klug genug, ihm nicht auch noch die nachfolgende Charles-Ives-Sinfonie zuzumuten, aber wütend auf das, was ich für sein Spießertum hielt. Auf der Heimfahrt fiel ihm zu Midori und Sibelius nicht mehr ein als das: »Ich verstehe diese Musik nicht. Was machen die damit? Auswendig lernen?«

Im selben Frühjahr wurde bei meinem Vater eine kleine, langsam wachsende Prostatageschwulst festgestellt. Seine Ärzte meinten, sie müsse nicht behandelt werden, aber er bestand auf einer Strahlentherapie. Offenbar auf indirekte Weise über seinen Geisteszustand im Bilde, packte ihn die Angst, dass in ihm etwas Schreckliches vorging, dass er seinen neunzigsten Geburtstag vielleicht doch nicht mehr erleben würde. Meine Mutter, die noch sechs Monate nach der Operation innere Blutungen im Knie hatte, brachte wenig Geduld mit der von ihr unterstellten Hypochondrie auf. Im September 1991 schrieb sie:

Ich bin froh, dass Dad mit seiner Strahlentherapie angefangen hat, die ihn zwingt, *jeden Tag* aus dem Haus zu gehen (hier ist ein Smiley eingefügt) – ein großes Plus. Er war an dem Punkt, wo er so *nervös*, so *gequält*, so depressiv wirkte, dass er irgendwie zu einer Entscheidung kommen musste. Und da er so passiv ist (praktisch gar nichts tut), hat er genug Zeit, sich den Kopf zu zerbrechen und über sich nachzugrübeln. – Er braucht *dringend* Ablenkung! ... Mehr und mehr glaube ich, die wertvollsten Eigenschaften, die man haben kann, sind 1. eine positive Einstellung und 2. Sinn für Humor – nichts davon bei Dad.

Es folgten ein paar relativ optimistische Monate. Die Geschwulst war verbannt, das Knie meiner Mutter wurde endlich besser, und ihre angeborene Zuversicht kehrte in die Briefe zurück. Sie berichtete, dass mein Vater bei einer Bridgepartie gewonnen hatte. »Wenn er seine Zerstreutheit in den Griff kriegt und nicht so konservativ ans Spiel herangeht, schlägt er sich bemerkenswert gut. Es ist ungefähr das Einzige, was ihm Spaß macht (und ihn wach hält!).« Aber seine Ängste blieben; er hatte Magenschmerzen, die, wie er glaubte, durch Krebs verursacht waren. Allmählich verschob sich der Akzent ihrer Mitteilungen vom Persönlichen und Moralischen ins Psychiatrische. »Es ist beunruhigend, wie viele Freunde wir in den vergangenen sechs Monaten verloren haben – teilweise sicher wegen Dads Nervosität und Depression«, schrieb sie im Februar 1992. Und weiter:

Dads Internist, Dr. Rouse, hat in etwa meinen Eindruck bestätigt, was seine Magenbeschwerden betrifft. (Er hat alle klinischen Ursachen ausgeschlossen.) Dad ist 1. schrecklich nervös, 2. schrecklich depressiv, und ich hoffe, Dr. Rouse verschreibt ihm ein Antidepressivum. Es *muss* einfach ein Mittel dagegen geben … Im letzten Jahr sind viele bedrückende, beunruhigende Dinge passiert, das weiß ich sehr wohl, aber Dads seelischer Zustand verursacht ihm körperliche Schmerzen, und wenn er schon nicht zur Beratung geht (vorgeschlagen von Dr. Weiss), wird er jetzt vielleicht zumindest bereit sein, Tabletten zu nehmen oder was immer man gegen Nervosität und Depression tut.

Eine Weile lang blieb »Nervosität und Depression« eine feste Wendung in ihren Briefen. Dank Prozac schien mein Vater aufzuleben. Aber die Wirkung war von kurzer Dauer. Im Juli 1992 fand er sich endlich – und zu meiner Überraschung – bereit, zum Psychiater zu gehen.

Der Psychiatrie hatte er immer gründlich misstraut. Psychotherapie betrachtete er als Verletzung der Intimsphäre, seelische Gesundheit als Frage der Selbstdisziplin und die zunehmend spitzzüngigen Vorschläge meiner Mutter, »mal mit jemandem zu reden«, als Akte der Aggression, als böswillige Schuldzuweisungen für ihre unglückliche Ehe. Es war ein Ausdruck seiner tiefen Verzweiflung, dass er sich freiwillig in die Praxis eines Psychiaters begab.

Im Oktober, bei einem Zwischenstopp in St. Louis auf dem Weg nach Italien, fragte ich ihn nach der Behandlung. Er machte eine resignierte Geste. »Ein äußerst fähiger Arzt«, sagte er. »Aber ich fürchte, er hat mich abgeschrieben.«

Der Gedanke, dass jemand meinen Vater abschrieb, war mir unerträglich. Aus Italien schickte ich dem Psychiater einen dreiseitigen Brief mit der Bitte, den Fall noch einmal zu überprüfen, aber währenddessen ging es zu Hause drunter und drüber. »Ich muss dir leider mitteilen, dass Dad einen fürchterlichen Rückschlag erlitten hat«, faxte meine Mutter nach Italien. »Das Medikament für sein urologisches Problem hat in Kombination mit den Mitteln gegen Nervosität und Depression neue Anfälle ausgelöst, das Halluzinieren usw. war schrecklich.« Sie hatten ein Wochenende bei meinem Onkel in Indiana verbracht, wo mein Vater, aus der vertrauten Umgebung gerissen, ein nächtliches Spektakel vollführte, das darin gipfelte, dass mein Onkel ihm ins Gesicht schrie: »Mensch, Earl, ich bin dein Bruder Erv, wir haben im selben Bett geschlafen!« Wieder in St. Louis, begehrte er gegen Mrs. Pryble auf, eine ältere Dame, die meine Mutter für zwei Vormittage die Woche engagiert hatte, damit sie ihre Besorgungen machen konnte. Er sah nicht ein, dass er eine Pflegerin brauchte, und wenn, warum dann eine Fremde und nicht seine Frau? Er war ein

typisches »Nachtgespenst« geworden. Am Tag dämmerte er vor sich hin, nachts stellte er das Haus auf den Kopf.
Es folgte unser unglückseliger Besuch, als meine Frau und ich endlich für meine Mutter tätig wurden und eine Altenpflegerin suchten. Meine Mutter drängte uns, ihn so zu ermüden, dass er nachts ohne psychotische Ausbrüche durchschlief. Er saß mit versteinertem Gesicht am Kamin und erzählte Schauergeschichten aus seiner Kindheit, während meine Mutter über die Kosten, die untragbaren Kosten der Altenpflege schimpfte. Aber wenn ich mich recht erinnere, fiel nie das Wort »Demenz«. In den Briefen meiner Mutter kommt das Wort »Alzheimer« nur ein einziges Mal vor – in Bezug auf eine alte deutsche Frau, für die ich als Teenager gearbeitet hatte.

Ich weiß noch, wie misstrauisch und ablehnend ich vor fünfzehn Jahren reagierte, als das Wort »Alzheimer« plötzlich in aller Munde war. Ein weiteres Beispiel für die Pathologisierung des Menschlichen, dachte ich, die neueste Bereicherung der ständig wachsenden Opfer-Nomenklatur. Meiner Mutter erwiderte ich auf ihre Mitteilung: »Was du beschreibst, klingt ganz nach der alten Erika, nur um einiges schlimmer. Aber so funktioniert doch Alzheimer nicht, oder? Jeden Monat schimpfe ich ein paar Minuten darüber, dass normale Geisteskrankheiten mit dem modischen Etikett ›Alzheimer‹ behängt werden.«
Heute schimpfe ich jeden Monat ein paar Minuten darüber, wie selbstgerecht ich mit dreißig war, und verstehe das damalige Widerstreben, die Bezeichnung »Alzheimer« auf meinen Vater anzuwenden, als Versuch, die individuelle Einzigartigkeit von Earl Franzen vor der Generalisierung durch einen benennbaren Befund zu schützen. Befunde stützen sich auf Symptome; Symptome verweisen auf die organische Grundlage unseres Seins, auf den fleischlichen Ursprung des Verstandes. Aber dort, wo die Einsicht stattfinden müsste, dass das Gehirn aus Körpermasse besteht, habe ich einen blinden Fleck, den ich mit Geschichten vom seelischen Charakter der Persönlichkeit überdecke. Meinen kranken Vater als ein Bündel organischer Symptome zu sehen könnte mich dazu verleiten, den gesunden Earl Franzen (und mich in meiner Gesundheit) ebenfalls nach organischen Kriterien zu beurteilen – unser geliebtes Selbst auf ein begrenztes Ensemble neurochemischer Koordinaten zu reduzieren. Wer möchte schon eine solche Lebensgeschichte haben?

Selbst jetzt ist mir unwohl, wenn ich mich über die Alzheimer-Krankheit informiere. Zum Beispiel erinnert mich die Lektüre von David Shenks Buch *The Forgetting. Alzheimer's. Portrait of an Epidemic* daran, dass mein Vater, wenn er sich in seinem angestammten Wohnviertel verirrte oder vergaß, die Klospülung zu drücken, die gleichen Symptome hatte wie Millionen andere Betroffene. Eine solche Gemeinschaft kann auch tröstlich sein, aber es tut weh, wenn bestimmte Fehler, die mein Vater gemacht hat, ihres persönlichen Charakters beraubt werden – wie etwa die Verwechslung meiner Mutter mit seiner Schwiegermutter, die mir damals unerhört und mysteriös vorkam und aus der ich alle möglichen Einsichten über die Ehe meiner Eltern gewann. Meine Vorstellung von der Autonomie der Persönlichkeit stellte sich als Illusion heraus.

Altersdemenz gibt es, seit es die Möglichkeit gibt, sie zu diagnostizieren. Solange die Lebenserwartung gering war und hohes Alter eine Ausnahme, wurde die Senilität als natürliche Begleiterscheinung des Alterns betrachtet, vielleicht als Ausdruck der Arteriosklerose. Der junge deutsche Neuropathologe Alois Alzheimer glaubte sich mit einer völlig neuen geistigen Erkrankung konfrontiert, als er 1901 die einundfünfzigjährige Auguste D. in seine Praxis aufnahm. Sie litt unter bizarren Stimmungsschwankungen, schwerem Gedächtnisverlust und gab bei der Aufnahmeuntersuchung problematische Antworten:

»Wie heißen Sie?«
»Auguste.«
»Ihr Nachname?«
»Auguste.«
»Wie heißt Ihr Mann?«
»Auguste, glaube ich.«

Als Auguste D. vier Jahre später in einer Anstalt starb, machte sich Alzheimer die neuesten Fortschritte der Mikroskopie und Gewebefärbung zunutze und entdeckte die frappierende Doppelsymptomatik ihrer Krankheit: In den Gehirnproben fanden sich viele klebrig aussehende Klümpchen, »Plaques«, und zahllose Nervenzellen, die von gekringelten Fibrillen, »Locken«, umgeben waren. Für diesen Fund interessierte sich Alzheimers Mentor Emil Kraepelin, damals das Oberhaupt der deutschen Psychiatrie. Kraepelin, der erbittert gegen Sigmund Freud und dessen psycho-literarische Theorien der see-

lischen Erkrankung zu Felde zog, sah in Alzheimers Plaques und Locken willkommene Belege für seine Überzeugung, dass seelische Erkrankungen primär organischer Natur seien. In seinem *Handbuch der Psychiatrie* taufte er die Krankheit der Auguste D. *Morbus Alzheimer.*
Auch in den sechzig Jahren nach der Autopsie der Auguste D., als der medizinische Fortschritt die Lebenserwartung in den entwickelten Ländern um fünfzehn Jahre erhöhte, betrachtete man die Alzheimer-Krankheit als medizinische Rarität, vergleichbar der Huntington-Chorea. David Shenk erzählt die Geschichte der amerikanischen Neuropathologin Meta Naumann, die in den frühen fünfziger Jahren 210 Gehirne von altersdementen Personen obduzierte und in einigen Fällen Arteriosklerosen feststellte, Plaques und Locken jedoch in der Mehrzahl der Fälle. Das war der felsenfeste Beleg, dass die Krankheit weit häufiger war als allgemein angenommen, aber Naumanns Arbeit vermochte niemanden zu überzeugen. »Sie haben geglaubt, dass Meta Unsinn redet«, erinnerte sich ihr Ehemann.
Die Wissenschaft war einfach nicht reif für den Gedanken, dass die Altersdemenz mehr sein könnte als eine natürliche Begleiterscheinung des Alterns. Zu Anfang der fünfziger Jahre waren die »Senioren« noch keine soziologische Kategorie, gab es noch keine Seniorenclubs, das explosive Wachstum der Seniorensiedlungen hatte noch nicht eingesetzt – und das wissenschaftliche Denken war ein Ausdruck dieser sozialen Verhältnisse. Erst in den siebziger Jahren setzte eine Neubewertung der Altersdemenz ein. Um diese Zeit gab es, so Shenk, »schon so viele langlebige Menschen, dass die Senilität nicht mehr als normal oder akzeptabel empfunden wurde«. Der amerikanische Kongress schuf 1974 die gesetzliche Grundlage für die Erforschung des Alters und rief das National Institute on Aging ins Leben, für das bald reichlich Gelder flossen. Gegen Ende der achtziger Jahre, auf dem Höhepunkt meiner Empörung über den klinischen Terminus und seine plötzliche Allgegenwart, hatte die Alzheimer-Krankheit denselben sozialen und medizinischen Stellenwert erreicht wie Gefäßkrankheiten und Krebs – und die Forschung wurde entsprechend gefördert.
Was da in den Siebzigern und Achtzigern passierte, war nicht einfach ein medizinischer Paradigmenwechsel. Die Zahl der Neuerkrankungen ist tatsächlich stark im Steigen begriffen. Da immer weniger Menschen am Herzinfarkt oder an Infektionskrankheiten sterben, werden sie alt genug, um im Altersschwachsinn zu enden. Alzheimer-

Patienten in Pflegeheimen leben viel länger als andere Patienten – bei jährlichen Kosten von mindestens vierzigtausend Dollar pro Person. Bevor sie in eine Pflegeeinrichtung kommen, beeinträchtigen sie in wachsender Zahl das Leben ihrer Angehörigen. Gegenwärtig sind fünf Millionen Amerikaner von der Krankheit betroffen; bis zum Jahr 2050 könnte die Zahl auf fünfzehn Millionen steigen.

Weil so viel Geld in chronische Krankheiten fließt, investieren die Pharmafirmen fieberhaft in die eigene Alzheimer-Forschung, während die öffentlich finanzierte Forschung bedeutend weniger Patente einreicht. Aber da das Wesen der Krankheit im Dunkeln bleibt (das lebende Gehirn ist etwa so leicht zugänglich wie der Mittelpunkt der Erde oder der Rand des Universums), weiß niemand, welche Forschungsrichtung zu einer wirksamen Behandlung führt. Bei den Forschern scheint man davon auszugehen, dass Menschen unter fünfzig gute Aussichten haben, ein wirksames Alzheimer-Medikament vorzufinden, wenn sie es eines Tages brauchen sollten. Jedoch hat so mancher Krebsforscher vor zwanzig Jahren behauptet, in zwanzig Jahren sei der Krebs besiegt.

Der noch nicht fünfzigjährige David Shenk gibt in seinem Buch allerdings zu bedenken, dass der Sieg über die Altersdemenz nicht nur segensreiche Folgen haben könnte. Eine auffällige Besonderheit der Krankheit sei es zum Beispiel, dass die Betroffenen in ihrem Verlauf immer weniger unter ihr zu leiden hätten. Die Pflege eines Alzheimer-Patienten besteht in der monotonen Wiederholung immer gleicher Verrichtungen, weil der Patient die Fähigkeit verloren hat, ihren Wiederholungscharakter zu erkennen. Shenk zitiert Patienten, die das Vergessen »als etwas Köstliches« empfinden und eine Steigerung ihres Wohlbefindens bekunden, seit sie nur noch in einem ewigen Jetzt leben. Wenn eine Patientin mit zerstörtem Kurzzeitgedächtnis an einer Rose riecht, weiß sie nicht, dass sie schon den ganzen Vormittag an dieser Rose riecht.

Der Psychiater Barry Reisberg hat vor zwanzig Jahren als Erster festgestellt, dass der geistige Verfall eines Alzheimer-Patienten die spiegelbildliche Umkehrung der geistigen Entwicklung im Kindesalter darstellt. Die ersten Fähigkeiten, die ein Säugling erwirbt – das Kopfheben (im ersten bis dritten Lebensmonat), das Lächeln (im zweiten bis vierten Monat), das selbständige Aufrichten (sechster bis zehnter Monat) –, sind die Fähigkeiten, die der Alzheimer-Patient als letzte verliert. Die Gehirnentwicklung vom dritten Embryonalmonat bis zum vierten Lebensjahr wird durch den Prozess der Myelinisation oder Markreifung bestimmt, die allmähliche Umhüllung der noch nackten und nicht funktionsfähigen Nervenfasern durch die fettartige Substanz Myelin. Da aber die als letzte gereiften Hirnregionen offenbar am wenigsten mit Myelin versorgt wurden, sind sie am anfälligsten für den Zugriff der Alzheimer-Krankheit. Der Hippokampus, der Sinneswahrnehmungen in Langzeiterinnerungen umwandelt, wird sehr spät von der Markreifung erfasst. Aus diesem Grund haben wir keine Erinnerungen an die Zeit vor unserem dritten oder vierten Lebensjahr, und aus demselben Grund setzen sich die ersten Alzheimer-Plaques im Hippokampus fest. Damit erklärt sich das gespenstische Phänomen, dass Patienten mit fortgeschrittener Erkrankung normal gehen oder essen, aber nicht mehr wissen, was sie kurz zuvor getan haben. Das Kind, das sie einmal waren, meldet sich zurück. Neurologisch betrachtet, sehen wir ein einjähriges Kleinkind vor uns. Obwohl sich Shenk wacker bemüht, in der Verkindlichung der Alzheimer-Patienten eine Gnade zu sehen, eine Befreiung von der Last des Erwachsenseins, eine Beschränkung auf das Hier und Jetzt, möchte ich dagegenhalten, dass mein Vater alles andere wollte, als sich wieder in ein Kleinkind zu verwandeln. Die Geschichten, die er aus seiner Kindheit im nördlichen Minnesota erzählte, waren (wie so oft bei Depressiven) überwiegend furchtbar: brutaler Vater, ungerechte Mutter, endlose Pflichten, ländliche Armut, Familientragödien, grässliche Unfälle. Mehr als einmal erzählte er mir nach seiner Pensionierung, die größte Freude in seinem Leben sei es gewesen, dass er als Erwachsener mit anderen Männern zusammenarbeiten konnte, die seine Fähigkeiten zu schätzen wussten. Mein Vater war ein sehr verschlossener Mensch, und die Verschlossenheit hatte für ihn den Sinn, sein beschämendes Innenleben vor fremden Blicken zu verbergen. Konnte es für ihn etwas Schlimmeres geben als die Alzheimer-Krankheit? In ihren frühen Stadien löste sie die persönlichen Bindungen auf, die ihn vor den gravierendsten Folgen des depressiven Rückzugs bewahrt hatten. Später raubte sie ihm die Panzerungen des Erwachsenseins, die er brauchte, um das Kind in sich zu verbergen. Ich wünschte, er hätte stattdessen einen Herzinfarkt bekommen.

Mag Shenks Plädoyer für die tröstlichen Seiten der Alzheimer-Krankheit auf wackligen Füßen stehen – seine Kernthese ist weit schwerer zu entkräften: Senilität ist nicht nur eine Auslöschung von Sinn, sondern auch eine Quelle von Sinn. Für meine Mutter führte die Krankheit dazu, dass alte Konstellationen ihrer Ehe sowohl verstärkt als auch umgedreht wurden. Mein Vater hatte sich immer geweigert, sich ihr zu öffnen, und nun, in zunehmendem Maße, *konnte* er es nicht mehr. Für sie blieb er dabei derselbe Earl Franzen, der in seinem Zimmer vor sich hin dämmerte und nicht verstand, was sie sagte. Paradoxerweise war sie diejenige, die langsam, aber sicher ihrer Persönlichkeit verlustig ging. Sie lebte mit einem Mann, der sie mit ihrer Mutter verwechselte, der alles vergaß, was er je über sie gewusst hatte, und schließlich auch ihren Namen nicht mehr kannte. Er, der immer auf der Rolle des Familienoberhaupts bestanden hatte, des Entscheidungsträgers, des erwachsenen Beschützers seiner kindlichen Frau, verfiel nun wieder in das Verhalten eines Kindes. Jetzt kamen die ungehörigen Gefühlsausbrüche von ihm, nicht mehr von meiner Mutter. Jetzt lotste sie ihn durch die Stadt, wie sie einst mich und meine Brüder durch die Stadt gelotst hatte. Schritt für Schritt übernahm sie seine Führungsrolle. Einerseits war die »lange Krankheit« meines Vaters eine schreckliche Belastung und Enttäuschung für sie, andererseits bot sie ihr die Möglichkeit, eine Autonomie zu entwickeln, die ihr nie zuvor vergönnt gewesen war – und ein paar sehr alte Rechnungen zu begleichen.

Und ich? Als ich das Ausmaß des Unglücks akzeptiert hatte, zwang mich die unabsehbare Dauer der Alzheimer-Krankheit zu einem engeren und überraschend wohltuenden Kontakt zu meiner Mutter. Ich lernte – was anders vielleicht nicht geschehen wäre –, dass ich mich auf meine Brüder verlassen konnte und sie sich auf mich. Und seltsamerweise verlor ich, der ich immer größten Wert auf meine Intelligenz, meinen gesunden Verstand, mein Selbstwertgefühl gelegt hatte, ein wenig von der Angst, dass es mir wie meinem Vater ergehen könnte, dem alle diese Fähigkeiten abhanden gekommen waren. Auch sonst war ich nun weniger ängstlich. Eine Tür, vor der ich mich gefürchtet hatte, war aufgegangen, und ich fand den Mut zum Eintreten.

Besagte Tür befand sich im vierten Stock des Barnes Hospital von St. Louis. Etwa sechs Wochen nachdem wir, meine Frau und ich, meiner Mutter eine Pflegekraft vermittelt hatten und nach Osten zurückgereist waren, ließ sich mein Vater von seinen Ärzten und meinem ältesten Bruder überreden, eine Weile zur Beobachtung ins Krankenhaus zu gehen. Sinn der Sache war es, alle Medikamente abzusetzen und zu sehen, was sich unter der Oberfläche tat. Meine Mutter half ihm bei der Einweisung, blieb auch am Nachmittag bei ihm und richtete ihm das Krankenzimmer ein. Er war wie immer halb abwesend, als sie zum Essen nach Hause ging, aber am Abend setzten die Anrufe aus dem Krankenhaus ein. Der erste kam von meinem Vater, der verlangte, dass sie ihn aus »diesem Hotel« abholte. Dann meldeten die Schwestern, er sei aufsässig geworden. Als sie am Morgen ins Krankenhaus kam, war er völlig weggetreten – er tobte und hatte jede Orientierung verloren.

Eine Woche später flog ich nach St. Louis zurück. Meine Mutter brachte mich vom Flughafen direkt ins Krankenhaus. Während sie mit den Schwestern sprach, ging ich in sein Zimmer und fand ihn hellwach. Ich sagte hallo zu ihm. Er machte aufgeregte Gesten, ich solle leise sein, und winkte mich nahe heran. Ich beugte mich über ihn, worauf er mir zuflüsterte, ich solle ganz leise sprechen, weil »sie« alles hörten. Ich fragte ihn, wer »sie« seien. Er konnte es nicht sagen, aber er blickte angstvoll in alle Ecken, als hätte er »sie« gerade noch gesehen und wunderte sich nun über ihr Verschwinden. Als meine Mutter hereinkam, vertraute er mir mit noch leiserer Stimme an: »Ich glaube, jetzt haben sie deine Mutter am Wickel.«

Meine Erinnerungen an die nachfolgende Woche sind nebelhaft, aber durchsetzt von ein paar Szenen, die mein Leben verändert haben. Ich ging jeden Tag ins Krankenhaus und saß so viele Stunden bei meinem Vater, wie ich es aushalten konnte. Kein einziges Mal brachte er zwei sinnvolle Sätze zusammen. Die Erinnerung, die mir im Nachhinein die bedeutsamste zu sein scheint, ist eine sehr merkwürdige. Die Szene spielt sich in einem traumartigen Zwielicht ab, in einem engen Krankenzimmer, das in keiner anderen Erinnerung wiederkehrt, und sie ist nicht mit den Zeitmarkierungen versehen, die ich sonst von meinen Erinnerungen gewöhnt bin. Ich bin nicht einmal sicher, ob sie aus der ersten Woche meiner Krankenhausbesuche datiert. Und doch weiß ich genau, dass es sich nicht um eine Traumerinnerung handelt. Alle Erinnerungen, sagen die Neuropathologen, sind Erinnerungen an Erinnerungen, aber normalerweise merkt man das nicht. Bei dieser ist es anders, ich erinnere sie als Erinnerungsbild: mein Vater im Bett, meine Mutter neben ihm auf dem Stuhl, ich an der Tür stehend. Wir führen eine erregte Debatte, möglicherweise geht es darum, wohin mein Vater nach der Entlassung aus dem Krankenhaus gebracht wird. Obwohl er der Debatte kaum folgen kann, hält er sie nicht aus. Schließlich, als hätte er genug von diesem Unsinn, ruft er unter Aufbietung aller Gefühle: »Ich habe deine Mutter *immer* geliebt. *Immer!«* Meine Mutter schlägt schluchzend die Hände vors Gesicht.

Es war das einzige Mal, dass ich meinen Vater das sagen hörte. Ich bin sicher, dass die Erinnerung echt ist, weil mir die Szene schon damals äußerst bedeutsam vorkam. Gleich darauf schilderte ich sie meiner Frau und meinen Brüdern, und ich fügte sie in das Bild ein, das ich mir von meinen Eltern zurechtgemacht hatte. In späteren Jahren, als meine Mutter behauptete, mein Vater hätte ihr nie seine Liebe bekundet, fragte ich sie nach der Szene im Krankenhaus. Ich wiederholte, was er gesagt hatte, und sie schüttelte zweifelnd den Kopf. »Vielleicht«, sagte sie. »Vielleicht stimmt es. Ich kann mich nicht erinnern.«

Abwechselnd mit meinen Brüdern fuhr ich alle paar Monate nach St. Louis. Jedes Mal erkannte mich mein Vater als jemanden, über dessen Besuch er sich freute. Sein Leben im Pflegeheim schien ein endloser, bedrückender Traum zu sein, bevölkert von Phantomen seiner Vergangenheit, von seinen deformierten und hirngeschädigten Mitbewohnern; die Pflegeschwestern waren nicht so sehr Akteure in diesem Traum als vielmehr unwillkommene Störenfriede. Im Unterschied zu vielen Patientinnen, die wie Säuglinge weinten und im nächsten Moment vor Freude strahlten, weil sie mit Eiskrem gefüttert wurden, sah ich meinen Vater nie weinen, und die Freude am Eisessen hörte nicht auf, der Freude eines Erwachsenen zu gleichen. Bedeutsam nickend und wehmütig lächelnd vertraute er mir wirres Zeug an, und ich tat, als würde ich ihn verstehen. Das beständigste Thema war sein fast vernünftiger Wunsch, aus »diesem Hotel« wegzukommen – er könne doch in einer kleinen Wohnung leben und sich von meiner Mutter versorgen lassen.

Zu Thanksgiving holten wir ihn nach Hause. Meine Mutter, meine Frau und ich fuhren ins Pflegeheim und verstauten den Rollstuhl in meinem Volvo-Kombi. Seit seiner Einweisung zehn Monate zuvor war er nicht zu Hause gewesen. Wenn meine Mutter gehofft hatte, ihm damit eine Freude zu machen, wurde sie bitter enttäuscht. Der Ortswechsel beeindruckte ihn nicht im Geringsten, auch darin ähnelte er nun einem einjährigen Kind. Wir setzten uns an den Kamin. Aus Gedankenlosigkeit und schlechter Gewohnheit machten wir Fotos von einem Mann, den nichts mehr zu bewegen schien – außer dem Wissen, welch trauriges Fotomotiv er abgab. Die Bilder sind furchtbar geworden: Mein Vater hängt schief im Rollstuhl wie eine abgelegte Marionette mit starrem Irrsinnsblick und hängendem Kiefer, die spiegelnde Brille droht ihm von der Nase zu rutschen. Das Gesicht meiner Mutter ist eine Maske von halbwegs beherrschter Verzweiflung, meine Frau und ich strecken die Hand nach meinem Vater aus und machen den grotesken Versuch, dabei in die Kamera zu lächeln. Beim Essen breitete meine Mutter anstelle der Serviette ein Badetuch über ihn und schnitt seinen Truthahn in kleine Häppchen. Ständig fragte sie ihn, ob er sich nicht freue, zum Thanksgiving-Dinner zu Hause zu sein. Er reagierte mit Schweigen, unruhigen Blicken, ab und zu mit schwachem Schulterzucken. Meine Brüder riefen an, um ihm einen schönen Feiertag zu wünschen – und da plötzlich gelang ihm ein Lächeln und eine muntere Erwiderung; er konnte einfache Fragen beantworten, er dankte beiden für den Anruf.

Auch das war nicht untypisch für einen Alzheimer-Patienten. Weil soziale Fähigkeiten schon in frühestem Lebensalter erworben werden, sind viele Alzheimer-Patienten noch zu Höflichkeitsgesten und vagen Dankbarkeitsbekundungen in der Lage, wenn ihr Gedächtnis längst erloschen ist. Dass mein Vater (irgendwie) mit den Glückwünschen meiner Brüder umgehen konnte, war also nicht weiter bemerkenswert. Wohl aber, was danach passierte, bei der Rückkehr ins Pflegeheim. Während meine Frau einen Krankenstuhl aus dem Heim holte, saß mein Vater neben mir und musterte das Portal, das ihn nun zurückerwartete. »Lieber gar nicht erst raus«, sagte er mit kräftiger, klarer Stimme, »als hinterher wieder rein.« Das war keine wirre Äußerung, sie bezog sich direkt auf seine Situation und erweckte stark den Eindruck, dass er nicht nur sein Leiden wahrnahm, sondern auch sein Eingebundensein in Vergangenheit und Zukunft. Es war die Bitte, ihm die schmerzhafte Rückkehr in die Erinnerung und ins Bewusstsein zu ersparen. Und es kam, was kommen musste: Am Morgen darauf und für die restliche Zeit unseres Besuches tobte er, wie ich es noch nicht erlebt hatte. Er brüllte wirres Zeug und drosch wütend um sich.

David Shenk meint, das wichtigste »Sinnfenster«, das sich der Alzheimer-Krankheit abgewinnen lässt, sei die Verlangsamung des Sterbens. Er vergleicht die Krankheit mit einem Prisma, das den Tod in ein Spektrum aus Vorgängen zerlegt, die normalerweise zusammen stattfinden – erst stirbt die Autonomie, dann das Gedächtnis, dann die Selbstwahrnehmung, dann die Persönlichkeit, am Ende der Körper –, und bestätigt damit ein verbreitetes Urteil über die Krankheit:

Sie sei deshalb besonders traurig und schrecklich, weil die Persönlichkeit lange vor dem Körper stirbt.
Das scheint mir im Wesentlichen richtig zu sein. Als das Herz meines Vaters stehen blieb, trauerte ich schon seit Jahren um ihn. Und doch frage ich mich beim Betrachten seiner Geschichte, ob man die verschiedenen Tode wirklich voneinander trennen kann, ob Gedächtnis und Bewusstsein tatsächlich und unangefochten der Hort der Persönlichkeit sind. Ich kann nicht aufhören, in den zwei Jahren, die dem Verlust seiner »Persönlichkeit« folgten, einen Sinn zu suchen – und zu finden.
Vor allem imponiert mir, dass ihm der *Wille* erhalten blieb. Ich kann mich des Glaubens nicht erwehren, dass er einen Körperrest seiner einstmaligen Selbstdisziplin, eine Kraftreserve jenseits von Gedächtnis und Bewusstsein in sich aktivierte, als er sich vor dem Pflegeheim mit seiner Bitte an mich wandte. Ich kann mich des Glaubens nicht erwehren, dass sein Zusammenbruch am nächsten Morgen wie auch die Krise in der allerersten Krankenhausnacht auf eine Kapitulation dieses Willens hinauslief, dass es sich um ein Loslassen handelte, eine Flucht in den Wahnsinn angesichts unerträglicher Empfindungen. Obwohl wir den Ausgangs- und Endpunkt des Verfalls fixieren können (körperliche und geistige Gesundheit auf der einen Seite, Erlöschen und Tod auf der anderen), war sein Gehirn nicht einfach eine Rechenmaschine, die sich fortschreitend und immer heilloser verhedderte. Während der Abbauprozess der Alzheimer-Krankheit eine stetige Abwärtsbewegung nahe legt,

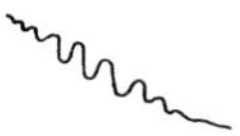

stellt sich der Verfall meines Vaters eher so dar:

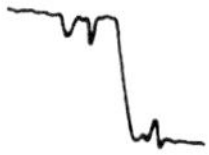

Für mein Empfinden hielt er sich länger, als es ihm seine nervliche Ausstattung erlaubt hätte. Dann brach er zusammen und stürzte tiefer ab, als es der Krankheitsverlauf gefordert hätte, und er zog es fast immer vor, in diesem Zustand zu verharren. Was er *wollte* (unbehelligt bleiben in den frühen Jahren, loslassen in den späteren Jahren), gehört zum Kern dessen, was er *war.* Und was *ich* will (Geschichten über das Gehirn meines Vaters, die nicht von Biomasse handeln), gehört zum Kern dessen, was ich festhalten und wiedergeben möchte.

Eine dieser Geschichten habe ich mir eigens erdacht, um mir zu verzeihen, dass ich so lange blind für seinen Zustand war, und sie besagt, dass er seine ganze Charakterstärke daransetzte, diesen Zustand zu verbergen. Über bemerkenswert lange Zeit ist ihm das gelungen. Meine Mutter war bereit zu schwören, dass es sich so verhielt. Der Frau, mit der er lebte, konnte er nichts vormachen, mochte er sie noch so drangsalieren, aber er konnte sich zusammenreißen, solange er Söhne in der Stadt oder Gäste im Haus hatte. Dass er sich, als meine Mutter operiert wurde, unter meiner Obhut so unauffällig verhielt, ist wohl weniger auf meine Blindheit als auf seine verstärkte Willensanstrengung zurückzuführen.

Nach dem so traurig verlaufenen Thanksgiving, als uns klar wurde, dass er nie wieder nach Hause kommen würde, half ich meiner Mutter beim Ordnen seines Schreibtischs (eine Freiheit, die man sich nur bei Kindern oder bei Toten nimmt). In einer Schublade fanden wir Belege für seinen verdeckten Kleinkrieg gegen das Vergessen – einen Haufen Zettel, auf denen er die Adressen seiner Kinder vermerkt hatte, jede Adresse einzeln und auf mehreren Zetteln wiederholt. Auf einem anderen Zettel standen die Geburtstage seiner zwei ersten Söhne – »Bob, 13. 1. 48« und »Tom, 15. 10. 50«– und darunter hatte er meinen Geburtstag schreiben wollen (17. August 1959), ihn aber vergessen und mit Hilfe der vorhandenen Daten konstruiert: »Jon, 13. 10. 49«.

Denkwürdig auch seine vermutlich letzten Worte an mich, drei Monate vor seinem Tod. Ein paar Tage lang war ich für pflichtgemäße neunzig Minuten bei ihm im Heim gewesen, hatte mir das Gemurmel über meine Mutter und die Mutmaßungen über die kleinen Dinger angehört, die er an seinen Ärmeln und auf seinen Hosenbeinen zu sehen glaubte. Als ich am letzten Tag vorbeikam, war er unverändert, auch als ich seinen Rollstuhl ins Zimmer zurückschob und ihm sagte, dass ich abreisen würde. Aber dann blickte er zu mir auf und fand unvermittelt zu seiner klaren, kräftigen Stimme zurück:

»Danke für dein Kommen und dass du dir die Zeit für mich genommen hast.«

Eine leere Höflichkeitsphrase? Ein Fenster zu seinem tieferen Selbst? Für mich gibt es da kaum eine Wahl.

Indem ich den Verfall meines Vaters mit Hilfe der Briefe rekonstruiere, die mir meine Mutter geschrieben hat, wird mir der Schatten der undokumentierten Jahre nach 1992 deutlich, als wir länger und häufiger telefonierten und sich die Briefe auf kurze Botschaften beschränkten. Platon hat in seinem *Phaidros* das Schreiben sehr treffend als »Krücke des Erinnerns« bezeichnet. Ohne die Briefe meiner Mutter könnte ich die Geschichte meines Vater nicht erzählen. Aber wo Platon den Verfall der mündlichen Überlieferung und den durch das Schreiben bewirkten Gedächtnisschwund beklagt, beeindruckt mich, der ich mich am anderen Ende des Schriftzeitalters befinde, die Beständigkeit und Verlässlichkeit von Wörtern, die auf Papier geschrieben sind. Die Briefe meiner Mutter sind wahrer und umfassender als meine selbstbezogenen und voreingenommenen Erinnerungen. In ihrem geschriebenen Satz: »Er braucht *dringend* Ablenkung!« ist sie mir lebendiger als in Stapeln von Fotos und Videoaufnahmen.

Der Wunsch, Dinge aufzuzeichnen, Geschichten in bleibenden Worten festzuhalten, scheint mir mit der Überzeugung verwandt, dass wir mehr sind als die Summe unserer biologischen Funktionen. Ich frage mich, ob die gegenwärtige Empfänglichkeit für den Zauber des Materialismus, unsere zunehmende Bereitschaft, die Psychologie als einen Zweig der Chemie zu betrachten, Individualität als Ausdruck der Gene, Verhalten als Produkt evolutionärer Anpassungsprozesse, nicht aufs Engste mit der postmodernen Konjunktur des Oralen und dem Niedergang der Schriftkultur zusammenhängt: mit unserem unablässigen Telefonieren, unseren flüchtigen E-Mail-Kontakten, unserer permanenten Hinwendung zum flimmernden Bildschirm.

Habe ich erwähnt, dass mein Vater ebenfalls Briefe schrieb? Meist mit der Maschine und eingeleitet mit den üblichen Entschuldigungen für seine Rechtschreibung. Sie kamen viel seltener als die meiner Mutter. Einer der letzten stammt vom Dezember 1987:

Diese Jahreszeit ist immer schwierig für mich. Mir macht die ganze Schenkerei zu schaffen. Zwar besorge ich gern Geschenke, aber mir fehlt die Phantasie, das Richtige zu finden. Mir graut vor dem Kauf von Dingen, die nicht passen, die falsche Farbe haben oder gar nicht gebraucht werden, und schon sehe ich den Ärger beim Umtausch vor mir. Ich kaufe gern Werkzeuge, aber Bob meinte, er hätte Probleme damit, denn irgendwann habe ich ihm einen hübschen kleinen Hammer geschenkt, der gut in der Hand liegt, und sein Kommentar dazu war, das sei nun schon der zweite oder dritte Hammer und mehr Hämmer brauche er nicht, vielen Dank. Dann das Problem mit den

Geschenken für deine Mutter. Sie ist so sentimental, dass es mir wehtut, wenn ich ihr nichts Nettes besorge, aber sie hat freien Zugang zu meinem Konto. Ich sage ihr, sie soll sich selbst etwas kaufen und sagen, es ist von mir, sodass sie zu Weihnachten mit den anderen mithalten kann: «Seht, was ich von meinem Mann bekommen habe!» Aber sie macht diesen Betrug nicht mit. Also muss ich zur Weihnachtszeit leiden.

1989, als seine Konzentrationsfähigkeit mit wachsender »Nervosität und Depression« nachließ, blieben die Briefe ganz aus. Meine Mutter und ich waren daher erstaunt, in der Schublade mit den Adressen und Geburtsdaten auch einen nicht abgeschickten Brief vom 22. Januar 1993 zu finden – unvorstellbar spät geschrieben, nur wenige Wochen vor seinem endgültigen Zusammenbruch. Der Brief steckte in einem Umschlag und war an meinen sechsjährigen Neffen Nick adressiert, der gerade angefangen hatte, Briefe zu schreiben. Vielleicht hat sich mein Vater geschämt, einen Brief abzuschicken, der nicht ganz perfekt war; wahrscheinlicher ist, dass er ihn, bedingt durch seinen Zustand, einfach vergessen hat. Der Brief, für mich das Symbol einer unsichtbaren heroischen Willensanstrengung, besteht aus Bleistiftzeilen in winziger Schrift, die ständig aus dem Lot geraten:

Lieber Nick, wir haben deinen Brief vor ein paar Tagen erhalten und waren erfreut zu sehen, wie gut du in der Schule vorankommst, besonders in Mathe. Es ist wichtig, gut zu schreiben, da die Fähigkeit, Gedanken auszutauschen, darüber bestimmt, was ein Land aus den Gedanken anderer Länder machen kann. Die meisten in unserer Familie sind gute Schreiber und haben mir auf diese Weise die Arbeit abgenommen. Ich hätte besser schreiben lernen müssen, aber es ist so bequem zu sagen: Lass Mom das machen. Ich weiß, dass meine Schrift nicht leicht zu entziffern ist, aber ich habe ein Problem mit meinen Beinnerven, und meine Hände zittern. Wenn ich mir ansehe, was ich geschrieben habe, glaube ich, dass du Schwierigkeiten beim Lesen haben wirst, aber mit ein bisschen Glück halte ich mit dir Schritt. Das nasskalte Wetter hat sich geändert, jetzt ist es trocken, und wir haben einen schönen blauen Himmel. Ich hoffe, es wird so bleiben. Sei weiterhin fleißig.
Alles Liebe, dein Großvater

PS: Ich danke dir für die Geschenke.

Mein Vater hatte ein starkes Herz und kräftige Lungen, und meine Mutter machte sich auf zwei oder drei weitere Jahre gefasst, als er eines Tages, im April 1995, aufhörte zu essen. Möglicherweise hatte er Schluckbeschwerden. Oder er hatte mit dem letzten Rest seines Willens beschlossen, seiner ungewollten zweiten Kindheit ein Ende zu setzen.

Sein Blutdruck war stark gesunken, als ich nach St. Louis kam. Wieder fuhr mich meine Mutter direkt vom Flughafen ins Pflegeheim. Ich fand ihn zusammengekrümmt auf der Seite liegend, unter einer dünnen Decke, mit flachem Atem und nicht ganz geschlossenen Augen. Er war ausgezehrt, aber sein Gesicht war ruhig, entspannt und fast faltenfrei; seine Hände, die sich überhaupt nicht verändert hatten, wirkten merkwürdig groß. Ich weiß nicht, ob er meine Stimme erkannte, aber schon Minuten nach meiner Ankunft kletterte sein Blutdruck auf 120/90. Ich fragte mich damals und frage mich heute, ob ich es ihm durch meinen Besuch schwerer gemacht habe; ob er den Punkt erreicht hatte, wo er bereit zum Sterben war, und sich nun schämte, einen solchen intimen und enttäuschenden Akt im Beisein eines seiner Söhne zu vollziehen.

Meine Mutter und ich wechselten uns im festen Rhythmus mit Wachen und Schlafen ab. Stunde um Stunde lag mein Vater bewegungslos da und arbeitete sich an den Tod heran, aber wenn er gähnte, war es *sein* Gähnen. Sein Körper, ausgezehrt, wie er war, war ebenfalls und mit aller Klarheit *seiner.* Selbst als das, was noch von ihm vorhanden war, immer kleiner und fragmentarischer wurde, blieb ich dabei, ihn als ein Ganzes zu sehen. Noch immer liebte ich ihn, ihn im Besonderen, wie er da im Bett lag und gähnte. Und wie sollte ich dieser Liebe keine Geschichten abgewinnen? Geschichten von einem Mann, dessen Wille noch immer so intakt war, dass er den Kopf abwandte, wenn ich ihm mit einem feuchten Schwamm den Mund auswischte? Bis ins Grab werde ich darauf beharren, dass mein Vater entschlossen war zu sterben – und das, so gut er konnte, nach seinem eigenen Willen.

Wir hingegen waren entschlossen, dass er nicht allein sterben sollte. Vielleicht war genau das falsch, vielleicht wartete er nur darauf, allein gelassen zu werden. Dennoch wachte ich in der sechsten Nacht nach meiner Ankunft bei ihm und las einen Roman von vorn bis hinten, während er dalag und ab und zu gähnte. Eine Schwester kam herein, kontrollierte seine Atmung und sagte, er habe wohl nie geraucht. Sie wollte mich zum Schlafen nach Hause schicken und bot mir an, eine bestimmte Schwester zu holen, die sich um ihn kümmern würde. Offenbar gehörte ein Todesengel zum Personal des Pflegeheims, eine Schwester, die den Beinahe-Toten nach dem Weggang der Angehörigen beibrachte, dass sie nun ungestört ans Sterben denken konnten. Ich lehnte das Angebot ab und übernahm die Rolle selbst. Ich beugte mich über meinen Vater, der leicht nach Essig roch, aber ansonsten sauber und warm vor mir lag. Ich gab mich zu erkennen und sagte ihm, er könne nun tun und lassen, was er wolle, ich würde ihn nicht daran hindern. Er könne loslassen und tun, was er für nötig halte.

Am späten Nachmittag des nächsten Tages kam ein frühsommerlicher Sturm über St. Louis auf. Ich machte mir Spiegeleier, als meine Mutter aus dem Pflegeheim anrief, ich solle kommen. Ich weiß nicht, warum ich glaubte, ich hätte jede Menge Zeit, aber ich aß die Eier mit Toast, bevor ich losfuhr, und auf dem Parkplatz des Pflegeheims blieb ich noch eine Weile im Auto sitzen, weil im Radio ein Song von Blues Traveler kam, der Ohrwurm der Saison. Kein Song hat mich je glücklicher gemacht. Die großen Weißeichen rings um das Pflegeheim schwankten unter den Sturmböen. Mir war, als würde ich vor Glück davonfliegen.

Und er starb noch immer nicht. Am Abend beschädigte der Sturm das Pflegeheim, der Strom fiel aus bis auf die Notbeleuchtung, und ich saß mit meiner Mutter im Dunkeln. Ich denke ungern daran, wie ungeduldig ich darauf wartete, dass mein Vater zu atmen aufhörte, wie sehr ich bereit war, auf ihn zu verzichten. Ich stelle mir ungern vor, was er dachte, als er da lag, wie lahm oder lebhaft der Kampf der Gefühle oder Wahrnehmungen in seinem Kopf ablief. Aber ich glaube auch ungern, dass überhaupt nichts in ihm vorging.

Gegen zehn, kurz nachdem das Licht wieder brannte, standen wir in der Tür und sprachen mit einer Schwester, als ich sah, dass er sich mit beiden Händen an die Kehle griff. »Ich glaube, es passiert etwas«, sagte ich. Es war die Agonie. Er reckte das Kinn, um Luft zu bekommen, nachdem sein Herz aufgehört hatte zu schlagen. Er schien ganz langsam und mit tiefer Bereitschaft zu nicken. Dann nichts mehr.

Nachdem wir ihn zum Abschied geküsst und die Formulare für die Gehirnautopsie unterschrieben hatten, nachdem wir durch überschwemmte Straßen nach Hause gefahren waren, setzte sich meine Mutter in die Küche und ließ sich gegen ihre Gewohnheit zu einem

Jack Daniels pur überreden. »Jetzt weiß ich es«, sagte sie. »Wenn man tot ist, ist man richtig tot.« Wohl wahr. Aber wegen des schleichenden Verlaufs der Alzheimer-Krankheit war mein Vater nun nicht toter als zwei Stunden, zwei Wochen oder zwei Monate zuvor. Wir hatten einfach die letzten Überreste von ihm verloren, aus denen wir ein lebendes Ganzes hatten konstruieren können. Es würde keine neuen Erinnerungen mehr geben. Die einzigen Geschichten, die wir nun erzählen konnten, waren die Geschichten, die wir schon kannten.
(2001)

Kommentar

Dieser Essay ist in der Darstellung wesentlich distanzierter, eher »wissenschaftlicher« und erinnert in der Detailtreue eher an einen protokollarischen Bericht. Die Alzheimer-Erkrankung des Vaters wird in den einzelnen Entwicklungsstadien geschildert. Die eigene emotionale Betroffenheit wird bei dieser sachlichen Schilderung weitgehend verschleiert, obwohl sie zwischen den Zeilen spürbar ist. Der Erzähler geht auch auf die genaue Diagnose einer Alzheimer-Demenz ein, die mit den entsprechenden neuropathologischen Befunden unterstrichen wird, während in dem Beitrag von Bayley Details der Differentialdiagnostik des Demenzsyndroms unklar bleiben.

Der fast wissenschaftliche Eindruck der Abhandlung entsteht u.a. dadurch, dass bereits zu Beginn der Erzählung der neuropathologische Bericht über die Gehirnautopsie des Vaters eingebracht wird und auch erwähnt wird, dass der Vater an einer wissenschaftlichen Verlaufsstudie zur Erforschung von Gedächtnis und Altern teilgenommen hat. Überhaupt wird in diesem Beitrag sehr stark auf neurobiologische Aspekte rekurriert, die normalen Prozesse von Gedächtnis und Bewusstsein werden dargestellt, um auf diese Weise die durch die Alzheimer-Erkrankung bedingten Veränderungen besser erklären zu können. In dem Zusammenhang wird auch die genaue Neuropathologie und Histopathologie der Alzheimer-Erkrankung dargestellt.

Der Essay berichtet über den allmählichen, schleichenden Beginn der Erkrankung, das Nicht-Wahrhaben-Wollen der Symptome durch den Patienten selber wie auch durch seine Angehörigen und schließlich die zwingende Notwendigkeit, die bittere Realität anzuerkennen, nachdem die Symptomatik immer schwerer wird. Eindrucksvoll wird das klinische Gesamtbild der Alzheimer-Erkrankung im Wesentlichen geschildert, mit den Störungen der Gedächtnisleistungen und sonstiger kogniti-

ver Einbußen, mit Veränderungen im Bereich des Verhaltens, zunächst im Sinne einer Persönlichkeitsakzentuierung und später im Verlauf der Erkrankung auch mit halluzinatorischem Erleben, Aggressivität und anderen schweren Veränderungen. Eindrucksvoll wird auch der Einsatz von »Coping-Mechanismen« des an Demenz Erkrankten geschildert, so z.B. der Versuch, mit zahlreichen Zetteln die drohenden Erinnerungslücken zu vermeiden. Die plastisch dargestellten Konsequenzen für die Beziehung zur Ehefrau wie aber auch zu den Kindern macht deutlich, in welch gravierender Weise eine solche schwere psychische Erkrankung das partnerschaftliche und familiäre Zusammenleben beeinträchtigt. Wichtig ist auch die Beobachtung, dass das Ertragen einer solchen schweren psychischen Veränderung eines Partners die traditionellen Gleichgewichte einer seit langem eingespielten Beziehung in erheblicher Weise verändert und dass frühere konflikthafte Konstellationen der Partnerschaft den Umgang mit dem kranken Partner erheblich prägen. Der Essay vermittelt beiläufig eine ganze Reihe von wissenschaftlichen Erkenntnissen über die Alzheimer-Demenz, beginnend mit der Erstbeschreibung der Erkrankung durch Alzheimer im Jahre 1906 sowie Forschungsergebnissen aus den letzten 20 Jahren, so unter anderem der Hypothese des amerikanischen Alzheimer-Forschers Reisberg, der den geistigen Verfall der Alzheimer-Erkrankung als spiegelbildliche Umkehrung der geistigen Entwicklung im Kindesalter darstellt. Fragwürdige, selbst in der wissenschaftlichen Literatur zu findende Sinninterpretationen der Alzheimer-Erkrankung, wie z.B. die von Shenk, der in der Verkindlichung der Alzheimer-Patienten eine Gnade sieht, in dem Sinne einer Befreiung von der Last des Erwachsenseins und einer Beschränkung auf das »Hier und Jetzt«, werden erwähnt und zu Recht kritisch zurückgewiesen. Gleichzeitig versucht der Erzähler eigene Sinninterpretationen zu geben und u.a. zu hinterfragen, ob Gedächtnis und Bewusstsein tatsächlich der unangefochtene Hort der Persönlichkeit sind und ob solche nicht darüber hinaus bei dem »langsamen Tod« des Alzheimer-Kranken zu suchen und zu finden sind.

Insgesamt eine sehr differenzierte, wissenschaftliche Fakten und Sinnaspekte einbeziehende Darstellung der Krankheitsgeschichte des demenzkranken Vaters, die trotz der nüchternen Art des Erzählstils betroffen macht.

Beide Geschichten – sowohl die von Bayley als auch die von Franzen – beziehen sich auf die Erfahrungsberichte über eine Demenzerkrankung eines engen Angehörigen. Die jeweilige literarische Ausgestaltung fokussiert auf unterschiedliche Aspekte und bleibt im Stil der ersten Darstellung emotionaler und verstehensbereiter, in der zweiten Darstellung eher wissenschaftlich objektiver und voll größeren Detailreichtums. Insofern ergänzen sich beide Darstellungen sehr gut und man liest sie mit Gewinn miteinander. Die Erzählungen erinnern an die Darstellung Betroffener, wie sie mehrfach publiziert worden sind, z.B. an das eindrucksvolle Buch, in dem die Ehefrau und die Tochter des bekannten Geigers Helmut Zacharias, der an einer Demenz erkrankt war, ihre diesbezüglichen Erfahrungen schildern, sowohl die Erfahrung mit der Veränderung des Ehepartners / Vaters, also die Beschreibung der Krankheitssymptome, wie aber auch der Versuche, mit diesen Veränderungen in einer Weise umzugehen, die dem Erkrankten möglichst viel an persönlicher Würde lässt (Sylvia Zacharias: »Diagnose Alzheimer, Helmut Zacharias«. Ein Bericht. Hirnliga e.V. Köln 2000).

F1: Psychische Verhaltensstörungen durch psychotrope Substanzen

Sucht ist ein Zustand periodischer oder chronischer Intoxikation, verursacht durch den wiederholten Gebrauch einer natürlichen oder synthetischen Substanz, die für das Individuum oder die Gemeinschaft schädlich ist. Psychische Abhängigkeit ist definiert als übermächtiges, unwiderstehliches Verlangen, eine bestimmte Substanz/Droge wieder einzunehmen (Lusterzeugung und/oder Unlustvermeidung). Physische (körperliche) Abhängigkeit ist charakterisiert durch Toleranzentwicklung (Dosissteigerung) sowie das Auftreten von Entzugserscheinungen. Abusus oder Missbrauch beinhaltet den unangemessenen Gebrauch einer Substanz/Droge, d.h. überhöhte Dosierung und/oder Einnahme ohne medizinische Indikation. Wiederholtes Einnehmen führt zur Gewöhnung, psychisch durch Konditionierung, körperlich in der Regel mit der Folge durch Dosissteigerung.

Durch das Suchtmittel wird vorübergehend eine als unbefriedigend empfundene Situation scheinbar gebessert (Flucht in eine Scheinwelt). Die anschließende »Ernüchterung« durch die Konfrontation mit der Realität lässt einen Circulus vitiosus entstehen, dessen Hauptelemente das unbezwingbare Verlangen nach dem Suchtmittel (Craving) und der Kontrollverlust, das Nicht-Aufhörenkönnen (»Abhängigkeit«), sind.

Folgende Prägnanztypen der Abhängigkeit werden unterschieden: Morphintyp, Barbiturat-/Alkoholtyp, Kokaintyp, Cannabistyp, Amphetamintyp und Hallozinogentyp. Die Zahl der Abhängigen beträgt ca. 5 bis 7 Prozent der deutschen Bevölkerung. Die größte Bedeutung kommt dabei der Alkohol-Abhängigkeit zu, deren Zahl in Deutschland bei 3 bis 5 Prozent der Bevölkerung (ca. 2,5 Millionen) liegt. Die Zahl der Drogenabhängigen beträgt etwa 150.000, die Zahl der Medikamentenabhängigen etwa 1 Million.

Ganz allgemein sind für die Entstehung und Entwicklung von Abhängigkeit drei Faktoren von Bedeutung: Droge, Individuum und soziales Umfeld. Die meist missbräuchlich benutzten Drogen steigern die Dopamin-Freisetzung und lösen so Euphorie und Wohlbehagen aus. Dieses wirkt wiederum verhaltensverstärkend. Drogen aktivieren direkt oder indirekt die dopaminergen Neurone im Mittel- und Endhirn. Neben Dopamin wird u.a. auch Glutatmat eine wesentliche Rolle für Lernprozesse zugeschrieben, die am »Suchtgedächtnis« beteiligt sind. Heute steht zudem fest, dass eine genetische Prädisposition für Abhängigkeitserkrankungen existiert. Die Suchterkrankung kann als gelernte Reaktion verstanden werden, die durch ein »Drogengedächtnis« gesteuert wird. Intensität und Progredienz der Abhängigkeitsentwicklung sind unterschiedlich, je nach Abhängigkeitstyp, konsumierter Substanz, vorliegender Persönlichkeitsstruktur und sozialem Umfeld. Als primäre Suchtmotive sind u.a. Lösung von Verstimmungszuständen, Leistungssteigerung, Einsamkeit, Langeweile und Erlebnissuche bei innerer Leere (Flucht aus dem frustierend erlebten Alltag), Schmerzlinderung sowie der Wunsch nach Betäubung zu erwähnen.

Je nach Suchtstoff und Abhängigkeitsmuster treten psychische, körperliche und soziale Folgen auf. Zu den psychischen Symptomen zählen u.a. Interessenverlust, Stimmungsschwankungen, Depressivität, Suizidalität, Apathie und Störungen des Kritikvermögens. Körperliche Symptome sind u.a. Schlafstörungen, Gewichtsverlust sowie spezielle Symptome, die durch körperliche und neurologische Folgeerkrankungen bedingt sind. Zu den sozialen Auswirkungen gehören beruflicher Abstieg, soziale Isolierung, Kriminalität und Dissozialität sowie Suizidgefährdung.

Neben der akuten Intoxikation durch die jeweilige Droge und deren spezifische pharmakodynamische Effekte sind insbesondere bei der Alkoholerkrankung eine Reihe anderer psychopathologischer Erscheinungsbilder bekannt, wie z.B. das Alkoholdelir (»Delirum tremens«), die Alkoholhalluzinose, der alkoholische Eifersuchtswahn und die verschiedenen Bilder der alkoholbedingten amnestischen Störungen (Wernicke-Enzephalopathie, Korsakow-Syndrom) bis hin zum Syndrom der Alkoholdemenz. Das Alkoholdelir ist die häufigste psychiatrische Folgekrankheit des Alkoholismus und tritt bei etwa 15 Prozent aller Alkoholabhängigen meist als Entzugsdelir, manchmal aber auch als Kontinuitätsdelir (also bei fortdauerndem Trinken) auf.

Auslöser sind häufig akute Erkrankungen oder Operationen. Es dauert in der Regel 3 bis 7 Tage, beginnend zumeist am 3. oder 4. Tag der Abstinenz. Etwa die Hälfte der Deliren beginnt mit einem zerebralen Krampfanfall. Ein Teil der Patienten weist Prodromalerscheinungen wie Schlaflosigkeit, Unruhe, Angst und Aufmerksamkeitsstörungen auf. Dieses Bild wird als Alkohol-Entzugssyndrom, Prädelir oder vegetatives Syndrom bezeichnet. Typisch für das Delir sind neben Desorientiertheit und Unruhe optische Halluzinationen – vor allem von kleinen bewegten Objekten (»weiße Mäuse«), illusionären Verkennungen und szenischen Halluzinationen sowie einer hohen Suggestibilität (»vom weißen Blatt lesen«). Daneben stehen Zeichen der vegetativen Entgleisung (Tremor, Schwitzen, Tachykardie) als Leitsymptome im Vordergrund. Typische Symptome der eher seltenen Alkoholhalluzinose sind akustische Halluzinationen beschimpfenden Charakters. Eine Bewusstseinsstörung oder Desorientiertheit ist nicht vorhanden. Bei konsequenter Abstinenz tritt die akute Halluzinose im Verlauf von Wochen oder Monaten ab. Beim Eifersuchtswahn Alkoholkranker kommt es zu einem isolierten Wahn, der sich auf die vermeintliche Untreue der Ehefrau bezieht.
In der Therapie von Suchtkranken geht es darum, langjährige Abstinenz zu erreichen. Entscheidende Elemente sind die Motivierung des Suchtkranken sowie Maßnahmen zur Rückfallprophylaxe (u.a. Selbsthilfegruppen). Allgemeine Behandlungsziele, die das primäre Therapieziel erreichen helfen, sind zum einen die Nachreifung und die Stabilisierung der Persönlichkeit, zum anderen die psychosoziale Rehabilitation. Die Therapie lässt sich im Allgemeinen in folgende Phasen gliedern: Kontakt- und Motivierungsphase, Entgiftungsphase (körperlicher Entzug), Entwöhnungsbehandlung sowie Nachsorge und Rehabilitationsphase.

Malcolm Lowry

Unter dem Vulkan

aus: Malcolm Lowry. Unter dem Vulkan.
Deutsche Übersetzung von Susanna Rademacher und Karin Graf.

Einführung

Der englische Schriftsteller Malcolm Lowry (1909–1957) reiste nach seinem Schulabschluss als Schiffsjunge nach China, studierte dann in Cambridge Philosophie, schrieb einen Seefahrer-Roman (»Ultramarin«, 1933), durchquerte Frankreich, Russland und China, lebte zwei Jahre in Mexiko und vierzehn Jahre in der kanadischen Provinz British Columbia.
Mit seinem stark autobiographisch geprägten Trinker-Roman »Unter dem Vulkan« (1947), Teil eines geplanten, nie vollendeten Zyklus mit dem Titel »Die Reise, die nie zu Ende geht«, gebührt ihm ein unbestrittener Platz in der Weltliteratur. Zur Darstellung von Identitätsverlust, Einsamkeit und Hoffnungslosigkeit bediente sich Lowry eines erzähltechnisch experimentellen Stils voller Assoziationsketten, Allegorien, innerer Monologe, fremdsprachlicher Einschübe, Lautmalereien, Slogans, enigmatischer Symbole, Zeitsprünge, Anspielungen und Allusionen an Joyces »Ulysses«, Dantes »Göttliche Komödie«, Goethes »Faust« und Shakespeares »Lear«, ohne dabei in den Bildern von physischem Elend und psychischer Zerstörung durch alkoholgetränkte Delirien auf die suggestiv realistische Schreibweise eines Ernest Hemingway zu verzichten. Die trotz aller Alkoholabstürze bis zuletzt aufrechterhaltene Beschwörung der menschlichen Würde beruft sich auf die Philosophie von Albert Camus.
Erzählt wird in »Unter dem Vulkan« die Geschichte des britischen Ex-Konsuls und notorischen Trinkers Geoffrey Firmin, der am Allerseelentag 1938 ein mexikanisches Nest auf der Suche nach einem weiteren Drink durchstreift. Er säuft zusammen, was er bekommt: Whisky, Wodka, Tequila, Meskalin, sogar Strychnin, das ihn, wie er prophezeit, am Tag der Toten umbringen wird. Seiner Frau Yvonne und seinem Halbbruder gelingt es allen schier unmenschlichen Anstrengungen zum Trotz nicht mehr, den restlos an den Alkohol Verlorenen, einst ein gebildeter, würde-

voller und liebenswerter Mann, zu retten. Am Ende landet der Ex-Konsul in einer schäbigen Kneipe. Weil er keinen Ausweis hat, nimmt ihn eine Faschistenbande gefangen und erschießt ihn wie einen räudigen Hund.
»Unter dem Vulkan« wurde 1984 von John Huston mit Albert Finney in der Hauptrolle verfilmt, nachdem Anthony Burgess (»Clockwork Orange«, 1962) den Roman als eines der wenigen wirklichen Meisterwerke dieses Zeitalters gewürdigt hatte.
Malcolm Lowry starb 1957 nach psychiatrischer Behandlung schwer alkoholsüchtig an einer Überdosis Schlaftabletten in seiner englischen Heimat.

Weiterführende Literatur:
Donald W. Goodwin: Alkohol & Autor. Edition Epoca 1995

Unter dem Vulkan

»Mescal«, sagte der Konsul.
Die Hauptbar des Farolito war menschenleer. Aus einem Spiegel hinter der Theke, der auch die zum Platz hin offene Tür spiegelte, starrte ihm stumm sein Gesicht entgegen, streng, vertraut und unheilverkündend.
Aber das Lokal war nicht stumm. Es war erfüllt von diesem Ticken – dem Ticken seiner Uhr, seines Herzens, seines Gewissens, einer Wanduhr irgendwo. Dazu kam ein fernes Geräusch aus der Tiefe, wie rauschendes Wasser, wie ein unterirdischer Einsturz, und außerdem hörte er sie noch immer, die bitter verletzenden Anklagen, die er gegen sein eigenes Elend geschleudert hatte, die Stimmen wie in einem Streit, die seine lauter als die übrigen, und die sich jetzt mit jenen anderen fern klagenden, schmerzlichen Stimmen mischten: ›Borracho, Borrachón, Borraaaacho!‹
Aber eine dieser Stimmen klang wie Yvonnes flehende Stimme. Er fühlte noch immer ihren Blick, ihren und Hughs Blick im Salón Ofélia hinter sich. Absichtlich schob er alle Gedanken an Yvonne von sich. Er trank rasch hintereinander zwei Mescals: die Stimmen verstummten.
An einer Zitrone lutschend machte er Bestandsaufnahme von seiner Umgebung. Der Mescal wirkte zwar beruhigend, verlangsamte je-

doch das Denken; jeder Gegenstand sickerte erst nach einer Weile in ihn ein. In einer Ecke des Raumes saß ein weißes Kaninchen, das an einem Maiskolben nagte. Es knabberte mit so selbstvergessener Miene an den schwärzlichvioletten Körnern, als spielte es ein Musikinstrument. Hinter der Theke hing in einem Drehgestell eine schöne Kürbisflasche aus Oaxaca mit Mescal de olla, aus der sein Glas abgefüllt worden war. Zu beiden Seiten standen Flaschen mit Tenampa, Berreteaga, Tequila Añejo, Anís doble de Mallorca, eine violette Karaffe mit Henry Mallets ›delicioso licor‹, eine flache Flasche Peppermint Cordial und eine große gerillte Flasche Anís del Mono mit einem Etikett, auf dem ein Teufel eine Mistgabel schwang. Vor ihm auf der breiten Theke standen Schalen mit Zahnstochern, Peperoni, Zitronen, ein Glas mit Strohhalmen und ein Glaskrug mit gekreuzten langen Löffeln. Am einen Ende der Theke waren große, bauchige Kruken mit verschiedenfarbigen Aguardiente-Sorten aufgestellt, unverdünnter Alkohol mit verschiedenen Aromen, in dem Schalen von Zitrusfrüchten schwammen. Sein Blick fiel auf eine neben dem Spiegel an die Wand geheftete Ankündigung für den gestrigen Ball in Quauhnahuac: *Hotel Bella Vista Gran Baile a Beneficio de la Cruz Roja. Los Mejores Aristas del radio en acción. No falte Ud.* Ein Skorpion klammerte sich an das Plakat. Das alles registrierte der Konsul sorgfältig. Unter langen Seufzern eisiger Erleichterung zählte er sogar die Zahnstocher. Hier war er sicher; dies war der Ort, den er liebte – Zuflucht, das Paradies seiner Verzweiflung.

Der ›Barmann‹ – der Sohn des Elefanten –, bekannt unter dem Namen Eine Handvoll Flöhe, ein kränklich aussehender, dunkler kleiner Junge, betrachtete kurzsichtig durch eine Hornbrille eine Witzserie El Hijo del Diablo in einer Knabenzeitschrift *Ti-to.* Er murmelte beim Lesen vor sich hin und aß Schokolade. Als er dem Konsul ein weiteres frischgefülltes Glas Mescal zuschob, ließ er etwas überschwappen. Er wischte es aber nicht weg, sondern las murmelnd weiter und stopfte sich mit Schokoladenschädeln und Schokoladenskeletten, sogar mit Leichenwagen aus Schokolade voll, die für den Tag der Toten gekauft waren. Der Konsul wies auf den Skorpion an der Wand, und der Junge wischte ihn mit einer ärgerlichen Bewegung herunter – er war tot. Eine Handvoll Flöhe kehrte zu seiner Zeitschrift zurück und murmelte laut mit vollem Mund: »De pronto, Dalia vuelve en Sigrita llamando la atención de un guardia que pasea. Suélteme! Suélteme!« Rette mich, dachte der Konsul vage, als der Junge plötzlich hinausging, um Geld zu wechseln, suélteme, zu Hilfe! Aber vielleicht hatte der Skorpion gar nicht gerettet werden wollen und sich selbst totgestochen. Er schlenderte durch den Raum. Nach einem fruchtlosen Versuch, sich mit dem weißen Kaninchen anzufreunden, trat er an das offene Fenster zur Rechten. Darunter ging es fast senkrecht zum Grund der Schlucht hinunter. Was für ein düsterer, melancholischer Ort! In Parián hatte Kublai Khan … Und die Felsspitze war auch noch da – genau wie bei Shelley oder Galderón oder beiden –, die Felsspitze, die, obwohl schon gespalten, so sehr am Leben hing, daß sie sich nicht zum endgültigen Zerbröckeln entschließen konnte. Die schiere Höhe war erschreckend, dachte er, während er sich hinauslehnte, den gespaltenen Fels von der Seite betrachtete und versuchte, sich auf die Stelle in *The Cenci* zu besinnen, wo der riesige Felsblock geschildert wird, der sich an die Erdmasse klammert, als ruhe er auf dem Leben selbst, der sich nicht vor dem Sturz fürchtet, aber trotzdem die Stelle verfinstert, in die er fiele, falls er fiel. Bis zum Grund der Schlucht war es ungeheuer, furchtbar weit. Aber er merkte, daß auch er sich nicht vor dem Sturz fürchtete. In Gedanken verfolgte er den abgrundtiefen, gewundenen Weg der Barranca zurück durch das Land, durch verfallene Bergwerke bis zu seinem Garten. Dann sah er sich wieder mit Yvonne heute morgen vor dem Druckereischaufenster stehen und das Bild von dem anderen Felsen, La Despedida, anstarren, den Eiszeitfelsen, der zwischen den Heiratsanzeigen im Ladenfenster zerbröckelte, und dahinter das rotierende Schwungrad. So lange schien das her zu sein, so seltsam, so traurig und fern wie die Erinnerung an erste Liebe, ja, sogar an den Tod seiner Mutter. Wie eine gelinde Trauer verschwand Yvonne wieder aus seinen Gedanken, diesmal ohne Anstrengung.

Durchs Fenster ragte Potocatepetl auf, die mächtigen Flanken zum Teil hinter sich heranwälzenden Gewitterwolken verborgen; sein Gipfel versperrte den Himmel, als wäre er fast senkrecht über dem Konsul, als lägen die Barranca und das Farolito unmittelbar an seinem Fuße. Unter dem Vulkan! Nicht umsonst hatten die Alten den Tartarus unter dem Ätna angesiedelt oder den Typhon in seinem Innern, das Ungeheuer mit den hundert Köpfen und den – einigermaßen – furchtbaren Augen und Stimmen.

Der Konsul wandte sich ab und ging mit seinem Glas zu der offenstehenden Tür. Hinten im Westen ein anilinroter Todeskampf. Er blickte auf Parián hinaus. Dort hinter einem Rasenfleck lag der unvermeidliche Platz mit dem kleinen öffentlichen Park. Links am Rande der Barranca schlief ein Soldat unter einem Baum. Auf der Anhöhe rechts halb gegenüber stand ein Bauwerk, das auf den ersten Blick wie ein verfallenes Kloster oder ein Wasserwerk aussah. Es war die graue, mit Türmen geschmückte Kaserne der Militärpolizei, die er Hugh gegenüber als das berüchtigte Hauptquartier der Unión Militar erwähnt hatte. Das Gebäude, in dem sich auch das Gefängnis befand, starrte ihn finster aus einem Auge an, das über einem Torbogen in die Stirn seiner niedrigen Fassade eingesetzt war: eine Uhr, die jetzt sechs zeigte. Zu beiden Seiten des Torbogens blickten die vergitterten Fenster in dem Comisario de Policía und dem Policía de Seguridad auf eine Gruppe Soldaten nieder, die, ihre Signalhörner an leuchtend grünen Schnüren über die Schulter gehängt, plaudernd zusammenstanden. Andere Soldaten mit flatternden Gamaschen stolperten zur Wachablösung. Unter dem Torbogen, im Eingang zum Hof, saß ein Korporal arbeitend an einem Tisch, auf dem eine unangezündete Petroleumlampe stand. Der Konsul wußte, daß er mit gestochen scharfer Handschrift irgendwelche Eintragungen machte, denn auf seinem ziemlich unsicheren Weg hierher – freilich nicht so unsicher wie vorhin auf dem Festplatz in Quauhnahuac, aber immer noch blamabel genug –, hätte er ihn fast umgerannt. Durch den Torbogen konnte der Konsul die rund um den Hof verteilten Gefängniszellen mit Holzgittern wie Schweineställe erkennen. In einer gestikulierte ein Mann. Weiter links standen verstreut einige Hütten mit dunklen Palmstrohdächern; sie verschmolzen mit dem Wald, der die Stadt auf allen Seiten umgab und jetzt im unnatürlich bleiernen Licht des aufziehenden Gewitters glühte.

Eine Handvoll Flöhe war zurückgekommen, und der Konsul ging an die Theke, um sein Kleingeld in Empfang zu nehmen. Der Junge, der ihn anscheinend nicht verstanden hatte, ließ aus der schönen Kürbisflasche Mescal in sein Glas laufen. Als er es dem Konsul reichte, warf er die Zahnstocher um. Der Konsul sagte im Augenblick weiter nichts über das Kleingeld, nahm sich jedoch vor, das nächste Mal etwas zu bestellen, was mehr kostete als die fünfzig Centavos, die er bereits bezahlt hatte. Auf diese Weise würde er sein Geld nach und nach wiederbekommen. Er wiegte sich in der lächerlichen Vorstellung, daß er schon deswegen unbedingt hierbleiben müsse. Er wußte, daß es noch einen anderen Grund gab, auf den er jedoch nicht den Finger legen konnte. Jedesmal, wenn ihm Yvonne einfiel, war ihm das bewußt. Es sah also wirklich so aus, als müßte er um ihretwillen hier bleiben, nicht weil sie ihm hierher folgen würde – nein, sie war fort, er hatte sie jetzt endgültig gehen lassen. Hugh würde vielleicht kommen, aber sie niemals, diesmal nicht; bestimmt würde sie nach Hause zurückkehren, und über diesen Punkt hinaus reichten seine Gedanken nicht – sondern für irgend etwas anderes. Er sah sein Wechselgeld auf der Theke liegen, der Mescal war nicht abgezogen. Er steckte es ein und kam wieder zur Tür. Die Situation hatte sich jetzt verkehrt; der Junge mußte auf *ihn* aufpassen. Selbstquälerisch vertrieb er sich die Zeit, zur Unterhaltung von einer Handvoll Flöhe, obgleich ihm klar war, daß der in seine Zeitschrift vertiefte Junge ihn überhaupt nicht beobachtete, mit der Vorstellung, er habe den melancholischen Ausdruck eines bestimmten Trinkertyps angenommen, der nach zwei murrend auf Kredit gewährten Schnäpsen halb nüchtern aus einer leeren Kneipe auf die Straße hinausstarrt, einen Ausdruck, der die Hoffnung auf Hilfe vorzuspiegeln sucht, auf eine irgendwie geartete Hilfe, die vielleicht unterwegs ist, auf Freunde, irgendwelche Freunde, die vielleicht kommen und ihn retten. Für ihn ist das Leben immer hinter der nächsten Straßenecke in Form eines weiteren Drinks in einer neuen Kneipe. Aber in Wirklichkeit erhofft er nichts von alledem. Seine Freunde haben ihn aufgegeben so wie er sie, und er weiß, daß nichts als der vernichtende Blick eines Gläubigers hinter der nächsten Ecke lauert. Auch hat er sich nicht genügend gestärkt, um mehr Geld zu borgen oder um neuen Kredit bitten zu können, und der Schnaps von nebenan sagt ihm ohnehin nicht zu. Warum bin ich hier, sagt die Stille, was habe ich getan, echot die Leere, warum habe ich mich willentlich zugrunde gerichtet, kichert das Geld in der Ladenkasse, wieso bin ich so heruntergekommen, fragt schmeichlerisch die Straße, und die einzige Antwort darauf war … Der Platz gab ihm keine Antwort. Die kleine Stadt, die so leer erschienen war, belebte sich mit dem fortschreitenden Abend. Dann und wann stolzierte schweren Schrittes ein schnurrbärtiger Offizier vorüber, mit dem Spazierstock an die Gamaschen schlagend. Leute kehrten von den Friedhöfen zurück, aber die Prozession würde vielleicht erst nach einiger Zeit vorüberkommen. Eine undisziplinierte Abteilung Soldaten marschierte über den Platz. Signalhörner schmetterten. Auch eine starke Belegschaft Polizei war erschienen – diejenigen, die nicht streikten oder angeblich auf den Friedhöfen Dienst getan hatten, oder auch die Ersatzpolizei – Polizei und Militär waren sowieso nicht leicht auseinanderzuhalten. Zweifellos insgeheim Freunde der Deutschen. Der Korporal saß noch immer schreibend an seinem Tisch, was den Konsul merkwürdig beruhigte. Zwei oder drei Trinker drängten sich an ihm vorbei ins Farolito; sie hatten quastenbesetzte Sombreros auf den Hinterkopf geschoben, und Pistolentaschen schlugen an ihre Oberschenkel. Zwei Bettler waren eingetroffen und bezogen ihre Posten vor der Kneipe unter dem Gewitterhimmel. Der eine hatte keine Beine und schleppte sich wie ein armer Seehund durch den Staub. Aber der andere, der sich eines Beines rühmen konnte, stand steif und stolz an die Mauer der Cantina gelehnt, als wartete er darauf, erschossen zu werden. Dann beugte dieser Bettler mit einem Bein sich vor: er ließ ein Geldstück in die ausgestreckte Hand des Beinlosen fallen. Dem ersten Bettler standen die Tränen in den Augen. Jetzt bemerkte der Konsul ganz rechts auf dem Waldweg, den er gekommen war, eine Anzahl ungewöhnlicher, gänseähnlicher Tiere, die aber so groß waren wie Kamele, und Menschen ohne Haut und ohne Köpfe, die auf Stelzen gingen und deren Gedärme sich selbständig zuckend über den Boden bewegten. Er schloß die Augen vor diesem Anblick, und als er sie wieder aufschlug, sah er weiter nichts als einen Mann, der wie ein Polizist aussah und ein Pferd am Halfter führte. Trotz des Polizisten mußte er lachen, brach aber plötzlich ab. Denn er sah, daß das Gesicht des halb liegenden Bettlers sich langsam in dasjenige der Señora Gregorio verwandelte und dann in das seiner Mutter, auf dem ein unendlich mitleidsvoller, flehender Ausdruck erschien.

Er schloß die Augen wieder, und während er, das Glas in der Hand, dastand, dachte er einen Augenblick mit gefrierender, gleichgültiger, fast amüsierter Ruhe an die furchtbare Nacht, die ihn – ob er noch mehr trank oder nicht – unausweichlich erwartete, an sein von dämonischen Orchestern erbebendes Zimmer, die Fetzen eines angstgequälten tumultuösen Schlafes, unterbrochen von Stimmen, die in Wirklichkeit Hundegebell waren, oder von eingebildeten Besuchern, die unausgesetzt seinen Namen riefen, das gräßliche Brüllen, das Klimpern, das Knallen, das Bumsen, der Kampf gegen unverschämte Erzfeinde, die Lawine, unter der die Tür zusammenbrach, die Stiche von unten durch das Bett, und draußen fortwährend das Schreien, das Klagen, die schreckliche Musik, die Spinette der Finsternis. Er ging zur Theke zurück.

Kommentar

In dem Auszug von Malcom Lowrys Roman »Unter dem Vulkan« werden der soziale Abstieg, die partnerschaftliche und finanzielle Problematik eines Trinkers, einer ehemals sehr hoch angesehenen Persönlichkeit, eines Konsuls, in eindrücklicher Weise geschildert. Im Zentrum der Darstellung steht die eindrucksvolle und plastische Schilderung von starker Unruhe und vielgestaltigen Halluzinationen in verschiedenen Sinnesgebieten (u.a. szenenhafte Halluzinationen).

Die genaue Differentialdiagnose, ob es sich dabei um ein Alkoholdelir oder eher um eine Alkoholhalluzinose handelt, ist wegen des Fehlens diesbezüglicher differentialdiagnostischer Detailinformationen nicht möglich. Die Vielgestaltigkeit der Halluzinationen, in denen neben akustischen auch optische Halluzinationen – z.T. als szenenartige Erlebnisse kombiniert – auftreten sowie die Bereitschaft zu illusionären Verkennungen lässt eher an ein Delir denken, allerdings scheint die dafür typische Desorientierung nicht vorzuliegen. Wenn man aber darauf abstellt, dass vorrangig akustische Halluzinationen das Symptombild beherrschen, könnte man eher an eine Alkoholhalluzinose denken, zumal die alkoholtypische Desorientiertheit offenbar nicht vorliegt.

Charles Baudelaire

Die künstlichen Paradiese

aus: Charles Baudelaire. Die Dichtung vom Haschisch.
Aus dem Französischen übersetzt von Hannelise Hinderberger.

Einführung

Mit »Les Fleurs du Mal« (dt: »Die Blumen des Bösen«) (1857), dem Hauptwerk des französischen Dichters Charles Baudelaire (1821–1867), beginnt die Lyrik der literarischen Moderne.

Kindheit und Jugend Baudelaires sind überschattet vom frühen Tod des Vaters und der Wiederverheiratung der Mutter mit einem strengen Offizier. Das zur Depression neigende, sich ungeliebt fühlende Kind verbringt unglückliche Zeiten im Internat, stößt nach abgebrochenem Jurastudium als junger Mann zur Pariser Boheme und führt mit den bald aufgebrauchten Mitteln des väterlichen Erbes ein verschwenderisches Leben als Dandy, macht Schulden, unterhält ein Verhältnis mit einer Prostituierten, unternimmt eine Schiffsreise bis Réunion, steckt sich mit Syphilis an, bis ihn die Familie unter eine demütigende Vormundschaft stellt. 1845 misslingt ein Suizidversuch. Der einstmals begeisterte Revolutionär zieht sich nach der gescheiterten Revolution 1848 völlig auf die Kunst zurück und arbeitet als Kunsttheoretiker, Kritiker und Übersetzer (u.a. der Werke von Edgar Allan Poe). Der exzessive Konsum von Opium, Haschisch und Alkohol führt zu ständigen finanziellen Schwierigkeiten. »Die Blumen des Bösen« wird von der bürgerlichen Kritik als obszön und blasphemisch empfunden und trägt dem Dichter wie seinem Verleger einen Strafprozess wegen »Beleidigung der öffentlichen Moral« ein. Baudelaire, der die gesamte moderne Lyrik nachhaltig beeinflusste, stirbt mit 46 Jahren, halbseitig gelähmt und sprechunfähig, betreut von seiner alten Mutter, in einem Pariser Pflegeheim.

Weiterführende Literatur:
Jean-Paul Sartre: Baudelaire. Rowohlt 1997

Die künstlichen Paradiese

Was empfindet man? Was sieht man? Wunderbare Dinge, nicht wahr? Außergewöhnliche Schauspiele? Ist es wirklich schön? Und wirklich schrecklich? Und wirklich gefährlich? – Dies sind die gewohnten Fragen, welche die Unerfahrenen mit einer gewissen, mit Furcht vermischten Neugier an die Eingeweihten richten. Man könnte sagen, es sei eine kindliche Ungeduld, etwas zu erfahren, wie sie beispielsweise bei Leuten, die ihre Ecke am Kamin nie verlassen haben, vorkommt, wenn sie sich einem Menschen gegenübersehen, der aus fernen und unbekannten Ländern zurückkehrt. Sie stellen sich den Haschischrausch wie ein wunderbares Land, ein unermeßliches Gaukler- und Taschenspielertheater vor, wo alles bewundernswürdig und unvorhergesehen ist. Dies ist ein Vorurteil, ein vollständiger Irrtum. Und da das Wort Haschisch für den großen Haufen der Leser und Fragenden die Vorstellung von einer fremden und wirren Welt und die Erwartung wunderbarer Träume zuläßt (man würde besser Halluzinationen sagen, welche übrigens weniger häufig sind, als man vermutet), werde ich sogleich auf den wichtigen Unterschied hinweisen, der die Wirkungen des Haschischs von den Phänomenen des Schlafs trennt. Im Schlaf, dieser allabendlichen, abenteuerlichen Reise, liegt etwas ausdrücklich Wunderbares. Er ist ein Wunder, dessen pünktliches Eintreffen alles Geheimnisvolle abgestumpft hat. Die Träume des Menschen sind von doppeltem Rang. Die einen sind erfüllt von seinem gewöhnlichen Leben, seinen Besorgnissen, seinen Wünschen und seinen Lastern und verbinden sich auf mehr oder weniger seltsame Weise mit den im Lauf des Tages wahrgenommenen Gegenständen, die sich auf der breiten Leinwand des Gedächtnisses zudringlich festgesetzt haben. Dies ist der natürliche Traum. Er ist der Mensch selber. Aber dann die andere Art des Traums! Der sinnlose, unvorhergesehene Traum, ohne Beziehung und Verbindung zum Charakter, zum Leben und den Leidenschaften des Schläfers! Dieser Traum, den ich hieroglyphisch nennen will, stellt augenscheinlich die übernatürliche Seite des Lebens dar. Und gerade weil er widersinnig ist, haben die Alten geglaubt, er sei göttlichen Ursprungs. Da der Traum aus natürlichen Gründen unerklärlich ist, haben die Alten ihm einen außerhalb des Menschen liegenden Grund beigemessen. Auch heute noch gibt es, ohne von den Traumdeutern zu sprechen, eine philosophische Schule, die in dieser Art Träume bald einen Vorwurf und bald einen Ratschlag sieht. Mit einem Wort, ein symbolisches und moralisches Bild, das im Geist des schlafenden Menschen entstanden ist. Dies ist ein Wörterbuch, das man studieren sollte, eine Sprache, zu der die Weisen den Schlüssel erlangen könnten.

Nichts von all dem im Haschischrausch. Wir treten aus dem natürlichen Traum nicht heraus. Der Rausch ist in seiner ganzen Dauer, dank der Intensität der Farben und der Schnelligkeit der Einfälle, in der Tat nur ein unendlicher Traum. Immer aber bewahrt er die spezielle Tonlage des Individuums. Der Mensch wollte träumen, nun wird der Traum den Menschen beherrschen. Aber dieser Traum wird wohl der Sohn seines Vaters sein. Der Müßiggänger hat sich den Kopf darüber zerbrochen, wie er das Übernatürliche künstlich in sein Leben und Denken einführen könnte. Aber er bleibt, nach allem und trotz der zufälligen Kraft seiner Eindrücke, doch nur derselbe, wenn auch übersteigerte Mensch, dieselbe zu höchster Potenz erhobene Zahl. Er ist unterjocht. Doch zu seinem Unglück ist er es nur durch sich selbst, das heißt durch den schon dominierenden Teil seiner selbst. *Er wollte den Engel spielen, und er ist ein Tier geworden,* ein augenblicklich sehr mächtiges Tier, wenn man eine übermäßige Sensibilität ohne beherrschende Gewalt, die sie mäßigen oder ausnutzen könnte, überhaupt Macht nennen kann.

(...)

Im Haschischrausch kommen im allgemeinen drei leicht voneinander zu unterscheidende Phasen vor, und gerade die ersten Symptome der ersten Phase sind bei Neulingen recht seltsam anzusehen. Ihr habt von der wunderbaren Wirkung des Haschischs undeutlich reden gehört. Eure Einbildungskraft hat einen besonderen Gedanken, so etwas wie ein Ideal des Rausches, vorweggenommen. Es verlangt euch danach, zu wissen, ob die Wirklichkeit entschieden auf der Höhe eurer Hoffnungen sein wird. Das genügt, euch von Anfang an in einen Angstzustand zu versetzen, welcher für die erobernde und euch überfallende Laune des Giftes recht günstig ist. Die meisten Neulinge beklagen sich auf der ersten Stufe der Einweihung über die Langsamkeit der Wirkungen. Sie erwarten sie mit einer kindischen Ungeduld, und da die Droge ihrer Meinung nach nicht schnell genug wirkt, prahlen sie mit ihrer Ungläubigkeit, was für die alten Eingeweihten, die wissen, wie Haschisch sich verhält, recht vergnüglich ist. Die ersten Anwandlungen tauchen wie die Anzeichen eines lange zögernden Gewitters auf und vervielfachen sich mitten in dieser Ungläubigkeit. Zunächst ist da eine gewisse abgeschmackte und unwiderstehliche Heiterkeit, die sich eurer bemächtigt. Die unmotivierten Anfälle von Fröhlichkeit, deren ihr euch beinah schämt, wiederholen sich immer häufiger und unterbrechen Augenblicke voller Bestürzung, in denen ihr euch umsonst aufzufangen sucht. Die einfachsten Worte, die einfältigsten Gedanken erhalten ein neues und sonderbares Gepräge. Ihr wundert euch sogar darüber, daß ihr sie bis dahin so einfach gefunden habt. Ungehörige Anspielungen und Vergleiche, die unmöglich vorauszusehen waren, endlose Wortspiele, schwache Versuche zur Komik sprudeln ununterbrochen aus eurem Gehirn hervor. Der Dämon hat euch überfallen. Es ist aussichtslos, sich dieser Heiterkeit, die schmerzhaft ist wie ein Kitzel, zu widersetzen. Dann und wann lacht ihr über euch selbst, über eure Albernheiten und Torheiten; und eure Kameraden, falls ihr welche habt, lachen ebenfalls über euren und ihren eigenen Zustand. Doch da sie ohne Bosheit sind, grollt ihr ihnen nicht.

Diese Fröhlichkeit, die abwechselnd matt und peinlich ist, das Unbehagen in der Freude, die Unsicherheit, die Unentschlossenheit dauern in der Regel nur kurze Zeit. Bald werden die gedanklichen Zusammenhänge so unbestimmt, der Faden, der eure Einfälle verbindet, wird so dünn, daß nur eure Verbündeten euch noch verstehen können. Und doch besteht bei diesen Dingen und von dieser Seite her keine Möglichkeit, das alles zu überprüfen. Vielleicht glauben alle nur, euch zu verstehen, und diese Einbildung beruht auf Gegenseitigkeit. Der Mutwille und das schallende Gelächter, das Explosionen gleicht, erscheinen jedem, der sich nicht im selben Zustand befindet wie ihr, als tatsächliche Verrücktheit oder wenigstens als die Narrheiten eines Wahnsinnigen. Ebenso belustigen euch die Besonnenheit und der gesunde Menschenverstand, die Regelmäßigkeit der Gedanken beim vorsichtigen Zeugen, der nicht berauscht ist, und sie erheitern euch wie eine besondere Art von Wahnwitz. Die Rollen sind vertauscht. Seine Kaltblütigkeit veranlaßt euch zu äußerstem Spott. Ist es nicht eine auf geheimnisvolle Weise komische Situation, wenn ein Mensch sich einer Fröhlichkeit erfreut, die für jeden, der nicht in derselben Lage ist wie er, unverständlich bleibt? Der Verrückte hat Mitleid mit dem Besonnenen, und von da an beginnt sich sein Überlegenheitsgefühl bemerkbar zu machen. Bald wächst es, wird größer und mächtiger und wird wie ein Meteor zerstieben.

(...)

Auf diese erste Phase kindlicher Fröhlichkeit folgt so etwas wie eine momentane Beruhigung. Doch bald künden sich durch ein Kältegefühl in den Gliedmaßen neue Ereignisse an. (Die Kühle kann bei einigen Individuen zu einer sehr intensiven Kälte werden.) Dann folgt eine große Schwäche in allen Gliedern. Ihr habt Hände, die so weich sind wie Butter, und in eurem Kopf, in eurem ganzen Sein fühlt ihr verwirrende Bestürzung und Betroffenheit. Eure Augen werden groß; es ist, als würden sie von unerbittlicher Ekstase nach allen Richtungen auseinandergezogen. Euer Gesicht überzieht sich mit Blässe. Die Lippen stülpen sich mit jener Bewegung der Kurzatmigkeit einwärts, welche den Ehrgeiz eines Menschen charakterisiert, der großen Plänen zum Opfer gefallen ist und von weitreichenden Gedanken bedrängt wird oder der seinen Atem anhält, um einen Anlauf zu nehmen. Die Kehle ist sozusagen zugeschnürt. Der Gaumen ist von Durst ausgetrocknet. Es wäre unendlich angenehm, diesen Durst zu stillen, wenn nicht die Wonnen der Trägheit noch wohltuender wären und sich der kleinsten Lageveränderung des Körpers widersetzten. Rauhe und tiefe Seufzer dringen aus eurer Brust, als ob euer *alter* Körper das Verlangen und die Aktivität eurer *neuen* Seele nicht ertragen könnte. Von Zeit zu Zeit ergreift euch ein Schütteln, das eine unfreiwillige Bewegung auslöst, wie dieses Zusammenzucken, das am Ende eines Arbeitstages oder in einer stürmischen Nacht dem definitiven Schlaf vorausgeht.

(...)

Gerade in dieser Periode des Rausches tut sich ein neuer Scharfsinn, eine äußerste Wachheit aller Sinne kund. Der Geruchssinn, der Gesichtssinn, der Gehörsinn und der Tastsinn beteiligen sich gleichermaßen an dieser Steigerung. Die Augen spähen nach dem Unendlichen aus. Das Ohr nimmt, mitten im vielseitigsten Getümmel, beinah unhörbare Töne wahr. Hier beginnen die Halluzinationen. Die äußern Gegenstände nehmen langsam und nacheinander ein eigentümliches Aussehen an. Dann folgen die Zweideutigkeiten, die Mißverständnisse und die Umstellungen der Ideen. Die Töne bekleiden sich mit Farben, und die Farben enthalten Musik. Man wird mir entgegnen, das sei etwas ganz Natürliches und jedes poetische Gehirn ersinne auch in gesundem und normalem Zustand solche Übereinstim-

mungen leicht. Aber ich habe den Leser schon darauf aufmerksam gemacht, daß im Haschischrausch nichts tatsächlich Übernatürliches vorkommt. Allein – die Übereinstimmungen sind ungewöhnlich lebhaft. Sie durchdringen, überfallen und überwältigen den Geist mit ihrem eigenmächtigen Wesen. Die Musiknoten werden zu Zahlen, und wenn ihr mathematisch begabt seid, verwandelt sich die Melodie, die vernommene Harmonie – ihren wollüstigen und sinnlichen Charakter durchaus bewahrend – in eine umfassende arithmetische Rechenaufgabe, in der die Zahlen wiederum Zahlen hervorbringen, deren Wandlung und Entstehung ihr mit unerklärlicher Leichtigkeit und einer Gewandtheit verfolgt, die derjenigen eines vortragenden Künstlers gleicht.
Manchmal geschieht es, daß die Persönlichkeit entschwindet und daß die Objektivität, die pantheistischen Dichtern eigen ist, sich in euch so regelwidrig entfaltet, daß die Betrachtung der äußern Gegenstände euch eure eigene Existenz vergessen läßt und daß ihr euch alsbald mit ihnen verwechselt. Euer Auge richtet sich auf einen vom Wind harmonisch hin und her gebogenen Baum. In einigen Sekunden wird das, was im Hirn eines Dichters nur ein ganz natürlicher Vergleich wäre, in eurem Geist zu einer Tatsache. Zunächst leiht ihr dem Baum eure Leidenschaften, euer Verlangen und eure Melancholie. Ihr macht euch sein Ächzen und sein Sich-hin-und-her-Bewegen zu eigen, und bald seid ihr der Baum. Ebenso *stellt* der Vogel, der im tiefsten Himmelsblau schwebt, zunächst nur das unsterbliche Verlangen *dar,* über allen menschlichen Belangen zu schweben. Aber schon seid ihr der Vogel selbst. Ich stelle mir euch sitzend und rauchend vor. Eure Aufmerksamkeit richtet sich ein wenig zu lange auf die bläulichen Wolken, die aus eurer Pfeife aufsteigen. Da bemächtigt sich eurer der Gedanke einer langsamen, sukzessiven, ewigen Verflüchtigung, und alsbald werdet ihr diese Idee auf eure eigenen Gedanken, euer denkendes Sein anwenden. Durch eine sonderbare Zweideutigkeit, eine Art Übertragung oder geistiges Quiproquo fühlt ihr, wie ihr euch verflüchtigt. Dann werdet ihr eurer Pfeife (in der ihr euch wie Tabak zusammengekauert und versammelt fühlt) die sonderbare Fähigkeit zugestehen, *euch zu rauchen.*
Zum Glück hat diese endlose Einbildung nur eine Minute gedauert, denn ein lichter Augenblick hat es euch erlaubt, mit großer Anstrengung auf die Uhr zu schauen. Doch schon reißt euch eine andere Gedankenströmung mit sich fort. Sie wird euch nochmals eine Minu-

te lang in einem lebhaften Strudel herumwirbeln, und diese weitere Minute wird eine zusätzliche Ewigkeit dauern. Denn die Ausmaße der Zeit und des Seins sind von der Vielfalt und Dichte der Empfindungen und Gedanken vollständig durcheinandergebracht. Man könnte sagen, man lebe in einer einzigen Stunde mehrere Menschenleben. Seid ihr jetzt nicht einem phantastischen Roman vergleichbar, der lebendig und nicht nur geschrieben ist? Zwischen den Organen und den Genüssen sind keine Gleichungen mehr möglich. Und vor allem aus dieser Erkenntnis erwächst der Vorwurf, der auf diese gefährliche Übung, bei der die Freiheit entschwindet, anwendbar ist.
Wenn ich von Halluzinationen spreche, soll man das Wort nicht in seinem engsten Sinn auffassen. Eine sehr wichtige Nuance unterscheidet die reine Halluzination, welche die Ärzte oft zu studieren Gelegenheit haben, von der Halluzination oder besser der geistigen Sinnestäuschung, die vom Haschisch veranlaßt wird. Im ersten Fall tritt die Halluzination plötzlich, vollkommen und verhängnisvoll auf. Außerdem findet sie in der Außenwelt keinen Vorwand und keine Entschuldigung. Der Kranke sieht dort eine Form und hört Töne, wo keine vorhanden sind. Im zweiten Fall aber tritt die Halluzination nach und nach, fast freiwillig auf und wird nur durch die Tätigkeit der Einbildungskraft vollkommen ausgereift. Kurz – sie hat einen Vorwand. Der Ton wird sprechen, wird deutliche Dinge aussagen, aber es ist ein Ton vorhanden. Das trunkene Auge des vom Haschisch erfaßten Menschen sieht sonderbare Formen. Doch diese Formen waren, bevor sie sonderbar und ungeheuerlich wurden, einfach und natürlich. Die Kraft, die wahrhaft sprechende Lebhaftigkeit der Halluzination im Rausch entkräftet diesen ursprünglichen Unterschied durchaus nicht. Jene hat im umgebenden Milieu und in der gegenwärtigen Zeit ihre Wurzeln. Diese ist nirgends verwurzelt.
(…)
Ihr glaubt, eine wundervolle Leichtigkeit des Geistes zu verspüren. Kaum aber seid ihr aufgestanden, verfolgt euch ein Überrest des Rausches und hält euch fest wie eine Schleifkugel eurer früheren Sklaverei. Eure schwachen Beine tragen euch nur mühsam. Jeden Augenblick glaubt ihr, ihr müßt wie ein zerbrechlicher Gegenstand zersplittern. Eine große Mattigkeit (gewisse Leute sagen, sie sei nicht ohne Reiz) bemächtigt sich eures Geistes und breitet sich über eure Fähigkeiten aus wie Nebel über eine Landschaft. Noch einige Stunden lang seid ihr zu jeder Arbeit, jeder Tat und Anstrengung unfähig.

Das ist die Strafe für die ruchlose Art, mit der ihr Nervenkräfte vergeudet habt. Ihr habt eure Persönlichkeit in alle vier Winde verstreut, und jetzt – wieviel Mühe kostet es euch jetzt, sie wieder zu sammeln und zu konzentrieren!

Kommentar

Die Erzählung von Charles Beaudelaire »Die künstlichen Paradiese« gibt eine sehr subtile Beschreibung aller Aspekte des Haschischrausches. Dabei werden drei Phasen des Haschischrauchens beschrieben. Als Konsequenz des Haschischrausches werden insbesondere die kognitiven Veränderungen herausgearbeitet. Geschildert werden u.a. das synästhetische Erleben, die erhöhte Kreativität, das veränderte Zeiterleben und das Gefühl der Transzendenz. Insgesamt eine sprachlich sehr subtile Darstellung aller Aspekte des Haschischrausches, wie sie sicherlich in dieser Differenziertheit und der poetischen Ausmalung in keinem psychiatrischen Lehrbuch zu finden ist.
In Lehrbuchtexten wird als Hauptwirkung der Cannabis-Intoxikation Euphorie, Entspannung, psychomotorische Verlangsamung, Ideenflucht, Dehnung des Zeiterlebens und Konzentrationsstörung dargestellt.

Thomas de Quincey

Bekenntnisse eines englischen Opiumessers

aus: Thomas de Quincey: Bekenntnisse eines englischen Opiumessers.
Übertragen von Walter Schmiele.

Einführung

Der englische Essayist Thomas de Quincey (1785–1859) brillierte in seiner Jugend in Latein und in Griechisch, wurde aber der Schule verwiesen und führte zeitweise ein unstetes, von Armut gezeichnetes Leben in Wales und London, bis er 1803 wieder das Worcester College in Oxford besuchte. Er zog stets die Gesellschaft von Büchern jener von Menschen vor, war sehr schüchtern und litt unter starker Neuralgie, was ihn seit 1804 zum Konsum von Opium brachte. Obgleich er die englischen Romantiker William Wordsworth (1770–1850) und Samuel Taylor Coleridge (1772 bis 1834) tief verehrte, verhinderte seine Schüchternheit zunächst eine persönliche Begegnung. Kurz vor dem Examen brach er scheinbar grundlos sein Studium ab, zog in die Nähe von Wordsworth nach Grasmere, erkrankte erneut und steigerte seinen Opiumkonsum. Nach seiner von seinen Freunden missbilligten Heirat mit der Bauerntochter Margaret Simpson, mit der er acht Kinder zeugte, entfremdete er sich dem Kreis der Romantiker und steigerte seinen Opiumkonsum weiter. Geldnot zwang ihn zu journalistischer Arbeit für das London Magazine, in dem er Essays über Goethe, Jean Paul und Kant veröffentlichte.

Sein erfolgreichstes Werk wurden die »Bekenntnisse eines englischen Opiumessers« (1821), das ihn zwar berühmt, aber nicht reich machte. Trotz enormen Fleißes musste er zeitweise ins Schuldgefängnis und lebte mit seiner Familie in bitterer Armut. Nach seiner Übersiedlung nach Edinburgh und dem Tod seiner Frau (1837) erhöhte sich sein Opiumkonsum noch einmal ins Bedrohliche. Dennoch begann er ab 1853 mit der Edition seiner gesammelten Werke, ehe er verarmt und fast vergessen in geistiger Umnachtung 1859 in Edinburgh starb.

Weiterführende Literatur:
Matthias Seefelder: Opium. Eine Kulturgeschichte. DTV 1990

Bekenntnisse eines englischen Opiumessers

Ich bin *oft* gefragt worden, wie und durch welche Folge von Schritten ich zum Opiumesser geworden bin. Geschah es langsam, zunächst nur versuchsweise und mißtrauisch, wie man einen abschüssigen Strand in eine immer tiefer werdende See hineingeht, und von Anfang an in Kenntnis der Gefahren, die auf diesem Wege liegen, eigentlich ein bißchen mit ihnen kokettierend, während man ihnen scheinbar die Stirn bietet? Oder geschah es vielmehr in völliger Unkenntnis dieser Gefahren, von gewinnsüchtiger List verleitet? Denn oft ist es so, daß sich die Wirkung von Pastillen gegen Atembeschwerden einzig und allein auf ihren Opiumgehalt gründet, obwohl sie solch verdächtige Verbindung lauthals abstreiten, und diese hinterhältige Tarnung hat schon viele zur Abhängigkeit von einer ihnen bis dahin nicht bekannten Droge geführt, die sie nicht vorhersehen konnten – zur Abhängigkeit von einer Droge, die sie vorher weder dem Namen nach noch vom Sehen kannten. Oft geschieht es daher, daß sie die Kette tiefster Sklaverei überhaupt erst wahrnehmen, wenn sie sich bereits unlösbar um die gesamte körperliche Verfassung geschlungen hat. Oder geschah es schließlich auf dem dritten möglichen Weg (in leidenschaftlicher Vorwegnahme antworte ich schon »Ja!«, bevor die Frage beendet ist), war es ein plötzlicher, übermächtiger Impuls, der körperlicher Qual entsprang? Laut wiederhole ich *»Ja!«*, laut und unwillig – wie als Antwort auf eine vorsätzliche Verleumdung. Opium war einfach als schmerzstillendes Mittel meine einzige Zuflucht, als mich der größte Schmerz bezwang; und genau dieselbe Qual oder eine ihrer Varianten ist es auch, wodurch die meisten Leute dazu getrieben werden, mit diesem heimtückischen Mittel Bekanntschaft zu schließen. So geschah es also, durch diesen unglücklichen Zufall. Indessen hätte es auch anders gewesen sein können, ohne daß ich mich dessen hätte schämen müssen. Hätte ich schon früher die dieser starken Droge eigenen raffinierten Kräfte erkannt, die (wenn besonnen angewendet) erstens die Kraft haben, alle Erregungen des Nervensystems zu beruhigen, zweitens die Kraft, alle Lustempfindungen zu steigern, drittens die Kraft, bei außergewöhnlichen Anforderungen (vor die alle Menschen zuzeiten gestellt sind) vierundzwanzig Stunden hintereinander die sonst schwindende physische Energie aufrechtzuerhalten – hätte ich all das gewußt oder vermutet, hätte ich unfehlbar mit Opiumessen auf der Suche nach *besonderer* Kraft und *besonderer* Lust, nicht jedoch nach Befreiung von *besonderer* Qual begonnen. Und warum auch nicht? Wenn *das* ein Fehler wäre, wäre es dann nicht derselbe Fehler, den die meisten von uns jeden Tag in bezug auf Alkohol begehen? Dürfen wir denn auch *ihn* nur als Medizin benutzen? Ist Wein unzulässig, wenn er nicht als schmerzstillendes Mittel benutzt wird? Ich hoffe nicht, denn sonst müßte ich heucheln und ein unnormales Zucken in meinem kleinen Finger vorschützen, und damit würde ich, der ich gegenwärtig ein wahrheitsliebender Mensch bin, wie in einer Ovidschen Metamorphose allmählich Zoll um Zoll zum Simulanten. Nein, die gesamte Menschheit betrachtet es als zulässig, Wein zu trinken, ohne die Berechtigung dafür durch ein ärztliches Attest nachweisen zu müssen. Dieselbe Freiheit erstreckt sich aber auch auf den Gebrauch von Opium. Was ein Mensch gerechterweise im Wein suchen darf, darf er gerechterweise ohne Zweifel auch im Opium finden. Das trifft auf die vielen Fälle (zu denen auch der meinige gehört) besonders zu, in denen Opium die physische Verfassung weit weniger beeinträchtigt als die entsprechende Menge Alkohol. Coleridge war daher doppelt im Irrtum, als er sich gestattete, meine angebliche Wollust beim Gebrauch von Opium mit höchst unfreundlichen Hieben zu bedenken: im Irrtum hinsichtlich des Prinzips, und im Irrtum hinsichtlich der Tatsache. Einer seiner Briefe, von dem ich annehmen will, daß er ihn nicht für die Veröffentlichung geschrieben hat, obwohl er veröffentlicht worden ist, lenkt die Aufmerksamkeit des Empfängers auf einen deutlichen Unterschied, der meinen Fall als Opiumesser von seinem eigenen Fall abgrenzen soll. Während er entschuldbar (weil unvermeidlich) der Gewohnheit des Opiumessens – als des einzigen verfügbaren therapeutischen Mittels gegen seine spezielle Krankheit – verfallen sei, müsse ich Elender, der von guten Feen offensichtlich vor allen Schmerzen geschützt wird, in der widerwärtigen Art eines abenteuersüchtigen Wollüstlings, der in allen Ecken nach neuen Vergnügungen sucht, zum Opium gegriffen haben. Coleridge hat in jeder nur möglichen Weise unrecht – in seiner Tatsache und in seiner Theorie, in der kleinen Tatsache und in der großen Theorie. Ich tat nicht, was er mir vorwirft, und wenn ich es getan *hätte,* würde es mich nicht wie einen Bewohner von Sybaris oder Daphne verdammen. Keine Unterscheidung war je so grundlos und eingebildet wie jene, die er zwischen meinen und seinen Motiven zu machen beliebte. Coleridge kann auch nicht durch irgendwelche falschen Informationen zu diesen Behauptungen gelangt sein; denn was meine persönliche Erfahrung angeht, so kann niemand behaupten, besser informiert zu sein als ich selbst. Oder wenn es doch jemanden geben sollte, dann wird er es nicht für zu beschwerlich halten, diese Bekenntnisse von Anfang bis Ende neu zu schreiben und ihre unzähligen Fehler zu korrigieren. Und da gegenwärtig gerade einige Teile der noch unveröffentlichten Abschnitte fehlen, könnte er sie dann freundlicherweise ersetzen – die vielleicht verblaßten Farben auffrischen, die vielleicht ermattete Inspiration wieder entfachen, alle jene Lücken füllen, die sonst wahrscheinlich mein kleines Werk auf die Dauer verunstalten würden? Der Leser, den solche Frage interessiert, wird allerdings feststellen, daß ich (der ich in diesen Dingen nicht nur die beste, sondern die einzige Autorität bin) ohne auch nur den Schatten einer Abweichung immer anders von dieser Angelegenheit berichtet habe. Völlig der Wahrheit entsprechend habe ich dem Leser erzählt, daß es nicht die Suche nach einem Vergnügen, sondern einfach die ungeheure Qual rheumatischer Zahnschmerzen und nichts anderes war, was mich zuerst zum Gebrauch von Opium trieb. Coleridges körperliches Leiden war lediglich Rheumatismus. Was in mir zehn Jahre lang in Abständen tobte, war dagegen Gesichtsrheuma in Verbindung mit Zahnschmerzen. Diese Schmerzen hatte ich von meinem Vater geerbt – oder, besser gesagt, von meiner eigenen hoffnungslosen Unwissenheit, denn eine winzige Dosis von Koloquinthe oder einem ähnlichen Medikament, dreimal wöchentlich eingenommen, hätte mich sicherer als Opium von jenem furchtbaren Fluch befreit. In dieser Unwissenheit, die mich dazu verleitete, die Zahnschmerzen erst zu bekämpfen, nachdem sie herangereift und manifest geworden waren, anstatt bereits gegen ihre Keime und verschiedenen Ursachen anzugehen, folgte ich allerdings der übrigen Welt. Dem Übel schon in den frühen Stadien seiner Herausbildung den Weg zu verlegen wäre die richtige Methode gewesen, wogegen ich in meiner Blindheit das bereits herausgebildete Übel ein wenig zu lindern suchte, als es nicht mehr aufzuhalten war. In diesem Stadium des vollständig herausgebildeten Leidens war ich zufälligem Rat ausgeliefert, und als natürliche Folge geriet ich an Opium – ist es doch das einzige schmerzstillende Mittel, das als solches überall bekannt ist und in dieser wichtigen Funktion allgemein geschätzt wird.

In bezug auf unsere Einführung in den Gebrauch dieser mächtigen Droge befinden sich also Coleridge und ich in genau derselben Lage. Wir sitzen im selben Boot, und selbst engelsgleiche Haarspalterei kann nicht nachweisen, daß der dunkle Schatten, den unsere verschiedenen Sünden auf seinen und meinen Weg geworfen haben sollen, sich auch nur um die Breite einer Stecknadelspitze unterscheidet. Sünde gegen Sünde (wenn es überhaupt Sünde war), Schatten gegen Schatten (wenn diese Sünde wirklich einen Schatten auf das schneeweiße Rund reiner strenger Moral wirft) – auf jeden Fall hätte die Tat bei jedem von uns dieselbe Bedeutung, zählte sie in gleichem Maße als Schuld, würde sie als Vergehen zu derselben Last an Verantwortung führen. Wirklich vergeblich versucht Coleridge, zwischen zwei absolut identischen Fällen zu differenzieren, die sich nur insoweit unterscheiden, als Rheumatismus etwas anderes ist als Zahnschmerzen. Unter Coleridges Bewunderern stand ich immer in der ersten Reihe; um so erstaunter war ich, so oft als Zeuge für seine Sorglosigkeit bei der Behandlung strittiger Fragen und für seine teuflische Ungenauigkeit bei der Wiedergabe von Tatsachen aufgerufen zu werden. Um so stärker fühlte ich auch Coleridges grobe Ungerechtigkeit in bezug auf mich selbst. Coleridges höchst falsche Darstellung von Tatsachen in Hinsicht auf unsere verschiedenen Erfahrungen mit Opium hatten ihren Ursprung manchmal im flüchtigen Lesen, manchmal im zusammenhanglosen Lesen von Ausschnitten, manchmal in anschließender Vergeßlichkeit, und jede dieser laxen Angewohnheiten (so wird es dem Leser vorkommen) ist eine läßliche Schwäche. Sicherlich ist es eine – jedoch dann nicht mehr läßlich, wenn sie sich nachteilig auf die Selbstbeherrschung auswirken darf, wo es um einen Mitmenschen geht, der von *ihm* nie anders als im Geist enthusiastischer Bewunderung gesprochen hat, jener Bewunderung, die seine ausgezeichneten Werke so umfassend hervorrufen. Wenn man sich vorstellt, ich hätte wirklich irgend etwas Unrechtes *getan,* so wäre es dennoch wenig edelmütig gewesen – mich hätte es, wie ich offen zugebe, sehr betrübt, wenn Coleridge meinen Fehler öffentlich so ausgebreitet hätte: ›Möge jedermann daraus ersehen, daß ich, S. T. C., *ein bedeutender Mann mit großen grauen Augen,* ein autorisierter Opiumesser bin, während jener andere Mann ein Freibeuter, ein Pirat, ein Flibustier ist, der nichts als eine gefälschte Autorisation in seiner unwürdigen Tasche haben kann. Im Namen der Tugend nehmt ihn fest!‹ Aber die Wahrheit ist, daß Ungenauigkeit in bezug

auf Tatsachen und Zitate aus Büchern bei Coleridge geradezu ein Wesensmerkmal war. Gerade vor drei Tagen las ich einen kurzen Kommentar des früheren Archidiakons Hare (›Mutmaßungen über das Wahre‹) zu einer kühnen (völlig grundlosen) Spekulation, die Coleridge über das dramatische Kunstmittel der lateinischen Verse von Eton angestellt hatte. Dabei fand ich meine alten Gefühle für sein Vorgehen durch ein Detail wiederaufgefrischt, das unsagbar komisch ist, denn alles, was Coleridge als ein Zitat aus einem Buch anführt, um seine Hypothese zu stützen, ist nichts als ein Produkt seiner Träume; allerdings unterliegt es keinem Zweifel (und gerade das macht den Fall besonders interessant), daß dies geschieht, ohne daß er selbst gegen seine Fabulierkunst Mißtrauen empfindet. Das gutmütige Lächeln des Archidiakons über jene Eton-Geschichte erinnerte mich natürlich an unser jetziges Thema, was unsere angeblich unterschiedliche Entwicklung zum Opiumesser angeht. Über dieses Thema brauche ich nichts mehr zu sagen, denn inzwischen ist dem Leser klar, daß alles, was Coleridge dazu sagt, nichts als Unsinn ist – wie die Bilder auf der Hängelampe in Coleridges ›Christabel‹:
›geschnitzt nach des Schnitzers Phantasie‹.
Diese Angelegenheit kann also als erledigt betrachtet werden; und das Vergnügen, das sie vielleicht bereiten konnte, ist erschöpft. Inzwischen wird bei weiterer Überlegung ein anderes und viel größeres Versehen von Coleridge deutlich; und da dies einen Aspekt berührt, der die Grundlage für die nachfolgenden Bekenntnisse liefert, kann es nicht gänzlich vernachlässigt werden. Nach kurzer Überlegung wird es jeder aufmerksame Leser erkennen: Was auch immer der zufällige *Anlaß* für Coleridges oder meine Hinwendung zum Opiumessen gewesen ist, es kann nicht auch der ständige *Grund* dafür gewesen sein, daß das Opiumessen für uns zur Gewohnheit wurde. Weder Rheumatismus noch Zahnschmerzen sind eine *chronische* Erkrankung des menschlichen Körpers. Beides sind von Zeit zu Zeit auftretende Krankheiten, die keine ständige Gewöhnung an das Opiumessen bewirken können, denn dazu braucht es einige Monate. Unter Berücksichtigung der Unterschiede in der körperlichen Konstitution möchte ich sagen, daß *in weniger als hundertzwanzig Tagen* sich keine Gewohnheit des Opiumessens herausbilden kann, deren Aufgabe, ja, selbst deren plötzliche Aufgabe, eine außergewöhnliche Selbstüberwindung erfordern würde. Am Sonnabend ist man noch Opiumesser, am Sonntag schon nicht mehr. Was war es dann, was Coleridge schließlich zum

Sklaven des Opiums machte, zu einem Sklaven, der seine Kette nicht zerbrechen konnte? Er glaubt in seiner unbesonnenen Sorglosigkeit, daß er diese Gewohnheit und diese Sklaverei ausreichend begründet hätte; dabei hat er in der Zwischenzeit überhaupt nichts begründet, wonach gefragt worden war. Er sagt, der Rheumatismus habe ihn dem Opium in die Arme getrieben. Nun gut – aber bei entsprechender medizinischer Behandlung hätte der Rheumatismus bald nachgelassen, und selbst ohne jede medizinische Behandlung unter den gewöhnlichen Veränderungen der Natur. Und wenn der Schmerz aufhört, hätte auch das Opium abgesetzt werden sollen. Warum geschah das nicht? Weil Coleridge das anregende Vergnügen des Opiums zu schmecken begonnen hatte; und so fällt gerade die Anklage, der er auf mysteriöse Weise entflohen zu sein glaubte, mit unverminderter Kraft auf ihn zurück. Der rheumatische Anfall wäre vorbei gewesen, bevor der Gewohnheit die Zeit geblieben wäre, sich auszubilden. Angenommen nun, ich unterschätze die Macht der möglichen Gewöhnung – so spricht das ebenfalls zu *meinen* Gunsten, und Coleridge ist nicht berechtigt gewesen, in *meinem* Fall ein Argument zu vergessen, an das er sich in seinem eigenen Fall erinnerte. In der Geschichte der menschlichen Selbsttäuschung ist es wirklich bemerkenswert, daß Coleridge angesichts solcher Tatsachen solche Sprache führen konnte. Ich, der ich keineswegs mit meinem Sieg über mich selbst prahle und keinerlei moralisches Argument gegen den freien Gebrauch von Opium besitze, durchbrach dennoch aus reinen Klugheitsgründen mehr als einmal die Knechtschaft, und zwar mit Anstrengungen, die ich als Formen übernatürlicher Leiden geschildert habe. Coleridge gibt vor zu glauben, daß Opiumessen verbrecherisch sei (wofür er keine Gründe nennt), und zwar in einem geheimnisvollen Sinne verbrecherischer, als Wein oder Porter zu trinken, und hätte also die stärksten *moralischen* Motive dafür, sich dessen zu enthalten – doch läßt er sich in die Knechtschaft ebendieses verruchten Opiums fallen, das tödlicher als alles ist, wovon man je gehört hat, ohne daß er uns den Zwang irgendwie erklärt, der ihn dazu gebracht hat. Er war ein Sklave dieser mächtigen Droge, nicht weniger abhängig als Caliban von Prospero, seinem verabscheuten und doch despotischen Herrn. Wie Caliban zerreibt er die Fasern seines Herzens an seinen Kettengliedern. Zwischen den düsteren Nachtwachen seines Gefängnisses hört man von Zeit zu Zeit das murmelnde Grollen einer ohnmächtigen Meuterei, die sich über den Wind erhebt:

›Irasque leonum
Vincla recusantum‹ –
recusantum – das trifft zu: noch immer widerstrebend und dennoch hinnehmend, ständig gegen die grimmige, übermächtige Zaumkette protestierend und dennoch ständig bereit, sie im Munde zu dulden. Es ist allgemein bekannt, daß er in Bristol (von *dort* weiß ich es genau, vermutlich aber auch an anderen Orten) so weit ging, sich Männer – Träger, Droschkenkutscher und andere – zu mieten, die ihn mit Gewalt daran hindern sollten, den Laden eines Drogisten zu betreten. Doch da die Autorität, ihm das Betreten zu verwehren, allein von ihm selbst stammte, gerieten diese armen Männer in eine metaphysische Klemme, für die nicht einmal Thomas von Aquino oder der Fürst der jesuitischen Kasuisten eine Lösung parat haben. Und in diesem schauderhaften Dilemma konnten sich Szenen wie die folgende abspielen:

»Ach, mein Herr«, würde der demütige Träger bitten – demütig und zugleich halb befehlend (denn ob der arme Mann energisch *wurde* oder *nicht*, auf jeden Fall schien sein Tageslohn von fünf Shilling in Gefahr) –, »Sie dürfen wirklich nicht; bedenken Sie, mein Herr, Ihre Frau und …«

Erhabener Philosoph: »Meine Frau!! Was für eine Frau? Ich habe keine Frau!«

Träger: »Aber wirklich, mein Herr, Sie dürfen nicht. Sagten Sie nicht erst gestern …«

Erhabener Philosoph: »Pah! Gestern ist lange her. Ist dir klar, Mann, daß es schon Leute gab, die tot umgefallen sind, weil ihnen eine Zeitlang das Opium fehlte?«

Träger: »Aber Sie haben mir doch gesagt, ich sollte nicht darauf hören …«

Erhabener Philosoph: »Ach, Unsinn. Ein Notfall, ein entsetzlicher Notfall ist aufgetreten – völlig unerwartet. Egal, was ich dir irgendwann in der Vergangenheit einmal gesagt habe. Aber jetzt sage ich dir folgendes: Wenn du deinen Arm nicht vom Eingang dieses höchst ehrenwerten Drogisten wegnimmst, werde ich dich mit gutem Grund wegen Gewalttätigkeit und Körperverletzung belangen.«

Bin ich der Mann, Coleridge seine Abhängigkeit vom Opium vorzuwerfen? Bewahre! Als einer, der unter demselben Joch gestöhnt hat, bemitleide ich ihn und beschimpfe ihn nicht. Aber ohne Zweifel muß eine solche Abhängigkeit freiwillig und bewußt durch die eigene Begierde entwickelt worden sein, nachdem man die belebende Stimulierung erfahren hat. Ich werfe dies niemandem vor, doch Coleridge *tat* es. Was mich betrifft, so habe ich das Opium zu dem Zeitpunkt aufgegeben, als die Qual nachließ, gegen die ich zum Opium gegriffen hatte; es war nicht das Ergebnis rühmenswerter Anstrengungen zur Selbstüberwindung – dergleichen will ich keineswegs behaupten –, mich warnte einfach ein vernünftiger Instinkt davor, mit einem Mittel zu spielen, das eine so ungeheure Tröstung und Hilfe sein kann, und für ein momentanes Unwohlsein zu verschwenden, was sich einmal in Zeiten alles vernichtender Stürme als mächtiges Elixier der Rettung erweisen konnte. Was war es dann eigentlich, was mich zum Opiumesser machte? Was für ein Einfluß trieb mich schließlich zum *gewohnheitsmäßigen* Opiumgenuß? War es Schmerz? Nein, sondern Elend. War es die gelegentliche Bewölkung des Himmels? Nein, sondern völlige Verlassenheit. War es eine Düsternis, die wieder gewichen wäre? Nein, sondern eine bleibende, beständige Dunkelheit.

›Tiefe Finsternis der Nacht,
ohne Hoffnung auf den Morgen.‹

Doch woher? Was war die Ursache? Wie ich offen sagen will, verursacht durch jugendliche Leiden in London. Doch zu diesen Leiden kam es durch meine eigene, unverzeihliche Torheit, und auf solche Torheit ist manches Verderben zurückzuführen. Oh, Geist der barmherzigen Auslegung, Engel der Vergebung jugendlicher Irrtümer, der du stets wie einem süßen Chor ferner Fürsprecherinnen lauschest: Mögest du, Chor der Fürsprecherinnen, dich mit dem Engel der Vergebung vereinen, möget ihr jenes mächtige Phantom wegzaubern, das – geboren in den aufziehenden Nebeln der Reue – mich als Erbe vergangener Tage verfolgt, sich zu immer gewaltigerer Größe auftürmt und meinen Kopf überragt und überschattet, als stünde es direkt hinter mir, obwohl es seinen Ursprung Stunden verdankt, die mehr als ein halbes Jahrhundert vergangen sind. O Himmel! Daß ein Kind von noch nicht siebzehn Jahren aus momentaner Blindheit, einer ganz falschen Einflüsterung seines eigenen verwirrten Herzens folgend, durch einen einzigen falschen Schritt, eine Wendung hier- oder dorthin den Lauf seines Schicksals ändern, die Quellen seines Friedens vergiften und im Handumdrehen das Fundament einer lebenslangen Knechtschaft legen kann! Doch ach, ich muß bei der Wahrheit der Umstände bleiben. Denn eines ist klar: solch bittere Selbstvorwürfe, wie sie mir jetzt die Qual meiner Erinnerungen abringt, können nicht dazu dienen, einleuchtende Entschuldigungen zu ersinnen oder der Schande zu entfliehen, indem ich den Anfang meines unbestrittenen Opiumessens auf eine Notwendigkeit zurückführe, die meinen frühen Leiden in den Straßen Londons entsprang. Es trifft zwar zu, daß in späteren Jahren die Nachwirkung jener Londoner Leiden meinen Opiumverbrauch *vermehrte,* doch genauso trifft es zu, daß jene Leiden selbst meiner eigenen Torheit entsprangen. Was wirklich Entschuldigung verdient, ist nicht die Zuflucht zum Opium, als es das einzige verfügbare Mittel gegen die Krankheit war, sondern jene Torheiten, die Ursache dieser Krankheit waren.

Ich für mein Teil, nachdem ich regelmäßiger Opiumesser geworden und durch Mißbrauch in elende Ausschweifungen beim Genuß von Opium verfallen war, kämpfte dennoch viermal erfolgreich gegen die Herrschaft dieser Droge an; viermal sagte ich mich davon los, und zwar jedes Mal für längere Zeit. Wenn ich das Opiumessen schließlich wiederaufnahm, dann geschah es, weil meine bewußte wohlerwogene Entscheidung dafür bürgte, daß es von zwei Übeln das bei weitem geringere sei. Insofern kann ich nichts anerkennen, was Entschuldigung fordert. Ich wiederhole immer wieder, daß nicht die Anwendung von Opium mit seiner tief beruhigenden Kraft zur Linderung des Unglücks, das von meinen Londoner Nöten herrührte, berechtigte Sorge weckt, sondern das Übermaß kindischer Torheit, das mich in Situationen stürzte, die natürlicherweise solche Nöte bewirkten.

Ich bin jetzt aufgerufen, die Erinnerung an diese Situationen wiederzufinden. Vielleicht sind sie auch um ihrer selbst willen interessant genug, um eine kurze Erwähnung zu rechtfertigen; im Augenblick und an dieser Stelle sind sie jedoch als Schlüssel zum richtigen Verständnis alles Folgenden unentbehrlich. Denn in diesen Ereignissen meiner Jugend findet sich das ganze Substrat und das geheime, unterschwellige Motiv jener prunkvollen Träume und Traumszenen, die in Wirklichkeit das wahre – erste und letzte – Anliegen sind, mit dem sich diese Bekenntnisse beschäftigen.

Kommentar

In den »Bekenntnissen eines englischen Opiumessers« erörtert Thomas de Quincy verschiedene Gründe für den Opiatkonsum und die Opiatsucht, u.a. auch die iatrogenen Aspekte, dass Opium als Schmerzmittel verschrieben wird und der Patient dann von dem Suchtstoff nicht mehr wegkommt. In eindringlichen Worten wird die außerordentliche Macht des Opiums über den Menschen dargestellt, u.a. das schnelle Entstehen der Abhängigkeit und die vergeblichen Versuche, Abstinenz zu erreichen. Auch die starke psychische Abhängigkeit wird betont. In großer Offenheit wird zugegeben, dass Opium ein faszinierendes Suchtmittel ist und dass der Einstieg keinesfalls immer nur über die medizinische Anwendung als Schmerzmittel geschieht. In gesellschaftskritischer Weise wird Opium dem Alkohol als Suchtmittel gleichgesetzt und für das Opium die gleiche Berechtigung gefordert wie für den Alkohol. Es wird sogar betont, dass Opium die physische Verfassung weit weniger beeinträchtige als die entsprechende Menge Alkohol. Andererseits wird an drastischen Beispielen verdeutlicht, dass das süchtige Verlangen nach Opium offensichtlich besonders übermächtig sein kann.

Opiate besitzen unter den Drogen das höchste Abhängigkeitspotenzial und sind gekennzeichnet durch eine ausgeprägte psychische und physische Abhängigkeit mit rascher Toleranzentwicklung. Die Opiatsucht ist aus psychiatrischer Sicht die meistgefürchtete Sucht, da es meist außerordentlich schwer fällt, den Patienten von seiner Opiatsucht zu befreien. Auch sind die sozialen und die gesundheitlichen Folgen extrem gravierend, und Tod durch akzidenzielle oder suizidale Überdosis ist häufig. Deswegen ist auch die gesellschaftliche und gesundheitspolitische Besorgtheit über die Opiatsucht und die Drogensucht generell verständlicherweise sehr groß. Andererseits ist zu betonen, dass die gesellschaftlich viel besser akzeptierte Alkoholsucht durch wesentlich höhere Prävalenzzahlen eigentlich von größerer gesundheitspolitischer Relevanz ist.

Italo Svevo

Über das Rauchen

aus: Italo Svevo. Die Kunst, sich das Rauchen nicht abzugewöhnen.
Von Greisen, Dichtern und letzten Zigaretten.

Einführung

Der Triestiner Schriftsteller Italo Svevo (1861–1928), der eigentlich Hector Aron Schmitz hieß und Ettore gerufen wurde, wählte seinen Namen („der italienische Schwabe"), um auf sein eigenes Grenzgängertum sowie auf die deutsch-italienische Herkunft seiner Eltern hinzuweisen. Seinen literarischen Weltruhm verdankte der bis dahin vollkommen erfolglose und ignorierte Autor nicht zuletzt seinem Englischlehrer, den sein Schwiegervater für ihn organisiert hatte, um die englischsprachige Geschäftskorrespondenz in dessen Lackfabrik für Unterwasserfarben zu führen. Der Hauslehrer der Berlitz School hieß James Joyce. Svevo gilt seit seinem Werk »La coscienza di Zeno« (1923; dt. »Zeno Cosini«, 1928) als erster Repräsentant des von der Forschung so genannten psychoanalytischen Romans, dessen Nachwort mit dem Titel Psychoanalyse eine brillante Polemik gegen den Psychiater und gegen die Psychoanalyse nach Freud darstellt. Der Roman wird eingeleitet von einem Psychiater, der als Motiv für die Aufzeichnungen Zeno Cosinis nichts anderes als Rache für die abgebrochene Therapie angibt. Dabei wollte sich Zeno eigentlich nur das Rauchen abgewöhnen.

Auch die Protagonisten von Svevos anderen Romanen (»Ein Leben«, 1892 und »Ein Mann wird älter«, 1898) sind liebenswürdige, introvertierte, für eine bürgerliche Erfolgskarriere gänzlich untaugliche Antihelden. Ein novellistisches Meisterwerk ist die Erzählung »Die Geschichte vom guten alten Herrn und vom schönen Mädchen«.

Der literarische Erfolg nahm bei Svevo den Umweg über Frankreich, doch bald wurde er in Europa in einem Atemzug mit Kafka und Joyce genannt und als Wegbereiter der literarischen Moderne gefeiert.

Das Motiv des Nikotinmissbrauchs zieht sich von Anfang an durch sein gesamtes Werk, durch die Briefe und Aufzeichnungen, denn Svevo war selbst ein exzessiver

Raucher, der sich seine Sucht immer wieder neu abgewöhnen wollte und seiner liebevoll nachsichtigen Frau Livia Veneziani (literarisch verewigt als Anna Livia Plurabelle bei James Joyce) stets von neuem schwor, dies sei nun die ultimativa: die letzte Zigarette.
Svevo starb an den Folgen eines Autounfalles und verlangte noch auf dem Sterbebett seine nunmehr wirklich letzte Zigarette.

Weiterführende Literatur:
Francois Bondy/Ragni Maria Gschwend: Italo Svevo. Rowohlt 1995

Über das Rauchen

Wie ich sehe, hat Jules Claretie einen Roman veröffentlicht mit dem Titel *Die Zigarette.* Ich werde ihn nicht lesen, weil ich vermute, daß es sich, soweit ein guter Roman dies liefern kann, um eine Demonstration der Schäden handelt, die das Rauchen dem Menschen zufügt. Ich werde ihn nicht lesen, weil wir, die Raucher, bereits samt und sonders davon überzeugt sind, daß uns das Rauchen nicht guttut, und wir es daher nicht nötig haben, uns davon überzeugen zu lassen, aber wir rauchen trotzdem weiter, weil – oder auch ohne weil. Wenn man das Laster hat und weiß, daß es sich in vielen stolzen Schlachten behauptet hat, spricht es wenig für die Intelligenz eines Menschen, hinzugehen und sich am Schauspiel der eigenen Schwäche zu betrüben.
Claretie wird mich nicht mehr überzeugen als der Doktor Beard, der berühmte Analytiker sämtlicher verschiedener Formen von Neurasthenie, der in einem seiner Werke völlig kühl und unter Verwerfung anderer Untersuchungen behauptet, das Nikotin als solches genüge bereits, eine Art Neurasthenie hervorzurufen. Als ich das las, warf ich die Zigarette weit von mir, um sie gleich wieder zu holen und eine weitere anzuzünden. Wäre ich verpflichtet, den Roman von Claretie zu lesen, würde ich mich ungefähr so fühlen, wie sich Coupeau fühlen müßte, wenn er sich gezwungen sähe, eine lebendige Schilderung des Deliriums tremens zu lesen, an dem er eines Tages sterben muß.
Bei dem schönen und sicher guten Vortrag von Doktor Lorenzutti gegen das Rauchen fühlte ich mich weniger schlecht, aber nur weil

man bei Vorträgen nie raucht, und während ich zuhörte, konnte ich mir einbilden, ich hätte von der Lektion profitiert; doch einen Roman lesen, ohne zu rauchen, das ist nicht möglich, und rauchend einen gegen das Rauchen zu lesen ist wenig erquicklich.

Es ist nur natürlich, daß man gegen sich selbst wesentlich nachsichtiger sein muß als gegen andere, und wenn einem klar wird, daß man sich andauernd, zu allen Stunden des Tages, gegen die eigene Gesundheit und gegen die eigene Intelligenz versündigt (der oben erwähnte Beard droht den Rauchern auch mit einer zerebralen Neurasthenie), so ist es unnötig, sich Vorwürfe zu machen und sich auch noch die Verdauung (gemächlich und sanft, weil geräuchert) mit Selbstgesprächen – beziehungsweise Zwiegesprächen zwischen den beiden Ichs, die die Philosophen dem sittlichen Menschen zuschreiben – zu ruinieren. Wenn man schon raucht, dann ist es besser, fröhlich zu rauchen, denn das schadet weniger. Sollten irgendwelche größeren Beschwerden auftreten, so werden wir auf die Rezepte des Doktor Beard zurückgreifen. Doch nachdem man fröhlich geraucht hat, kann man mit aller Seriosität einen Artikel gegen das Rauchen schreiben, einen sehr glaubwürdigen, stammt er doch von einer Autorität in Sachen Rauchen.

Vor einiger Zeit kam es einem Schöngeist in den Sinn, nachzuforschen, welchen Anteil das Rauchen an der modernen französischen Literatur habe, und es fiel ihm nichts Besseres ein, als die größten Schriftsteller zu befragen, welchen Anteil sie dem Rauchen an der Entwicklung ihres künstlerischen Charakters beimäßen. Die Antworten, die er bekam, bewiesen ihm lediglich, daß es den französischen Schriftstellern – gleich, ob Raucher oder Nichtraucher – nicht an Esprit fehlt, sonst gar nichts.

Nur einer, Nichtraucher, gab eine Meinung von sich, die es verdient, zitiert und diskutiert zu werden: Émile Zola. Angenommen, sagte der berühmte Romancier in etwa, daß das Rauchen Neurosen hervorrufe, so habe es einen positiven Einfluß auf die moderne Literatur, und wir könnten uns dazu nur beglückwünschen; er selbst rauche nur deshalb nicht, weil es ihm sein Arzt wegen irgendwelcher Anzeichen einer Herzkrankheit verboten habe.

Es mag Leute geben, die, um eine solche Ansicht zu widerlegen, schlicht und einfach behaupten werden, daß, wenn das Rauchen Neurosen hervorrufe, es keinen positiven Einfluß auf die Literatur haben könne, und sie werden sagen, daß sie es vorzögen, einen klaren, gesunden Verstand zu besitzen, fällig, die Krankheiten der anderen zu beobachten, als einen getrübten und mit dem eigenen Übel beschäftigten.

Aber so zu argumentieren wäre zu einfach, und es wäre auch etwas unlauter, nur um recht zu haben, die ganze Kraft zu vergessen, die einem Gehirn aus der am eigenen Organismus gemachten Erfahrung einer Krankheit oder zumindest eines anomalen Zustandes erwachsen kann. Außerdem ist es nur allzu bekannt, daß sich die nervöse Feinheit fast nie bei einem völlig gesunden und robusten Menschen findet, und der Spruch, der unseren Vätern soviel Vertrauen und Gelassenheit einflößte:

»Ein gesunder Geist in einem gesunden Körper«, wirkt heutzutage ziemlich antiquiert.

Doch zugegeben, ist es deswegen nötig, daß sich der Mensch selbst seine Neurosen künstlich schafft? Genügt es denn nicht, daß der harte Kampf ums Dasein sie ihm produziert und der Mangel an Muskelübung, wenn er sich den Studien hingibt, oder die ungesunde Luft unserer großen Städte?

Und dann kann eine Neurose leicht ein der Wissenschaft oder der Kunst nützliches Leben abkürzen. Ich erinnere nur an zwei berühmte, vom Rauchen getötete Männer, für die Kunst mag das genügen. Der geistreiche Autor des *Eustache Martin* starb vom Rauchen dahingerafft, und Mazzini verstarb, wie erst jetzt einer seiner engen Freunde, ein englischer Arzt, schrieb, an Dyspepsie, verursacht durch Rauchen.

Es ist sicher irrig zu behaupten, daß das Rauchen die Arbeit erleichtere. Es unterbricht sie lediglich. Mag sein, daß es sie einem, der kein echter Raucher ist, erleichtert, aber der echte Raucher tut, wenn er raucht, nichts anderes. Ein französischer Journalist behauptete, daß man einen Raucher durch Blenden von seinem Laster befreien könne; das ist falsch. Andererseits täuscht sich auch Mantegazza, wenn er glaubt, er könne dem Raucher mit irgendeiner pharmazeutischen Rezeptur helfen, sein Laster loszuwerden. Das Laster des Rauchens ist so komplex, daß die Apotheke dagegen machtlos ist. Beim echten Raucher rauchen die Augen, der Magen, die Lunge und das Gehirn; jedes einzelne Organ des vom Laster Befallenen ist lasterhaft.

Es bleibt ihm kein Teil, mit dem er sich einer anderen Sache widmen könnte, es sei denn, er macht es ohne Energie und in Intervallen. Das Rauchen unterstützt nur die Arbeit dessen, der raucht, um etwas in der Hand zu halten oder um mehr mechanische Bewegungen vollführen zu können oder schließlich Nebelschwaden in der Luft zu produzieren und mit Vergnügen zuzusehen, wie sie sanft aufsteigen und sich dann ganz langsam verflüchtigen, gleich einem lebendigen Wesen, das ohne Hast der Umarmung eines anderen entflieht.

Doch schon dieser Vergleich ist der eines Rauchers, denn wer kein echter Raucher ist, versteht vom Rauchen gar nichts. Der Amateur-Raucher blickt nicht hinter dem Rauch her, den er ausatmet. Er befreit sich von ihm, vergißt ihn und kehrt zu seiner Arbeit zurück.

Und auch wenn er es uns nicht gesagt hätte, würde man merken, daß Émile Zola kein Raucher ist: Er arbeitet zuviel, und er ist sich selbst gegenüber zu konsequent. Der Raucher ist in erster Linie ein Träumer, es ist die unmittelbarste Wirkung seines Lasters, die ihn dazu macht; ein schrecklicher Träumer, der seinen Verstand in einem Dutzend Träumen vergeudet und wenn er wieder zu sich kommt, nur ein einziges Wort notiert hat.

Die Träume mögen ja kühn und genial sein, aber sie hinterlassen eine unverhältnismäßig geringe Spur im Vergleich zu ihrem Ausmaß; es mag eine ganze Welt erträumt worden sein, und zurück bleibt eine Wolke, eine Tragödie und ein Epos erträumt, und aufgeschrieben ein Vers. Der Träumer ist sich selbst gegenüber nie konsequent, denn der Traum trägt ihn weit fort, und zwar nicht in gerader Linie, während der Mensch, der sich selbst gegenüber konsequent ist, sich in einem begrenzteren und symmetrischeren Raum bewegt.

Der echte Träumer – auch wenn er nicht so ist wie der von Bulwer beschriebene, der beim Einschlafen den in der Vornacht unterbrochenen Traum weiterträumt – führt immer ein Doppelleben, und beide Leben sind einander an Intensität gleich. So speist sich seine Inspiration aus zwei Quellen: reine Beobachtung und Traum, ausschweifender Traum durch zerrüttete Nerven.

Ich weiß es nicht, aber ich vermute, daß Gustave Flaubert mit Leidenschaft geraucht hat, und ich habe eine Anzahl Belege dafür gefunden. Die schrecklichen von Maxime du Camp beschriebenen Kämpfe am Spieltisch, dieser Widerwille gegen die Feder, für dessen Überwindung Stunden nötig sind, das spricht ganz für einen Raucher. Außerdem ist es eines Opiumrauchers würdig, zehn Jahre lang über *Salammbô* geträumt zu haben, nachdem man die literarische Welt mit *Madame Bovary* erschüttert hatte, eine Erschütterung, deren Auswirkung wir auch heute noch in unserer Literatur spüren. Schließlich beachte

man den Unterschied zwischen den beiden Werken, und es wird leicht sein, die beiden verschiedenen Inspirationsquellen auszumachen.
Ein Biograph Flauberts beklagt sich bitter, daß das gewöhnliche Publikum *Madame Bovary* mehr schätze als *Salammbô!* Oh, wie gewöhnlich fühle ich mich, und mit welcher Wollust!
Ich glaube, die Leser haben aus diesen Prämissen bereits begriffen, daß ich zu keiner Schlußfolgerung kommen kann.
Den Rat zu geben, nicht zu rauchen, wäre naiv.
Wer einen einzigen Tag eines Rauchers kennt, der sich vorgenommen hat, nicht zu rauchen, gibt keine solchen Ratschläge mehr. Ein solcher Raucher erhebt sich am Morgen mit dem eisernen Vorsatz, beißt sich auf die Lippen, und bis zu einer bestimmten Stunde des Tages sagt er sich immer wieder die große Gesundheitsmaxime des Carlo Dossi vor: »Überwache dich!«, und er sagt sie auch noch, wenn er zum erstenmal an diesem Tag ein Streichholz anzündet, übrigens eine angenehmere Handlung, als man meinen mochte. Ein solcher Raucher kennt aus Erfahrung die ganze Physiologie des Lasters, diese eisernen Vorsätze, unterbrochen von verdrossenen Rückfällen oder auch allmählich zerstört von feigen Transaktionen, schließlich vergessen mit einer fröhlichen philanthropischen Argumentation:
»Was ist das Leben wert?« – »Nichts.« Und sind Gesundheit und Intelligenz nicht Teil des Lebens? Rauchen wir also in Frieden.
Sicher ist, daß es Wege gäbe, um ein solches Laster zu verringern oder um seine zu große Verbreitung zu verhindern.
Einstweilen verbieten uns unsere Damen, in ihrer Gegenwart zu rauchen. Eine ansonsten wenig zartfühlende Person, Casanova de Seingalt, duldete nicht, daß man in seiner Gegenwart rauchte, weil ihn der Rauch, den er einatmete, allzu deutlich daran erinnerte, daß seine Lunge die Luft aufnahm, die von anderen Lungen ausgestoßen wurde.
In aller Bescheidenheit erlaube ich mir, den Gesetzgebern vorzuschlagen, ein eigenes Gesetz zu verabschieden, mit dem sie den Erwachsenen erlauben, alle Minderjährigen, die sie beim Rauchen erwischen, gehörig zu verhauen; in dem Gesetz soll aber auch darauf hingewiesen werden, daß der Erwachsene, der sich zu diesem humanitären Akt hergibt, nicht verpflichtet ist, bei dessen Durchführung seine Zigarette fortzuwerfen.
Keine Schlußfolgerung, aber eine Belohnung für die Leser, die die Geduld hatten, mir bis hierher zu folgen: eine unveröffentlichte Fabel von Riccardo Pitteri.

Kurz vor der Veröffentlichung seiner *Fiabe* las Pitteri sie mir vor, aber dann veröffentlichte er sie nicht. Ich begehe eine Indiskretion, aber es ist nur recht, wenn eine gute Sache dem geraubt wird, der sie nicht zu nutzen versteht.
Ich fürchte, sie wurde aus dem wunderschönen Fabelbuch verbannt, weil sie – einen anderen Grund kann ich mir nicht denken –, trotz ihrer anscheinend ruhigen Objektivität, dem Dichter sehr persönlich erschien und ihm nicht daran lag, sie dem Publikum preiszugeben. Der Einfall selbst ist so persönlich, daß nicht alle seinen Sinn erfassen können. Spucke, Viperngift und Wüste, aber Spucke des Propheten! Die Fabel ist die Erfahrung eines Tages als Raucher. Da ist sie:

Durch Arabiens Wüste wandert Mahomet
eines Tags, gedankenvoll, allein;
da, aus des Sandes heißem Bett
fährt eine Viper hoch nach seinem Bein.

Doch vergeblich ist die Tücke: Voller Haß
spritzt sie die Todestropfen in den Sand,
und auf die Stelle, die vom Gift noch naß,
spuckt der Prophet, von Abscheu übermannt.

Und da, aus dem beschmutzten Staub,
ergebt sich wunderbar des Tabaks Blüte:
Langsames Gift, das uns das Leben raubt,
göttlicher Trost dem Herzen und Gemüte.

Kommentar

Der Beitrag von Italo Svevo »Über das Rauchen« beschäftigt sich u.a. mit der Nikotinsucht als schleichende Gefahr für die Gesundheit. Auch heutige Erfahrungen zeigen, dass es offenbar nicht wirksam ist, durch Androhung körperlicher Folgeschäden im Rahmen der in Deutschland vorgeschriebenen Aufdrucke auf Zigarettenschachteln, die über lebensgefährliche Nebenwirkungen des Rauchens informieren, den süchtigen Raucher davon abzuhalten, sich seiner Nikotinsucht hinzugeben. Nikotin ist neben Alkohol das häufigste Suchtmittel in unserer Gesellschaft, von dem bekanntermaßen enorme gesundheitliche Folgeschäden ausgehen. Obwohl seitens der gesundheitspoli-

tischen Institutionen immer wieder auf die gesundheitsschädlichen Konsequenzen des Rauchens – und sogar des Passivrauchens – hingewiesen wird, verhält sich der Staat, wenn es um die Steuereinnahmen aus dem Zigarettenverkauf geht, fast wie ein »Dealer«, der sich nicht um die Gesundheitsrisiken kümmert, sondern mit einseitigen Interessen auf die finanziellen Einkünfte achtet. Es war bemerkenswert, dass in dem Moment, als in der letzten Regierungsperiode in Deutschland die Einnahmen aus der Tabaksteuer unter das vorherige Niveau der früheren Steuererträge sanken (die als Gesundheitsmaßnahme gerechtfertigte Erhöhung der Tabaksteuer im Sinne eines präventiven Effektes), die Regierung die geplante weitere Erhöhung der Tabaksteuer nicht vollzog, mit der zwar außerordentlich ehrlichen, aber doch unter den dargestellten Gesichtspunkten höchst problematischen Begründung, der Staat benötige die Einnahmen aus der Tabaksteuer.

F2: Schizophrenie, schizotype und wahnhafte Störungen

Die schizophrenen Psychosen gehören zur Hauptgruppe der nicht organischen Psychosen. Im Einzelfall nachweisbare körperliche Ursachen, die die Krankheitssymptome erklären könnten, fehlen. Deshalb ist der Ausschluss solcher nachweisbarer körperlicher Ursachen eine Vorbedingung für die Diagnose. Die komplexen klinischen Erscheinungsbilder dieser Erkrankung sind schon lange bekannt, wurden allerdings früher, jeweils bestimmte Symptome in den Vordergrund stellend, unter verschiedenen Krankheitsbezeichnungen beschrieben. Kraepelin fasste 1898 diese Erscheinungsbilder unter dem Krankheitsbegriff »Dementia praecox« zusammen und stellte auf diese Weise den ungünstigen Verlauf der Erkrankung im Sinne eines schweren Residualsyndroms ins Zentrum des Krankheitskonzepts.
Bleuler, der 1911 die Erkrankung als »Schizophrenie« bezeichnete, bezog sich mit dieser Bezeichnung mehr auf das psychopathologische Erscheinungsbild, das u.a. durch eine eigenartige Spaltung des psychischen Erlebens gekennzeichnet ist.
Die Wahrscheinlichkeit, im Laufe des Lebens an einer Schizophrenie zu erkranken, beträgt für die Durchschnittsbevölkerung etwa ein Prozent. Heute wird von einer multifaktoriellen Entstehung der Erkrankung ausgegangen, wobei eine genetisch bedingte Vulnerabilität auf der Basis diskreter Hirnveränderungen eine wichtige Rolle spielt. Die mit der Erkrankung einhergehenden komplexen Transmitterveränderungen geben die Möglichkeit, mit fünf Antagonisten, den Neuroleptika (u.a. dopamin-antagonistisch), zu therapieren. Neben diesen und anderen biologischen Faktoren sind auch psychosoziale Faktoren für die Auslösung der Erkrankung von Bedeutung. Die schizophrenen Psychosen bieten ein sehr buntes und heterogenes Erscheinungsbild. Über die pathognomonische Bedeutung der Symptome gibt es unterschiedliche Auffassungen. In der deutschsprachigen Psychiatrie sind die Lehre Bleulers von den Grundsymptomen (Störungen der Affektivität, formale Denkstörung, Ich-Störung) und den akzessorischen

Symptomen (Wahn, Halluzinationen, katatone Symptome) sowie die Lehre Schneiders von den Symptomen ersten Ranges (Wahnwahrnehmungen, Gedankenentzug, Gedankenlautwerden, dialogisierende bzw. interpretierende Stimmen, etc.) und zweiten Ranges (andere Sinnestäuschungen, Wahneinfälle etc.) dominierend. Aufgrund neuerer Untersuchungen scheint aber diese Bewertung der Symptome, insbesondere unter prognostischem Aspekt, fraglich. Das Konzept der Schizophrenie im ICD-10-System basiert im Wesentlichen auf diesen traditionellen Wurzeln. Die ursprünglichen Konzepte wurden durch internationale Konsensfindung und die Einbeziehung moderner empirischer Untersuchungsergebnisse modifiziert. Es gibt keine eindeutigen pathognomonischen Symptome der Schizophrenie, man kann aber mehr oder weniger charakteristische Symptome bzw. Symptombereiche hervorheben. Dazu gehören u.a. akustische Wahnvorstellungen, Halluzinationen, Ich-Störungen, formale Denkstörungen, katatone Symptome und Negativsymptomatik. Im Gegensatz zu Wahnideen anderer Genese haben schizophrene Wahngedanken oft etwas Bizarres oder einen magischen-mystischen Charakter im Gegensatz zum eher bodenständigen Wahn organisch Kranker und sind oft uneinfühlbar. Im Hinblick auf Halluzinationen sind für Schizophrenie akustische Halluzinationen in Form des Stimmen-Hörens besonders charakteristisch. Dabei hört der Kranke Stimmen, die ihn ansprechen oder ihm Befehle erteilen (imperative Stimmen), sein Verhalten kommentierende Stimmen (kommentierende Stimmen) oder auch sich untereinander über ihn unterhaltende Stimmen (dialogisierende Stimmen). Ich-Störungen spielen in der Symptomatologie schizophrener Psychosen eine wichtige Rolle. Die Grenzen zwischen Ich und Umwelt werden als durchlässig empfunden, Gedanken und Gefühle oder Teile des Körpers werden als fremd (Depersonalisation) bzw. ihr Umfeld wird als andersartig (Derealisation) erlebt. Die ich-fremden Gedanken und Handlungen werden als von außen gemacht empfunden im Sinne von hypnotischer Beeinflussung, Fremdsteuerung und Ähnlichem (Fremdbeeinflussung, Gedankeneingebung). Der Patient hat das Gefühl, dass sich die eigenen Gedanken im Raum ausbreiten, mitgehört oder entzogen werden (Gedankenausbreitung, Gedankenentzug). Er fühlt sich verwandelt oder ist zugleich er selbst und eine andere Person oder lebt zugleich in der wirklichen und in der wahnhaften Welt: (»doppelte Buchführung«). Zudem verstrickt er sich in seine psychotisch veränderte Innenwelt und kapselt

sich von der realen Welt ab (Autismus). Das sind nur einige der bei Schizophrenen zu findenden Symptome, die hier aus Platzgründen nicht in allen Details dargestellt werden können. Im Verlauf der Erkrankung kommt es meistens zu mehreren akuten Krankheitsepisoden und über kurz oder lang zu einem Residualsyndrom mit deutlicher Negativsymptomatik. Ein Großteil der Patienten wird im Verlauf der Erkrankung in so großem Ausmaß in ihren sozialen Funktionen eingeschränkt, dass sie z.B. nicht mehr arbeitsfähig sind. Durch psychopharmakologische Behandlungsansätze – im Vordergrund steht dabei die Therapie mit Neuroleptika unter gleichzeitiger Einbeziehung psychosozialer Therapieverfahren – lässt sich die Erkrankung heute wirksam behandeln, so dass die akuten Episoden schnell zum Abklingen gebracht werden können und die Wahrscheinlichkeit von Rezidiven weitgehend reduziert werden kann.
Neben den schizophrenen Psychosen gibt es noch eine Reihe nicht organischer Störungen, die der Schizophrenie verwandt sind, aber so viele Besonderheiten aufweisen, dass man sie nicht in die Gruppe der Schizophrenien einordnet. Zu nennen ist hier u.a. die wahnhafte Störung. Bei der wahnhaften Störung handelt es sich um eine Wahnerkrankung, bei der der Wahn (meist im Sinne einer Wahnentwicklung) das wesentliche pathopsychologische Symptom darstellt, während die sonstigen Symptome einer Schizophrenie fehlen. Vorwiegend handelt es sich um Erscheinungsbilder mit einem systematisierten Wahn. Wahnsyndrome dieser Art sind im Vergleich zu schizophrenen Psychosen relativ selten, die genaue Häufigkeit ist nicht bekannt. Die Ätiopathogenese ist nicht ausreichend geklärt. Eine Häufung von schizophrenen und anderen Psychosen gibt Hinweise auf genetische Faktoren. Mehr Gewicht bei der Entstehung haben offensichtlich psychosoziale Faktoren: eine auffällige Persönlichkeitsstruktur – mit vorwiegend schwacher Kontaktfähigkeit – im Zusammenhang mit sozialer Isolation, Milieuwechsel und schweren Konflikten im interaktionalen Bereich. Die Wurzel des Wahns ist auf eine überwertige Idee (z.B. mangelnde Anerkennung), die sich kompensatorisch zum katathymen (aus affektiven Erlebniskomplexen entspringendem) Wahn weiterentwickelt. Insbesondere expansive (szenische Kampfnaturen) und sensitive (besonders kränkbare Persönlichkeiten) neigen zur Ausbildung einer wahnhaften Störung.
Ein berühmtes Konzept in diesem Kontext ist der von Kretschmer beschriebene »sensitive Beziehungswahn«, bei der der Ausgangs-

punkt ein demütigendes, kränkendes Erlebnis ist, das überall Anspielungen auf die erlebte Niederlage vermuten lässt (Kretschmer 1918).

Italo Calvino

In einem Netz von Linien, die sich verknoten

aus: Italo Calvino. Wenn ein Reisender in einer Winternacht. Roman.
Aus dem Italienischen von Burkhart Kroeber.

Einführung

Der auf Kuba geborene, italienische Agrar- und Literaturwissenschaftler, Philosoph, Verlagslektor, Journalist und Schriftsteller Italo Calvino (1923–1985) schuf mit dem Roman »Se una notte d'inverno un viaggatore« (1979, dt: »Wenn ein Reisender in einer Winternacht«, 1983) eines der faszinierendsten, formal anspruchsvollsten und zugleich unterhaltsamsten Prosaexperimente der literarischen Postmoderne.
Auf der Grundlage eines zunächst scheinbar trocken theoretischen Diskurses über die Möglichkeiten und Unmöglichkeiten des Erzählens angesichts der weltweiten intellektuellen Debatte über die Postmoderne wird bei dem spielerisch unbekümmerten, dabei aber hochreflektierten Calvino der Leser zum Held jener Geschichten, die er sich soeben anschickt, selbst zu lesen. Was als Verwirrspiel beginnt, endet in einer köstlichen ironischen Volte, wenn Ludmilla, die ebenfalls gleichzeitig im Schlafzimmer lesende Ehefrau das Licht löschen will, der Leser sie aber bittet: »Einen Moment noch. Ich beende grad ›Wenn ein Reisender in einer Winternacht‹ von Italo Calvino.«
Der Autor integriert insgesamt zehn Romananfänge in eine Rahmenhandlung und spielt somit zehn verschiedene Variationen der Erzählbarkeit einer Geschichte durch. Das Schreibexperiment des Autors, Reflex auf das Verdikt gegen die Postmoderne, bleibt aber nicht blutleere Laborarbeit, sondern ist unterhaltsam, lehrreich, voller Spannung und suggestiv, weil es die jeweils individuelle psychische Disposition des Lesers sowie dessen verschiedenartige Erwartungshorizonte spielerisch aufgreift und in einer Geschichte erzählerisch auf höchstem stilistischen Niveau umsetzt.
Das vorliegende Kapitel »In einem Netz von Linien, die sich verknoten« demonstriert der umfassend gebildete Autor Calvino nicht nur seine hervorragenden Kenntnisse in Psychopathologie, sondern zeigt auf anschauliche Weise, wie mit einfachen narrativen Mitteln vor einem scheinbar unverfänglich banalen Hintergrund das

Entstehen einer paranoiden Schizophrenie darstellbar und nachvollziehbar ist. Italo Calvino starb 1985 an den Folgen eines Gehirnschlages.

Weiterführende Literatur:
Italo Calvino: Kybernetik und Gespenster. Überlegungen zu Literatur und Gesellschaft. Hanser 1984

In einem Netz von Linien, die sich verknoten

Als ersten Eindruck müßte das Buch vermitteln, was ich empfinde, wenn ich ein Telefon klingeln höre. Ich sage »müßte«, weil ich bezweifle, daß geschriebene Worte auch nur einen Bruchteil davon wiedergeben können: Es genügt keineswegs zu erklären, daß meine Reaktion eine Ablehnung ist, eine Flucht vor diesem aggressiven und bedrohlichen Rufen, aber auch ein Gefühl von Dringlichkeit, von unerträglichem Druck, ja von Nötigung, das mich drängt, dem Befehl des Klingeltons zu gehorchen und hinzustürzen, um zu antworten, selbst wenn ich sicher bin, dadurch nichts als Unannehmlichkeiten und Ärger zu bekommen. Auch glaube ich nicht, daß es mehr als lediglich ein Versuch zur Beschreibung meiner Gemütslage wäre, wenn ich eine Metapher nähme, beispielsweise das stechende Brennen eines ins nackte Fleisch meiner Seite eindringenden Pfeils, und dies nicht, weil es unmöglich wäre, zur Wiedergabe einer bekannten Empfindung auf eine vorgestellte Empfindung zurückzugreifen – denn obwohl heutzutage niemand mehr weiß, was man empfindet, wenn man von einem Pfeil getroffen wird, glauben wir ja doch alle, daß wir's uns ziemlich leicht vorstellen können: das Gefühl, wehrlos zu sein, ohne Schutz, während plötzlich etwas von draußen aus fremden Räumen zu uns hereinbricht (und *dies* gilt ja zweifellos auch für das Schrillen des Telefons) –, sondern vielmehr weil die peremptorische, modulationslose Unerbittlichkeit des Pfeils all jene unterschwelligen Intentionen, Implikationen und Schwankungen ausschließt, die in der Stimme eines Anrufers liegen können, den ich zwar nicht sehe, aber bei dem ich schon, bevor er was sagt, voraussehen kann, wenn nicht, was er sagen wird, so doch zumindest, wie ich auf das, was er sagen will, reagieren werde. Ideal

wäre es, wenn das Buch damit anfinge, ein bestimmtes Raumgefühl zu vermitteln: einen Raum, der ganz von meiner Präsenz erfüllt wird, denn um mich herum sind nur leblose Dinge, einschließlich des Telefons, der Raum scheint nichts anderes enthalten zu können als mich, isoliert in meiner inneren Zeit, und dann zerbricht die zeitliche Dauer, der Raum ist nicht mehr derselbe wie zuvor, denn nun wird er erfüllt vom Schrillen des Telefons, auch meine Präsenz ist nicht mehr dieselbe, denn nun wird sie konditioniert durch den Willen dieses Gegenstandes, der da ruft. Das Buch müßte damit beginnen, dies alles nicht als etwas Einmaliges darzustellen, sondern als eine Streuung in Raum und Zeit, ein Sichausbreiten und Vervielfachen dieses Schrillens, das die Kontinuität von Raum und Zeit und Willen zerreißt.
Vielleicht liegt der Fehler in dem Gedanken, am Anfang seien wir beide, ich und das Telefon, in einem endlichen, abgeschlossenen Raum wie etwa in meiner Wohnung; ein zu enger Gedanke, denn was ich vermitteln muß, ist meine Lage im Verhältnis zu einer Vielzahl von Telefonen, die alle klingeln, die vielleicht gar nicht mich rufen, gar keine Beziehung zu mir haben, doch es genügt der Umstand, daß *ein* Telefon mich rufen kann, um möglich oder zumindest denkbar zu machen, daß sie alle mich rufen. Zum Beispiel wenn das Telefon in einer Nachbarwohnung neben der meinen klingelt und ich einen Moment lang denke, es könnte bei mir klingeln, ein Verdacht, der sich sogleich als unbegründet herausstellt, aber es bleibt ein Rest, denn es könnte ja sein, daß der Anruf tatsächlich mir gilt und nur durch ein falsches Wählen oder durch eine Fehlschaltung bei meinem Nachbarn gelandet ist, um so mehr, als dort keiner rangeht und das Telefon weiterklingelt, und in der irrationalen Logik, die das Klingeln unweigerlich in mir auslöst, denke ich dann: Vielleicht ist es ja wirklich für mich, vielleicht ist der Nachbar zu Hause, geht aber nicht ran, weil er's weiß, vielleicht weiß auch der Anrufer, daß er eine falsche Nummer anruft, tut es aber mit Absicht, um mich in diese Lage zu bringen, wissend, daß ich nicht antworten kann, mir aber bewußt bin, daß ich antworten müßte.
Oder auch das Erschrecken, wenn ich gerade das Haus verlassen will und höre ein Telefon klingeln; es könnte bei mir sein oder in einer anderen Wohnung, ich eile zurück, erreiche die Wohnungstür keuchend, weil ich die Treppen hinaufgestürmt bin, und da schweigt das Telefon, und ich werde niemals erfahren, ob der Anruf mir galt.
Oder auch auf der Straße, wenn ich unterwegs bin und höre Telefone

in fremden Häusern klingeln; sogar wenn ich in fremden Städten bin, in Städten, wo niemand von meiner Anwesenheit weiß, sogar dann denke ich, wenn ich's irgendwo klingeln höre, für den Bruchteil einer Sekunde, der Anruf könnte für mich sein, und im nächsten Sekundenbruchteil sage ich mir erleichtert, daß ich einstweilen von jedem Anruf ausgeschlossen bin, unerreichbar, in Sicherheit, doch diese Erleichterung währt nur den Bruchteil einer Sekunde, denn gleich darauf denke ich, daß es ja nicht nur jenes fremde Telefon gibt, das dort klingelt, sondern viele Kilometer entfernt, Hunderte oder gar Tausende von Kilometern entfernt gibt es auch das meine, das sicher gerade in diesem Moment durch die verlassenen Räume schrillt, und wieder bin ich zerrissen zwischen der Notwendigkeit und der Unmöglichkeit zu antworten.

Jeden Morgen vor meinem Kolleg mache ich eine Stunde Jogging, das heißt ich ziehe meinen Olympiadress an und gehe hinaus, um zu laufen, weil ich das Bedürfnis nach körperlicher Bewegung habe, weil die Ärzte es mir verordnet haben gegen die Fettleibigkeit, die mir zu schaffen macht, und weil's auch ein bißchen die Nerven beruhigt. Wenn man hier tagsüber nicht auf den Campus geht, in die Bibliothek oder zu den Vorlesungen der Kollegen oder in die Cafeteria, weiß man nicht, was man tun soll; das einzige, was einem bleibt, ist kreuz und quer über den Hügel zu laufen zwischen den Ahornbäumen und Weiden, wie es viele Studenten tun und auch viele Kollegen. Wir begegnen einander auf den raschelnden Laubwegen und sagen manchmal »Hi!«, manchmal gar nichts, weil wir den Atem sparen müssen. Auch das ist ein Vorzug des Laufens vor anderen Sportarten: Jeder macht es für sich und braucht den anderen keine Rechenschaft abzulegen.

Der Hügel ist dicht bebaut, ich laufe an kleinen Häusern vorbei, alle aus Holz, zweistöckig und mit Garten, alle verschieden und alle ähnlich, und dauernd höre ich irgendwo ein Telefon klingeln. Das macht mich nervös, ich laufe unwillkürlich langsamer, spitze die Ohren, um zu hören, ob jemand rangeht, und werde ungeduldig, wenn es weiterschrillt. Ich laufe weiter, komme an einem anderen Haus vorbei, in dem ein Telefon klingelt, und denke: »Da ist ein Anruf, der mich verfolgt, da sucht sich jemand im Straßenverzeichnis alle Nummern der Chestnut Lane raus und ruft ein Haus nach dem anderen an, um zu sehen, wo er mich erreicht.«

Manchmal liegen die Häuser ganz still und verlassen da, Eichhörn-

chen huschen die Stämme hinauf, Elstern flattern herab, um die Körner zu picken, die in Holzschalen für sie ausgelegt worden sind. Ich laufe und spüre, wie sich ein vages Alarmgefühl in mir regt, und noch bevor ich den Ton mit den Ohren auffange, registriert schon mein Geist die Möglichkeit eines Klingelns, ruft es gleichsam herbei, saugt es förmlich aus seinem Nichtsein hervor, und im gleichen Moment erreicht mich aus einem Haus, erst gedämpft und dann immer lauter, das Schrillen der Glocke, dessen Schwingungen wohl schon lange, bevor mein Gehör sie wahrnahm, von einer Antenne in meinem Innern aufgefangen worden sind, und ich stürze Hals über Kopf in einen absurden Wahn, bin gefangen in einem Kreis, dessen Zentrum das klingelnde Telefon in dem Haus dort ist, ich laufe, ohne vom Fleck zu kommen, ich trete auf der Stelle, ohne den Trab zu verlangsamen.
»Wenn so lange keiner rangeht, heißt das doch, daß niemand zu Hause ist … Aber warum läßt der Anrufer es dann weiterklingeln? Was erwartet er sich davon? Wohnt da vielleicht ein Schwerhöriger, bei dem man sehr lange insistieren muß, bis er's hört? Wohnt da vielleicht ein Gelähmter, dem man sehr viel Zeit lassen muß, bis er sich an den Apparat geschleppt hat … Wohnt da vielleicht ein Selbstmörder, bei dem man hofft, er werde, solange ihn noch jemand anruft, vor dem Allerletzten zurückschrecken …« Ich denke, ich sollte vielleicht versuchen, mich irgendwie nützlich zu machen, gehen und nachsehen, ob ich jemandem helfen kann, dem Schwerhörigen, dem Gelähmten, dem Selbstmörder … Und zugleich denke ich (in der absurden Logik, die mich bewegt), dann könnte ich ja auch gleich mal nachsehen, ob der Anruf nicht etwa zufällig mir gilt …
Ohne im Laufen innezuhalten, stoße ich die Gartentür auf, betrete das Grundstück, trabe ums Haus, erkunde den hinteren Teil des Anwesens, laufe bis hinter die Garage, den Geräteschuppen, die Hundehütte. Alles scheint verlassen zu sein, wie ausgestorben. Durch ein offenes Hinterfenster sieht man in ein unaufgeräumtes Zimmer, das Telefon steht auf dem Tisch und klingelt. Der Fensterladen schlägt an, die Fensterflügel verfangen sich in den zerfetzten Vorhängen.
Schon dreimal bin ich ums Haus gelaufen; ich mache weiter die Joggingbewegungen, hebe die Ellenbogen und Fersen, atme im Rhythmus des Laufens, damit man sehen kann, daß ich kein Einbrecher bin; wenn man mich hier jetzt ertappen würde, hätte ich Schwierigkeiten zu erklären, daß ich bloß hereingekommen bin, weil ich das Telefon klingeln hörte. Ein Hund bellt, nicht hier, ein Hund in

der Nachbarschaft, ich sehe ihn nicht; doch einen Moment lang überwiegt in mir das Signal »Hund hellt« über das Signal »Telefon klingelt«, und das genügt, um den magischen Kreis zu sprengen, der mich hier gefangengehalten hat: Schon bin ich draußen, laufe wieder zwischen den Bäumen die Straße entlang und lasse das Schrillen hinter mir, das allmählich verklingt.

Ich laufe weiter, bis keine Häuser mehr kommen. Auf einer Wiese halte ich an, um zu verschnaufen. Ich mache ein paar Kniebeugen und Liegestütze, massiere mir die Beinmuskeln, damit sie nicht zu sehr abkühlen. Ich schaue auf die Uhr. Es ist spät, ich muß rasch zurück, wenn ich meine Studenten nicht warten lassen will. Das fehlte grad noch, daß es von mir heißt, ich liefe im Wald herum statt Vorlesungen zu halten … Ich haste los, laufe die Straße hinunter, ohne nach rechts oder links zu blicken, das Haus da werde ich gar nicht mehr wiedererkennen, ich werde vorbeilaufen, ohne es überhaupt zu bemerken. Schließlich ist es ein Haus wie die anderen, in jeder Hinsicht, von den anderen nur unterscheidbar, wenn das Telefon klingeln würde, was ja unmöglich ist …

Je länger mir diese Gedanken im Kopf herumgehen, während ich so bergab laufe, desto deutlicher meine ich, wieder das Klingeln zu hören, immer lauter und schriller, da ist schon wieder das Haus, und das Telefon klingelt noch immer. Ich öffne die Gartentür, laufe nach hinten, trete ans Fenster. Ich brauche nur die Hand auszustrecken, um abzunehmen. Keuchend sage ich in die Muschel: »Hier ist nicht …«, da ertönt aus dem Hörer eine Stimme, ein bißchen ungeduldig, aber nur ein bißchen, denn am eindrucksvollsten an dieser Stimme ist ihre Kälte, die Ruhe, in der sie sagt: »Hör genau zu: Marjorie ist hier, sie wird bald aufwachen, aber sie ist gefesselt und kann nicht weg. Merk dir die Adresse: 115 Hillside Drive. Wenn du sie holen kommst, okay. Wenn nicht, im Keller ist ein Kanister mit Kerosin und eine Plastikbombe mit einem Timer. In einer halben Stunde steht das Haus hier in Flammen.«

»Aber ich bin gar nicht …«, will ich sagen.

Er hat schon aufgelegt.

Was mache ich jetzt? Sicher, ich könnte die Polizei anrufen, die Feuerwehr, von diesem Telefon aus, aber wie soll ich erklären, wie rechtfertigen … ich meine, was habe ich, der ich nichts damit zu tun habe, damit zu tun? Ich setze mich wieder in Trab, laufe noch einmal ums Haus herum, dann hinaus und weiter die Straße hinunter.

Tut mir ja leid, für Marjorie, aber sie muß in weißgott was für wilde Geschichten verwickelt sein, wenn sie jetzt so in der Tinte sitzt, und wenn ich mich da einmische, um sie zu retten, wird mir doch keiner mehr glauben, daß ich sie nicht kenne, es wird einen Riesenskandal geben, ich bin ein Dozent von einer anderen Uni, hierher eingeladen als Visiting Professor, das Prestige zweier Hochschulen steht auf dem Spiel …

Sicher, wenn's um ein Menschenleben geht, müssen solche Rücksichten wohl hintanstehen … Ich laufe langsamer. Ich könnte in eins dieser Häuser gehen, bitten, daß man mich die Polizei anrufen läßt und gleich in aller Klarheit sagen, nein, ich kenne diese Marjorie nicht, ich kenne überhaupt keine Marjorie …

Um die Wahrheit zu sagen, hier an der Uni gibt es eine Studentin, die Marjorie heißt, Marjorie Stubbs. Ich habe sie gleich bemerkt unter den Mädchen in meinem Kolleg. Sie hat mir, wie soll ich sagen, nun ja, gefallen, nur schade, daß sich dann damals, als ich sie eingeladen hatte zu mir nach Hause, um ihr ein paar Bücher zu leihen, diese peinliche Situation ergab. Es war ein Fehler gewesen, sie einzuladen: Ich war neu hier, man wußte noch nicht, was ich für einer bin, sie konnte meine Absichten mißverstehen, und so ergab sich das Mißverständnis, ein unangenehmes Mißverständnis, sicher auch jetzt noch schwer aus der Welt zu schaffen wegen dieser ironischen Art, in der sie mich seither ansieht, mich, der ich nicht weiß, wie ich sie ansprechen soll, ohne zu stammeln, auch die anderen Mädchen sehen mich immer mit diesem ironischen Grinsen an …

Klar, natürlich darf dieses Unbehagen, das der Name Marjorie in mir weckt, kein Hindernis für mich sein, einer anderen Marjorie, die in Lebensgefahr schwebt, zu Hilfe zu eilen … Wenn's nicht dieselbe Marjorie ist … Wenn dieser Anruf nicht tatsächlich mir gegolten hat … Eine mächtige Gangsterbande hält mich im Auge, sie wissen, daß ich jeden Morgen hier Jogging mache, vielleicht haben sie auf dem Hügel einen Beobachter mit Teleskop, der meine Schritte genau verfolgt, und wenn ich an das verlassene Haus komme, rufen sie an, *mich*, weil sie Bescheid wissen über meine Blamage mit Marjone, damals in meiner Wohnung, und mich nun erpressen wollen …

Ohne es recht gemerkt zu haben, bin ich zum Campuseingang gelangt, immer noch laufend, in Sportdress und Joggingschuhen, ich war gar nicht erst zu Hause, um mich umzuziehen und meine Bücher zu holen, was tue ich jetzt? Ich laufe über den Campus, ein paar Mäd-

chen kommen mir auf dem Rasen entgegen, es sind meine Studentinnen, schon auf dem Weg zu meiner Vorlesung, sie sehen mich an mit diesem ironischen Grinsen, das ich nicht ausstehen kann.
Ich wende mich im Vorbeitraben an die Lorna Clifford, frage sie: »Stubbs gesehen?«
Die Clifford blinzelt: »Marjorie? Seit zwei Tagen ist die nicht mehr aufgetaucht … Wieso?«
Schon laufe ich wieder. Haste zum Campus hinaus. Nehme die Grosvenor Avenue, dann Cedar Street, dann Maple Road. Bin ganz außer Atem, laufe nur noch, weil ich den Boden unter den Füßen gar nicht mehr spüre, auch nicht die Lunge in meiner Brust. Da endlich kommt Hillside Drive, 11, 15, 27, 51 … Gottseidank geht's rasch voran mit den Hausnummern. Da ist die 115. Die Tür steht offen, ich jage die Treppe hinauf, stürze in ein halbdunkles Zimmer. Auf dem Sofa liegt Marjorie, gefesselt, geknebelt. Ich binde sie los. Sie übergibt sich. Sieht mich voller Verachtung an.
»Du Bastard!« sagt sie.

Kommentar

In der Erzählung von Calvino »In einem Netz von Linien, die sich verknoten« wird die Entstehung eines sensitiven Beziehungswahns dargestellt. Ein amerikanischer Hochschulprofessor, der sich bei einer Party einer Studentin genähert hat, hat seitdem das Gefühl, dass andere davon wissen und sein Verhalten missbilligen. Er fühlt sich dadurch zunehmend gepeinigt. Beim Joggen hat er immer wieder das Gefühl, dass das Telefonklingeln, welches er aus verschiedenen Häusern hört, sich auf ihn bezieht und dass ihm jemand eine wichtige Nachricht mitteilen will.
Schließlich hört er an einem fremden Telefon, dass eine junge Frau mit dem Namen der Studentin, der er sich angenähert hat, in einer Wohnung gefesselt ist und in großer Gefahr schwebt. Es bleibt im Unklaren, ob es sich bei diesem Anruf um ein reales Phänomen, vielleicht einen Studentenstreich, oder ob es sich dabei um ein halluzinatorisches Erleben handelt, das eigentlich nicht zum sensitiven Beziehungswahn gehört. U.a. hat er auch das Gefühl, dass sich die Studenten sehr mit der Geschichte beschäftigen, so z.B. sieht er ironisches Grinsen in den Gesichtern der Studenten, als ob alle Bescheid wüssten über den Vorfall mit der Studentin. Es wären auch psychodynamische Deutungen im Rahmen der dargestellten Schuldgefühle des Protagonisten denkbar. Gepeinigt jagt er in das angegebene Haus, wo die

Studentin in Lebensgefahr schweben soll, und in der Tat findet er sie dort gefesselt und geknebelt. Sie sieht ihn voller Verachtung an und spricht ihn als »Bastard« an. Seine Schuldgefühle bekommen so die Entsprechung in der realen Welt.

Guy de Maupassant

Der Horla

aus: Guy de Maupassant. Der Schmuck. Der Teufel. Der Horla. Novellen. Übersetzung aus dem Französischen und Nachwort von Ernst Sander.

Einführung

Der aus dem normannischen Landadel stammende französische Schriftsteller Guy de Maupassant (1850–1893) ist einer der Gründerväter der modernen Novellenkunst und zugleich neben Balzac, Zola und Flaubert einer der großen französischen Erzähler des 19. Jahrhunderts. Bereits mit 17 Jahren wurde er wegen eines frechen Gedichtes der Schule verwiesen. Nach abgebrochenem Jurastudium und Kriegsdienst im Deutsch-Französischen Krieg 1871 lebte Maupassant bis 1878 als kleiner Ministerialbeamter, der allerdings freundschaftlichen Kontakt zur literarischen Avantgarde um Gustave Flaubert hielt. Die ersten literarischen Erfolge verbuchte er mit Fortsetzungsgeschichten für Tageszeitungen, bis ihm 1880 mit der Novelle »Fettklößchen« der Durchbruch gelang und ihm einen großbürgerlichen Lebensstil ermöglichte (u. a. Kauf einer Yacht). Er unterhielt Beziehungen zu mehreren Geliebten, mit denen er auch Kinder hatte. Mit enormem Fleiß und schier unerschöpflicher Schreiblust schuf der Autor mehr als 300 Erzählungen und Romane, in deren Mittelpunkt meist die gehobene Gesellschaft seiner Zeit, aufstrebendes Bürgertum und Neureiche standen, denen er genüsslich seinen oft scharfen satirischen Spiegel vorhielt. Gnadenlos deckte er menschliche Schwächen auf, entlarvte heimliche Amouren, Verlogenheit, Blendwerk und Hochstapelei, bürgerliche Doppelmoral und skrupelloses Karrierestreben. Sein besonders geschulter Blick sowie sein gesteigertes Interesse galt zunehmend dem Psychopathologischen, wobei er sich stets um das Ideal der »impassibilité« (Unparteilichkeit) bemühte, das ihn an Flaubert faszinierte. In »Der Horla« (1887), Titelgeschichte einer Novellensammlung, lässt der Autor seinen Protagonisten Tagebuch über dessen Besessenheit führen. Fieber, Wahnvorstellungen und Depressionen suggerieren die Existenz eines schließlich beherrschend werdenden übernatürlichen Wesens, eben des Horla, das ihm alle Lebenskraft zu nehmen droht. Um sich von der Obsession zu befreien, zündet der Gepeinigte das Haus an, in der Hoffnung, dadurch auch seinen Inkubus zu ver-

nichten. Doch nach dem Brand beginnen die Angstattacken erneut. Nur noch der Selbstmord scheint Erlösung zu bringen. In der einschlägigen Forschung herrscht Einigkeit darüber, dass Maupassant nicht nur von den Untersuchungen des französischen Neurologen Jean Martin Charcot über Geisteskrankheiten, sondern auch von den Novellen E.T.A. Hoffmanns und Edgar Allan Poes inspiriert wurde.
Der ebenso eindringlichen wie suggestiv präzisen Beschreibung der Wahnvorstellungen und Halluzinationen liegen jedoch auch autobiographische Erfahrungen zugrunde. Psychosen, Traumata, Wahn und Schwermut waren Maupassant selbst durchaus nicht fremd, wenngleich sie zugleich für ihn von größter literarischer Attraktivität waren. Bereits in jungen Jahren infizierte er sich mit Syphilis (1877) und hatte eine lebenslange Angst davor, wie sein Bruder Hervé verrückt zu werden. 1892 unternahm er einen Suizidversuch, wurde in eine psychiatrische Klinik in Passy bei Paris eingeliefert und starb 1893 in geistiger Umnachtung.

Weiterführende Literatur:
Stefanie Fröschen: Die Krankheit im Leben und Werk Guy de Maupassants. Die Bedeutung seiner Syphilis-Erkrankung für seine Dichtungen. Mainz 1999

Der Horla

8. Mai. – Wie schön es heute war! Den ganzen Morgen habe ich im Grase gelegen, vor meinem Hause, unter der riesigen Platane, die es völlig überdacht, schirmt und beschattet.
Ich habe diese Gegend sehr gern, und es freut mich, daß ich hier leben kann, weil ich in diesem Lande wurzle, mit jenen tiefreichenden, zarten Wurzeln, die den Menschen an die Scholle binden, auf der seine Vorfahren geboren wurden und gestorben sind; die ihn verknüpfen mit dem, was dort gedacht und verehrt wird, mit den Bräuchen und Speisen, den heimischen Örtlichkeiten, dem Dialekt der Landleute, dem Ruch der Äcker und sogar mit der Luft.
Ich hänge an dem Hause, darin ich aufgewachsen bin. Von meinen Fenstern aus vermag ich die Seine zu erblicken, die längs meines Gartens vorüberströmt, jenseits der Landstraße, fast unmittelbar an meinem Grundstück, die mächtige, breite Seine, die von Rouen nach Le Havre fließt, und auf der die Schiffe dahinziehen.

Dort unten, zur Linken, liegt Rouen, die ausgedehnte Stadt mit den blauen Dächern unter der Schar der spitzen gotischen Kirchtürme. Man kann sie nicht zählen, so viele sind es, schlanke und gedrungene; aber sie alle überragt die eiserne Spitze der Kathedrale. Glocken hängen in jedem, deren Geläut an schönen Morgen die blaue Luft durchhallt und als ein zartes metallisches Summen bis zu mir her dringt, als ein luftiger Gesang, vom Winde getragen, bald stärker, bald schwächer, je nachdem der Wind sich erhebt oder erstirbt.

Wie schön es heute morgen war!

Gegen elf Uhr zog ein langer Schleppzug an meinem Hause vorüber; ein fliegenhaft anmutender Dampfer zog ihn; er keuchte vor Mühe und stieß eine dicke Rauchwolke aus.

Erst kamen zwei englische Schoner, deren rote Flaggen vor dem Himmel flatterten, und dann ein wunderschöner brasilianischer Dreimaster, ganz weiß, makellos, leuchtend. Ich winkte hinüber, warum, weiß ich nicht, solche Freude empfand ich beim Anblick dieses Schiffes.

11. Mai. – Seit ein paar Tagen habe ich ein bißchen Fieber; ich fühle mich nicht wohl, oder besser: ich fühle mich traurig.

Woher rühren jene geheimnisvollen Einflüsse, die unser Glück in Mutlosigkeit und unsere Zuversicht in Verzweiflung wandeln? Man könnte meinen, die Luft, die unsichtbare Luft, sei erfüllt von unbegreiflichen Mächten, deren geheimnisvoller Nähe wir uns beugen müssen. Ich wache fröhlich auf, und mir ist, als müsse ich singen. – Warum? – Ich gehe am Ufer entlang, und urplötzlich, nach ein paar Schritten, kehre ich in schmerzlicher Betrübnis um, als warte meiner daheim irgendein Unglück. – Warum? – Hat ein erkältender Schauer, der mich überrieselte, meine Nerven erschüttert und meine Seele verdüstert? Hat die Form der Wolken, haben die Tagesfarben, hat die wandelbare Farbe der Dinge, da ich sie wahrnahm, mein Denken verstört? Wer weiß? Alles, was uns umgibt, alles, was wir von ungefähr sehen, ohne recht hinzuschauen, alles, was wir streifen, ohne es zu erkennen, alles, woran wir rühren, ohne es zu betasten, alles, was uns zustößt, ohne daß wir gewahren, was es recht eigentlich ist, übt auf uns, auf unseren Organismus und, durch diesen, auf unsere Gedanken, ja sogar auf unser Herz schnelle, überraschende und unerklärliche Wirkungen aus.

Wie tief ist doch das Geheimnis des Unsichtbaren! Mit unsern elenden Sinneswerkzeugen vermögen wir es nicht zu durchdringen: mit den Augen, die weder das allzu Kleine noch das allzu Große, weder das allzu Nahe noch das allzu Ferne, weder die Lebewesen auf den Sternen noch die Lebewesen im Wassertropfen wahrnehmen können … mit unsern Ohren, die uns betrügen; denn sie übermitteln uns bloße Luftschwingungen als klingende Töne; Feen sind sie, die ein Wunder vollbringen, indem sie jene Bewegung in ein Geräusch verwandeln und durch diese Metamorphose die Geburt der Musik zuwege bringen, die das stumme Schwingen der Natur zu Gesang umformt … mit unserm Geruchssinn, der dem eines Hundes nachsteht … mit unserm Geschmackssinn, der kaum das Alter eines Weines zu bestimmen imstande ist!

Ach! Hätten wir doch andere Organe, die neue Wunder für uns erschüfen; wie vieles vermöchten wir dann rings um uns wahrzunehmen!

16. Mai. – Ich bin krank, ganz sicher! Und im letzten Monat hatte ich mich so wohl befunden! Ich habe Fieber, wütendes Fieber, oder, richtiger, ich leide an einer fiebrigen Erschöpfung, die meine Seele in gleichem Maße in Mitleidenschaft zieht wie meinen Körper. Ohne Unterlaß habe ich das grausige Gefühl einer drohenden Gefahr, die Vorahnung künftigen Unheils oder nahenden Todes, ein Vorgefühl, das zweifellos erstes Anzeichen eines mir noch unbekannten Übels ist; es keimt in meinem Blut und meinem Fleisch.

18. Mai. – Eben komme ich von meinem Arzt; ich hatte nämlich keinen Schlaf mehr gefunden. Er konstatierte beschleunigten Pulsschlag, Erweiterung der Pupille, starke Nervosität, fand indes keinerlei beunruhigende Symptome. Ich soll Duschen und Bromkali nehmen.

25. Mai. – Nicht die geringste Veränderung! Wahrhaftig, mein Zustand ist bizarr. Je mehr es Abend wird, desto mehr bemächtigt sich meiner eine unbegreifliche Unruhe, als berge die Nacht eine mir fürchterliche Gefahr. Ich esse in aller Hast und versuche dann zu lesen; aber ich verstehe kein Wort; kaum vermag ich die Buchstaben auseinanderzuhalten. Ich gehe in meinem Zimmer auf und ab, wobei eine wirre und unbezwingbare Furcht mich bedrückt, Furcht vor dem Schlaf und Furcht vor dem Bett.

Gegen zwei gehe ich hinauf in mein Schlafzimmer. Kaum bin ich eingetreten, so drehe ich den Schlüssel zweimal herum und schiebe den Riegel vor; ich habe Angst … wovor nur? Bislang habe ich keine Furcht gekannt … Ich mache meine Schränke auf, ich sehe unter mein Bett; ich horche … ich horche … worauf nur? … Wie merkwürdig, daß ein leichtes Unwohlsein, eine Verdauungsstörung vielleicht, die Reizung eines Nervenfädchens, ein unbedeutender Blutandrang im Gehirn, eine winzige Störung in den so unvollkommenen und dennoch so empfindlichen Funktionen der lebendigen Maschine, die wir sind, den Fröhlichsten zum Melancholiker und den Tapfersten zum Feigling machen kann! Dann lege ich mich nieder und warte des Schlafes, wie einer, der des Henkers harrt. Ich warte seiner und empfinde zugleich Entsetzen ob seines Nahens, mein Herz pocht, trotz der warmen Decken – bis zu dem Augenblick, da ich in Schlaf falle, wie ein Selbstmörder in ein totes Wasserloch stürzt. Früher war das ganz anders; jetzt hockt er unsichtbar hinter mir, dieser hinterlistige Schlaf, und lauert mir auf, und dann packt er mich beim Kopfe, preßt mir die Lider zu und löscht mich aus.

Ich schlafe – lange – zwei oder drei Stunden – dann ein Traum – nein, ein Nachtmahr erdrosselt mich. Dabei fühle ich ganz genau, daß ich im Bette liege und schlafe … Ich fühle es und ich sehe es … und dabei fühle ich zugleich, wie jemand auf mich zukommt, mich anstarrt, mich betastet, auf mein Bett steigt, auf meiner Brust kauert, meinen Hals mit seinen Händen umspannt und mich würgt … würgt … mit aller Kraft, und mich erdrosseln will.

Und ich, ich wehre mich, aber mich fesselt die grausige Ohnmacht, die uns im Traume lähmt; ich will schreien – kann nicht – ich will mich bewegen – kann nicht – mit fürchterlicher Anstrengung, keuchend, versuche ich mich umzudrehen und das Wesen abzuschütteln, das mich zermalmt und erwürgt – kann nicht!

Und jäh wache ich auf, betäubt, schweißgebadet. Ich mache Licht. Ich bin allein.

Nach dieser Krisis, die sich jede Nacht wiederholt, schlafe ich dann endlich ruhig, bis zum Morgen.

2. Juni. – Mein Zustand hat sich noch verschlimmert. Was mag mir fehlen? Das Bromkali hilft nicht; die Duschen helfen nicht. Dennoch habe ich, um meinen ohnehin schon so schwachen Körper zu ermüden, einen Ausflug zum Roumarer Wald gemacht. Anfangs glaubte ich, die frische, leichte, liebliche, vom Duft des Grases und des Laubes geschwängerte Luft würde das Blut in meinen Adern erneuern und meinem Herzen frische Kraft geben. Ich ging einen breiten Jagdweg und dann in der Richtung auf La Bouille durch eine enge Allee, zwischen zwei Heerreihen über die Maßen hoher Bäume, die ein dichtes,

grünes, nahezu schwarzes Dach zwischen den Himmel und mich schoben.
Plötzlich durchrieselte mich ein Schauer, kein Frostschauer, sondern ein merkwürdiger Angstschauer.
Ich ging schneller, ich fühlte Unruhe, ohne Begleitung in diesem Walde zu sein; die tiefe Einsamkeit flößte mir unvernünftige, törichte Furcht ein. Mit einem Male war mir, als folge mir jemand, ginge hinter mir, ganz dicht, zum Greifen nahe.
Ich wandte mich jäh um. Ich war allein. Hinter mir war nichts als die gerade, langgestreckte Allee, leer, hoch, grauenhaft leer; und nach der anderen Seite dehnte sie sich ebenso unabsehbar, ganz genau so, entsetzlich.
Ich schloß die Augen. Warum nur? Und ich fing an, mich auf den Hacken um mich selbst zu drehen, sehr schnell, wie ein Kreisel. Ich strauchelte; ich schlug die Augen auf; die Bäume tanzten, der Boden schwankte, ich mußte mich hinsetzen. Dann, ah! wußte ich nicht mehr, von welcher Seite ich gekommen war! Bizarre Idee! Bizarr! Bizarre Idee! Ich wußte überhaupt nichts mehr. Ich ging einfach nach der Seite, die rechts von mir war, und dann kam ich wieder auf den großen Weg, der mich mitten in den Wald geführt hatte.
3. Juni. – Die Nacht war grausig. Ich will für ein paar Wochen fort von hier. Eine kleine Reise wird mich wohl wieder gesund machen.
2. Juli. – Wieder daheim. Und genesen. Es war übrigens ein reizender Ausflug. Ich war auf dem Mont Saint-Michel, den ich noch nicht kannte.
Welche Schau, wenn man, wie ich, gegen Sonnenuntergang in Avranches anlangt! Die Stadt liegt auf einem Hügel; ich wurde zum Stadtpark gewiesen, der am äußersten Ende des Ortes gelegen ist. Ich stieß einen Schrei der Überraschung aus. Vor mir breitete sich, so weit das Auge reichte, eine unendlich weite Bucht, zwischen zwei geschwungenen Küsten, die sich in der Ferne im Dunst verloren; und mitten in dieser ungeheuren gelben Bucht, die ein leuchtender Goldhimmel überwölbte, stieg aus dem Sande ein seltsamer, düsterer, spitzer Berg empor. Die Sonne war gerade untergegangen, und auf dem noch flammendroten Horizonte zeichneten sich schwarz die Umrisse des phantastischen Felsens ab, dessen Gipfel ein phantastisches Bauwerk krönt.
Ums Frührot ging ich hin. Das Meer stand tief, wie am Vorabend, und je näher ich kam, desto höher stieg die wundersame Abtei vor

mir auf. Nach ein paar Wanderstunden kam ich bei dem ungeheuren Felsblock an, der die kleine, von der großen Kirche überragte Stadt trägt. Nachdem ich die enge, steil ansteigende Straße erklommen hatte, betrat ich das herrlichste gotische Gebäude, das für Gott auf Erden errichtet ward, ausgedehnt wie eine ganze Stadt, eine Unzahl niedriger Hallen, erdrückt nahezu von Gewölben und hohen Galerien, die von schlanken Säulen getragen werden. Ich trat ein in diesen gigantischen granitenen Schrein, der leicht und licht anmutet wie ein Spitzengewebe; Türme und zierliche Glockentürmchen, zu denen Wendeltreppen emporsteigen, erheben sich darauf; in den blauen Taghimmel und den schwarzen Nachthimmel strecken sie ihre bizarren, stachelig mit Schimären, Teufelsfratzen, Fabelwesen und monströsen Blumen bedeckten Häupter, und zierlich gemeißelte Bögen verbinden sie untereinander.
Als ich ganz oben stand, sagte ich zu dem mich geleitenden Mönche: »Wie wohl müssen Sie sich hier fühlen, mein Vater!«
Er antwortete: »Es ist sehr stürmisch, mein Herr«; und wir begannen zu plaudern und schauten dabei auf das Meer hinaus, das über den Sand lief und ihn mit einem stählern schimmernden Küraß bedeckte. Und der Mönch erzählte mir Geschichten, all die alten Historien dieser Stätte, und Legenden, immer neue Legenden.
Eine darunter fesselte mich ganz besonders. Die Leute dieser Gegend, die vom Berge, behaupten, nachts sei im Sande Geflüster zu hören, und dann das Gemecker zweier Ziegen, die eine laut, die andere schwach. Ungläubige Gemüter sagen zwar, es sei das Geschrei der Seevögel, das bald wie Meckern, bald wie menschliche Klagelaute klinge; allein die spät heimkehrenden Fischer schwören darauf, sie hätten in der Umgebung des weltabgelegenen Städtchens, zwischen den Gezeiten, einen alten, in den Dünen umherstreifenden Hirten getroffen, dessen Gesicht keiner jemals erblickt hätte, weil er es mit dem Mantel verhülle; und der hätte einen Bock mit einem Männerantlitz und eine Ziege mit Frauenantlitz geführt, beide mit langem, weißem Haar und unaufhörlich in einer unbekannten Sprache schwatzend und streitend, und plötzlich hätten sie aufgehört zu schreien und aus Leibeskräften gemeckert.
Ich fragte den Mönch: »Glauben Sie daran?«
Er murmelte: »Ich weiß es nicht.«
Ich sprach weiter: »Wenn es auf Erden noch andere Wesen außer uns gäbe, wie kommt es dann, daß wir sie nicht schon seit langem erkannt

haben? Wie kommt es dann, daß Sie sie noch nicht gesehen haben? Warum habe ich sie noch nicht gesehen?«
Er antwortete: »Sehen wir denn auch nur den hunderttausendsten Teil von dem, was ist? Denken Sie doch an den Wind, der die gewaltigste Naturkraft ist, der Menschen zu Boden schleudert, Gebäude umstürzt, Bäume entwurzelt, das Meer zu Wassergebirgen aufwühlt und auftürmt, Küsten zerstört und große Schiffe in die Brandung schmettert, den Wind, der da mordet, pfeift, seufzt, brüllt – aber haben Sie ihn je gesehen, und vermag man ihn zu sehen? Und dennoch ist er.«
Gegenüber diesen schlichten Worten verstummte ich. Dieser Mann war ein Weiser oder vielleicht auch ein Narr. Welches von beiden, wußte ich nicht genau; doch ich schwieg. Was er da sagte, habe ich im stillen oft gedacht.
3. Juli. – Ich habe schlecht geschlafen; sicherlich liegt hier eine fieberige Ansteckung in der Luft, denn mein Kutscher leidet an dem gleichen Übel wie ich selbst. Gestern bereits, bei der Rückkunft, fiel mir seine merkwürdige Blässe auf.
Ich fragte ihn: »Was ist mit Ihnen los, Jean?«
»Ich finde keine Ruhe mehr, gnädiger Herr; meine Nächte fressen meine Tage. Seit der Abreise des gnädigen Herrn liegt es auf mir wie ein Verhängnis.«
Aber die übrige Dienerschaft befindet sich wohl; indes fürchte ich nur zu sehr, daß es mich, mich wieder packen wird.
4. Juli. – Ganz sicher, nun hat es mich wieder. Das Alpdrücken von damals kommt wieder. Heute nacht fühlte ich, wie etwas auf mir kauerte, seinen Mund auf den meinen preßte und mein Leben aus meinen Lippen sog. Ja, und dann sog es an meiner Kehle, als hafte ein Blutegel daran. Dann erhob es sich und war satt, und ich erwachte dermaßen zermalmt, zerschlagen und kraftlos, daß ich mich kaum zu regen vermochte. Wenn das noch ein paar Tage so weitergeht, werde ich auf jeden Fall wieder fortreisen.
5. Juli. – Habe ich den Verstand verloren? Was mir letzte Nacht widerfuhr, ist dermaßen seltsam, daß mir ganz wirr wird, wenn ich daran denke!
Wie ich jetzt allabendlich zu tun pflege, hatte ich meine Tür abgeschlossen; dann trank ich, weil ich durstig war, ein halbes Glas Wasser, und zufällig sah ich, daß meine Karaffe bis zum kristallenen Stöpsel gefüllt war.

Unmittelbar danach ging ich zu Bett und fiel wieder in jenen entsetzlichen Schlaf, aus dem ich nach ungefähr zwei Stunden durch eine noch grauenhaftere Erschütterung geweckt wurde.
Man stelle sich einen Menschen vor, der im Schlaf ermordet wird und mit einem Messer in der Lunge aufwacht und blutüberströmt röchelt und nicht mehr atmen kann und fühlt, daß er sterben muß und von alledem nichts begreift – so war mir.
Endlich kam ich wieder zu mir; wiederum war ich durstig; ich zündete eine Kerze an und ging zu dem Tische, wo meine Karaffe stand. Ich hob sie und neigte sie über mein Glas – es floß nichts heraus. – Sie war leer! Sie war leer, vollkommen leer! Zunächst begriff ich nichts; dann, mit einem Male, kam eine so furchtbare Aufregung über mich, daß ich mich hinsetzen mußte, oder vielmehr, daß ich in einen Sessel taumelte! Dann sprang ich mit einem Satz auf und blickte um mich! Dann setzte ich mich wieder hin, schwindlig vor Ratlosigkeit und Furcht, und starrte auf die durchsichtige Kristallflasche! Ich schaute sie mit starren Blicken an und suchte nach einer Erklärung. Meine Hände bebten! Das Wasser war also ausgetrunken? Von wem?
Von mir? Natürlich, von mir! Von wem sonst sollte es getrunken worden sein? Dann war ich also Schlafwandler, ich lebte, ohne es zu wissen, jenes geheimnisvolle Doppelleben, das zu der Mutmaßung verleitet, wir trügen zwei Wesen in uns, oder ein fremdes, unerkennbares, unsichtbares Wesen, das bisweilen, wenn unsere Seele starr und gefühllos ist, unsern gefesselten Körper belebt, der dann jenem Wesen gehorcht wie uns selbst, mehr als uns selbst.
Ah! Wer begreift meine erbärmliche Angst? Wer begreift die Aufregung eines geistig gesunden, vollkommen wachen, vernünftigen Menschen, der furchtgeschüttelt eine leere Glaskaraffe anstarrt, aus der, während er schlief, ein wenig Wasser verschwand? Und so saß ich, bis der Morgen graute, und wagte nicht, wieder zu Bett zu gehen.
6. Juli. – Ich werde wahnsinnig. Auch diese Nacht ist meine Karaffe ausgetrunken worden: oder vielmehr ich habe sie ausgetrunken!
Aber war ich es denn? War ich es denn? Wer sonst? Wer? Oh! Mein Gott! Ich werde wahnsinnig! Wer hilft mir?
10. Juli. – Ich habe überraschende Proben angestellt.
Ganz sicher, ich bin wahnsinnig! Und dennoch!
Am 6. Juli habe ich vor dem Schlafengehen Wein, Milch, Wasser, Brot und Erdbeeren auf meinen Tisch gestellt.
Man hat – ich habe – das ganze Wasser getrunken, und ein bißchen

Milch. Weder der Wein noch die Erdbeeren sind angerührt worden.
Am 7. Juli habe ich die gleiche Probe angestellt und bin zu dem gleichen Ergebnis gekommen.
Am 8. Juli habe ich Wasser und Milch fortgelassen. Alles blieb unberührt.
Schließlich habe ich am 9. Juli nichts als Wasser und Milch auf meinen Tisch gestellt, nachdem ich zuvor die Karaffen sorglich mit weißen Mullbinden umwickelt und die Stöpsel festgebunden hatte. Dann habe ich mir Lippen, Bart und Hände mit Graphit geschwärzt und bin schlafen gegangen.
Der unbezwingliche Schlummer packte mich, und bald folgte ihm das entsetzliche Erwachen. Ich hatte mich nicht bewegt; meine Laken zeigten keinerlei Flecken. Ich schoß in die Höhe, zum Tische. Der die Flaschen einhüllende Stoff war fleckenlos geblieben. Ich löste die Knoten, zitternd vor Furcht. Das ganze Wasser war ausgetrunken! Ah! Mein Gott!
Noch in dieser Stunde reise ich nach Paris.
12. Juli. – Paris. Also hatte ich während der letzten Tage wirklich den Kopf verloren! Ich muß der Spielball meiner überhitzten Phantasie gewesen sein, sofern ich nicht tatsächlich Schlafwandler bin oder einem jener notorischen, indes einstweilen noch unerklärlichen Einflüsse unterstehe, die man Suggestionen nennt. Jedenfalls aber grenzte meine Aufregung schon hart an Dementia; jedoch vierundzwanzig Stunden Paris haben genügt, mich mir selbst wiederzugeben.
Nach verschiedenen Besuchen und Gängen, die meine Seele mit frischer und belebender Luft durchströmten, habe ich den gestrigen Abend im Théâtre Français beschlossen. Es wurde ein Stück des jüngeren Alexandre Dumas gegeben, und dieser regsame und kraftvolle Geist machte mich wohl vollends gesund. Natürlich ist Einsamkeit gefährlich für Geistesarbeiter. Wir müssen denkende und sprechende Menschen um uns haben. Wenn wir lange allein sind, bevölkern wir die Leere mit Phantomen.
Heiterster Laune ging ich über die Boulevards zum Hotel zurück. Im schiebenden Gewühl der Menge gedachte ich, nicht ohne Ironie, meiner Ängste und Befürchtungen der verflossenen Woche; denn ich hatte geglaubt, ja, wahrhaftig, ich hatte geglaubt, ein unsichtbares Wesen hause unter meinem Dache. Wie schwach und verstört ist

doch unser Sinn, wie leicht geht er in die Irre, wenn nur ein winziges unbegreifliches Ereignis uns verblüfft!
Anstatt mit simplen Worten den Schluß zu ziehen:
»Ich verstehe es nicht, weil sich die Ursache meiner Kenntnis entzieht«, phantasieren wir sogleich von entsetzlichen Geheimnissen und übernatürlichen Kräften.
14. Juli. – Fest der Republik. Ich schlenderte durch die Straßen. An den Kanonenschlägen und Fahnen hatte ich kindliche Freude. Indessen ist es recht blöd, an einem festgesetzten Tage auf Anordnung der Regierung fröhlich zu sein. Das Volk ist eine Hammelherde, bald geduldig bis zum Stumpfsinn, bald aufrührerisch bis zum Rasen. Man sagt ihm: »Amüsiere dich!« Und es amüsiert sich. Man sagt ihm: »Schlag dich mit deinem Nachbar!« Und es schlägt sich. Dann sagt man ihm: »Stimme für die Republik!« Und es stimmt für die Republik.
Die es leiten, sind genau so dumm; nur daß sie nicht Menschen Gefolgschaft leisten, sondern Prinzipien, die von vornherein albern, steril und falsch sein müssen, eben weil sie Prinzipien sind, das heißt Ideen, die in dem Ruf der Unbedingtheit und Unveränderlichkeit stehen in dieser Welt, darinnen nichts unbedingt und sicher ist; denn selbst das Licht ist nur eine Illusion; denn selbst der Schall ist nur eine Illusion.
16. Juli. – Gestern habe ich Dinge gesehen, die mich arg verwirrt haben.
Ich dinierte bei Frau Sablé, meiner Cousine, deren Gatte Kommandeur des 76. Jägerregiments in Limoges ist. Außer mir waren zwei junge Damen dort, deren eine mit einem Arzt verheiratet ist, einem Doktor Parent. Er hat sich besonders mit Nervenkrankheiten und jenen absonderlichen Erscheinungen befaßt, die jüngst bei hypnotischen und Suggestionsexperimenten zutage getreten sind.
Er erzählte des langen und breiten von den wunderbaren Ergebnissen, zu denen englische Gelehrte und die Mediziner der Schule von Nancy gelangt sind.
Die von ihm vorgebrachten Tatsachen erschienen mir dermaßen bizarr, daß ich rund heraus erklärte, ich glaubte von alledem kein Wort.
»Wir stehen«, so versicherte er, »unmittelbar vor der Lösung eines der wichtigsten Rätsel der Natur oder, besser gesagt, eines der wichtigsten Rätsel dieser Erde; denn gewiß gibt es noch andere, wichtigere, über den Sternen. Seit der Mensch zu denken und seinen Gedanken durch

Wort und Schrift Ausdruck zu geben vermag, fühlt er sich von einem Geheimnis umgeben, das seine plumpen und unvollkommenen Sinneswerkzeuge nicht durchdringen können, und dann versucht er durch den Verstand wettzumachen, was die Organe ihm versagen. Solange der Verstand noch sozusagen in den Kinderschuhen steckte, hat die Qual, welche jene unsichtbaren Phänomene auslösten, wahrhaft erschreckende Formen angenommen. So entstand der Volksglaube an übernatürliche Dinge, so entstanden die Märchen von schweifenden Geistern, Feen, Gnomen, Wiedergängern oder Gongern, ja, ich möchte sagen: so entstand das Märchen von Gott; denn unsere Begriffe vom Weltenschöpfer, mögen sie stammen aus welcher Religion sie wollen, sind nichts als höchst armselige, höchst törichte und unzulängliche Ausgeburten schreckgeschlagener Menschenhirne. Voltaires Wort ist nur zu wahr: ›Gott schuf den Menschen nach seinem Bilde, aber der Mensch hat es ihm heimgezahlt.‹«

Doch seit einem Jahrhundert, oder eigentlich schon seit etwas längerer Zeit, ist man, wie mich dünkt, etwas durchaus Neuem auf der Spur. Mesmer und dieser und jener andere haben uns ungeahnte Wege gewiesen, und tatsächlich sind wir, und zumal während der letzten vier oder fünf Jahre, zu überraschenden Ergebnissen gekommen.

Meine gleichfalls recht ungläubige Cousine lächelte. Da sagte Doktor Parent zu ihr: »Soll ich einmal versuchen, Sie einzuschläfern, gnädige Frau?«

»O ja, gern.«

Sie nahm auf einem Sessel Platz, und er begann mit der Behexung, indem er sie starr ansah. Unvermittelt fühlte ich mich ein wenig verwirrt, mein Herz pochte heftig, die Kehle war mir wie zugeschnürt. Ich sah, wie Frau Sablés Lider schwer wurden, wie ihr Mund sich zusammenzog, wie sie schwerer und schwerer atmete.

Nach zehn Minuten schlief sie.

»Setzen Sie sich hinter sie«, sagte der Arzt.

Und ich setzte mich hinter sie. Er gab ihr eine Visitenkarte in die Hand und sagte dabei: »Hier haben Sie einen Spiegel; was sehen Sie darin?«

Sie antwortete: »Meinen Vetter sehe ich.«

»Was tut er?«

»Er dreht seinen Schnurrbart.«

»Und jetzt?«

»Er nimmt eine Photographie aus der Tasche.«

»Wen stellt diese Photographie dar?«
»Ihn selbst.«
Und das stimmte. Jene Photographie war mir am nämlichen Abend erst ins Hotel geschickt worden.
»Welche Haltung hat er auf der Photographie?«
»Er steht und hält den Hut in der Hand.«
So sah sie also wirklich in dieser Karte, diesem Stückchen weißen Papiers, als wäre es ein Spiegel.
Die jungen Damen waren entsetzt und flüsterten:
»Aufhören! Aufhören! Aufhören!«
Doch der Doktor befahl ihr: »Sie werden morgen früh um acht Uhr aufstehen; dann werden Sie zu Ihrem Herrn Vetter ins Hotel gehen und ihn inständig bitten, Ihnen fünftausend Franken zu leihen; Ihr Herr Gemahl fordere sie von Ihnen; er brauche sie für seine nächste Reise.«
Dann ließ er sie aufwachen.
Als ich zum Hotel zurückging, überdachte ich die Geschehnisse bei dieser merkwürdigen Séance, und plötzlich stiegen allerlei Zweifel in mir auf. Zwar setzte ich keinerlei Mißtrauen in die absolut über jeden Verdacht erhabene Gutgläubigkeit meiner Cousine, die ich seit Kindheitstagen kenne wie eine Schwester; aber ein hinterlistiger Streich des Doktors schien mir durchaus im Bereich der Möglichkeit zu liegen. Konnte er nicht vielleicht einen Spiegel in der Hand gehabt und ihn der Schlafenden zugleich mit der Visitenkarte gezeigt haben? Berufszauberkünstler bringen noch weit schwierigere Dinge zuwege.
Unter solcherlei Erwägungen kam ich heim und legte mich schlafen.
Aber heute morgen um halb neun Uhr weckte mich mein Diener und sagte: »Frau Sablé wünscht den gnädigen Herrn sogleich zu sprechen.«
Ich kleidete mich schleunigst an und ließ sie eintreten. Mit allen Zeichen der Verwirrung nahm sie Platz, hielt den Blick gesenkt, hob den Schleier nicht auf und sagte: »Lieber Vetter, ich möchte dich um eine sehr große Gefälligkeit bitten.«
»Um was handelt es sich denn?«
»Es ist mir sehr peinlich, dir damit zu kommen; aber ich weiß keinen Rat. Ich brauche, und zwar um jeden Preis, fünftausend Franken.«
»Nanu!«
»Ja, ja, das heißt: nicht ich, sondern mein Mann. Er hat mir befohlen, sie aufzutreiben.«

Ich war dermaßen verblüfft, daß ich irgendeine Antwort stotterte. Ich fragte mich, ob sie sich nicht dennoch im Einverständnis mit Doktor Parent über mich lustig mache, ob das Ganze nicht eine im voraus abgekartete und äußerst geschickt in Szene gesetzte Komödie sei.
Aber als ich sie dann aufmerksam anschaute, zerstoben meine Zweifel. Sie zitterte vor Angst, solche Qual bereitete ihr dieses Unterfangen, und ich sah deutlich, daß sie dem Weinen nahe war.
Ich wußte, daß sie sehr reich war, und so erwiderte ich: »Wie, dein Mann hat nicht lumpige fünftausend Franken flüssig? Überleg doch einmal! Weißt du wirklich ganz genau, daß er dich beauftragt hat, mich darum zu bitten?«
Einige Sekunden war sie unschlüssig, und es war, als dächte sie unter Qualen nach; dann antwortete sie:
»Ja … ja … ich weiß es ganz genau.«
»Hat er dir denn geschrieben?«
Abermals zögerte sie und dachte nach. Ich sah förmlich, wie ihr gemartertes Gehirn arbeitete. Sie wußte es nicht. Sie wußte einzig, daß sie für ihren Gatten fünftausend Franken von mir leihen sollte. Und da bediente sie sich sogar einer Lüge: »Ja, er hat geschrieben.«
»Wann denn? Gestern hast du mir kein Wort davon gesagt.«
»Der Brief ist erst heute morgen angekommen.«
»Dürfte ich ihn wohl sehen?«
»Nein … nein … es steht zu Intimes … allzu Persönliches darin … ich habe ihn … ich habe ihn verbrannt.«
»Dann macht dein Mann also Schulden?«
Wiederum zögerte sie, um dann ganz leise zu sagen:
»Ich weiß es nicht.«
Da erklärte ich barsch: »Liebe Cousine, ich habe im Augenblick keine fünftausend Franken bei der Hand.«
Sie schrie gequält auf.
»Oh, bitte, bitte, verschaff sie mir doch …«
Sie wurde ganz aufgeregt, sie rang die Hände und streckte sie mir gleichsam flehend entgegen! Ihre Stimme klang mit einem Male völlig verändert; sie weinte und stammelte, gemartert, unter dem Zwange des ihr zuteil gewordenen unabweislichen Befehls.
»Oh! Oh! Ich flehe dich an … wenn du wüßtest, was ich leiden muß … ich muß das Geld heute haben.«
Ich empfand Mitleid mit ihr.
»Du sollst es bald bekommen; ich verspreche es dir.«

Sie rief: »Oh! Danke! Danke! Wie gut du doch bist.« Ich fragte sie: »Weißt du eigentlich noch, was gestern bei dir geschehen ist?«
»Ja.«
»Erinnerst du dich, daß Doktor Parent dich hypnotisiert hat?«
»Ja.«
»Nun, und da hat er dir befohlen, heute morgen zu mir zu kommen und fünftausend Franken von mir zu borgen, und jetzt stehst du ganz einfach unter dem Zwange dieser Suggestion.«
Sie dachte ein paar Augenblicke nach und erwiderte dann: »Aber mein Mann fordert ja doch das Geld!«
Eine geschlagene Stunde lang versuchte ich, sie zu überzeugen; allein ich hatte nicht den geringsten Erfolg.
Als sie fort war, eilte ich zu Doktor Parent. Er wollte gerade ausgehen; nachdem er mir lächelnd zugehört hatte, sagte er: »Sind Sie nun bekehrt?«
»Ja, es bleibt mir wohl nichts anderes übrig.«
»Dann wollen wir zu Ihrer Verwandten gehen.«
Sie lag erschöpft, im Halbschlaf, auf einem Ruhebett. Der Arzt fühlte ihr den Puls, sah sie eine Weile an und streckte seine Hand gegen ihre Augen aus, die sich unter dem unwiderstehlichen Einfluß der magnetischen Kraft langsam schlossen.
Als sie schlief, sagte er: »Ihr Gatte braucht die fünftausend Franken nicht mehr. Nun müssen Sie vergessen, daß Sie sie von ihrem Herrn Vetter haben leihen wollen, und wenn er danach fragt, ist Ihnen das ganz unverständlich.«
Dann ließ er sie aufwachen. Ich zog meine Brieftasche: »Hier, liebe Cousine, ist, was du heute morgen von mir erbeten hast.«
Sie war dermaßen überrascht, daß ich nicht weiter in sie zu dringen wagte. Allein ich versuchte, ihrem Gedächtnis nachzuhelfen; doch sie leugnete auf das hartnäckigste, glaubte, ich triebe meinen Scherz mit ihr und wurde schließlich sogar ärgerlich.

Ja, da sitze ich denn wieder im Hotel, und ich habe nicht einmal frühstücken können, so sehr hat mich dieses Experiment aus der Fassung gebracht.
19. Juli. – Viele Leute, denen ich diese Abenteuer erzählt habe, haben mich ausgelacht. Ich weiß nicht mehr, was ich denken soll. Der Weise sagt: »Vielleicht!«
21. Juli. – Ich habe in Bougival diniert und war nachher auf dem

Rudererball. Ganz sicher hängt alles von Ort und Umständen ab. Auf der Grenouillère-Insel an Übernatürliches glauben, das wäre der Gipfel der Narrheit ... aber oben auf dem Saint-Michel? ... oder in Indien? Es ist entsetzlich, wie abhängig wir von unserer Umgebung sind. Nächste Woche will ich heimreisen.
30. Juli. – Seit gestern wieder in meinem Hause. Alles in Ordnung.
2. August. – Nichts Neues; das Wetter ist über die Maßen schön. Den ganzen Tag sitze ich und schaue auf die vorüberfließende Seine.
4. August. – Stänkereien unter den Dienstboten. Sie behaupten, nachts würden in den Schränken die Gläser zerbrochen. Der Diener gibt der Köchin die Schuld, die sagt, die Waschfrau sei es gewesen, und die schiebt es auf jemand anders. Wer hat es nun getan? Ach, hol's dieser und jener!
6. August. – Diesmal bin ich nicht wahnsinnig. Ich hab's gesehen ... ich hab's gesehen ... ich hab's gesehen ...! Nun ist kein Zweifel mehr möglich ..., ich hab's gesehen ...! Noch überläuft es mich kalt bis in die Fingerspitzen ... noch schaudert mich bis ins Mark – ich hab's gesehen ...!
Im vollen Sonnenschein schlenderte ich um zwei Uhr zwischen meinen Rosenbeeten ... durch die Herbstrosenallee; sie fangen gerade an zu blühen.
Als ich stehenblieb und einen Stock »Géant des Batailles« betrachtete, der drei herrliche Blüten trug, sah ich, sah ich ganz deutlich, unmittelbar vor meinen Augen, daß der Stengel einer der Rosen sich bog, wie wenn eine unsichtbare Hand an ihm zerrte, und dann knickte, wie wenn ebenjene Hand die Rose pflückte! Dann stieg die Blume in die Höhe und beschrieb dabei einen Bogen, als führe ein Arm sie an einen Mund, und dann hing sie in der durchsichtigen Luft, ganz frei, unbeweglich, ein schauerlicher roter Fleck, drei Schritte vor meinen Augen.
Außer mir stürzte ich mich auf sie und griff nach ihr! Nichts; sie war verschwunden. Da wütete ich wild wider mich selbst, denn ein vernünftiger, ernsthafter Mensch darf doch nicht dergleichen Halluzinationen haben!
Aber war es auch wirklich eine Halluzination? Ich wandte mich und suchte nach dem Stengel, und sogleich entdeckte ich ihn an dem Stöckchen, frisch gebrochen, zwischen den beiden andern Rosen, die noch an ihren Zweigen saßen.
Dann ging ich, verstört bis ins Innerste, ins Haus; denn jetzt weiß ich

bestimmt, so bestimmt wie Tag und Nacht einander ablösen, daß in meiner Nähe ein unsichtbares Wesen existiert, das sich von Milch und Wasser nährt, das Dinge zu berühren, zu ergreifen und fortzubewegen vermag; und deshalb muß es körperlicher Natur sein, obwohl es für unsere Sinne nicht wahrnehmbar ist, und es hat eine Wohnung, wie ich, es wohnt unter meinem Dache.

7. August. – Ich habe ruhig geschlafen. Es hat Wasser aus meiner Karaffe getrunken, aber meinen Schlaf hat es nicht gestört.

Ich überlege, ob ich wahnsinnig bin. Bei einem Spaziergang am Flußufer, im hellen Sonnenschein, habe ich an meiner Vernunft zu zweifeln begonnen, nicht nur von ungefähr, wie bislang, sondern ganz klar und deutlich. Ich habe Wahnsinnige gesehen; ich habe Wahnsinnige gekannt, die vernünftig, scharfsichtig, klarblickend waren in allen Lebensdingen, bis auf einen Punkt. Über alles mögliche redeten sie ganz klar, beweglich oder tiefsinnig; aber wenn ihre Gedanken dann plötzlich auf die Klippe ihrer Wahnvorstellung stießen, dann zerschellten sie und trieben hin auf jenem fürchterlichen, wüsten Ozean voll brausender Wogen, Nebel und Wirbelstürme, »Dementia« geheißen.

Sicherlich müßte ich mich für wahnsinnig, für völlig wahnsinnig halten, wenn ich meiner nicht bewußt, wenn ich mir nicht durchaus klar wäre über meinen Zustand, wenn ich ihn nicht mit schärfster Deutlichkeit zu sondieren und zu analysieren vermöchte. Also litte ich im Grunde wohl doch nur an Halluzinationen und wäre im übrigen vernünftig. Irgendeine unbekannte Störung wäre in meinem Gehirn vor sich gegangen, eine jener Störungen, welche die heutige Psychiatrie auf das genaueste festzustellen und zu kontrollieren bemüht ist; und diese Störung hätte in meinem Geist, in der logischen Folge meiner Ideen einen tiefen Riß verursacht. Ähnliche Phänomene vollziehen sich im Traume, der uns zwischen den unwahrscheinlichsten Gaukelbildern hindurchgeleitet, ohne daß uns das im geringsten wundert, weil der Kontrollapparat, weil der nachprüfende Sinn ausgeschaltet ist, wohingegen die Phantasiekräfte wach sind und arbeiten. Könnte es nicht sein, daß eine der nicht wahrnehmbaren Tasten meiner Gehirnklaviatur lahmgelegt ist? Bisweilen verlieren Leute durch einen Unfall das Gedächtnis für Eigennamen oder Zeitwörter oder Ziffern oder bloß für Jahreszahlen. Die einzelnen Gebiete des Denkens sind lokalisiert; das gilt heute als bewiesen. Da wäre es doch nicht weiter absonderlich, wenn meine Fähigkeit, mir über das Unwirkliche

gewisser Halluzinationen Rechenschaft abzulegen, in diesem Augenblick abgedrosselt wäre!
Über all das dachte ich nach, während ich am Flußufer entlangging. Die Sonne leuchtete auf dem Wasser; ihr Licht verwandelte die Erde zu etwas Köstlichem; es machte, daß ich mit Blicken der Liebe auf das Leben schaute, auf die Schwalben, deren Behendigkeit mich erfreut, auf das Gras am Ufer, dessen Rauschen meinem Ohre Wohltat ist. Doch allmählich kroch ein unerklärliches Unbehagen in mir hoch. Eine Gewalt, so schien es mir, eine okkulte Gewalt würgte mich, hielt mich fest, hinderte mich am Weitergehen, wies mich zurück. Ich empfand ein schmerzliches Bedürfnis umzukehren, wie es uns überkommt, wenn wir daheim einen geliebten Kranken wissen und ahnen, daß sein Leiden sich verschlimmert habe.
So kehrte ich denn wider Willen um, in der festen Meinung, daheim eine unwillkommene Nachricht vorzufinden, einen Brief oder ein Telegramm. Natürlich war das nicht der Fall, und das machte mich noch unruhiger, noch bestürzter, als wäre mir abermals eine phantastische Vision zuteil geworden.
8. August. – Der gestrige Abend war fürchterlich. Es manifestiert sich nicht mehr; aber ich fühle es neben mir, wie es mich ausspioniert, mich anblickt, mich durchdringt, über mich Gewalt gewinnt, was, da es im Verborgenen geschieht, noch weit grauenhafter ist, als wenn es durch übernatürliche Phänomene seine unsichtbare, beständige Gegenwart ankündigte.
Aber dennoch habe ich geschlafen.
9. August. – Nichts, aber ich habe Angst.
10. August. – Nichts; ob es wohl morgen kommt?
11. August. – Noch immer nichts; aber ich vermag es hier nicht länger auszuhalten mit den Ängsten und Gedanken, die in meiner Seele wühlen; ich will verreisen.
12. August. – Zehn Uhr abends. – Den ganzen Tag über habe ich fortgehen wollen; allein ich konnte es nicht. Ich habe diesen so leichten, so einfachen Akt der Befreiung vollziehen wollen – hinausgehen – in meinen Wagen steigen – nach Rouen fahren – allein ich konnte es nicht. Warum?
13. August. Wenn man an gewissen Krankheiten leidet, scheinen alle Hilfsmittel unseres Körpers erschöpft, alle Energien gelähmt, alle Muskeln erschlafft, alle Knochen weich wie Fleisch und das Fleisch flüssig wie Wasser. In meinem moralischen Sein vollzieht sich das

nämliche in seltsamer und trostloser Weise. Ich habe keine Kraft, keinen Mut, keine Selbstbeherrschung mehr, nicht einmal die Fähigkeit, meinen Willen zu betätigen. Ich kann nicht mehr wollen; aber irgend etwas in mir will statt meiner; und ich gehorche.

14. August. – Ich bin verloren! Irgend jemand hat Besitz ergriffen von meiner Seele und beherrscht sie! Irgend jemand schreibt mir jede Handlung, jede Bewegung, jeden Gedanken vor. Ich bin nicht mehr ich selbst, ich bin nur noch ein versklavter Zuschauer; ich bin entsetzt über alles, was ich tue. Ich möchte hinausgehen. Ich kann es nicht. Er will es nicht; und so bleibe ich denn, fassungslos, schlotternd, in dem Sessel, wo er mir zu sitzen befiehlt. Nur aufstehen möchte ich, mich erheben, um zu glauben, daß ich noch Herr meiner selbst bin. Ich kann es nicht! Ich bin an den Stuhl gebannt; und der Stuhl haftet am Boden, und keine Macht der Welt vermöchte uns von der Stelle zu bewegen.

Dann, ganz plötzlich, muß, muß, muß ich in den Garten gehen und Erdbeeren pflücken und sie essen. Und ich gehe auch. Und ich pflükke Erdbeeren und ich esse sie! Oh! Mein Gott! Mein Gott! Mein Gott! Gibt es einen Gott? Wenn du bist, Gott, befreie mich! Hilf mir! Rette mich! Gnade! Mitleid! Erbarmen! O diese Qual, diese Marter, diese Angst!

15. August. – Ja, so ist es. Genauso war meine arme Cousine besessen, als sie kam und fünftausend Franken von mir leihen wollte. Sie unterstand einem fremden Willen, der in sie gedrungen war wie eine zweite Seele, wie eine zweite schmarotzende, gewalttätige Seele. Steht der Weltuntergang bevor?

Aber der mich beherrscht, wer ist er, der Unsichtbare, der Unerkennbare, der Schweifende übernatürlichen Geschlechtes?

Denn die Unsichtbaren leben! Aber warum haben sie sich dann nicht schon seit der Erschaffung der Welt auf eine so untrügliche Weise kundgetan wie jetzt bei mir? Niemals habe ich etwas gelesen wie das, was mir in meiner Wohnung geschehen ist. Oh! Könnte ich sie doch verlassen, könnte ich fortziehen, fliehen, ohne wiederzukehren! Dann wäre ich gerettet – aber ich kann es nicht.

16. August. – Heute habe ich für zwei Stunden entwischen können, wie ein Gefangener, der zufällig die Tür seines Kerkers offen findet. Ich habe plötzlich gefühlt, daß ich frei, daß er fort war. Ich habe schnell anspannen lassen und bin nach Rouen gefahren. Ach, die Lust, einem, der gehorcht, sagen zu können: »Nach Rouen!«

Ich ließ vor der Bibliothek halten und entlieh die umfangreiche Abhandlung des Doktors Hermann Herestauß über die unbekannten Weltbewohner in Altertum und Neuzeit.

Dann, in dem Augenblick, wo ich wieder in meinen Wagen stieg, wollte ich sagen:. »Zum Bahnhof!« und statt dessen schrie ich – ich sagte nicht: ich schrie –, und zwar so laut, daß die Vorübergehenden sich umwandten: »Nach Hause!«, und dann taumelte ich, halb verrückt vor Angst, in die Wagenpolster. Er hatte mich gefunden und aufs neue gepackt.

17. August. – Ach, diese Nacht! Diese Nacht! Und dennoch müßte ich mich eigentlich freuen. Bis ein Uhr nachts las ich! Hermann Herestauß, Doktor der Philosophie und Theogonie, hat Geschichte und Seinsbekundungen aller unsichtbaren Wesen beschrieben, die den Menschen umschweben oder seinen Träumen entsprungen sind. Er schildert ihre Herkunft, ihren Machtbereich, ihre Kräfte. Aber unter ihnen allen ist kein einziges dem ähnlich, was mich peinigt. Man möchte meinen, daß der Mensch, solange er denkt, ein neues Wesen geahnt und gefürchtet habe, eins, das stärker ist als er, das hienieden seine Nachfolge antreten wird; und der Mensch, der das Nahen seines Meisters fühlt, ohne dessen Natur erkennen zu können, hat nun in seinem Entsetzen das ganze phantastische Volk okkulter Wesen, nebelhafter Phantome geschaffen, die nichts sind als Ausgeburten der Furcht.

Nachdem ich also bis ein Uhr nachts gelesen hatte, setzte ich mich ans offene Fenster und kühlte meine Stirn und erfrischte meine Gedanken im ruhevollen Nachtwind.

Die Nacht war schön und lau. Wie habe ich früher Nächte gleich dieser geliebt!

Kein Mondschein. Funkelnd und zitternd standen die Sterne auf einem schwarzen Himmel. Wer mag auf diesen Welten wohnen? Welche Gestalten, welche Lebewesen, welche Tiere, welche Pflanzen gibt es dort oben? Und die auf jenen fernen Sternen denken: worin ist ihr Wissen dem unsrigen überlegen? Worin übersteigt ihr Können das unsrige? Was vermögen sie zu sehen, ohne daß wir es erkennen? Und wird nicht heute oder morgen ihrer einer den Weltenraum durchqueren und auf dieser unserer Erde erscheinen, um sie zu erobern, so wie einstmals die Normannen das Meer durchkreuzten und sich schwächere Völker dienstbar machten?

Wie haltlos, wehrlos, unwissend und nichtig sind wir Menschen auf diesem Stäubchen im Wassertropfen!
Ich seufzte tief und träumte, und der kühle Nachtwind wehte.
So schlief ich etwa vierzig Minuten; dann schlug ich die Augen auf, ohne mich zu regen; irgendeine verworrene, bizarre Aufwallung hatte mich erweckt. Zunächst sah ich nichts, dann aber, ganz plötzlich, war mir, als hätte sich in dem Buche, das aufgeschlagen auf dem Tische liegengeblieben war, eine Seite von selbst umgeblättert. Nicht der geringste Luftzug war durch das Fenster geweht. Überrascht wartete ich. Nach ungefähr vier Minuten sah ich, sah ich, ja, sah ich, wie die nächste Seite sich aufhob und auf die vorhergehende legte, wie wenn ein Finger sie umgeblättert hätte. Mein Sessel war leer, schien leer; doch ich wußte, daß er, er da war, daß er auf meinem Platze saß, daß er las. Mit einem wütenden Satz, einem Satz, wie ein ausbrechendes Tier ihn tut, das seinen Bändiger zerfleischen will, stürzte ich durch mein Zimmer und wollte ihn fassen, ihn würgen, töten …! Aber mein Sessel stürzte um, noch ehe ich dort war, als wenn einer vor mir flüchtete … der Tisch schwankte, die Lampe fiel um und erlosch, das Fenster schlug zu, als wenn ein überraschter Übeltäter sich hinaus in die Nacht geschwungen und mit aller Kraft die beiden Fensterflügel hinter sich zusammengeschlagen hätte.
Also hatte er sich in Sicherheit gebracht! Er hatte Angst gehabt, vor mir Angst gehabt, er, er hatte Angst gehabt!
Dann aber … dann aber … morgen … oder später … irgendwann … werde ich ihn also mit diesen meinen Fäusten packen und zu Boden schmettern können! Nicht wahr, manchmal beißen und würgen doch die Hunde ihre Herren?
18. August. – Den ganzen Tag über habe ich überlegt. O ja, ich will ihm gehorchen, will allen seinen Einflüsterungen Folge leisten, alle seine Wünsche erfüllen, mich demütigen, feige unterwerfen. Er ist der Stärkere. Doch es wird eine Stunde kommen …
19. August. – Ich weiß … ich weiß … ich weiß alles! Eben habe ich in der »Revue du Monde Scientifique« folgendes gelesen: »Aus Rio de Janeiro wird uns etwas sehr Merkwürdiges gemeldet. Eine Wahnsinnsepidemie, die nur mit den ansteckenden Wahnvorstellungen der europäischen Völker im Mittelalter verglichen werden kann, wütet augenblicklich in der Provinz Sâo Paolo. Die von der Krankheit ergriffenen Einwohner verlassen ihre Häuser, flüchten aus den Dörfern, lassen ihre Plantagen liegen und behaupten, sie wurden verfolgt, be-

sessen, getrieben wie menschliches Vieh von unsichtbaren, indes spürbaren Wesen, einer Art Vampire, die ihnen während des Schlafes die Lebenskraft aussaugten und sich sonst von Wasser und Milch nährten, ohne andere Nahrungsmittel anzurühren.
Professor Don Pedro Henriquez ist in Begleitung mehrerer hervorragender Ärzte nach der Provinz Sâo Paolo abgereist, um an Ort und Stelle Ursache und Symptome dieses eigenartigen Wahnes zu studieren und dem Kaiser geeignete Maßregeln vorzuschlagen, um die rasende Bevölkerung wieder zur Vernunft zu bringen.«
Ah! Ah! Ich besinne mich, ich entsinne mich des schönen brasilianischen Dreimasters, der am 8. Mai unter meinen Fenstern die Seine hinauffuhr! Ich fand ihn so schmuck, so weiß, so heiter! Das Wesen war darauf; es war von drüben gekommen, wo sein Geschlecht seinen Ursprung hat! Und da gewahrte es mich! Und es sah auch mein weißes Haus, und da ist es vom Schiff ans Ufer gesprungen. Oh, mein Gott!
Und nun weiß ich es, errate ich es. Mit der Herrschaft des Menschen ist es vorbei!
Er ist gekommen, Er, den schon die ersten Schreckensregungen naiver Völker fürchteten. Er, den besorgte Priester als Teufel austrieben, Er, den Zauberer in düsteren Nächten beschworen, ohne daß er ihnen bislang jemals erschienen wäre; Er, dem die Menschen, die vorübergehend die Welt beherrschten, ungeheuerliche oder liebliche Gestalten als Gnom, Luftgeist, Genius, Fee oder Kobold liehen. Nach solcherlei plumpen Ausgeburten primitiver Furcht haben Menschen mit klarerem Blick ihn deutlicher vorgeahnt. Mesmer hat ihn erraten, und bereits seit zehn Jahren haben die Ärzte mittels exakter Methoden seine Macht und deren Natur festgestellt, noch ehe Er selbst sich ihrer bedient hat. Gespielt haben sie mit der Waffe des neuen Herrn, der Macht eines geheimnisvollen Willens über die zum Sklaven erniedrigte Menschenseele. Und das haben sie dann Magnetismus, Hypnotismus, Suggestion genannt … oder so ähnlich. In kindischer Dummheit hatten sie, wie ich selbst gesehen habe, ihre Freude an dieser furchtbaren Macht! Weh uns! Weh dem Menschen! Er ist gekommen, der … der … wie heißt er doch … der … mir ist, als riefe er mir seinen Namen zu, und ich kann ihn nicht verstehen … der … ja … er ruft ihn … Ich … verstehe nicht … noch einmal … der … Horla … Jetzt habe ich verstanden … der Horla … Er ist es … der Horla … er ist gekommen …

Ah! Der Geier hat die Taube gefressen, der Wolf das Lamm; der Löwe hat den Büffel verschlungen, den Büffel mit spitzigen Hörnern; der Mensch hat den Löwen getötet, getötet mit dem Pfeil, mit dem Schwert, mit Pulver und Blei; aber der Horla wird mit dem Menschen tun, was wir mit dem Pferd und dem Stier getan haben: er macht uns zu seinem Eigentum, seinem Diener, seiner Nahrung, und das einzig durch die Macht seines Willens. Weh uns!

Doch bisweilen empört sich das Tier wider den, der es zähmte, und tötet ihn ... und so will auch ich tun ... ich möchte ... aber da muß ich ihn zuvor kennen, ihn anrühren, ihn erblicken! Die Gelehrten behaupten, die Augen der Tiere seien anders als die unsrigen, hätten nicht das gleiche Unterscheidungsvermögen ... Und so ist es auch mit meinen Augen: sie sehen nicht den Ankömmling, der mich unterdrückt.

Warum? Oh, jetzt fallen mir die Worte des Mönchs vom Saint-Michel ein: »Sehen wir denn auch nur den hunderttausendsten Teil von dem, was ist? Denken Sie doch an den Wind, der die gewaltigste Naturkraft ist, der Menschen zu Boden schleudert, Gebäude umstürzt, Bäume entwurzelt, das Meer zu Wassergebirgen aufwühlt und auftürmt, Küsten zerstört und große Schiffe in die Brandung schmettert, den Wind, der da mordet, pfeift, seufzt, brüllt – aber haben Sie ihn je gesehen? Und dennoch ist er!«

Und weiter dachte ich: mein Auge ist so schwach, so unvollkommen; es vermag ja nicht einmal einen festen Körper zu sehen, wenn er durchsichtig wie Glas ist ... Wenn ein Spiegel ohne Folie mir den Weg versperrt, so tappe ich hinein, wie ein Vogel, der sich in ein Zimmer verflogen hat und sich den Kopf an den Fensterscheiben zerschmettert. Und läßt sich mein Auge nicht durch tausend andere Dinge täuschen und irreführen? Also ist es doch nicht weiter verwunderlich, wenn es einen ihm neuen Körper, der lichtdurchlässig ist, nicht sogleich zu erspähen vermag!

Ein neues Wesen! Und warum nicht? Wahrlich, es mußte kommen! Warum sollten gerade wir die letzten sein? Ob wir es wohl ebensowenig werden erkennen können wie alle vor uns Geschaffenen? Das hätte dann seine Ursache in seiner größeren Vollkommenheit, seinem feineren, vollendeteren Körper, und in der Schwäche des unsrigen, der so ungeschickt geformt, so überladen mit Organen ist, die stets erschöpft, stets überreizt sind wie zu kompliziert gearbeitete Federn, unseres allzu schwachen Körpers, der wie eine Pflanze oder wie ein

Tier lebt und sich von Luft, Kräutern und Fleisch kümmerlich nährt, eine animalische Maschine, der Krankheit, der Verkrüppelung, der Verwesung preisgegeben, engbrüstig, ungeregelt, naiv und bizarr, eine geniale Pfuscherei, ein plumpes und dennoch empfindliches Werk, eine mißratene Skizze, aus der etwas Gescheites und Wundervolles hätte werden können.

Es gibt auf dieser Welt im Grunde nur ein paar Geschöpfe, allzu wenige, zwischen Auster und Mensch.

Warum nicht noch ein Wesen mehr, wenn doch die Frist verstrichen ist, welche die Abfolge all der mannigfachen Gattungen scheidet?

Warum nicht ein Wesen mehr? Warum nicht neue Bäume mit ungeheuer großen Blüten, die ganze Länder mit ihrem Leuchten und ihrem Duft erfüllen? Warum nicht neue Elemente außer Feuer, Luft, Erde und Wasser? – Es sind ihrer vier, lediglich vier der Urväter aller Wesen! Wie armselig! Warum gibt es nicht vierzig, vierhundert, viertausend?! Wie armselig, kümmerlich und erbärmlich ist das alles! Wie karg bemessen, wie dürftig erfunden, wie plump gestaltet! Ah! Elefant, Nilpferd – wie sind sie voller Anmut! Und das Kamel – wie ist es elegant!

Aber der Schmetterling, sagt ihr, die fliegende Blume! Ich schaffe mir einen, größer denn hundert Welten, mit Flügeln, deren Form, Schönheit, Farbe und Bewegung ich nicht zu schildern vermag. Aber ich sehe ihn ... er fliegt von Stern zu Stern und labt jeden und macht ihn duften durch seines Fluges leichten, harmonischen Hauch ...! Und die Sternenvölker sehen, wie er vorübergleitet, und sind berauscht und hingerissen!

Was habe ich nur? Er ist es, er, der Horla; er sucht mich heim; er gibt mir diese Wahngedanken ein! Er ist in mir, er wird zu meiner Seele! Ich muß ihn töten!

19. August. – Ich muß ihn töten. Ich habe ihn gesehen! Gestern abend saß ich an meinem Tische! Und ich tat, als schriebe ich aufmerksam. Ich wußte sehr wohl, daß er mich dann umschleichen würde, ganz dicht, so nahe, daß ich ihn vielleicht berühren, ihn packen konnte! Und dann...? Dann hätte ich die Kraft der Verzweiflung gehabt, mit Händen, Knien, Brust, Stirn, Zähnen hätte ich ihn erwürgt, erdrosselt, zerrissen, zerfleischt.

Und ich lauerte auf ihn mit fieberhaft angespannten Sinnen.

Beide Lampen hatte ich angesteckt, und außerdem die acht Kerzen auf dem Kamin, als hätte ich seiner bei dem hellen Lichte leichter gewahr werden können.

Mir gegenüber mein Bett, ein altes eichenes Bett mit Säulen; rechts der Kamin; links die Tür, die ich sorgfältig geschlossen hatte, nachdem ich sie lange hatte offenstehen lassen, um ihn anzulocken; hinter mir ein sehr hoher Spiegelschrank, vor dem ich mich täglich rasiere und ankleide, und in dem ich mich von Kopf bis Fuß zu betrachten pflege, wenn ich daran vorübergehe.

Ich tat also, als ob ich schriebe, um ihn irrezuführen; denn er belauerte mich ja doch; und plötzlich fühlte ich, ich wußte es ganz genau, daß er mir über die Schulter sah und mitlas, daß er da war, daß er mein Ohr streifte.

Mit ausgestreckten Händen fuhr ich hoch, schnellte ich herum, so hastig, daß ich fast gestürzt wäre. Ha! Nun ...? Man konnte sehen wie am hellen, lichten Tage, und dabei sah ich mich nicht im Spiegel ...! Er war leer, klar, tief, hell beleuchtet! Mein Spiegelbild war nicht darin ... und dabei stand ich unmittelbar davor! Ich sah das schimmernde Glas von oben bis unten. Und ich starrte es an mit irren Blicken. Und ich wagte nicht, weiter nach vorn zu gehen, ich wagte keine Bewegung; denn ich fühlte nur zu gut, daß er da war, daß er mir jedoch wiederum entkommen würde, er, dessen unsichtbarer Körper mein Spiegelbild verschlungen hatte.

Oh, die Angst! Dann, plötzlich, fing ich an, mich nebelhaft wahrzunehmen, im Spiegelgrunde, nebelhaft, als stünde ich hinter einem Wasserfall; und mir war, als glitte dieses Wasser von links nach rechts, langsam, während mein Bild immer deutlicher wurde, von Sekunde zu Sekunde. Wie das Schwinden einer Sonnenfinsternis war es. Was mich verhüllte, schien keine scharf begrenzten Umrisse zu besitzen; es war dunkel und dennoch durchsichtig und wurde allmählich immer matter.

Schließlich konnte ich mich wieder deutlich wahrnehmen, wie tagtäglich beim Hineinschauen.

Ich habe ihn gesehen! Noch sitzt mir die Angst in den Gliedern und macht mich schaudern.

20. August. – Ihn töten. Aber wie? Ich kriege ihn ja doch nicht zu fassen! Mit Gift? Aber er sähe ja, wenn ich es ins Wasser mischte. Und überdies: würden unsere Gifte denn auf seinen unsichtbaren Körper wirken? Nein ... nein ... auf keinen Fall ... Aber wie dann ...?

21. August. – Ich habe einen Schlosser aus Rouen kommen lassen

und ihn beauftragt, in meinem Schlafzimmer eiserne Jalousien anzubringen, wie sie die Erdgeschosse mancher Privathäuser in Paris zum Schutz gegen Einbrecher haben. Überdies soll er mir eine entsprechende Tür anfertigen. Es sieht aus, als ob ich feige wäre, aber das ist mir gleichgültig ...!

---

10. September. – Rouen, Hotel Continental. Es ist vollbracht ... Es ist vollbracht ... Aber ist er wirklich tot? Meine Seele ist aufgewühlt von dem, was ich habe sehen müssen.
Gestern also hat der Schlosser die eisernen Jalousien und die Eisentür angebracht; bis Mitternacht habe ich alles offengelassen, obwohl es bereits anfing, kühl zu werden.
Plötzlich fühlte ich, daß er da war, und Freude, irrsinnige Freude packte mich. Ich stand auf und ging eine ganze Weile im Zimmer hin und her, damit er nichts merkte: dann zog ich meine Stiefel aus und schlüpfte lässig in meine Hausschuhe; darauf schloß ich die Eisenjalousien, ging ruhig zur Tür, machte sie ebenfalls zu und drehte zweimal den Schlüssel herum. Dann trat ich wiederum zum Fenster, ließ das Vorhängeschloß einschnappen und steckte den Schlüssel in die Tasche.
Plötzlich merkte ich, wie er mich unruhig umschlich, wie er seinerseits Angst hatte und mir befahl, ihm zu öffnen. Fast hätte ich nachgegeben – aber ich gab nicht nach, sondern lehnte mich mit dem Rücken gegen die Tür und öffnete sie spaltbreit, just weit genug, daß ich hinauszuschlüpfen vermochte, rückwärts; ich bin sehr groß, mein Kopf berührte den oberen Querbalken. Ich war sicher, daß er mir nicht hatte entwischen können, und nun schloß ich ihn ein; er blieb ganz allein drinnen, ganz allein! Ha, wie ich mich freute! Ich hatte ihn! Dann eilte ich nach unten, in aller Hast; im Salon, der genau unter dem Schlafzimmer liegt, langte ich mir die beiden Lampen her und goß das ganze Petroleum auf den Teppich, auf die Möbel, überallhin; dann warf ich ein Streichholz hinein, brachte mich in Sicherheit und schloß hinter mir die große Haustür doppelt ab.
Und dann verbarg ich mich hinten im Garten in einem Lorbeergebüsch. Wie lange es dauerte! Wie lange es dauerte! Alles blieb dunkel, stumm, regungslos; kein Lufthauch, kein Stern, nur Wolkengebirge, die ich nicht sehen konnte, die aber schwer auf meiner Seele lasteten, ach, so schwer.
Ich sah nach meinem Hause hinüber und wartete. Wie lange es dau-

erte! Schon glaubte ich, das Feuer sei von selber wieder ausgegangen, oder Er habe es gelöscht; da platzte, von der Hitze gesprengt, ein Fenster des unteren Stochwerkes, und eine Flamme, eine große, rote, gelbe, züngelnde, geschmeidige, schmeichelnde Flamme leckte an der weißen Mauer entlang und stieg bis zum Dache hinauf. Ein Leuchtglanz rieselte über die Bäume, durch die Zweige, durch das Blätterwerk, und ein Erschauern, ein furchtsames Erschauern schien sie zu durchrinnen! Die Vögel erwachten, ein Hund begann zu heulen; mir war, als dämmere der Morgen! Nun aber zerknallten zwei weitere Fenster, und ich sah, daß das untere Stockwerk meines Hauses nur noch ein fürchterliches, waberndes Glutmeer war. Und ein Schrei, ein entsetzlicher, überschriller, schneidend scharfer Schrei, ein Frauenschrei gellte in die Nacht, zwei Mansardenfenster taten sich auf! Ich hatte meine Dienerschaft vergessen! Ich sah ihre wahnwitzig verzerrten Gesichter und ihre wirbelnden Arme …!
Da lief ich, von Grauen geschüttelt, ins Dorf und brüllte: »Hilfe! Hilfe! Feuer! Feuer!« Ich stieß auf Leute; sie kamen mir entgegengerannt; ich kehrte mit ihnen um, ich wollte sehen.
Nun war das Haus nichts als ein fürchterlich prächtiger Scheiterhaufen, ein ungeheuerlicher Scheiterhaufen, der die ganze Erde überhellte, ein Scheiterhaufen, darin Menschen verbrannten, darin auch Er verbrannte, Er, Er, mein Gefangener, das Neue Wesen, der Neue Herr, der Horla!
Mit einem Male brach das ganze Dach zwischen den Mauern nieder, und ein Feuerberg lohte zum Himmel.
Sämtliche Fenster waren in der Glut gesprungen, und durch ihre offenen Höhlen sah ich den Brandherd, und mir fiel ein, daß Er dort drinnen sei, in den Flammen, tot …
– Tot? Vielleicht …? Sein Körper? Sein Körper, der lichtdurchlässige, war er wohl durch Mittel zu zerstören, die unsern Leibern tödlich sind?
Wenn er nun nicht tot wäre …? Vielleicht hat einzig die Zeit Gewalt über das furchtbare, unsichtbare Wesen. Warum wäre sein Körper durchsichtig, unfaßbar, geisterhaft, wenn auch Er Krankheit, Wunden, Wandel, vorzeitige Vernichtung zu befürchten hätte?
Vorzeitige Vernichtung? Sie ist es, die der Menschheit ganze Furcht verursacht! Und nach dem Menschen kommt der Horla. – Nach dem, der alle Tage sterben kann, in jeder Stunde, jeder Minute, den jeder Zufall hinwegzuraffen vermag, ist Er gekommen, der erst zu

sterben braucht, wenn sein Tag herangenaht ist, seine Stunde, seine Minute; denn dann erst hat er seines Daseins Grenze erreicht!
Nein … nein … auf keinen Fall, auf keinen Fall … Er ist nicht tot … Aber dann … aber dann … muß ich mich töten … muß ich mich töten …!

Kommentar

In der Novelle vom »Horla« von Guy de Maupassant wird in sehr eindrucksvoller Weise eine Fülle produktiv-psychotischer Phänomene geschildert, wie sie bei schizophrenen Patienten vorkommen können, die aber auch im Rahmen exogener Psychosen denkbar sind. Eine genaue Differentialdiagnose ist aufgrund der Darstellung nicht möglich, da nur die Phänomene geschildert werden, nicht aber die mögliche Verursachung. De Maupassant hat selber an einer Syphilis gelitten, in deren Verlauf er psychotische Symptome erlebte und an der er im Alter von 43 Jahren gestorben ist. Offenbar hat der Autor durch seine Selbsterfahrung eine genaue Kenntnis von psychotischer Symptomatik erlangt, die ihm hilfreich bei der Abfassung dieser Erzählung war. Der Erzähler teilt mit, dass die Krankheit anfänglich mit Fieber und körperlicher Schwäche begonnen habe, was uns denken lassen könnte, dass es sich nicht um eine schizophrene Psychose im engeren Sinne, sondern um eine körperlich bedingte Psychose handelt. Die produktiv-psychotische Symptomatik wird in vielen Facetten geschildert, wobei neben den produktiv-psychotischen Erlebnissen auch Schlafstörungen, Kraftlosigkeit und Erschöpfung, Unruhezustände, Angstzustände, Stimmungsschwankungen und Verwirrtheit geschildert werden. Es spielen produktiv-psychotische Erlebnisse und Verfolgungsideen sowie andere Wahnvorstellungen eine große Rolle.
Daneben sind auch synästhetische Empfindungen von Bedeutung. Zunehmend werden die psychotischen Einzelerlebnisse in einen systematischen Zusammenhang gebracht im Sinne eines systematischen Wahnes. Der Protagonist ist schließlich von der Gegenwart eines anderen Wesens überzeugt, einer Art Geistwesen mit dem Namen Horla, den er als akustische Halluzination wahrnimmt. »Horla« wird als eine Art übermenschliches, gottähnliches Wesen interpretiert. Der Protagonist kommt immer mehr in Bedrängnis und sperrt den »Horla« in sein eigenes Haus ein, das er anzündet, um ihn zu verbrennen. Dabei vergisst er, dass auch andere Mitbewohner im Hause sind. Er stellt damit u.a. auch die schwere konsequenzenreiche Alltagsrelevanz psychischer Symptomatik in allen Facetten dar. Auffallend ist, dass der Protagonist versucht, sich selber die Phänomene zu erklären, mit Namen verschiedener theoretischer Ansätze. So führt er mit einem Mönch Gespräche über unsichtbare

Wesen und wird durch den Mönch darin bestätigt, dass es unsichtbare Wesen gibt. Insbesondere aber eigene Erfahrungen mit Hypnose-Experimenten führen dazu, die für ihn an sich unfassbaren psychischen Erlebnisse zu erklären.

F3: Depression und Suizidalität

Unter den affektiven Störungen kommt den depressiven Erkrankungen bei weitem die größte Bedeutung zu, sie gehören zu den häufigsten psychischen Erkrankungen. Zwischen 10 und 20 Prozent der Bevölkerung (8–12 % der Männer und 10–20 % der Frauen) erkranken im Laufe des Lebens an einer Depression. Die Ätiopathogenese der Depression ist multifaktoriell. Neben genetischen Faktoren, biologischen und anderen Faktoren kommen psychosozialen Faktoren eine große Rolle zu.

Das klinische Bild der Depression kann vielgestaltig sein. Als Leitsymptome gelten depressive Verstimmung, Hemmung von Antrieb und Denken sowie Schlafstörungen. Das Ausmaß der Depressivität kann von leichterer Verstimmung bis zum schwermütigen, scheinbar ausweglosen, versteinerten Empfinden reichen. Der Antrieb ist typischerweise gehemmt, die Kranken können sich zu nichts aufraffen, sind interesse- und initiativlos und können sich nur schwer oder gar nicht entscheiden. Häufig finden sich vegetative Symptome wie Appetitlosigkeit, Obstipation und Libidomangel. Die Leibnähe der Depression kann sich in leiblichen Missempfindungen, wie z.B. Druck- und Schweregefühle in Brust oder Bauchraum bzw. der Extremitäten sowie Schmerzen äußern. Manchmal kommt es auch zu Entfremdungserleben. Der Depressive sieht sich selbst und die ihn umgebende Welt negativ. Häufig ist ein sozialer Rückzug infolge der depressiven Symptomatik zu beobachten. Ein Teil der Patienten kann aufgrund des äußeren Erscheinungsbildes mit ernstem Gesichtsausdruck, erstarrter Mimik und Gestik, gesenktem Blick und leiser zögernder Stimme erkannt werden. In anderen Fällen muss der Arzt die depressive Symptomatik gezielt explorieren. Im Rahmen der negativen Sichtweisen der depressiven Patienten kann es bei schweren Depressionen zur Entstehung depressiver Wahnideen kommen. Dies sind Verarmungs- und Schuldwahn, hypochondrischer oder nihilistischer Wahn. Man spricht dann von einer psychotischen Depression. Wegen Schwierigkeiten der querschnittsmäßigen und differentialdiagnostischen Abgrenzung von endogener und neurotischer Depression und insbesondere dem Zweifel an der Hypothese, dass diesen beiden Erkrankungsformen völlig unterschiedliche ätiopathogenetische Faktoren zugrunde liegen, wird in der ICD-10 diese Unterscheidung nicht vorgenommen, sondern stattdessen vorwiegend nach der Intensität der Symptomatik sowie Verlaufscharakteristika unterschieden. Damit soll u.a. erreicht werden, dass leichtere Depressionsformen nicht als neurotische und somit als psychogene Depressionen interpretiert werden. Obwohl die in der ICD-10 verwendeten Diagnostikgruppen nicht deckungsgleich sind mit den traditionellen diagnostischen Konstrukten bzw. der neurotischen Depression, sind aber durchaus enge Beziehungen erkennbar, insbesondere die schwere depressive Episode lässt die Beziehung zur endogenen Depression (Melancholie) deutlich werden. Einen gewissen Bezug zur traditionellen Diagnose der depressiven Neurose hat die Kategorie Dysthymie, die eine langdauernde depressive Verstimmung bezeichnet, die aber in der Regel nicht das Ausmaß einer depressiven Episode erreicht.

Die depressiven Störungen lassen sich heute relativ wirkungsvoll behandeln. Bei der depressiven Episode steht dabei die Therapie mit Antidepressiva im Vordergrund. Bei den anderen Depressionsformen kommt eher die psychosoziale Therapie in Frage.

Zu dem Spektrum depressiver Störungen gehört auch die depressive Anpassungsstörung, die nach entscheidenden Veränderungen im Leben oder auch als Folge eines belastenden Lebensereignisses auftreten kann. Zu depressiven Anpassungsstörungen kommt es insbesondere nach Trennung von engen Bezugspersonen durch Tod oder gezielte Entscheidung. Die individuelle Prädisposition oder Vulnerabilität spielt eine große Rolle, die eigentliche Ursache ist aber die psychosoziale Belastung. Die Symptome sind unterschiedlich und umfassen depressive Stimmung, Angst, Besorgnis, ein Gefühl, dass es unmöglich ist zurechtzukommen und anderes. Der Beginn der Störung steht meistens in unmittelbarem Zusammenhang mit dem belastenden Ereignis. Die Symptome dauern selten länger als sechs Monate an.

Bei depressiven Patienten besteht ein ausgeprägtes Suizidrisiko. 15 Prozent der Patienten mit schweren depressiven Störungen begehen Suizid, 20 bis 60 Prozent weisen Suizidversuche in ihrer Krankheitsgeschichte auf, 40 bis 80 Prozent leiden während einer Depression an Suizidideen. Die Suizidalität und das damit verbundene Risiko eines Suizidversuchs oder eines Suizids ist bei der Behandlung Depressiver besonders zu beachten. Wegen dieses Risikos kann jede Depression eine »tödliche Krankheit« sein. Dem Suizidversuch bzw. Suizid geht oft ein präsuizidales Syndrom mit den folgenden Elementen voraus: Erleben von Ausweglosigkeit, sozialer Rückzug, ständiges Sich-Beschäftigen mit Todesgedanken. Zu beobachten ist oft nach vorheriger Verzweiflung und Unruhe der Eintritt plötzlicher Ruhe oder sogar friedvoller Gelöstheit (»Ruhe vor dem Sturm«). Die Veränderungen machen meistens deutlich, dass der Patient seine Entscheidung für den Suizid getroffen hat und aus der vorangegangenen Ambivalenz befreit ist.

Johann Wolfgang von Goethe

Die Leiden des jungen Werthers

aus: Johann Wolfgang von Goethe. Die Leiden des jungen Werthers.

Einführung

Der Briefroman »Die Leiden des jungen Werthers« (1774) machte den promovierten Juristen Johann Wolfgang von Goethe (1749 bis 1832) mit einem Schlag in ganz Europa berühmt, denn er faszinierte aufgrund einer identifikatorischen Lektüre damit eine ganze Generation von hauptsächlich jungen Lesern mit seiner kompromisslosen, dem Sturm und Drang verpflichteten Darstellungsweise. Nicht wenige Jünglinge der Zeit kleideten sich sogar wie Werther.

Der Stoff basiert auf einem eigenen schmerzlichen Liebeserlebnis in seiner Zeit als Referendar am Reichskammergericht in Wetzlar. Goethe warb vergeblich um Charlotte Buff, die Braut seines Freundes Kestner, verliebte sich kurz darauf in die junge Maximiliane La Roche, die wiederum vom Frankfurter Kaufmann Peter Brentano geheiratet wurde. Als sich schließlich der unglücklich verliebte Legationsrat Carl Wilhelm Jerusalem mit einer Pistole erschoss, die er sich von Kestner ausgeliehen hatte, schrieb Goethe den Roman innerhalb von vier Wochen nieder und milderte erst in einer Neufassung von 1787 die leidenschaftliche Impulsivität durch das Einarbeiten neuer Erfahrungen etwas ab. Auf der Grundlage der an pietistischer Erbauungsliteratur orientierten Fehlentwicklung einer Lesart, in der die Grenzen zwischen Fiktion und Realität verschwimmen, entwickelte sich bei den Zeitgenossen das sog. Werther-Fieber, in dessen Folge es angeblich europaweit zu Imitationssuiziden kam, womit u. a. das zeitweilige Verbot des Romans am Druckort Leipzig legitimiert werden sollte. Goethe musste sich sein Lebtag gegen entsprechende Vorwürfe der »Anstiftung zum Selbstmord« wehren, obgleich er schon der 2. Auflage (1775) den eindringlichen Rat an seine Leser hinzugefügt hatte: »Sei ein Mann und folge mir nicht.«

Während vor allem Theologen vor einer literarischen Glorifizierung des Suizids warnten, setzten sich zahllose Kritiker und Imitatoren in sog. Wertheriaden teils bloß modisch, teils spöttisch parodistisch, teils nachäffend mit dem Roman auseinander. Die internationale Literaturgeschichte kennt etliche Rückgriffe auf den

Werther, am überzeugendsten bei Thomas Mann (»Lotte in Weimar«, 1939) und bei Ulrich Plenzdorf (»Die neuen Leiden des jungen W.«, 1972).
Zur Richtigstellung der um den Roman entstandenen Mythen stellt der Komparatist A. Hölter fest: »Das Bild vom Werther-Fieber suggeriert eine epidemische Zunahme von Suiziden unter direktem, nachweisbarem Einfluss der Lektüre des Romans als Nachahmungstaten liebeskranker junger Männer, aber auch Frauen. Tatsächlich lässt sich international etwa ein Dutzend Selbsttötungen nachweisen, die zumindest von den Zeitgenossen mit Goethes Briefroman in Verbindung gebracht wurden, doch ist dies zu keiner Zeit ein Massenphänomen gewesen, wie die literarhistorische Legendenbildung will. Da jedoch Goethes Erfolgs- und Skandalroman den Modellfall für die negative Wirkung von Medienrezeption darstellt, wird in der Soziologie bei der Untersuchung solcher Fälle inzwischen weltweit vom Werther-Effekt gesprochen.«

Weiterführende Literatur:
Mario Leis: Die Leiden des jungen Werther. Lektüreschlüssel für Schüler. Reclam 2002

Die Leiden des jungen Werthers

Ein Strom von Tränen, der aus Lottens Augen brach und ihrem gepressten Herzen Luft machte, hemmte Werthers Gesang. Er warf das Papier hin, fasste ihre Hand und weinte die bittersten Tränen. Lotte ruhte auf der andern und verbarg ihre Augen ins Schnupftuch. Die Bewegung beider war fürchterlich. Sie fühlten ihr eigenes Elend in dem Schicksale der Edlen, fühlten es zusammen und ihre Tränen vereinigten sie. Die Lippen und Augen Werthers glühten an Lottens Arme; ein Schauer überfiel sie; sie wollte sich entfernen und Schmerz und Anteil lagen betäubend wie Blei auf ihr. Sie atmete, sich zu erholen, und bat ihn schluchzend fortzufahren, bat mit der ganzen Stimme des Himmels! Werther zitterte, sein Herz wollte bersten, er hob das Blatt auf und las halb gebrochen.

»Warum weckst du mich, Frühlingsluft? Du buhlst und sprichst: Ich betaue mit Tropfen des Himmels! Aber die Zeit meines Welkens ist nahe, nahe der Sturm, der meine Blätter herabstört! Morgen wird der Wanderer kommen, kommen der mich sah in meiner Schönheit, ringsum wird sein Auge im Felde mich suchen, und wird mich nicht finden. –«

Die ganze Gewalt dieser Worte fiel über den Unglücklichen. Er warf sich vor Lotten nieder in der vollen Verzweifelung, fasste ihre Hände, drückte sie in seine Augen, wider seine Stirn, und ihr schien eine Ahnung seines schrecklichen Vorhabens durch die Seele zu fliegen. Ihre Sinne verwirrten sich, sie drückte seine Hände, drückte sie wider ihre Brust, neigte sich mit einer wehmütigen Bewegung zu ihm, und ihre glühenden Wangen berührten sich. Die Welt verging ihnen. Er schlang seine Arme um sie her, presste sie an seine Brust und deckte ihre zitternden, stammelnden Lippen mit wütenden Küssen. – Werther! rief sie mit erstickter Stimme, sich abwendend, Werther! – und drückte mit schwacher Hand seine Brust von der ihrigen; – Werther! rief sie mit dem gefassten Tone des edelsten Gefühles. – Er widerstand nicht, ließ sie aus seinen Armen und warf sich unsinnig vor sie hin. Sie riss sich auf und in ängstlicher Verwirrung, bebend zwischen Liebe und Zorn, sagte sie: Das ist das letzte Mal! Werther! Sie sehn mich nicht wieder. – Und mit dem vollsten Blick der Liebe auf den Elenden eilte sie ins Nebenzimmer und schloss hinter sich zu. Werther streckte ihr die Arme nach, getraute sich nicht, sie zu halten. Er lag an der Erde, den Kopf auf dem Kanapee, und in dieser Stellung blieb er über eine halbe Stunde, bis ihn ein Geräusch zu sich selbst rief. Es war das Mädchen, das den Tisch decken wollte. Er ging im Zimmer auf und ab, und da er sich wieder allein sah, ging er zur Türe des Kabinetts und rief mit leiser Stimme: Lotte! Lotte! nur noch ein Wort! ein Lebewohl! – Sie schwieg. Er harrte und bat und harrte; dann riss er sich weg und rief: Lebe wohl, Lotte! auf ewig lebe wohl!
Er kam ans Stadttor. Die Wächter, die ihn schon gewohnt waren, ließen ihn stillschweigend hinaus. Es stiebte zwischen Regen und Schnee, und erst gegen eilfe klopfte er wieder. Sein Diener bemerkte, als Werther nach Hause kam, dass seinem Herrn der Hut fehlte. Er getraute sich nicht, etwas zu sagen, entkleidete ihn, alles war nass. Man hat nachher den Hut auf einem Felsen, der an dem Abhange des Hügels ins Tal sieht, gefunden, und es ist unbegreiflich, wie er ihn in einer finstern feuchten Nacht, ohne zu stürzen, erstiegen hat.
Er legte sich zu Bette und schlief lange. Der Bediente fand ihn schrei-

bend, als er ihm den andern Morgen auf sein Rufen den Kaffee brachte. Er schrieb Folgendes am Briefe an Lotten.

»Zum letzten Male denn, zum letzten Male schlage ich diese Augen auf. Sie sollen ach! die Sonne nicht mehr sehen, ein trüber neblichter Tag hält sie bedeckt. So traure denn, Natur! dein Sohn, dein Freund, dein Geliebter naht sich seinem Ende. Lotte, das ist ein Gefühl ohnegleichen, und doch kommt es dem dämmernden Traum am nächsten, zu sich zu sagen: das ist der letzte Morgen. Der letzte! Lotte, ich habe keinen Sinn für das Wort: der letzte! Stehe ich nicht da in meiner ganzen Kraft, und morgen liege ich ausgestreckt und schlaff am Boden. Sterben! was heißt das? Siehe, wir träumen, wenn wir vom Tode reden. Ich habe manchen sterben sehen; aber so eingeschränkt ist die Menschheit, dass sie für ihres Daseins Anfang und Ende keinen Sinn hat. Jetzt noch mein, dein! dein, o Geliebte! Und einen Augenblick – getrennt, geschieden – vielleicht auf ewig? – Nein, Lotte, nein – Wie kann ich vergehen? wie kannst du vergehen? Wir sind ja! – Vergehen! – Was heißt das? Das ist wieder ein Wort! ein leerer Schall! ohne Gefühl für mein Herz. – – Tot, Lotte! eingescharrt der kalten Erde, so eng! so finster! – Ich hatte eine Freundin, die mein Alles war meiner hülflosen Jugend; sie starb, und ich folgte ihrer Leiche, und stand an dem Grabe, wie sie den Sarg hinunterließen und die Seile schnurrend unter ihm weg und wieder herauf schnellten, dann die erste Schaufel hinunterschollerte, und die ängstliche Lade einen dumpfen Ton wiedergab, und dumpfer und immer dumpfer, und endlich bedeckt war! – Ich stürzte neben das Grab hin – ergriffen, erschüttert, geängstet, zerrissen mein Innerstes, aber ich wusste nicht, wie mir geschah – wie mir geschehen wird – Sterben! Grab! ich verstehe die Worte nicht!
O vergib mir! vergib mir! Gestern! Es hätte der letzte Augenblick meines Lebens sein sollen. O du Engel! zum ersten Male, zum ersten Male ganz ohne Zweifel durch mein innig Innerstes durchglühte mich das Wonnegefühl: Sie liebt mich! sie liebt mich! Es brennt noch auf meinen Lippen das heilige Feuer, das von den deinigen strömte, neue warme Wonne ist in meinem Herzen. Vergib mir! vergib mir!
Ach ich wusste, dass du mich liebtest, wusste es an den ersten seelenvollen Blicken, an dem ersten Händedruck, und doch, wenn ich wieder weg war, wenn ich Alberten an deiner Seite sah, verzagte ich wieder in fieberhaften Zweifeln.
Erinnerst du dich der Blumen, die du mir schicktest, als du in jener

fatalen Gesellschaft mir kein Wort sagen, keine Hand reichen konntest? o ich habe die halbe Nacht davor gekniet, und sie versiegelten mir deine Liebe. Aber ach! diese Eindrücke gingen vorüber, wie das Gefühl der Gnade seines Gottes allmählich wieder aus der Seele des Gläubigen weicht, die ihm mit ganzer Himmelsfülle in heiligen sichtbaren Zeichen gereicht ward.
Alles das ist vergänglich, aber keine Ewigkeit soll das glühende Leben auslöschen, das ich gestern auf deinen Lippen genoss, das ich in mir fühle! Sie liebt mich! Dieser Arm hat sie umfasst, diese Lippen haben auf ihren Lippen gezittert, dieser Mund hat an dem ihrigen gestammelt. Sie ist mein! du bist mein! ja, Lotte, auf ewig.
Und was ist das, dass Albert dein Mann ist? Mann! Das wäre denn für diese Welt – und für diese Welt Sünde, dass ich dich liebe, dass ich dich aus seinen Armen in die meinigen reißen möchte? Sünde? Gut, und ich strafe mich dafür; ich habe sie in ihrer ganzen Himmelswonne geschmeckt, diese Sünde, habe Lebensbalsam und Kraft in mein Herz gesaugt. Du bist von diesem Augenblicke mein! mein, o Lotte! Ich gehe voran! gehe zu meinem Vater, zu deinem Vater. Dem will ich's klagen, und er wird mich trösten, bis du kommst, und ich fliege dir entgegen und fasse dich und bleibe bei dir vor dem Angesichte des Unendlichen in ewigen Umarmungen.
Ich träume nicht, ich wähne nicht! nahe am Grabe wird mir es heller. Wir werden sein! wir werden uns wiedersehen! Deine Mutter sehen! ich werde sie sehen, werde sie finden, ach und vor ihr mein ganzes Herz ausschütten! Deine Mutter, dein Ebenbild.«

Gegen eilfe fragte Werther seinen Bedienten, ob wohl Albert zurückgekommen sei? Der Bediente sagte: ja, er habe dessen Pferd dahin führen sehen. Drauf gibt ihm der Herr ein offenes Zettelchen des Inhalts:

»Wollten Sie mir wohl zu einer vorhabenden Reise Ihre Pistolen leihen? Leben Sie recht wohl!«

Die liebe Frau hatte die letzte Nacht wenig geschlafen; was sie gefürchtet hatte, war entschieden, auf eine Weise entschieden, die sie weder ahnen noch fürchten konnte. Ihr sonst so rein und leicht fließendes Blut war in einer fieberhaften Empörung, tausenderlei Empfindungen zerrütteten das schöne Herz. War es das Feuer von

Werthers Umarmungen, das sie in ihrem Busen fühlte? war es Unwille über seine Verwegenheit? war es eine unmutige Vergleichung ihres gegenwärtigen Zustandes mit jenen Tagen ganz unbefangener freier Unschuld und sorglosen Zutrauens an sich selbst? Wie sollte sie ihrem Manne entgegengehen? wie ihm eine Szene bekennen, die sie so gut gestehen durfte und die sie sich doch zu gestehen nicht getraute? Sie hatten so lange gegeneinander geschwiegen, und sollte sie die Erste sein, die das Stillschweigen bräche und eben zur unrechten Zeit ihrem Gatten eine so unerwartete Entdeckung machte? Schon fürchtete sie, die bloße Nachricht von Werthers Besuch werde ihm einen unangenehmen Eindruck machen, und nun gar diese unerwartete Katastrophe! Konnte sie wohl hoffen, dass ihr Mann sie ganz im rechten Lichte sehen, ganz ohne Vorurteil aufnehmen würde? und konnte sie wünschen, dass er in ihrer Seele lesen möchte? Und doch wieder, konnte sie sich verstellen gegen den Mann, vor dem sie immer wie ein kristallhelles Glas offen und frei gestanden, und dem sie keine ihrer Empfindungen jemals verheimlicht noch verheimlichen können? Eins und das andre machte ihr Sorgen und setzte sie in Verlegenheit; und immer kehrten ihre Gedanken wieder zu Werthern, der für sie verloren war, den sie nicht lassen konnte, den sie leider! sich selbst überlassen musste, und dem, wenn er sie verloren hatte, nichts mehr übrig blieb.

Wie schwer lag jetzt, was sie sich in dem Augenblick nicht deutlich machen konnte, die Stockung auf ihr, die sich unter ihnen festgesetzt hatte! So verständige, so gute Menschen fingen wegen gewisser heimlicher Verschiedenheiten untereinander zu schweigen an, jedes dachte seinem Recht und dem Unrechte des andern nach, und die Verhältnisse verwickelten und verhetzten sich dergestalt, dass es unmöglich ward, den Knoten eben in dem kritischen Momente, von dem alles abhing, zu lösen. Hätte eine glückliche Vertraulichkeit sie früher wieder einander näher gebracht, wäre Liebe und Nachsicht wechselsweise unter ihnen lebendig worden, und hätte ihre Herzen aufgeschlossen, vielleicht wäre unser Freund noch zu retten gewesen.

Noch ein sonderbarer Umstand kam dazu. Werther hatte, wie wir aus seinen Briefen wissen, nie ein Geheimnis daraus gemacht, dass er sich, diese Welt zu verlassen, sehnte. Albert hatte ihn oft bestritten, auch war zwischen Lotten und ihrem Mann manchmal die Rede davon gewesen. Dieser, wie er einen entschiedenen Widerwillen gegen die Tat empfand, hatte auch gar oft mit einer Art von Empfindlichkeit, die sonst ganz außer seinem Charakter lag, zu erkennen gegeben, dass er an dem Ernst eines solchen Vorsatzes sehr zu zweifeln Ursach finde, er hatte sich sogar darüber einigen Scherz erlaubt, und seinen Unglauben Lotten mitgeteilt. Dies beruhigte sie zwar von einer Seite, wenn ihre Gedanken ihr das traurige Bild vorführten, von der andern aber fühlte sie sich auch dadurch gehindert, ihrem Manne die Besorgnisse mitzuteilen, die sie in dem Augenblicke quälten.

Albert kam zurück, und Lotte ging ihm mit einer verlegenen Hastigkeit entgegen, er war nicht heiter, sein Geschäft war nicht vollbracht, er hatte an dem benachbarten Amtmanne einen unbiegsamen kleinsinnigen Menschen gefunden. Der üble Weg auch hatte ihn verdrießlich gemacht.

Er fragte, ob nichts vorgefallen sei, und sie antwortete mit Übereilung: Werther sei gestern abends dagewesen. Er fragte, ob Briefe gekommen, und er erhielt zur Antwort, dass ein Brief und Pakete auf seiner Stube lägen.

Er ging hinüber, und Lotte blieb allein. Die Gegenwart des Mannes, den sie liebte und ehrte, hatte einen neuen Eindruck in ihr Herz gemacht. Das Andenken seines Edelmuts, seiner Liebe und Güte hatte ihr Gemüt mehr beruhigt, sie fühlte einen heimlichen Zug, ihm zu folgen, sie nahm ihre Arbeit und ging auf sein Zimmer, wie sie mehr zu tun pflegte. Sie fand ihn beschäftigt, die Pakete zu erbrechen und zu lesen. Einige schienen nicht das Angenehmste zu enthalten. Sie tat einige Fragen an ihn, die er kurz beantwortete, und sich an den Pult stellte zu schreiben.

Sie waren auf diese Weise eine Stunde nebeneinander gewesen und es ward immer dunkler in Lottens Gemüt. Sie fühlte, wie schwer es ihr werden würde, ihrem Mann, auch wenn er bei dem besten Humor wäre, das zu entdecken, was ihr auf dem Herzen lag: sie verfiel in eine Wehmut, die ihr um desto ängstlicher ward, als sie solche zu verbergen und ihre Tränen zu verschlucken suchte.

Die Erscheinung von Werthers Knaben setzte sie in die größte Verlegenheit; er überreichte Alberten das Zettelchen, der sich gelassen nach seiner Frau wendete und sagte: Gib ihm die Pistolen. – Ich lasse ihm glückliche Reise wünschen, sagte er zum Jungen. – Das fiel auf sie wie ein Donnerschlag, sie schwankte aufzustehen, sie wusste nicht, wie ihr geschah. Langsam ging sie nach der Wand, zitternd nahm sie das Gewehr herunter, putzte den Staub ab und zauderte und hätte noch lange gezögert, wenn nicht Albert durch einen fragenden Blick sie gedrängt hätte. Sie gab das unglückliche Werkzeug dem Knaben, ohne ein Wort vorbringen zu können, und als der zum Hause hinaus war, machte sie ihre Arbeit zusammen, ging in ihr Zimmer, in dem Zustande der unaussprechlichsten Ungewissheit. Ihr Herz weissagte ihr alle Schrecknisse. Bald war sie im Begriffe, sich zu den Füßen ihres Mannes zu werfen, ihm alles zu entdecken, die Geschichte des gestrigen Abends, ihre Schuld und ihre Ahnungen. Dann sah sie wieder keinen Ausgang des Unternehmens, am wenigsten konnte sie hoffen, ihren Mann zu einem Gange nach Werthern zu bereden. Der Tisch ward gedeckt, und eine gute Freundin, die nur etwas zu fragen kam, gleich gehen wollte – und blieb, machte die Unterhaltung bei Tische erträglich; man zwang sich, man redete, man erzählte, man vergaß sich.

Der Knabe kam mit den Pistolen zu Werthern, der sie ihm mit Entzücken abnahm, als er hörte, Lotte habe sie ihm gegeben. Er ließ sich Brot und Wein bringen, hieß den Knaben zu Tische gehen und setzte sieh nieder, zu schreiben.

»Sie sind durch deine Hände gegangen, du hast den Staub davon geputzt, ich küsse sie tausendmal, du hast sie berührt: und du, Geist des Himmels, begünstigst meinen Entschluss! und du, Lotte, reichst mir das Werkzeug, du, von deren Händen ich den Tod zu empfangen wünschte, und ach! nun empfange. O ich habe meinen Jungen ausgefragt. Du zittertest, als du sie ihm reichtest, du sagtest kein Lebewohl! – Wehe! wehe! kein Lebewohl! – Solltest du dein Herz für mich verschlossen haben, um des Augenblicks willen, der mich ewig an dich befestigte? Lotte, kein Jahrtausend vermag den Eindruck auszulöschen! und ich fühle es, du kannst den nicht hassen, der so für dich glüht.«

Nach Tische hieß er den Knaben alles vollends einpacken, zerriss viele Papiere, ging aus und brachte noch kleine Schulden in Ordnung. Er kam wieder nach Hause, ging wieder aus vors Tor, ungeachtet des Regens, in den gräflichen Garten, schweifte weiter in der Gegend umher und kam mit anbrechender Nacht zurück und schrieb.

»Wilhelm, ich habe zum letzten Male Feld und Wald und den Himmel gesehen. Lebe wohl auch du! Liebe Mutter, verzeiht mir! Tröste sie, Wilhelm! Gott segne euch! Meine Sachen sind alle in Ordnung. Lebt wohl! wir sehen uns wieder und freudiger.«

»Ich habe dir übel gelohnt, Albert, und du vergibst mir. Ich habe den Frieden deines Hauses gestört, ich habe Misstrauen zwischen euch gebracht. Lebe wohl! ich will es enden. O dass ihr glücklich wäret durch meinen Tod! Albert! Albert! mache den Engel glücklich! Und so wohne Gottes Segen über dir!«
Er kramte den Abend noch viel in seinen Papieren, zerriss vieles und warf es in den Ofen, versiegelte einige Päcke mit den Adressen an Wilhelm. Sie enthielten kleine Aufsätze, abgerissene Gedanken, deren ich verschiedene gesehen habe; und nachdem er um zehn Uhr Feuer hatte nachlegen und sich eine Flasche Wein geben lassen, schickte er den Bedienten, dessen Kammer wie auch die Schlafzimmer der Hausleute weit hinten hinaus waren, zu Bette, der sich dann in seinen Kleidern niederlegte, um frühe bei der Hand zu sein; denn sein Herr hatte gesagt, die Postpferde würden vor sechse vors Haus kommen.

»Nach eilfe.
Alles ist so still um mich her, und so ruhig meine Seele. Ich danke dir, Gott, der du diesen letzten Augenblicken diese Wärme, diese Kraft schenkest.
Ich trete an das Fenster, meine Beste! und sehe und sehe noch durch die stürmenden, vorüberfliehenden Wolken einzelne Sterne des ewigen Himmels! Nein, ihr werdet nicht fallen! der Ewige trägt euch an seinem Herzen, und mich. Ich sehe die Deichselsterne des Wagens, des liebsten unter allen Gestirnen. Wenn ich nachts von dir ging, wie ich aus deinem Tore trat, stand er gegen mir über. Mit welcher Trunkenheit habe ich ihn oft angesehen! oft mit aufgehabenen Händen ihn zum Zeichen, zum heiligen Merksteine meiner gegenwärtigen Seligkeit gemacht! und noch – O Lotte, was erinnert mich nicht an dich! umgibst du mich nicht! und habe ich nicht, gleich einem Kinde, ungenügsam allerlei Kleinigkeiten zu mir gerissen, die du Heilige berührt hattest!
Liebes Schattenbild! Ich vermache dir es zurück, Lotte, und bitte dich, es zu ehren. Tausend, tausend Küsse habe ich drauf gedrückt, tausend Grüße ihm zugewinkt, wenn ich ausging oder nach Hause kam.
Ich habe deinen Vater in einem Zettelchen gebeten, meine Leiche zu schützen. Auf dem Kirchhofe sind zwei Lindenbäume, hinten in der Ecke nach dem Felde zu; dort wünsche ich zu ruhen. Er kann, er wird

das für seinen Freund tun. Bitte ihn auch. Ich will frommen Christen nicht zumuten, ihren Körper neben einen armen Unglücklichen zu legen. Ach ich wollte, ihr begrübt mich am Wege, oder im einsamen Tale, dass Priester und Levit vor dem bezeichneten Steine sich segnend vorübergingen und der Samariter eine Träne weinte.
Hier, Lotte! Ich schaudere nicht, den kalten schrecklichen Kelch zu fassen, aus dem ich den Taumel des Todes trinken soll! Du reichtest mir ihn und ich zage nicht. All! all! So sind alle die Wünsche und Hoffnungen meines Lebens erfüllt! So kalt, so starr an der ehernen Pforte des Todes anzuklopfen.
Dass ich des Glückes hätte teilhaftig werden können, für dich zu sterben! Lotte, für dich mich hinzugeben! Ich wollte mutig, ich wollte freudig sterben, wenn ich dir die Ruhe, die Wonne deines Lebens wieder schaffen könnte. Aber ach! das ward nur wenigen Edeln gegeben, ihr Blut für die Ihrigen zu vergießen und durch ihren Tod ein neues hundertfältiges Leben ihren Freunden anzufachen.
In diesen Kleidern, Lotte, will ich begraben sein, du hast sie berührt, geheiligt; ich habe auch deinen Vater darum gebeten. Meine Seele schwebt über dem Sarge. Man soll meine Taschen nicht aussuchen. Diese blassrote Schleife, die du am Busen hattest, als ich dich zum ersten Male unter deinen Kindern fand – O küsse sie tausendmal und erzähle ihnen das Schicksal ihres unglücklichen Freundes. Die Lieben! sie wimmeln um mich. Ach wie ich mich an dich schloss! seit dem ersten Augenblicke dich nicht lassen konnte! – Diese Schleife soll mit mir begraben werden. An meinem Geburtstage schenktest du mir sie! Wie ich das alles verschlang! – Ach ich dachte nicht, dass mich der Weg hierher führen sollte! – – Sei ruhig! ich bitte dich, sei ruhig! – Sie sind geladen – Es schlägt zwölfe! So sei es denn! – Lotte! Lotte, lebe wohl! lebe wohl!«

Ein Nachbar sah den Blick vom Pulver und hörte den Schuss fallen; da aber alles stille blieb, achtete er nicht weiter drauf.
Morgens um sechse tritt der Bediente herein mit dem Lichte. Er findet seinen Herrn an der Erde, die Pistole und Blut. Er ruft, er fasst ihn an; keine Antwort, er röchelte nur noch. Er läuft nach den Ärzten, nach Alberten. Lotte hört die Schelle ziehen, ein Zittern ergreift alle ihre Glieder. Sie weckt ihren Mann, sie stehen auf, der Bediente bringt heulend und stotternd die Nachricht, Lotte sinkt ohnmächtig vor Alberten nieder.

Als der Medicus zu dem Unglücklichen kam, fand er ihn an der Erde ohne Rettung, der Puls schlug, die Glieder waren alle gelähmt. Über dem rechten Auge hatte er sich durch den Kopf geschossen, das Gehirn war herausgetrieben. Man ließ ihm zum Überfluss eine Ader am Arme, das Blut lief, er holte noch immer Atem.
Aus dem Blut auf der Lehne des Sessels konnte man schließen, er habe sitzend vor dem Schreibtische die Tat vollbracht, dann ist er heruntergesunken, hat sich konvulsivisch um den Stuhl herumgewälzt. Er lag gegen das Fenster entkräftet auf dem Rücken, war in völliger Kleidung, gestiefelt, im blauen Frack mit gelber Weste.
Das Haus, die Nachbarschaft, die Stadt kam in Aufruhr. Albert trat herein. Werthern hatte man auf das Bette gelegt, die Stirn verbunden, sein Gesicht schon wie eines Toten, er rührte kein Glied. Die Lunge röchelte noch fürchterlich, bald schwach, bald stärker; man erwartete sein Ende.
Von dem Weine hatte er nur ein Glas getrunken. »Emilia Galotti« lag auf dem Pulte aufgeschlagen.
Von Alberts Bestürzung, von Lottens Jammer lasst mich nichts sagen. Der alte Amtmann kam auf die Nachricht hereingesprengt, er küsste den Sterbenden unter den heißesten Tränen. Seine ältesten Söhne kamen bald nach ihm zu Fuße, sie fielen neben dem Bette nieder im Ausdrucke des unbändigsten Schmerzens, küssten ihm die Hände und den Mund, und der ältste, den er immer am meisten geliebt, hing an seinen Lippen, bis er verschieden war und man den Knaben mit Gewalt wegriss. Um zwölfe mittags starb er. Die Gegenwart des Amtmannes und seine Anstalten tuschten einen Auflauf. Nachts gegen eilfe ließ er ihn an die Stätte begraben, die er sich erwählt hatte. Der Alte folgte der Leiche und die Söhne, Albert vermocht's nicht. Man fürchtete für Lottens Leben. Handwerker trugen ihn. Kein Geistlicher hat ihn begleitet.

Kommentar

Der berühmte Roman von Johann Wolfgang von Goethe »Die Leiden des jungen Werthers« schildert die Beziehung zwischen Werther und Lotte als sehr schmerzliche Liebe. Nachdem die verheiratete Lotte ihm mitgeteilt hat, dass ihre Liebe keine Zukunft hat und dass sie sich endgültig von ihm trennen muss, sieht Werther nur noch den Suizid als Ausweg aus seiner Verzweiflung. Über die depressive Verstimmung wird in dem Text wenig Detailinformation gegeben, außer dass Werther, wie auch Lotte, sehr traurig sind, viel weinen und Schlafstörungen haben. Es handelt sich von der Symptomatik eher um eine depressive Reaktion bzw. Anpassungsstörung, nicht um das Vollbild einer depressiven Episode. Allerdings ist die Suizidalität bei Werther sehr ausgeprägt. Sein Denken und Handeln engt sich im Sinne eines präsuizidalen Syndroms immer mehr darauf ein. Dabei sind gewisse sentimentalische Züge unverkennbar, z.B. dass er die Pistolen des Ehemannes von Lotte ausborgt und dass er sich in dem Gedanken wohl fühlt, dass Lotte diese Pistolen in den Händen gehabt hat. Bemerkenswert ist, dass Werther schon früher über eigene suizidale Tendenzen gesprochen hat. Wie so viele Suizidenten schreibt Werther einen Abschiedsbrief an seine Geliebte, der aber erst aufgefunden wird, nachdem er sich bereits getötet hat. Der Werther-Roman hat in der damaligen Zeit viel Aufsehen erregt, weil sich offenbar viele junge verliebte Menschen, deren eigene Liebe ebenfalls unglücklich verlief, mit Werther identifizierten und sich suizidierten. Man hat das als »Werther-Epidemie« bezeichnet und das Phänomen als »Werther-Effekt«. Der Werther-Effekt ist auch heute noch in der Suizidologie ein Terminus technicus, und die »psychologische Ansteckung« zur Suizidalität besteht auch heute noch. So wurde vor etwa 10 bis 20 Jahren nach Ausstrahlung des Fernsehfilms »Tod eines Schülers« das Phänomen von Suiziden junger Menschen beobachtet, die in gleicher schulischer (oder sonstiger) Problemsituation den Tod durch einen Sprung vor die Eisenbahn wählten. Das Fernsehen hatte diesen Film in guter Absicht entstehen lassen, um auf die Probleme der zu starken Leistungsanforderung von Schülern hinzuweisen. Dieser Film, der als Aufklärungsfilm im besten Sinn gedacht war, entwickelte aber leider die Sogwirkung im Sinne eines »Werther-Effektes«.

Anton Tschechow

Ein Fall aus der Praxis

aus: Anton Tschechow: Meistererzählungen. Aus dem Russischen von Reinhold Trautmann, eingeleitet von Rudolf Marx. Sammlung Dieterich 54.

Einführung

Der russische Novellist und Dramatiker Anton Pawlowitsch Tschechow (1860–1904) war der Sohn eines Kolonialwarenhändlers, der bald Bankrott ging. Der Großvater war noch Leibeigener des Zaren und hatte sich freigekauft. Von 1879 bis 1884 studierte Tschechow dank eines Stipendiums Medizin in Moskau. Nach Abschluss seines Examens schrieb er an seinen Onkel: »Meine Medizin läuft allmählich. Ich habe sehr viele Bekannte, folglich auch nicht wenig Patienten. Die Hälfte von ihnen muß ich gratis behandeln ...« Das Schreiben betreibt Anton Tschechow deshalb nicht als Privatvergnügen, sondern es wird ihm zunehmend zur lebensnotwendigen Zusatzeinnahme. Gestört wird es durch gesundheitliche Probleme des Autors. Immer wieder hindern ihn Lungenblutungen an seiner literarischen und medizinischen Arbeit. Der engagierte Arzt ist selbst ein schlechter Patient, der sich nicht kurieren lassen will: Wasser und Chinin werde ich nehmen, aber mich abzuhorchen werde ich nicht gestatten. 1901 heiratete Tschechow die Schauspielerin Olga Knipper, die er vier Jahre zuvor kennen gelernt und gegen deren Heiratsabsichten er sich bisher standhaft gesträubt hatte. Sie führten eine merkwürdige Ehe, lebten wegen der Theaterverpflichtungen Olgas meist getrennt, schrieben sich aber zahllose Briefe. Je nach psychischer oder physischer Verfassung neigte Tschechow dazu, den einen oder anderen Beruf aufgeben zu wollen. Die Ambivalenz zwischen der Existenz als Arzt und als Schriftsteller beschreibt er treffsicher in einem Bonmot: »Die Medizin ist meine gesetzliche Ehefrau, die Literatur meine Geliebte. Wenn mir die eine auf die Nerven fällt, nächtige ich bei der anderen.« Ständige Geldsorgen und Krankheiten zermürbten den erfolgreichen und bereits zu Lebzeiten viel gespielten und hoch geschätzten Dramatiker. Im Sommer 1904 hielt sich Anton Tschechow in einem Kurhotel in Badenweiler auf, wo er sich Linderung seiner Schmerzen und Genesung erhoffte. Verbissen arbeitete er an seiner Komödie »Der Kirschgarten«. Kurz nach der triumphalen Uraufführung starb der Dichter und Arzt am 15. Juli 1904 in

Badenweiler. Seine letzten Worte waren: »Ich habe so lange keinen Champagner mehr getrunken.« Maxim Gorki (1868–1936) sagte über Tschechow: »Ich übernehme es, alle, die Tschechow kritisieren, eigenhändig umzubringen …« Es ist ganz einfach so, dass hier ein Arzt seine Diagnose als Dichtung niederschreibt. Immer wieder wird der messerscharfe, analytische Stil gewürdigt und auf die ärztliche Tätigkeit zurückgeführt. Doch das Poetische daran erklärt am schönsten Vladimir Nabokov (1899–1977) mit den Worten: »Was wir sehen, in allen Geschichten Tschechows, ist ein Straucheln, doch ist es das Straucheln eines Menschen, der strauchelt, weil er zu den Sternen aufblickt.«

Weiterführende Literatur:
Frank R. Scheck: Anton Cechow. DTV 2004

Ein Fall aus der Praxis

Der Professor erhielt ein Telegramm von der Ljalikowschen Fabrik: man bat ihn, so rasch wie möglich zu kommen. Die Tochter der Frau Ljalikow, wahrscheinlich der Besitzerin der Fabrik, war krank. Näheres aber ließ sich aus dem langen, unklar abgefaßten Telegramm nicht ersehen. Und der Professor reiste nicht selber hin, sondern schickte seinen Oberarzt Koroljow.

Von Moskau aus mußte er zwei Stationen mit dem Zuge und dann etwa vier Werst mit dem Wagen fahren. Man hatte für Koroljow eine Troika auf die Station geschickt; der Kutscher trug einen Hut mit einer Pfauenfeder und antwortete laut und soldatenmäßig auf alle Fragen: »Nein, durchaus nicht« oder »Genau so!« Es war Samstagabend, die Sonne sank. Aus der Fabrik gingen die Arbeiter in ganzen Scharen zur Station und grüßten den Wagen, in dem Koroljow fuhr. Und ihn bezauberten der Abend und die Landgüter und die Häuschen zu seiten des Weges und die Birken und die ganze geruhsame Stimmung ringsum, da sich, so schien es, Feld und Wald und Sonne jetzt am Vorabend des Feiertages gemeinsam mit den Arbeitern vorbereiteten, auszuruhen – auszuruhen und vielleicht zu beten …

Er war in Moskau geboren und aufgewachsen und kannte das Dorf nicht. Für Fabriken hatte er sich niemals interessiert, war auch nie in ihnen gewesen. Aber es geschah öfters, daß er über Fabriken etwas las oder bei Fabrikanten zu Gast weilte und sich mit ihnen unterhielt; und wenn er von weitem oder aus der Nähe eine Fabrik sah, dann dachte er jedesmal daran, daß von außen alles still und friedlich sei, innen aber wahrscheinlich eine undurchdringliche Unwissenheit und der stumpfe Egoismus der Besitzer, die langweilige, ungesunde Mühsal der Arbeiter herrsche, Gezänk, Schnaps, Ungeziefer. Und jetzt, da die Arbeiter ehrerbietig und schreckhaft der Kutsche auswichen, erriet er aus ihren Gesichtern, Mützen und ihrer Art zu gehen physische Unreinheit, Trunksucht, Nervosität, Zerfahrenheit.

Sie fuhren ins Fabriktor hinein. Zu beiden Seiten tauchten die Häuschen der Arbeiter auf, Gesichter von Frauen, Wäsche und Decken auf den Veranden. »Vorsicht!« rief der Kutscher, der die Pferde nicht anhielt. Vor ihnen war ein weiter Hof ohne Gras, auf ihm fünf gewaltige Gebäude mit Schornsteinen, ein wenig voneinander getrennt, Warenlager, Baracken – und auf allem lag eine graue Schicht wie von Staub. Hie und da, wie Oasen in der Wüste, klägliche Gärtchen und grüne oder rote Hausdächer, in denen die Verwalter wohnten. Der Kutscher zügelte plötzlich die Pferde, und der Wagen hielt vor einem Hause, das mit grauer Farbe frisch gestrichen war; dort befand sich ein Gärtchen mit staubbedeckten Fliederbüschen, und auf der gelbgestrichenen Veranda roch es stark nach Farbe.

»Bitte, Herr Doktor«, sagten Frauenstimmen im Flur und im Vorzimmer, und dabei vernahm man Seufzer und Geflüster. »Bitte, wir haben Sie sehnlichst erwartet … Was für ein Jammer! Bitte, hier herein.«

Frau Ljalikow, eine stark bejahrte Dame in schwarzem Seidenkleid mit modischen Ärmeln, ihrem Gesichtsausdruck nach eine einfache, wenig gebildete Frau, blickte unruhig den Doktor an und konnte sich nicht entschließen, ihm die Hand zu reichen, wagte es nicht. Neben ihr stand eine Person mit kurzgeschnittenem Haar und Pincenez, in bunter geblümter Jacke, hager und nicht mehr jung. Die Dienstboten nannten sie Christina Dmitrijewna, und Koroljow erriet, daß es die Gouvernante sei. Wahrscheinlich hatte man es ihr als der gebildetsten Person im Hause aufgetragen, den Doktor zu empfangen und zu begrüßen, weil sie sofort hastig die Ursachen der Krankheit mit kleinen, aufdringlichen Details darzulegen begann, ohne jedoch zu sagen, wer die Kranke sei und worum es sich handele.

Der Doktor und die Gouvernante saßen und sprachen miteinander, die Hausherrin aber stand unbeweglich an der Tür und wartete. Aus der Unterhaltung verstand Koroljow, daß Lisa, die einzige Tochter des Hauses, die Erbin der Fabrik, ein zwanzigjähriges Mädchen, krank sei; sie kränkelte schon lange und wurde von verschiedenen Ärzten behandelt, doch in der vergangenen Nacht hatte sie von abends bis morgens so starkes Herzklopfen gehabt, daß niemand im Hause schlief, und man fürchtete, sie könnte sterben.

»Sie kränkelte, kann man wohl sagen, von Kind an«, erzählte Christina Dmitrijewna mit singender Stimme und wischte sich immerfort mit der Hand den Mund.

»Die Ärzte sagen, daß es die Nerven seien, aber als sie klein war, haben ihr die Ärzte die Skrofeln in den Körper getrieben, und davon kann das wohl kommen, wie ich glaube.«

Sie gingen zur Kranken hinein. Völlig erwachsen, groß, von gutem Wuchs, aber unschön, der Mutter ähnlich, mit ebenso kleinen Augen und einer breiten, übermäßig entwickelten unteren Gesichtspartie, unfrisiert, bis zum Kinn zugedeckt, machte sie im ersten Augenblick auf Koroljow den Eindruck eines armen, unglücklichen Geschöpfes, das man aus Mitleid hier aufgenommen habe, und man wollte nicht glauben, daß sie die Erbin von fünf gewaltigen Fabrikgebäuden sei.

»Nun, ich komme zu Ihnen«, begann Koroljow, »ich bin gekommen, Sie zu behandeln. Guten Tag.«

Er stellte sich ihr vor und drückte ihre Hand – eine große, kalte, häßliche Hand. Sie setzte sich hin und, offensichtlich längst schon an Ärzte gewöhnt, gleichgültig dagegen, daß Schulter und Brust bloß waren, ließ sie sich untersuchen.

»Ich habe Herzklopfen«, sagte sie. »Die ganze Nacht war es entsetzlich … ich starb fast vor Schreck! Geben Sie mir irgend etwas.«

»Ich werde es tun. Beruhigen Sie sich.«

Koroljow untersuchte sie und zuckte die Achseln.

»Das Herz ist, wie es sein soll«, sagte er, »alles ist in Ordnung, alles steht gut. Die Nerven sind Ihnen wahrscheinlich ein wenig durchgegangen, aber das ist so das Übliche. Der Anfall, muß man annehmen, ist schon zu Ende, legen Sie sich schlafen.«

In dem Augenblick brachte man die Lampe ins Schlafzimmer. Die Kranke blinzelte in das Licht und umfaßte auf einmal mit den Händen den Kopf und brach in Schluchzen aus. Der Eindruck eines armen und unschönen Wesens war plötzlich verschwunden, und Koroljow bemerkte nicht mehr die kleinen Augen, nicht die grob entwikkelte untere Gesichtspartie; er erblickte den weichen Ausdruck einer Leidenden, der so vernünftig und rührend war, und sie schien ihm ganz ebenmäßig, weiblich, schlicht, und es kam ihn die Lust an, sie nicht mit Medikamenten, nicht mit Ratschlägen, sondern mit einem einfachen zärtlichen Wort zu beruhigen. Die Mutter umfaßte ihren Kopf und drückte ihn an sich. Wieviel Verzweiflung, wieviel Leid lag auf dem Antlitz der Alten! Sie, die Mutter, hatte die Tochter ernährt und großgezogen, hatte nichts gespart, gab das ganze Leben dafür hin, sie die französische Sprache, Tänze, Musik zu lehren, zog für sie ein Dutzend Lehrer herbei, die besten Ärzte, hielt eine Gouvernante, und jetzt konnte sie nicht begreifen, woher diese Tränen kamen, warum sie so viel litt, faßte es nicht und war wie verloren, und in ihrem Gesicht erschien ein schuldbewußter, beunruhigter, verzweifelter Ausdruck, so, als ob sie noch etwas sehr Wichtiges versäumt, etwas noch nicht getan, irgend jemanden noch nicht herangezogen hätte, aber wen – das wußte sie nicht.

»Lisanjka, schon wieder weinst du«, rief sie und preßte die Tochter an sich. »Liebste, Teuerste, mein Kindchen, sage doch, was du hast? Erbarme dich meiner und sage es.«

Beide weinten bitterlich. Koroljow setzte sich an den Bettrand und ergriff Lisas Hand.

»Nun aber genug, lohnt es denn zu weinen?« sagte er freundlich. »Es gibt in der Welt ja nichts, das diese Tränen verdiente. Nun wollen wir nicht mehr weinen, es ist nicht nötig.«

Bei sich aber dachte er: »Es wäre an der Zeit, zu heiraten … «

»Unser Fabrikarzt gab ihr Kaliumbromid«, sagte die Gouvernante, »aber danach wurde ihr, wie ich bemerken muß, nur schlechter. Nach meiner Meinung sollte man ihr Tropfen geben, wenn überhaupt etwas, gegen das Herz … ich vergaß, wie sie heißen … Maiglöckchentropfen oder so. «

Und wieder folgten alle Details. Sie unterbrach jeden Augenblick den Arzt, hinderte ihn, zu sprechen, und in ihrem Gesicht war das Bemühen zu lesen, als wenn sie meinte, sie sei als die gebildetste Person im Hause verpflichtet, mit dem Doktor eine ununterbrochene Unterhaltung zu führen und unbedingt über medizinische Dinge.

Koroljow wurde das zuviel.

»Ich kann nichts Besonderes finden«, sagte er, das Schlafzimmer verlassend zu der Mutter gewendet. »Wenn der Fabrikarzt Ihre Tochter behandelt hat, so soll er es auch weiterhin tun. Die Behandlung war bisher ordentlich, und ich sehe keine Notwendigkeit, den Arzt zu wechseln. Was hat das für einen Zweck? Es ist eine so gewöhnliche Krankheit, nichts Ernsthaftes ...«

Er sprach, ohne zu hasten, und zog die Handschuhe an, Frau Ljalikow aber stand unbeweglich da und sah ihn mit verweinten Augen an.

»Bis zum Zuge um neun Uhr ist noch eine halbe Stunde Zeit«, sagte er, »hoffentlich komme ich nicht zu spät.«

»Können Sie denn nicht bei uns bleiben?« fragte sie, und von neuem flossen Tränen über ihre Wangen. »Es ist wohl unrecht, Sie zu beunruhigen, aber seien Sie so gut ..., um Gottes willen«, fuhr sie leise fort und sah sich nach der Türe um, »übernachten Sie doch bei uns. Es ist mein einziges Kind ... meine einzige Tochter ... Sie hat uns in der vergangenen Nacht großen Schrecken eingejagt, so daß ich gar nicht zur Besinnung kommen kann ... Fahren Sie um Gottes willen nicht fort.«

Er wollte ihr sagen, daß ihn in Moskau viel Arbeit erwarte und seine Familie seiner harre; es fiel ihm schwer, ohne besondere Not in einem fremden Hause einen ganzen Abend und eine ganze Nacht zu verbringen, aber als er ihr Gesicht sah, seufzte er und begann schweigend die Handschuhe abzuziehen.

Man zündete im Saal und Salon für ihn alle Lampen und Kerzen an. Er saß am Klavier und durchblätterte die Noten, dann besah er die Bilder an den Wänden und die Porträts. Die Ölgemälde in Goldrahmen stellten Ansichten der Krim dar, das stürmische Meer mit einem Schiffchen, einen katholischen Mönch mit einem Weinglas, und alles das war trocken, talentlos gemalt ... Auf den Porträts nicht ein schönes, interessantes Gesicht, alles breite Kinnladen, erstaunte Augen; Ljalikow, Lisas Vater, hatte eine niedrige Stirn und ein selbstzufriedenes Gesicht, die Uniform saß sackartig auf seinem großen, nicht von guter Rasse zeugenden Leib, auf der Brust hatte er eine Medaille und das Zeichen des Roten Kreuzes. Eine dürftige Kultur, ein zufälliger Luxus, der nicht durchdacht, der kein rechtes Maß hatte, wie diese Uniform; die Fußböden reizten durch ihren Glanz, der Lüster reizte, und unwillkürlich mußte man an die Anekdote von dem Kaufmann denken, der mit einer Medaille am Hals ins Badehaus ging ... Aus dem Vorzimmer hörte man Flüstern, jemand schnarchte leise. Und auf einmal waren von draußen scharfe, abgehackte, metallische Klänge zu vernehmen, wie sie Koroljow früher niemals gehört hatte und die er jetzt nicht begriff; sie hallten in seiner Seele seltsam und unangenehm wider.

»Um keinen Preis möchte ich hier wohnen bleiben …«, dachte er und griff wieder nach den Noten.
»Herr Doktor, bitte zum Essen zu kommen!«, rief halblaut die Gouvernante.
Er ging zum Abendessen. Der Tisch war groß, mit einer Menge Sakuski und Wein bestellt; aber nur zwei aßen: er und Christina Dmitrijewna. Sie trank Madeira, aß rasch und sprach, durchs Pincenez ihn anblickend: »Die Arbeiter sind mit uns sehr zufrieden. In unsrer Fabrik gibt es in jedem Winter Vorführungen; die Arbeiter selber spielen dabei, dann gibt es Vorträge mit Lichtbildern, eine prachtvolle Teestube und noch manches andere. Die Arbeiter sind uns sehr ergeben, und als sie erfuhren, daß es Lisanjka schlechter ging, bestellten sie ein Bittgebet. Sie sind ungebildet, haben aber auch Gefühle.«
»Es sieht so aus, als ob in Ihrem Hause kein einziger Mann ist«, sagte Koroljow.
»Kein einziger. Pjotr Nikanorytsch starb vor anderthalb Jahren, und wir blieben allein. So leben wir zu dreien. Im Sommer hier, im Winter in Moskau auf der Poljanka. Ich lebe schon elf Jahre im Hause. Ich fühle mich als zu ihnen gehörig.«
Als Abendessen gab es Sterlet, Hühnerkoteletts und Kompott; die Weine waren kostspielig, französischer Herkunft.
»Doktor, essen Sie, ohne Umstände zu machen«, sagte Christina Dmitrijewna, essend und sich den Mund mit der Hand abwischend, und es war zu sehen, daß sie hier zu ihrer vollsten Zufriedenheit lebte. »Essen Sie, bitte.«
Nach dem Essen führte man den Doktor in das Zimmer, wo für ihn das Bett bereitet war. Aber ihn verlangte nicht nach Schlaf, es war dumpf, und im Zimmer roch es nach Farbe; er zog den Paletot an und ging hinaus.
Draußen war es kühl; es begann zu dämmern, und in der feuchten Luft zeichneten sich alle fünf Fabrikgebäude mit ihren langen Schornsteinen und die Baracken und Lager ab. Wegen des Feiertags wurde nicht gearbeitet, in den Fenstern war es dunkel, und nur in einem der Gebäude brannte noch ein Ofen, zwei Fenster waren purpurrot, und aus dem Schornstein schlug bisweilen mit dem Rauch eine Flamme heraus. Weit hinter dem Hof quakten Frösche, sang eine Nachtigall.
Indem er die Fabrik und die Baracken, in denen die Arbeiter schliefen, ansah, dachte er wiederum darüber nach, worüber er immer

nachdachte, wenn er Fabriken sah. Mag es hier Vorstellungen für die Arbeiter, Lichtbildervorträge, Betriebsärzte und allerlei Verbesserungen geben, dennoch unterschieden sich die Arbeiter, denen er heute auf dem Wege von der Bahnstation begegnete, dem Äußern nach in nichts von den Arbeitern, wie er sie schon in seiner Kindheit gesehen hatte, als es Verbesserungen und Vorstellungen in den Fabriken nicht gab. Er als Arzt, der ein klares Urteil über chronische Leiden hatte, deren Grundursache unbekannt und unheilbar war, sah auch die Fabriken als etwas Unnormales an, dessen Ursache ebenfalls nicht zu erkennen und nicht zu beseitigen war, und alle Verbesserungen im Leben der Fabrikarbeiter hielt er zwar nicht für überflüssig, verglich sie aber mit dem Herumkurieren an unheilbaren Krankheiten.

»Hier besteht etwas Unnormales, natürlich ...«, dachte er, wenn er die purpurroten Fenster ansah. »Eintausendfünfhundert bis zweitausend Arbeiter arbeiten unaufhörlich, unter ungesunden Verhältnissen, stellen schlechten Kattun her, leben halbhungrig und befreien sich nur bisweilen in der Schenke von diesem Alpdruck; hundert Leute überwachen die Arbeit, und das ganze Leben dieser hundert vergeht im Zudiktieren von Strafen, im Schelten, in Ungerechtigkeiten, und nur zwei oder drei, die sogenannten Herren, genießen alle Vorteile, obwohl sie überhaupt nicht arbeiten und den schlechten Kattun verachten. Aber was sind das für Vorteile, und wie machen sie von ihnen Gebrauch? Frau Ljalikow und ihre Tochter sind unglücklich, es ist ein Jammer, sie anzuschauen, allein Christina Dmitrijewna, dies bejahrte, törichte Frauenzimmer mit Pincenez lebt zu ihrer vollen Zufriedenheit. Und so ergibt sich, daß alle diese fünf Fabrikgebäude nur darum arbeiten und daß auf den östlichen Märkten nur darum schlechter Kattun verkauft wird, damit Christina Dmitrijewna Sterlet essen und Madeira trinken kann.

Plötzlich ertönten wieder die seltsamen Laute, die Koroljow schon vor dem Essen gehört hatte. Bei einem der Fabrikgebäude schlug jemand an eine Metallplatte, schlug und hielt sofort den Ton an, so daß kurze, scharfe, unreine Töne, die wie »der ... der ... der ...« klangen, entstanden. Danach eine halbe Minute Stille, und dann erklangen an einem anderen Gebäude dieselben Töne, ebenso abgerissen und unangenehm, aber tiefer, mehr zum Baß hin – »dryn ... dryn ... dryn ...« Elfmal. Augenscheinlich schlugen die Wächter elf Uhr.

Am dritten Gebäude hörte man: »shak ... shak ... shak ...« Und so bei allen Gebäuden und dann hinter den Baracken und den Toren. Und es machte den Eindruck, als wenn inmitten der nächtlichen Stille das Ungeheuer mit den purpurroten Augen selber diese Töne hervorbrächte, der Teufel selbst, der hier über Herren und Arbeiter herrschte und die einen wie die andern betrog.

Koroljow ging vom Hof ins Feld.

»Wer da?« rief man ihn mit grober Stimme am Tore an.

»Ganz wie im Gefängnis ...«, dachte er und antwortete nicht.

Hier waren die Nachtigallen und Frösche besser zu hören, hier spürte man die Mainacht. Von der Station drang der Lärm eines Zuges her; irgendwo krähten verschlafene Hähne, aber im ganzen war die Nacht still, friedlich schlief die Welt. Im Felde, nicht weit von der Fabrik, stand ein Holzgebinde, Baumaterial war dort aufgestapelt. Koroljow setzte sich auf die Bretter und dachte weiter nach.

»Nur die Gouvernante fühlt sich hier wohl, und die Fabrik arbeitet für ihr Wohlbehagen. Aber das scheint nur so, sie ist nur der Strohmann: die Hauptperson, um dessentwillen hier alles geschieht – ist der Teufel.«

Und er dachte an den Teufel, an den er nicht glaubte, und blickte sich nach den beiden Fenstern um, in denen das Feuer leuchtete. Und ihm schien es, daß der Teufel selber mit diesen purpurroten Augen ihn anblickte; diese unbekannte Kraft, die die Beziehungen zwischen Starken und Schwachen, diesen groben Mißstand geschaffen hatte, den man durch nichts mehr verbessern kann. Es ist nötig, daß der Starke den Schwachen am Leben hindere, so will es das Naturgesetz – aber all dies ist nur in einem Zeitungsartikel oder in einem Lehrbuch verständlich und nur in ihnen leicht unterzubringen, weil sie derselbe Brei, den das gewöhnliche Leben von sich aus darstellt, sind, dieselbe Wirrnis lauter Kleinigkeiten, aus denen die menschlichen Beziehungen gewebt sind. Das ist nun aber kein Gesetz mehr, sondern eine logische Ungereimtheit, wenn der Starke wie der Schwache gleicherweise ihren gegenseitigen Beziehungen zum Opfer fallen, unfreiwillig irgendeiner lenkenden, unbekannten, außerhalb des Lebens stehenden und dem Menschen fremden Kraft unterworfen.

So dachte Koroljow, als er auf den Brettern saß, und nach und nach beherrschte ihn eine Stimmung, als sei diese unbekannte, geheimnisvolle Kraft tatsächlich nahe und schaue zu. Inzwischen wurde der Osten immer blasser und blasser, die Zeit floß schnell. Die fünf Gebäude und Schornsteine auf dem großen Hintergrund der Morgendämmerung, als ringsum nicht eine Seele war und alles ausgestorben schien, boten einen besonderen Anblick und sahen nicht so wie am Tage aus; man vergaß völlig, daß es dort im Innern Dampfmotoren, Elektrizität, Telephone gab, sondern dachte immer irgendwie an Pfahlbauten, an Steinzeit, fühlte die Gegenwart einer rohen, unbewußten Kraft …

Und wiederum vernahm man: »Der … der … der … der …«

Zwölfmal. Dann war es still, war eine halbe Minute still – und nun ertönte es am andern Hofende: »Dryn … dryn … dryn …«

»Schrecklich unangenehm«, dachte Koroljow.

»Shak … shak …« erklang es an der dritten Stelle abgerissen, scharf, gleichsam ärgerlich, »shak … shak …«

Und um zwölf Uhr zu schlagen, waren vier Minuten erforderlich. Dann ward alles still; und wiederum hatte man den Eindruck, als sei alles ringsumher ausgestorben.

Koroljow saß noch ein wenig da und kehrte ins Haus zurück, doch legte er sich noch lange nicht schlafen. In den benachbarten Zimmern flüsterte man, hörte man das Schlurfen von Pantoffeln und nackten Füßen.

»Ob sie nicht wieder einen Anfall hat?« dachte Koroljow.

Er ging, nach der Kranken zu sehen. In den Zimmern war es schon ganz hell, und im Saale an der Wand und auf dem Fußboden zitterte schwaches Sonnenlicht, das durch den Morgennebel hindurch hier eingedrungen war. Die Türe zu Lisas Zimmer stand offen, und Lisa selbst saß im Lehnstuhl am Bett, im Morgenkleid, in einen Schal gehüllt und unfrisiert. Die Vorhänge an den Fenstern waren heruntergelassen.

»Wie fühlen Sie sich?« fragte Koroljow.

»Ich danke sehr.«

Er fühlte ihren Puls, ordnete ihr das Haar, das auf die Stirn gefallen war.

»Sie schlafen nicht«, sagte er. »Draußen ist wunderschönes Wetter, es ist Frühling, die Nachtigallen schlagen, und Sie sitzen im Dunkeln und grübeln über irgend etwas nach.«

Sie hörte ihn an und blickte ihm ins Gesicht; ihre Augen waren traurig, klug, und es was deutlich, daß sie ihm etwas sagen wollte.

»Geschieht das häufig mit Ihnen?« fragte er.

Sie bewegte die Lippen und antwortete: »Häufig. Mir ist fast jede Nacht schwer.«

In diesem Augenblicke begannen die Wächter draußen zwei Uhr zu schlagen. Man hörte das der »... der ... «; sie fuhr zusammen.
»Dieses Klopfen beunruhigt Sie?« fragte er.
»Ich weiß nicht. Hier beunruhigt mich alles«, antwortete sie und dachte nach.
»Alles beunruhigt mich. Aus Ihrer Stimme höre ich Anteilnahme heraus, mir schien es aus irgendeinem Grunde, seit ich Sie das erstemal sah, daß ich mit Ihnen über all das sprechen darf.«
»So reden Sie, bitte.«
»Ich will Ihnen meine Meinung sagen. Mir scheint, daß ich nicht krank bin, sondern daß ich nur in Unruhe bin und voller Angst, weil es so sein muß und anders nicht sein kann. Sogar der gesündeste Mensch muß in Unruhe geraten, wenn zum Beispiel unter seinem Fenster ein Räuber herumgeht. Man behandelt mich häufig«, fuhr sie fort und blickte auf ihre Knie, verschämt lächelnd, »natürlich bin ich sehr dankbar dafür und leugne den Nutzen der Behandlung nicht, aber ich möchte nicht mit einem Arzt, sondern mit einem nahestehenden Menschen, mit einem Freund sprechen, der mich begreifen und mich überzeugen könnte, daß ich recht oder unrecht habe.«
»Haben Sie denn keine Freunde?« fragte Koroljow.
»Ich bin ganz einsam. Ich habe eine Mutter, und ich liebe sie, aber dennoch bin ich einsam. Mein Leben hat sich so gestaltet ... Einsame Menschen lesen viel, sprechen aber wenig und hören wenig, das Leben ist für sie geheimnisvoll; sie sind Mystiker und sehen häufig den Teufel dort, wo er nicht ist. Lermonoows Tamara war einsam und sah den Teufel.«
»Und Sie lesen viel?«
»Ja. Ich habe ja immer Zeit, vom Morgen bis zum Abend. Am Tage lese ich, nachts aber habe ich einen leeren Kopf, statt Gedanken erfüllen mich allerhand Schatten.«
»Sehen Sie etwas in den Nächten?« fragte Koroljow.
»Nein, aber ich fühle ...«
Sie lächelte wiederum, blickte den Doktor an und sah so traurig, so klug aus; und schien ihm, daß sie ihm vertraue, aufrichtig mit ihm sprechen wolle, und daß sie genauso denke wie er. Aber sie schwieg und wartete vielleicht, daß er zu reden begänne. Und er wußte, was man ihr sagen mußte: für ihn war es klar, daß sie so schnell wie möglich die fünf Fabrikgebäude und die Million, falls sie sie besaß, aufgeben und diesen Teufel fahrenlassen müsse, der in den Nächten schaut

und schaut; für ihn war es auch klar, daß auch sie selber so dachte und nur wartete, daß jemand, dem sie vertraute, ihr das bestätigte.

Aber er wußte nicht, wie er das sagen solle. Wie? Verurteilte scheut man sich zu fragen, warum man sie verurteilt hat; so ist es auch peinlich, reiche Leute zu fragen, wozu sie so viel Geld brauchen, warum sie ihren Reichtum so schlecht verwenden, warum sie ihn nicht aufgeben, selbst dann nicht, wenn sie in ihm ihr Unheil sehen; und wenn man darüber ein Gespräch beginnt, so verläuft es meist schamhaft, peinlich und langweilig.

»Wie soll ich es sagen?« zerbrach sich Koroljow den Kopf. »Und muß man überhaupt sprechen?«

Und er sagte das, was er sagen wollte, nicht unmittelbar, sondern auf Umwegen: »Sie sind als eine Fabrikbesitzerin und reiche Erbin unzufrieden, Sie glauben nicht an Ihr Recht und schlafen daher nicht; natürlich ist das besser, als wenn Sie zufrieden wären, fest schlafen und denken würden, daß alles vortrefflich bestellt sei. Sie leiden an Schlaflosigkeit; wie dem auch sei, sie ist ein gutes Zeichen. In der Tat, bei unseren Eltern wäre ein solches Gespräch, wie wir es jetzt führen, nicht denkbar gewesen, nachts unterhielten sie sich nicht, sondern schliefen fest, aber wir von unserer Generation schlafen schlecht, quälen uns ab, sprechen viel und untersuchen immer zu entscheiden, ob wir im Rechte sind oder nicht. Für unsere Kinder oder Enkel aber wird diese Frage – ob sie im Rechte sind oder nicht – bereits entschieden sein. Sie werden klarer sehen als wir. Das Leben wird schön sein in fünfzig Jahren, nur schade, daß wir es nicht erleben werden. Es wäre interessant, es anzusehen.«

»Was werden denn unsere Kinder und Enkel tun?« fragte Lisa.

»Ich weiß es nicht … Vielleicht geben sie alles auf und gehen fort.«

»Wohin werden sie gehen?«

»Wohin? … Nun, wohin sie wollen«, sagte Koroljow und lachte auf. »Gibt es denn so wenige Orte, wohin ein guter und kluger Mensch gehen kann?«

Er sah nach der Uhr.

»Inzwischen ist die Sonne schon aufgegangen«, sagte er. »Für Sie ist es an der Zeit, zu schlafen. Ziehen Sie sich aus und schlafen Sie sich gesund. Ich freue mich sehr, daß ich Sie kennengelernt habe«, fuhr er fort und drückte ihre Hand. »Sie sind ein trefflicher, interessanter Mensch. Gute Nacht!«

Er ging in sein Zimmer und legte sich schlafen.

Am andern Tage morgens, als die Kutsche vorfuhr, gingen alle auf die Veranda, ihn zu begleiten. Lisa war festtäglich in weißem Kleid, mit einer Blume im Haar, blaß und matt; wie gestern sah sie ihn traurig und klug an, lächelte, redete, und immer tat sie das mit einem Ausdruck, als wolle sie etwas Besonderes, Wichtiges sagen – nur ihm allein. Man hörte, wie die Lerchen sangen, wie man in der Kirche läutete. Die Fenster in den Fabrikgebäuden glänzten heiter, und als er über den Hof und dann zur Station fuhr, dachte er weder an die Arbeit noch an die Pfahlbauten, noch an den Teufel, sondern er dachte an die vielleicht nahe Zeit, da das Leben ebenso licht und freudevoll sein werde wie dieser stille Sonntagmorgen; und er dachte auch daran, wie angenehm es sei, an einem solchen Morgen im Frühling in einer Troika zu fahren, in einer schönen Kalesche, und sich in der Sonne zu wärmen.

Kommentar

Diese Novelle handelt von einem russischen Arzt, der zur einzigen Tochter einer verwitweten Fabrikbesitzerin gerufen wird, nachdem andere Ärzte der Patientin nicht ausreichend helfen konnten. Die Tochter »kränkelte« schon lange. In der Nacht vor dem Arztbesuch hatte sie so starkes Herzklopfen, dass man fürchtete, sie könnte sterben. Weitere Details der Erkrankung werden nicht berichtet, abgesehen davon, dass schon die anderen zu Rate gezogenen Ärzte ein »Nervenleiden« (d.h. ein »nervöses Leiden« im Sinne der damaligen Medizin, also eine psychogene Störung aus heutiger Sicht) diagnostiziert hatten.

Eine genauere diagnostische Einordnung im heutigen Sinne ist aufgrund unzureichender Angaben nicht möglich. Die Diagnose könnte schwanken zwischen einer depressiven Störung mit Somatisierung, einer Angststörung mit Panikattacken und einer Somatisierungsstörung. Es geht Tschechow offensichtlich nicht um eine genaue Beschreibung der Symptome der Erkrankung, sondern mehr um den psychogenen Hintergrund der Symptomatik. Dieser wird vom Arzt aufgrund einer sich sehr schnell einstellenden Sympathie und aufgrund der Eindrücke, die er bei dem Hausbesuch im familiären Umfeld sammelt, sehr schnell diagnostiziert. Im Gespräch mit der Patientin vermittelt diese ihm ihre Einsamkeit und Abgeschlossenheit auf dem abgelegenen Fabrikgelände sowie die enge Einbindung in die Restfamilie, d.h. die enge Beziehung zur Mutter und zur Gouvernante, die ihr kaum die Möglichkeit lässt, ihr Leben frei zu entwickeln. Der Arzt vermittelt ihr in einem supportiven

Gespräch, dass sie sich befreien muss und ihr Leben selber in die Hand nehmen muss, und kann dadurch Beruhigung und gesunden Schlaf bewirken.

Hugo von Hofmannsthal

Ein Brief

Einführung

Hugo Laurenz August Hofmann, Edler von Hofmannsthal, genannt Hugo von Hofmannsthal (1874–1929) war ein österreichischer Schriftsteller, Dramatiker, Lyriker, Librettist (»Elektra«; »Der Rosenkavalier«; »Ariadne auf Naxos«; »Die Frau ohne Schatten«; »Arabella«) und Mitbegründer der Salzburger Festspiele, wo alljährlich sein Mysterienspiel »Jedermann« (1911) aufgeführt wird. „Früh gereift und zart und traurig" betrat Hofmannsthal unter dem Pseudonym Loris die Szene der Wiener Kaffeehausliteratur.

Von Privatlehrern erzogen, studierte Hofmannsthal zunächst Jura bis zur ersten Staatsprüfung, diente dann bei den Dragonern in Mähren, um schließlich Romanistik zu studieren und 1898 mit der Promotion abzuschließen. Der Freund Rilkes und des Komponisten Richard Strauss habilitierte sich 1901 mit Studien über die Entwicklung des Dichters Victor Hugo, entschied sich aber, freier Schriftsteller zu werden. Seine Ehe betrachtete er als »erhabenes Institut«, Affären sind nicht bekannt.

Vielfache, intensiv gepflegte Freundschaften (z.B. mit Max Reinhardt oder Thomas Mann) halfen ihm über psychische Krisen hinweg. Den Ersten Weltkrieg überlebte er in Wien auf einer Stelle im Kriegsfürsorgeamt des Innenministeriums, wo er patriotische Aufsätze schrieb. Das Ende der Donaumonarchie empfand der konservative Patriot als schweren persönlichen Schlag. Obgleich er 1919 erstmals für den Nobelpreis vorgeschlagen wurde, erhielt er diesen nie, zumal man ihm »Lüsternheit« (»Rosenkavalier«), Antisemitismus und Sympathie mit dem Faschismus vorwarf. Zwei Tage nach dem Suizid seines Sohnes Franz starb der viel gereiste Hofmannsthal 1929 an einem Schlaganfall. Er wurde unter großer öffentlicher Anteilnahme in der Kutte eines Franziskanermönchs begraben.

»Ein Brief« (»Brief des Lord Chandos an Francis Bacon«, 1902) markiert nicht nur eine persönliche Krise Hofmannsthals, sondern gilt als bedeutendes Dokument der Sprachskepsis der literarischen Moderne. Seine viel diskutierte Paradoxie be-

steht darin, auf höchstem sprachlichen Niveau den Topos des Unsagbaren zu reflektieren, um im beredten Verstummen zu enden.

Weiterführende Literatur:
Ulrich Weinzierl: Hofmannsthal. Skizzen zu seinem Bild. Zsolnay 2005

Ein Brief

Dies ist der Brief, den Philipp Lord Chandos, jüngerer Sohn des Earl of Bath, an Francis Bacon, später Lord Verulam und Viscount St. Albans, schrieb, um sich bei diesem Freunde wegen des gänzlichen Verzichtes auf literarische Betätigung zu entschuldigen.

Es ist gütig von Ihnen, mein hochverehrter Freund, mein zweijähriges Stillschweigen zu übersehen und so an mich zu schreiben. Es ist mehr als gütig, Ihrer Besorgnis um mich, Ihrer Befremdung über die geistige Starrnis, in der ich Ihnen zu versinken scheine, den Ausdruck der Leichtigkeit und des Scherzes zu geben, den nur große Menschen, die von der Gefährlichkeit des Lebens durchdrungen und dennoch nicht entmutigt sind, in ihrer Gewalt haben.

Sie schließen mit dem Aphorisma des Hippokrates: »Qui gravi morbo correpti dolores non sentiunt, iis mens aegrotat« und meinen, ich bedürfe der Medizin nicht nur, um mein Übel zu bändigen, sondern noch mehr, um meinen Sinn für den Zustand meines Innern zu schärfen. Ich möchte Ihnen so antworten, wie Sie es um mich verdienen, möchte mich Ihnen ganz aufschließen und weiß nicht, wie ich mich dazu nehmen soll. Kaum weiß ich, ob ich noch derselbe bin, an den Ihr kostbarer Brief sich wendet; bin denn ich's, der nun Sechsundzwanzigjährige, der mit neunzehn jenen »neuen Paris«, jenen »Traum der Daphne«, jenes »Epithalamium« hinschrieb, diese unter dem Prunk ihrer Worte hintaumelnden Schäferspiele, deren eine himmlische Königin und einige allzu nachsichtige Lords und Herren sich noch zu entsinnen gnädig genug sind? Und bin ich's wiederum, der mit dreiundzwanzig unter den steinernen Lauben des großen Platzes von Venedig in sich jenes Gefüge lateinischer Perioden fand, dessen geistiger Grundriß und Aufbau ihn im Innern mehr entzückte

als die aus dem Meer auftauchenden Bauten des Palladio und Sansovin? Und konnte ich, wenn ich anders derselbe bin, alle Spuren und Narben dieser Ausgeburt meines angespanntesten Denkens so völlig aus meinem unbegreiflichen Innern verlieren, daß mich in Ihrem Brief, der vor mir liegt, der Titel jenes kleinen Traktates fremd und kalt anstarrt, ja daß ich ihn nicht als ein geläufiges Bild zusammengefaßter Worte sogleich auffassen, sondern nur Wort für Wort verstehen konnte, als träten mir diese lateinischen Wörter, so verbunden, zum ersten Male vors Auge? Allein ich bin es ja doch, und es ist Rhetorik in diesen Fragen, Rhetorik, die gut ist für Frauen oder für das Haus der Gemeinen, deren von unserer Zeit so überschätzte Machtmittel aber nicht hinreichen, ins Innere der Dinge zu dringen.
Mein Inneres aber muß ich Ihnen darlegen, eine Sonderbarkeit, eine Unart, wenn Sie wollen eine Krankheit meines Geistes, wenn Sie begreifen sollen, daß mich ein ebensolcher brückenloser Abgrund von den scheinbar vor mir liegenden literarischen Arbeiten trennt, als von denen, die hinter mir sind und die ich, so fremd sprechen sie mich an, mein Eigentum zu nennen zögere.
Ich weiß nicht, ob ich mehr die Eindringlichkeit Ihres Wohlwollens oder die unglaubliche Schärfe Ihres Gedächtnisses bewundern soll, wenn Sie mir die verschiedenen kleinen Pläne wieder hervorrufen, mit denen ich mich in den gemeinsamen Tagen schöner Begeisterung trug. Wirklich, ich wollte die ersten Regierungsjahre unseres verstorbenen glorreichen Souveräns, des achten Heinrich, darstellen! Die hinterlassenen Aufzeichnungen meines Großvaters, des Herzogs von Exeter, über seine Negoziationen mit Frankreich und Portugal gaben mir eine Art von Grundlage. Und aus dem Sallust floß in jenen glücklichen, belebten Tagen wie durch nie verstopfte Röhren die Erkenntnis der Form in mich herüber, jener tiefen, wahren, inneren Form, die jenseit des Geheges der rhetorischen Kunststücke erst geahnt werden kann, die, von welcher man nicht mehr sagen kann, daß sie das Stoffliche anordne, denn sie durchdringt es, sie hebt es auf und schafft Dichtung und Wahrheit zugleich, ein Widerspiel ewiger Kräfte, ein Ding, herrlich wie Musik und Algebra. Dies war mein Lieblingsplan. Was ist der Mensch, daß er Pläne macht!
Ich spielte auch mit anderen Plänen. Ihr gütiger Brief läßt auch diese heraufschweben. Jedweder vollgesogen mit einem Tropfen meines Blutes, tanzen sie vor mir wie traurige Mücken an einer düsteren Mauer, auf der nicht mehr die helle Sonne der glücklichen Tage liegt.

Ich wollte die Fabeln und mythischen Erzählungen, welche die Alten uns hinterlassen haben, und an denen die Maler und Bildhauer ein endloses und gedankenloses Gefallen finden, aufschließen als die Hieroglyphen einer geheimen, unerschöpflichen Weisheit, deren Anhauch ich manchmal, wie hinter einem Schleier, zu spüren meinte.

Ich entsinne mich dieses Planes. Es lag ihm, ich weiß nicht welche, sinnliche und geistige Lust zu Grunde: wie der gehetzte Hirsch ins Wasser, sehnte ich mich hinein in diese nackten, glänzenden Leiber, in diese Sirenen und Dryaden, diesen Narcissus und Proteus, Perseus und Actäon: verschwinden wollte ich in ihnen und aus ihnen heraus mit Zungen reden. Ich wollte. Ich wollte noch vielerlei. Ich gedachte eine Sammlung »Apophthegmata« anzulegen, wie deren eine Julius Cäsar verfaßt hat: Sie erinnern die Erwähnung in einem Briefe des Cicero. Hier gedachte ich die merkwürdigsten Aussprüche nebeneinander zu setzen, welche mir im Verkehr mit den gelehrten Männern und den geistreichen Frauen unserer Zeit oder mit besonderen Leuten aus dem Volk oder mit gebildeten und ausgezeichneten Personen auf meinen Reisen zu sammeln gelungen wäre; damit wollte ich schöne Sentenzen und Reflexionen aus den Werken der Alten und der Italiener vereinigen, und was mir sonst an geistigen Zieraten in Büchern, Handschriften oder Gesprächen entgegenträte; ferner die Anordnung besonders schöner Feste und Aufzüge, merkwürdige Verbrechen und Fälle von Raserei, die Beschreibung der größten und eigentümlichsten Bauwerke in den Niederlanden, in Frankreich und Italien und noch vieles andere. Das ganze Werk aber sollte den Titel Nosce te ipsum führen.

Um mich kurz zu fassen: mir erschien damals in einer Art von andauernder Trunkenheit das ganze Dasein als eine große Einheit: geistige und körperliche Welt schien mir keinen Gegensatz zu bilden, ebenso wenig höfisches und tierisches Wesen, Kunst und Unkunst, Einsamkeit und Gesellschaft; in allem fühlte ich Natur, in den Verirrungen des Wahnsinns ebensowohl wie in den äußersten Verfeinerungen eines spanischen Ceremoniells; in den Tölpelhaftigkeiten junger Bauern nicht minder als in den süßesten Allegorien; und in aller Natur fühlte ich mich selber; wenn ich auf meiner Jagdhütte die schäumende laue Milch in mich hineintrank, die ein struppiges Mensch einer schönen, sanftäugigen Kuh aus dem Euter in einen Holzeimer niedermolk, so war mir das nichts anderes, als wenn ich, in der dem Fenster eingebauten Bank meines studio sitzend, aus einem Folianten süße und schäumende Nahrung des Geistes in mich sog. Das eine war wie das andere; keines gab dem andern weder an traumhafter überirdischer Natur, noch an leiblicher Gewalt nach, und so ging's fort durch die ganze Breite des Lebens, rechter und linker Hand; überall war ich mitten drinnen, wurde nie ein Scheinhaftes gewahr: oder es ahnte mir, alles wäre Gleichnis und jede Kreatur ein Schlüssel der andern, und ich fühlte mich wohl den, der imstande wäre, eine nach der andern bei der Krone zu packen und mit ihr so viele der andern aufzusperren, als sie aufsperren könnte. So weit erklärt sich der Titel, den ich jenem encyklopädischen Buch zu geben gedachte.

Es möchte dem, der solchen Gesinnungen zugänglich ist, als der wohlangelegte Plan einer göttlichen Vorsehung erscheinen, daß mein Geist aus einer so aufgeschwollenen Anmaßung in dieses Äußerste von Kleinmut und Kraftlosigkeit zusammensinken mußte, welches nun die bleibende Verfassung meines Innern ist. Aber dergleichen religiöse Auffassungen haben keine Kraft über mich; sie gehören zu den Spinnennetzen, durch welche meine Gedanken durchschießen, hinaus ins Leere, während so viele ihrer Gefährten dort hangen bleiben und zu einer Ruhe kommen. Mir haben sich die Geheimnisse des Glaubens zu einer erhabenen Allegorie verdichtet, die über den Feldern meines Lebens steht wie ein leuchtender Regenbogen, in einer stetigen Ferne, immer bereit, zurückzuweichen, wenn ich mir einfallen ließe, hinzueilen und mich in den Saum seines Mantels hüllen zu wollen.

Aber, mein verehrter Freund, auch die irdischen Begriffe entziehen sich mir in der gleichen Weise. Wie soll ich es versuchen, Ihnen diese seltsamen geistigen Qualen zu schildern, dies Emporschnellen der Fruchtzweige über meinen ausgereckten Händen, dies Zurückweichen des murmelnden Wassers vor meinen dürstenden Lippen?

Mein Fall ist, in Kürze, dieser: es ist mir völlig die Fähigkeit abhanden gekommen, über irgend etwas zusammenhängend zu denken oder zu sprechen.

Zuerst wurde es mir allmählich unmöglich, ein höheres oder allgemeineres Thema zu besprechen und dabei jene Worte in den Mund zu nehmen, deren sich doch alle Menschen ohne Bedenken geläufig zu bedienen pflegen. Ich empfand ein unerklärliches Unbehagen, die Worte »Geist«, »Seele« oder »Körper« nur auszusprechen. Ich fand es innerlich unmöglich, über die Angelegenheiten des Hofes, die Vor-

kommnisse im Parlament oder was Sie sonst wollen, ein Urteil herauszubringen. Und dies nicht etwa aus Rücksichten irgend welcher Art, denn Sie kennen meinen bis zur Leichtfertigkeit gehenden Freimut: sondern die abstrakten Worte, deren sich doch die Zunge naturgemäß bedienen muß, um irgend welches Urteil an den Tag zu geben, zerfielen mir im Munde wie modrige Pilze. Es begegnete mir, daß ich meiner vierjährigen Tochter Catarina Pompilia eine kindische Lüge, deren sie sich schuldig gemacht hatte, verweisen und sie auf die Notwendigkeit, immer wahr zu sein, hinführen wollte, und dabei die mir im Munde zuströmenden Begriffe plötzlich eine solche schillernde Färbung annahmen und so ineinander überflossen, daß ich, den Satz, so gut es ging, zu Ende haspelnd, so wie wenn mir unwohl geworden wäre und auch tatsächlich bleich im Gesicht und mit einem heftigen Druck auf der Stirn, das Kind allein ließ, die Tür hinter mir zuschlug und mich erst zu Pferde, auf der einsamen Hutweide einen guten Galopp nehmend, wieder einigermaßen herstellte.
Allmählich aber breitete sich diese Anfechtung aus wie ein um sich fressender Rost. Es wurden mir auch im familiären und hausbackenen Gespräch alle die Urteile, die leichthin und mit schlafwandelnder Sicherheit abgegeben zu werden pflegen, so bedenklich, daß ich aufhören mußte, an solchen Gesprächen irgend teilzunehmen. Mit einem unerklärlichen Zorn, den ich nur mit Mühe notdürftig verbarg, erfüllte es mich, dergleichen zu hören wie: diese Sache ist für den oder jenen gut oder schlecht ausgegangen; Sheriff N. ist ein böser, Prediger T. ein guter Mensch; Pächter M. ist zu bedauern, seine Söhne sind Verschwender; ein anderer ist zu beneiden, weil seine Töchter haushälterisch sind; eine Familie kommt in die Höhe, eine andere ist im Hinabsinken. Dies alles erschien mir so unbeweisbar, so lügenhaft, so löcherig wie nur möglich. Mein Geist zwang mich, alle Dinge, die in einem solchen Gespräch vorkamen, in einer unheimlichen Nähe zu sehen: so wie ich einmal in einem Vergrößerungsglas ein Stück von der Haut meines kleinen Fingers gesehen hatte, das einem Blachfeld mit Furchen und Höhlen glich, so ging es mir nun mit den Menschen und ihren Handlungen. Es gelang mir nicht mehr, sie mit dem vereinfachenden Blick der Gewohnheit zu erfassen. Es zerfiel mir alles in Teile, die Teile wieder in Teile, und nichts mehr ließ sich mit einem Begriff umspannen. Die einzelnen Worte schwammen um mich; sie gerannen zu Augen, die mich anstarrten und in die ich wieder hineinstarren muß: Wirbel sind sie, in die hinabzusehen mich schwindelt,

die sich unaufhaltsam drehen und durch die hindurch man ins Leere kommt.
Ich machte einen Versuch, mich aus diesem Zustand in die geistige Welt der Alten hinüberzuretten. Platon vermied ich; denn mir graute vor der Gefährlichkeit seines bildlichen Fluges. Am meisten gedachte ich mich an Seneca und Cicero zu halten. An dieser Harmonie begrenzter und geordneter Begriffe hoffte ich zu gesunden. Aber ich konnte nicht zu ihnen hinüber. Diese Begriffe, ich verstand sie wohl: ich sah ihr wundervolles Verhältnisspiel vor mir aufsteigen wie herrliche Wasserkünste, die mit goldenen Bällen spielen. Ich konnte sie umschweben und sehen, wie sie zu einander spielten: aber sie hatten es nur miteinander zu tun, und das Tiefste, das Persönliche meines Denkens blieb von ihrem Reigen ausgeschlossen. Es überkam mich unter ihnen das Gefühl furchtbarer Einsamkeit; mir war zu Mut wie einem, der in einem Garten mit lauter augenlosen Statuen eingesperrt wäre; ich flüchtete wieder ins Freie.
Seither führe ich ein Dasein, das Sie, fürchte ich, kaum begreifen können, so geistlos, so gedankenlos fließt es dahin; ein Dasein, das sich freilich von dem meiner Nachbarn, meiner Verwandten und der meisten landbesitzenden Edelleute dieses Königreiches kaum unterscheidet und das nicht ganz ohne freudige und belebende Augenblicke ist. Es wird mir nicht leicht, Ihnen anzudeuten, worin diese guten Augenblicke bestehen; die Worte lassen mich wiederum im Stich. Denn es ist ja etwas völlig Unbenanntes und auch wohl kaum Benennbares, das, in solchen Augenblicken, irgend eine Erscheinung meiner alltäglichen Umgebung mit einer überschwellenden Flut höheren Lebens wie ein Gefäß erfüllend, mir sich ankündet. Ich kann nicht erwarten, daß Sie mich ohne Beispiel verstehen, und ich muß Sie um Nachsicht für die Alltäglichkeit meiner Beispiele bitten. Eine Gießkanne, eine auf dem Feld verlassene Egge, ein Hund in der Sonne, ein ärmlicher Kirchhof, ein Krüppel, ein kleines Bauernhaus, alles dies kann das Gefäß meiner Offenbarung werden. Jeder dieser Gegenstände und die tausend anderen ähnlichen, über die sonst ein Auge mit selbstverständlicher Gleichgültigkeit hinweggleitet, kann für mich plötzlich in irgend einem Moment, den herbeizuführen auf keine Weise in meiner Gewalt steht, ein erhabenes und rührendes Gepräge annehmen, das auszudrücken mir alle Worte zu arm scheinen. Ja, es kann auch die bestimmte Vorstellung eines abwesenden Gegenstandes sein, der die unbegreifliche Auserwählung zu teil wird, mit jener sanft oder jäh

steigenden Flut göttlichen Gefühles bis an den Rand gefüllt zu werden. So hatte ich unlängst den Auftrag gegeben, den Ratten in den Milchkellern eines meiner Meierhöfe ausgiebig Gift zu streuen. Ich ritt gegen Abend aus und dachte, wie Sie vermuten können, nicht weiter an diese Sache. Da, wie ich im tiefen, aufgeworfenen Ackerboden Schritt reite, nichts Schlimmeres in meiner Nähe als eine aufgescheuchte Wachtelbrut und in der Ferne über den welligen Feldern die große sinkende Sonne, tut sich mir im Innern plötzlich dieser Keller auf, erfüllt mit dem Todeskampf dieses Volks von Ratten. Alles war in mir: die mit dem süßlich scharfen Geruch des Giftes angefüllte kühl-dumpfe Kellerluft und das Gellen der Todesschreie, die sich an modrigen Mauern brachen; diese ineinander geknäulten Krämpfe der Ohnmacht, durcheinander hinjagenden Verzweiflungen; das wahnwitzige Suchen der Ausgänge; der kalte Blick der Wut, wenn zwei einander an der verstopften Ritze begegnen. Aber was versuche ich wiederum Worte, die ich verschworen habe! Sie entsinnen sich, mein Freund, der wundervollen Schilderung von den Stunden, die der Zerstörung von Alba Longa vorhergehen, aus dem Livius? Wie sie die Straßen durchirren, die sie nicht mehr sehen sollen ... wie sie von den Steinen des Bodens Abschied nehmen. Ich sage Ihnen, mein Freund, dieses trug ich in mir und das brennende Karthago zugleich; aber es war mehr, es war göttlicher, tierischer; und es war Gegenwart, die vollste erhabenste Gegenwart. Da war eine Mutter, die ihre sterbenden Jungen um sich zucken hatte und nicht auf die Verendenden, nicht auf die unerbittlichen steinernen Mauern, sondern in die leere Luft, oder durch die Luft ins Unendliche hin Blicke schickte und diese Blicke mit einem Knirschen begleitete! – Wenn ein dienender Sklave voll ohnmächtigen Schauders in der Nähe der erstarrenden Niobe stand, der muß das durchgemacht haben, was ich durchmachte, als in mir die Seele dieses Tieres gegen das ungeheure Verhängnis die Zähne bleckte.

Vergeben Sie mir diese Schilderung, denken Sie aber nicht, daß es Mitleid war, was mich erfüllte. Das dürfen Sie ja nicht denken, sonst hätte ich mein Beispiel sehr ungeschickt gewählt. Es war viel mehr und viel weniger als Mitleid: ein ungeheures Anteilnehmen, ein Hinüberfließen in jene Geschöpfe oder ein Fühlen, daß ein Fluidum des Lebens und Todes, des Traumes und Wachens für einen Augenblick in sie hinübergeflossen ist – von woher? Denn was hätte es mit Mitleid zu tun, was mit begreiflicher menschlicher Gedankenverknüpfung, wenn ich an einem anderen Abend unter einem Nußbaum eine halbvolle Gießkanne finde, die ein Gärtnerbursche dort vergessen hat, und wenn mich diese Gießkanne und das Wasser in ihr, das vom Schatten des Baumes finster ist, und ein Schwimmkäfer, der auf dem Spiegel dieses Wassers von einem dunklen Ufer zum andern rudert, wenn diese Zusammensetzung von Nichtigkeiten mich mit einer solchen Gegenwart des Unendlichen durchschauert, von den Wurzeln der Haare bis ins Mark der Fersen mich durchschauert, daß ich in Worte ausbrechen möchte, von denen ich weiß, fände ich sie, so würden sie jene Cherubim, an die ich nicht glaube, niederzwingen, und daß ich dann von jener Stelle schweigend mich wegkehre und nun nach Wochen, wenn ich dieses Nußbaums ansichtig werde, mit scheuem seitlichen Blick daran vorübergehe, weil ich das Nachgefühl des Wundervollen, das dort um den Stamm weht, nicht verscheuchen will, nicht vertreiben die mehr als irdischen Schauer, die um das Buschwerk in jener Nähe immer noch nachwogen.

In diesen Augenblicken wird eine nichtige Kreatur, ein Hund, eine Ratte, ein Käfer, ein verkrümmter Apfelbaum, ein sich über den Hügel schlängelnder Karrenweg, ein moosbewachsener Stein mir mehr als die schönste, hingebendste Geliebte der glücklichsten Nacht mir je gewesen ist. Diese stummen und manchmal unbelebten Kreaturen heben sich mir mit einer solchen Fülle, einer solchen Gegenwart der Liebe entgegen, daß mein beglücktes Auge auch ringsum auf keinen toten Fleck zu fallen vermag. Es erscheint mir alles, alles, was es gibt, alles, dessen ich mich entsinne, alles, was meine verworrensten Gedanken berühren, etwas zu sein. Auch die eigene Schwere, die sonstige Dumpfheit meines Hirnes erscheint mir als etwas; ich fühle ein entzückendes, schlechthin unendliches Widerspiel in mir und um mich, und es gibt unter den gegeneinander spielenden Materien keine, in die ich nicht hinüberzufließen vermöchte. Es ist mir dann, als bestünde mein Körper aus lauter Chiffern, die mir alles aufschließen. Oder als könnten wir in ein neues, ahnungsvolles Verhältnis zum ganzen Dasein treten, wenn wir anfingen, mit dem Herzen zu denken. Fällt aber diese sonderbare Bezauberung von mir ab, so weiß ich nichts darüber auszusagen; ich könnte dann ebensowenig in vernünftigen Worten darstellen, worin diese mich und die ganze Welt durchwebende Harmonie bestanden und wie sie sich mir fühlbar gemacht habe, als ich ein Genaueres über die inneren Bewegungen meiner Eingeweide oder die Stauungen meines Blutes anzugeben vermöchte.

Von diesen sonderbaren Zufällen abgesehen, von denen ich übrigens kaum weiß, ob ich sie dem Geist oder dem Körper zurechnen soll, lebe ich ein Leben von kaum glaublicher Leere und habe Mühe, die Starre meines Innern vor meiner Frau und vor meinen Leuten die Gleichgültigkeit zu verbergen, welche mir die Angelegenheiten des Besitzes einflößen. Die gute und strenge Erziehung, welche ich meinem seligen Vater verdanke, und die frühzeitige Gewöhnung, keine Stunde des Tages unausgefüllt zu lassen, sind es, scheint mir, allein, welche meinem Leben nach außen hin einen genügenden Halt und den meinem Stande und meiner Person angemessenen Anschein bewahren. Ich baue einen Flügel meines Hauses um und bringe es zustande, mich mit dem Architekten hie und da über die Fortschritte seiner Arbeit zu unterhalten; ich bewirtschafte meine Güter, und meine Pächter und Beamten werden mich wohl etwas wortkarger, aber nicht ungütiger als früher finden. Keiner von ihnen, der mit abgezogener Mütze vor seiner Haustür steht, wenn ich abends vorüberreite, wird eine Ahnung haben, daß mein Blick, den er respektvoll aufzufangen gewohnt ist, mit stiller Sehnsucht über die morschen Bretter hinstreicht, unter denen er nach Regenwürmern zum Angeln zu suchen pflegt, durchs enge, vergitterte Fenster in die dumpfe Stube taucht, wo in der Ecke das niedrige Bett mit bunten Laken immer auf einen zu warten scheint, der sterben will, oder auf einen, der geboren werden soll; daß mein Auge lange an den häßlichen jungen Hunden hängt oder an der Katze, die geschmeidig zwischen Blumenscherben durchkriecht, und daß es unter all den ärmlichen und plumpen Gegenständen einer bäurischen Lebensweise nach jenem einen sucht, dessen unscheinbare Form, dessen von niemand beachtetes Daliegen oder -lehnen, dessen stumme Wesenheit zur Quelle jenes rätselhaften, wortlosen, schrankenlosen Entzückens werden kann. Denn mein unbenanntes seliges Gefühl wird eher aus einem fernen, einsamen Hirtenfeuer mir hervorbrechen als aus dem Anblick des gestirnten Himmels; eher aus dem Zirpen einer letzten, dem Tode nahen Grille, wenn schon der Herbstwind winterliche Wolken über die öden Felder hintreibt, als aus dem majestätischen Dröhnen der Orgel. Und ich vergleiche mich manchmal in Gedanken mit jenem Crassus dem Redner, von dem berichtet wird, daß er eine zahme Muräne, einen dumpfen, rotäugigen, stummen Fisch seines Zierteiches, so über alle Maßen lieb gewann, daß es zum Stadtgespräch wurde; und als ihm einmal im Senat Domitius vorwarf, er habe über den Tod dieses Fi-

sches Tränen vergossen, und ihn dadurch als einen halben Narren hinstellen wollte, gab ihm Crassus zur Antwort: »So habe ich beim Tod meines Fisches getan, was Ihr weder bei Eurer ersten noch Eurer zweiten Frau Tod getan habt.«
Ich weiß nicht, wie oft mir dieser Crassus mit seiner Muräne als ein Spiegelbild meines Selbst, über den Abgrund der Jahrhunderte hergeworfen, in den Sinn kommt. Nicht aber wegen dieser Antwort, die er dem Domitius gab. Die Antwort brachte die Lacher auf seine Seite, so daß die Sache in einen Witz aufgelöst war. Mir aber geht die Sache nahe, die Sache, welche dieselbe geblieben wäre, auch wenn Domitius um seine Frauen blutige Tränen des aufrichtigsten Schmerzes geweint hätte. Dann stünde ihm noch immer Crassus gegenüber, mit seinen Tränen um seine Muräne. Und über diese Figur, deren Lächerlichkeit und Verächtlichkeit mitten in einem die erhabensten Dinge beratenden, weltbeherrschenden Senat so ganz ins Auge springt, über diese Figur zwingt mich ein unnennbares Etwas, in einer Weise zu denken, die mir vollkommen töricht erscheint, im Augenblick, wo ich versuche, sie in Worten auszudrücken.
Das Bild dieses Crassus ist zuweilen nachts in meinem Hirn, wie ein eingeschlagener Nagel, um den herum alles schwärt, pulst und kocht. Es ist mir dann, als geriete ich selber in Gärung, würfe Blasen auf, wallte und funkelte. Und das Ganze ist eine Art fieberisches Denken, aber Denken in einem Material, das unmittelbarer, flüssiger, glühender ist als Worte. Es sind gleichfalls Wirbel, aber solche, die nicht wie die Wirbel der Sprache ins Bodenlose zu führen scheinen, sondern irgendwie in mich selber und in den tiefsten Schoß des Friedens.
Ich habe Sie, mein verehrter Freund, mit dieser ausgebreiteten Schilderung eines unerklärlichen Zustandes, der gewöhnlich in mir verschlossen bleibt, über Gebühr belästigt.
Sie waren so gütig, Ihre Unzufriedenheit darüber zu äußern, daß kein von mir verfaßtes Buch mehr zu Ihnen kommt, »Sie für das Entbehren meines Umganges zu entschädigen«. Ich fühlte in diesem Augenblick mit einer Bestimmtheit, die nicht ganz ohne ein schmerzliches Beigefühl war, daß ich auch im kommenden und im folgenden und in allen Jahren dieses meines Lebens kein englisches und kein lateinisches Buch schreiben werde: und dies aus dem einen Grund, dessen mir peinliche Seltsamkeit mit ungeblendetem Blick dem vor Ihnen harmonisch ausgebreiteten Reiche der geistigen und leiblichen Erscheinungen an seiner Stelle einzuordnen ich Ihrer unendlichen gei-

stigen Überlegenheit überlasse: nämlich weil die Sprache, in welcher nicht nur zu schreiben, sondern auch zu denken mir vielleicht gegeben wäre, weder die lateinische noch die englische noch die italienische oder spanische ist, sondern eine Sprache, von deren Worten mir auch nicht eines bekannt ist, eine Sprache, in welcher die stummen Dinge zu mir sprechen, und in welcher ich vielleicht einst im Grabe vor einem unbekannten Richter mich verantworten werde.
Ich wollte, es wäre mir gegeben, in die letzten Worte dieses voraussichtlich letzten Briefes, den ich an Francis Bacon schreibe, alle die Liebe und Dankbarkeit, alle die ungemessene Bewunderung zusammenzupressen, die ich für den größten Wohltäter meines Geistes, für den ersten Engländer meiner Zeit im Herzen hege und darin hegen werde, bis der Tod es bersten macht.

A. D. 1603, diesen 22. August.

Phi. Chandos

Kommentar

In diesem Brief an Francis Bacon entschuldigt sich der Briefschreiber Lord Chandos zunächst für sein zweijähriges Stillschweigen und begründet dieses mit einer schweren persönlichen Krise. In dem »Brief des Lord Chandos« wird mit großer Empathie und in subtiler Sprache eine länger dauernde Phase depressiver Gestimmtheit dargestellt, nachdem eingangs über eine kurz dauernde Hochgestimmtheit, offensichtlich im Sinne einer hypomanischen oder gar manischen Phase, berichtet wurde. Diese Phase der Hochgestimmtheit wird als eine Gefühlslage andauernder »Trunkenheit« dargestellt, in der das »ganze Dasein als eine große Einheit«, bei der geistige und körperliche Welt keinen Gegensatz mehr bildeten, erschien. In allem wurde die Natur gefühlt und in aller Natur fühlte sich Lord Chandos selbst. Alles war durch innere Bezüge und Symboliken miteinander verbunden, z.B. wurde die Milch einer Kuh mit der den dicken Folianten entströmenden »Nahrung« des Geistes assoziiert. In dieser Phase war Lord Chandos voller Pläne, insbesondere auch in Bezug auf geistige Aktivitäten und Arbeiten. Aus einer so »aufgeschwollenen Anmaßung« sank der Geist dann in eine Situation äußerster »Kleinmut und Kraftlosigkeit«.
Diese mehr als zwei Jahre dauernde depressive Stimmung wird vorwiegend durch Antriebsschwäche und durch eine kognitive Einengung charakterisiert. Im Rahmen dieser Krise sei es Lord Chandos unmöglich geworden, allgemein gebrauchte Begrif-

fe, wie »Geist«, »Seele«, »Körper« etc. auszusprechen. Abstrakte Worte dieser Art »zerfielen ihm im Munde wie modrige Pilze«. Allmählich habe sich das so weit ausgebreitet, dass er selbst im familiären Umfeld alle ernsthaften Gespräche unterlassen musste. Seither führe er ein Dasein voller Geistlosigkeit und Gedankenlosigkeit, ein Leben von kaum »glaublicher Leere« und er habe Mühe vor den ihm nahe stehenden Personen, die »Gleichgültigkeit«, welche ihm Angelegenheiten des Besitzes einflößen, zu verbergen. Diese Veränderung habe es ihm allmählich unmöglich gemacht, sich an der Welt zu beteiligen.

Vor lauter Detailwahrnehmung sah Lord Chandos das große Ganze nicht mehr. Auch beschäftigten ihn in seinem Denken ausgeprägte skrupelhafte Vorstellungen, wie es z.B. im Zusammenhang mit der Darstellung der Rattenvergiftung zum Ausdruck kommt. Auch Schuldgefühle klingen an, wenn Lord Chandos ausführt, dass er sich im Grabe vor einem unbekannten Richter wird verantworten müssen und dass das Elend auch über seinen Tod hinausgehen wird. Mehr als ein nebensächlicher Aspekt werden auch körperliche Symptome wie Unwohlsein, bleiches Gesicht und Druck auf der Stirn dargestellt. Im letzten Absatz seines Briefes spricht er vom »letzten Brief« und man ist geneigt daraus abzuleiten, dass er seinen Tod nahe sieht. Insgesamt eine sehr eindrucksvolle literarische Darstellung einer depressiven Episode, die auch zum Zeitpunkt des Briefschreibens noch nicht abgeklungen ist.

F4: Angststörungen, dissoziative Störungen, somatoforme Störungen, Somatisierungsstörung, hypochondrische Störung, Depersonalisationsstörung

In diesem Großkapitel der ICD-10 (F4) sind eine Reihe von Störungen zusammengefasst, die nur in einem begrenzten Zusammenhang stehen. Der innere Zusammenhang besteht, wenn man ihn denn überhaupt suchen will, darin, dass diese Störungen in der traditionellen Nosologie als Neurosen bezeichnet wurden und ursprünglich im Sinne der psychoanalytischen Theorie pathogenetisch verstanden wurden. Später wurden auch lerntheoretische Konzeptionen und neurobiologische Ansätze eingebracht, um diese Störungen zu erklären. Heute werden diese Erkrankungen im Sinne einer multifaktoriellen Genese unter Berücksichtigung aller genannten Faktoren erklärt. Die traditionell als »Symptomneurose« klassifizierten Störungen lassen sich aufgrund ihres Erscheinungsbildes in verschiedene Subtypen untergliedern. Diese dürfen aber keinesfalls als scharf abgrenzbare nosologische Syndrome verstanden werden, vielmehr handelt es sich nur um typologische Differenzierungen mit starker Randunschärfe. Häufig ist es deshalb nicht möglich, das Erscheinungsbild des Patienten einem dieser Typen zuzuordnen, sondern man muss zwei oder mehrere dieser Typen zur Beschreibung des Erscheinungsbildes heranziehen, z.B. generalisierte Angststörung mit Panikstörung oder Panikstörung mit Agoraphobie. Differentialdiagnostisch müssen die so bezeichneten funktionellen Störungen jeweils sorgfältig gegenüber gleichartigen klinischen Bildern bei organischen Erkrankungen abgegrenzt werden.

Zu diesen Störungen gehören die Phobie (phobische Neurose), die generalisierte Angststörung und die Panikstörung (beide ehemals unter dem Begriff Angstneurose zusammengefasst), die Zwangsstörung (Zwangsneurose), die hypochondrische Störung (hypochondrische Neurose), die Somatosierungsstörung und die dissoziative Störung (früher als hysterische Neurose oder Konversionsneurose bezeichnet).

Diese Störungen sind sehr häufig, insbesondere die Phobie, die generalisierte Angststörung und die Somatisierungsstörung. Je nach Störung stehen psychotherapeutische oder psychopharmakologische Therapieansätze im Vordergrund. Meistens ist ein kombinierter Therapieansatz indiziert, bei dem psychotherapeutische Maßnahmen im Vordergrund stehen. In der psychopharmakologischen Behandlung wurden Anxiolytika bei den meisten Indikationen, wie generalisierte Angststörung bzw. Panikstörung, weitgehend durch Antidepressiva, insbesondere moderne Antidepressiva, ersetzt.

Patrick Süskind

Die Taube

aus: Patrick Süskind. Die Taube.

Einführung

Der deutsche Schriftsteller und Drehbuchautor Patrick Süskind (Jahrgang 1949) ist der Sohn des Journalisten W. E. Süskind (Mitherausgeber von »Das Wörterbuch des Unmenschen«, 1962) und studierte Geschichte in München und Aix-en-Provence. Er verweigert sich auf sympathische Weise den Erwartungen und Anforderungen des Literaturbetriebes, lässt sich nicht fotografieren, gibt keine Interviews und nimmt keine Literaturpreise entgegen. Sein Roman »Das Parfüm« (1985) wurde als Sensation gefeiert, in über 20 Sprachen übersetzt und erreichte eine Weltauflage von mehr als sechs Millionen Exemplaren. Die Filmrechte daran wurden angeblich mit rund zehn Millionen Euro an die Constantin Film verkauft. Dem Fernsehpublikum wurde Süskind als Drehbuchautor von »Monaco Franze« (1984), »Kir Royal« (1986) sowie dem Spielfilm »Rossini« (1997) in Zusammenarbeit mit dem Münchner Regisseur Helmut Dietl bekannt. Ein Welterfolg im Theater wurde das Einpersonenstück »Der Kontrabaß« (1981).

Die stilistisch brillante Novelle »Die Taube« (1987) erzählt, wie das einförmige und unauffällige Leben des bereits über fünfzig Jahre alten Jonathan Noel, Wachmann bei einer Pariser Bank, jäh vom Erscheinen einer Taube in seiner bescheidenen Dachkammer in Frage gestellt und aus den Angeln gehoben wird. Dem Autor gelingt es auf beeindruckende Weise, das namenlose Entsetzen sprachlich und erzählerisch zu gestalten, das der zurückgezogen lebende Wachmann angesichts der Taube empfindet, die sich in den Flur des Dachgeschosses verirrt und die Dielen verschmutzt. Dieses virtuose Sprachkunstwerk wird freilich nur jenen Lesern zum umfassenden literarischen Genuss, die auch mit Paul von Heyses Boccaccio-Falken vertraut sind.

Weiterführende Literatur:
David Freudenthal: Zeichen der Einsamkeit. Sinnstiftung und Sinnverweigerung im Erzählen von Patrick Süskind. Kovac 2005

Die Taube

Fast hätte er den Fuß schon über die Schwelle gesetzt gehabt, er hatte den Fuß schon gehoben, den linken, sein Bein war schon im Schritt begriffen – als er sie sah. Sie saß vor seiner Tür, keine zwanzig Zentimeter von der Schwelle entfernt, im blassen Widerschein des Morgenlichts, das durch das Fenster kam. Sie hockte mit roten, kralligen Füßen auf den ochsenblutroten Fliesen des Ganges, in bleigrauem, glattem Gefieder: die Taube.

Sie hatte den Kopf zur Seite gelegt und glotzte Jonathan mit ihrem linken Auge an. Dieses Auge, eine kleine, kreisrunde Scheibe, braun mit schwarzem Mittelpunkt, war fürchterlich anzusehen. Es saß wie ein aufgenähter Knopf am Kopfgefieder, wimpernlos, brauenlos, ganz nackt, ganz schamlos nach außen gewendet und ungeheuer offen; zugleich aber war da etwas zurückhaltend Verschlagenes in dem Auge; und zugleich wieder schien es weder offen noch verschlagen, sondern ganz einfach leblos zu sein wie die Linse einer Kamera, die alles äußere Licht verschluckt und nichts von ihrem Inneren zurückstrahlen läßt. Kein Glanz, kein Schimmer lag in diesem Auge, nicht ein Funken von Lebendigem. Es war ein Auge ohne Blick. Und es glotzte Jonathan an.

Er sei zu Tode erschrocken gewesen – so hätte er den Moment wohl im nachhinein beschrieben, aber es wäre nicht richtig gewesen, denn der Schreck kam erst später. Er war viel eher zu Tode erstaunt.

Vielleicht fünf, vielleicht zehn Sekunden lang – ihm selbst kam es vor wie für immer – blieb er, die Hand am Knauf, den Fuß zum Ausschreiten erhoben, wie angefroren auf der Schwelle seiner Türe stehen und konnte nicht vor und nicht zurück. Dann geschah eine kleine Bewegung. Sei es, daß die Taube von einem Fuß auf den anderen trat, sei es, daß sie sich nur ein wenig plusterte – jedenfalls ging ein kurzer Ruck durch ihren Körper, und gleichzeitig schnappten zwei Lider über ihrem Auge zusammen, eines von unten, eines von oben, keine richtigen Lider eigentlich, sondern eher irgendwelche gummiartigen Klappen, die wie zwei aus dem Nichts entstandene Lippen das Auge verschluckten. Für einen Moment war es verschwunden. Und jetzt erst durchzuckte Jonathan der Schreck, jetzt sträubten sich seine Haare vor blankem Entsetzen. Mit einem Satz sprang er zurück ins Zimmer und schlug die Türe zu, eh noch das Auge der Taube sich wieder geöffnet hätte. Er drehte das Sicherheitsschloß, wankte die drei Schritte zum Bett, setzte sich zitternd, mit wild klopfendem Herzen. Seine Stirn war eiskalt, und im Nacken und das Rückgrat entlang spürte er, wie ihm der Schweiß ausbrach.

Sein erster Gedanke war, daß er nun einen Herzinfarkt erleiden werde oder einen Schlaganfall oder mindestens einen Kreislaufkollaps, für all das bist du im richtigen Alter, dachte er, ab Fünfzig genügt der geringste Anlaß für so ein Malheur. Und er ließ sich seitlich aufs Bett fallen und zog die Decke über seine fröstelnden Schultern und wartete auf den krampfartigen Schmerz, auf das Stechen im Brust- und Schulterbereich (er hatte einmal in seinem medizinischen Taschenlexikon gelesen, daß dies die untrüglichen Infarktsymptome seien) oder auf das langsame Verdämmern des Bewußtseins. Aber dann geschah nichts dergleichen. Der Herzschlag beruhigte sich, das Blut strömte wieder gleichmäßig durch Kopf und Glieder, und Lähmungserscheinungen, wie sie für den Schlaganfall typisch sind, traten nicht auf. Jonathan konnte Zehen und Finger bewegen und sein Gesicht zu Grimassen verziehen, ein Zeichen, daß organisch und neurologisch alles einigermaßen in Ordnung war.

Statt dessen wirbelte nun eine wüste Masse völlig unkoordinierter Schreckensgedanken in seinem Hirn herum wie ein Schwarm von schwarzen Raben, und es schrie und flatterte in seinem Kopf, und »du bist am Ende!« krächzte es, »du bist alt und am Ende, du läßt dich von einer Taube zu Tode erschrecken, eine Taube treibt dich in dein Zimmer zurück, wirft dich nieder, hält dich gefangen. Du wirst sterben, Jonathan, du wirst sterben, wenn nicht sofort, dann bald, und dein Leben war falsch, du hast es verpfuscht, denn es wird von einer Taube erschüttert, du mußt sie töten, aber du kannst sie nicht töten, keine Fliege kannst du töten, doch, eine Fliege schon, gerade noch eine Fliege oder eine Schnake oder einen kleinen Käfer, aber niemals ein warmblütiges Ding, ein pfundschweres warmblütiges Wesen wie eine Taube, eher schießt du einen Menschen über den Haufen, piffpaff, das geht schnell, das macht nur ein kleines Loch, acht Millimeter groß, das ist sauber und ist erlaubt, in Notwehr ist es erlaubt, Paragraph eins der Dienstordnung für bewaffnetes Wachpersonal, es ist sogar geboten, kein Mensch macht dir einen Vorwurf, wenn du einen Menschen erschießt, im Gegenteil, aber eine Taube?, wie erschießt man eine Taube?, das flattert, eine Taube, das verfehlt man leicht, das ist grober Unfug, auf eine Taube zu schießen, das ist verboten, das führt zum Einzug der Dienstwaffe, zum Verlust des Arbeitsplatzes, du kommst ins Gefängnis, wenn du auf eine Taube schießt, nein, du kannst sie nicht töten, aber leben, leben kannst du auch nicht mit ihr, niemals, in einem Haus, wo eine Taube wohnt, kann ein Mensch nicht mehr leben, eine Taube ist der Inbegriff des Chaos und der Anarchie, eine Taube, das schwirrt unberechenbar umher, das krallt sich ein und pickt in die Augen, eine Taube, das schmutzt unablässig und stäubt verheerende Bakterien aus und Meningitisviren, das bleibt nicht allein, eine Taube, das lockt andere Tauben an, das treibt Geschlechtsverkehr und zeugt sich fort, rasend schnell, ein Heer von Tauben wird dich belagern, du kannst dein Zimmer nicht mehr verlassen, wirst verhungern, wirst in deinen Exkrementen ersticken, wirst dich zum Fenster hinausstürzen müssen und am Bürgersteig zerschmettert liegen, nein, du wirst zu feige sein, du wirst in deinem Zimmer eingeschlossen bleiben und um Hilfe schreien, nach der Feuerwehr wirst du schreien, damit man mit Leitern komme und dich vor einer Taube rette, vor einer Taube!, zum Gespött des Hauses, zum Gespött des ganzen Viertels wirst du werden, ›seht Monsieur Noel!‹ wird man rufen und mit Fingern auf dich zeigen, ›seht, Monsieur Noel läßt sich vor einer Taube retten!‹, und man wird dich einweisen in eine psychiatrische Klinik: o Jonathan, Jonathan, deine Lage ist hoffnungslos, du bist verloren, Jonathan!«

Solcherart schrie und krächzte es in seinem Kopf, und Jonathan war so verwirrt und verzweifelt, daß er etwas tat, was er seit seinen Kindertagen nicht mehr getan hatte, er faltete nämlich in seiner Not die Hände zum Gebet, und »mein Gott, mein Gott«, betete er, »warum hast du mich verlassen? Warum werde ich so sehr gestraft von dir? Vater unser, der du bist im Himmel, rette mich vor dieser Taube, Amen!« Es war, wie wir sehen, kein ordentliches Gebet, es war eher ein aus den Erinnerungsbruchstücken seiner rudimentären religiösen Erziehung zusammengestückeltes Gestammel, das er da von sich gab. Aber es half trotzdem, denn es verlangte ihm ein gewisses Maß geistiger Konzentration ab und verscheuchte dadurch den Gedankenwirrwarr. Etwas anderes half ihm noch stärker. Kaum hatte er nämlich sein Gebet zu Ende gesprochen, da spürte er einen so unabweisbaren Drang zu pissen, daß er wußte, er würde sein Bett, auf dem er lag, besudeln, die schöne Federkernmatratze oder gar den schönen grauen Teppich, wenn es ihm nicht gelänge, sich innerhalb der nächsten Sekunden anderweitig Erleichterung zu schaffen. Das brachte ihn vollends zu sich. Ächzend stand er auf, warf einen verzweifelten Blick zur Tür ... – nein, er könnte nicht durch diese Türe gehen, selbst wenn der verfluchte Vogel jetzt weg wäre, er würde es nicht mehr bis zur Toilette schaffen –, trat ans Waschbecken, riß den Bademantel auf, riß die Pyjamahose herunter, öffnete den Wasserhahn und pißte in das Becken.

Er hatte so etwas noch nie zuvor getan. Ein Horror allein der Gedanke, in ein schönes, weißes, blankgeputztes, der Körperpflege und dem Geschirrspülen dienendes Waschbecken einfach hineinzupissen! Niemals hätte er geglaubt, daß er so tief würde sinken können, niemals, daß er überhaupt physisch in der Lage wäre, ein solches Sakrileg zu begehen. Und nun, da er sah, wie seine Pisse ohne jede Hemmung und Verhaltung lief, sich mit dem Wasser vermischte und durch den Abfluß davongurgelte, und da er das großartige Nachlassen des Drucks in seinem Unterleib spürte, da liefen ihm zugleich die Tränen aus den Augen, so sehr schämte er sich. Als er fertig war, ließ er das Wasser noch eine Weile lang laufen und putzte das Becken gründlich mit flüssigem Scheuerpulver, um auch die kleinsten Spuren der begangenen Untat zu beseitigen. »Einmal ist keinmal«, murmelte er vor sich hin, wie um sich vor dem Waschbecken, vor dem Zimmer oder vor sich selbst zu entschuldigen, »einmal ist keinmal, es war eine einmalige Notlage, es wird gewiß nicht wieder vorkommen ...«

Kommentar

Die Erzählung von Patrick Süsskind »Die Taube« schildert in eindrucksvoller Weise eine phobische Reaktion auf eine Taube. Bei dem Protagonisten kommt es zu einer extremen Angst vor einer Taube, die Angst wird in allen psychischen und körperlichen Aspekten geschildert. Der Protagonist macht verschiedene Versuche, diese Angst abzubauen. Auch das Vermeidungsverhalten, z.B. nicht durch diese Türe gehen, »selbst wenn der verfluchte Vogel jetzt weg wäre«, wird dargestellt.

Die Phobie ist eine sehr häufige Störung. Bei der Phobie wird die Angst eindeutig durch bestimmte Situationen oder Objekte hervorgerufen, auch durch Objekte, die ungefährlich sind. In der Folge werden diese Objekte charakteristischerweise vermieden. Phobische Angst ist subjektiv physiologisch von dem Verhalten bei anderen

Angstreaktionen nicht zu unterscheiden und reicht in der Schwere von leichtem Unbehagen bis zu panikartigen Ansätzen. Das Erleben des Betreffenden kann sich auf Einzelsymptome wie Herzklopfen oder Schwächegefühl beziehen und tritt häufig mit sekundären Ängsten vor dem Sterben, Kontrollverlust oder dem Gefühl wahnsinnig zu werden auf. Oft kommt es zu einer Generalisierung der Angstreaktion von einem auslösenden Stimulus zu einem ähnlichen Stimulus. Es wird versucht, durch ein häufig extremes Vermeidungsverhalten den angstauslösenden Situationen zu entgehen.

Das ursprüngliche Konzept Freuds der Angstneurose umfasste sowohl die Symptomatik, die heute in der ICD-10 unter »generalisierte Angststörung« beschrieben wird, wie auch die in der ICD-10 als »Panikstörung« beschriebene Symptomatik. Die »generalisierte Angststörung« ist insbesondere durch anhaltende generalisierte Ängstlichkeit und Besorgtheit charakterisiert. Die Symptome sind nicht auf bestimmte Umstände oder Situationen beschränkt. Die hauptsächlichen Symptome können individuell sehr unterschiedlich sein: Beschwerden bestehen in der ständigen Nervosität, Zittern, Muskelspannung, Schwitzen, Benommenheit, Herzklopfen und Schwindelgefühlen. Das wesentliche Kennzeichen der Panikstörung sind wiederkehrende schwere Panikattacken, die sich nicht auf eine spezifische Situation oder Umstände beschränken und die deshalb auch nicht vorhersehbar sind. Die einzelnen Anfälle dauern meist nur Minuten, manchmal auch länger. Die Anfälle sind mit der Furcht vor dem Sterben, Kontrollverlust, Todesangst oder Ähnlichem verbunden. Häufig kommt es zur Komorbidität von generalisierter Angststörung und Panikstörung. Die Prävalenz, insbesondere der generalisierten Angststörung, ist hoch.

Friederike Kempner

Finster und stumm

aus: Friederike Kempner. Gedichte. Noctorno.

Einführung

Friederike Kempner (1836–1904), ein »lebenslanges Fräulein«, wie ihr Biograph G. H. Mostar anmerkt, gilt als »Genie der unfreiwilligen Komik«. Als sie achtundsechzigjährig auf ihrem Besitztum Friederikenhof im schlesischen Reichenthal starb, hatten ihre Verse bereits acht Auflagen erreicht: sehr zum Kummer ihrer Verwandtschaft, darunter ihr Neffe, der berühmte Theaterkritiker Alfred Kerr (1867 bis 1948), der sich eigens deshalb einen anderen Namen gab. Die gesamte Familie war eifrig bemüht, sämtliche Auflagen sofort aufzukaufen, um sich das allseits peinliche Gelächter zu ersparen, was jedoch die Dichterin – zur Freude ihres Verlegers – nur noch mehr zu immer neuen Taten anspornte. Während die Novellen und Dramen heute längst vergessen sind, werden die oft nur durch eine Zeile oder ein Wort grotesk misslingenden Verse des Schlesischen Schwans immer noch gerne zitiert.

Das Lachen verweht jedoch, sobald man sich das leidenschaftliche Engagement der Autorin für eine einzige Sache vergegenwärtigt: Schutz den Scheintoten! Ähnlich wie etwa Schopenhauer oder Hans Christian Andersen war auch Friederike Kempner lebenslang von der panischen Angst geplagt, lebendig begraben zu werden. Sie litt überdies unter der Vorstellung, eine Unzahl von Menschen liege lebendig im Grab, weshalb sie verfügte, ihr eigenes Grab mit einer elektrischen Klingel auszurüsten. Aufgrund dieser Angst wurde Friederike Kempner nicht müde, auf das Schicksal scheintoter Kinder, Männer und Frauen mit geradezu wissenschaftlicher Akribie und medienbewusster Penetranz aufmerksam zu machen. So forderte sie in der Tradition von Goethes Leibarzt Hufeland immer wieder den Bau von Leichenhäusern, um die (scheinbar?) Toten wenigstens drei Tage bei geöffnetem Sarg (!) aufzubahren:

Ein Leichenhaus, ein Leichenhaus,
Ruft er aus vollem Halse aus,
Für Tote haben Gelder wir,
Und um Lebend'ge handelt's hier!
Ihr alle seid so schlecht und blind,
So lang nicht Leichenhäuser sind.

Werner Bergengruen hat das Thema des Scheintods in seiner Novelle »Die wunderliche Herberge« (1939) literarisch so meisterhaft gestaltet, daß auch Hermann Burger in seinem Roman »Schilten« noch 1976 darauf Bezug nimmt.

Weiterführende Literatur:
Gerhard Köpf (Hrsg): Der Scheintod. Lang 1986

Finster und stumm

Nocturno

Stürmisch ist die Nacht,
Kind im Grab erwacht,
Seine schwache Kraft
Es zusammenrafft.

»Machet auf geschwind!«
Ruft das arme Kind,
Sieht sich ängstlich um:
Finster ist's und stumm.

Überall ist's zu,
»Mutter. wo bist Du?«
Stoßet aus den Schrei,
Horchet still dabei.

Und in seiner Qual
Klopft es noch einmal,
Sieht sich grausend um:
Finster ist's und stumm.

Streckt die Ärmlein bloß,
Hämmert schnell drauflos,
Ruft entsetzt und laut:
»Hört, ich bin nicht todt!«

Lehnt sein Haupt am Arm:
»Daß sich Gott erbarm',

Lebt man ewig so?
Und wo stirbt man, wo?

Ach, man hört mich nicht,
Gott, ach nur ein Licht!«
Sieht sich nochmals um!
Finster bleibt‘s und stumm.

Stier und starr es tappt,
Und am Sarg‘ es klappt,
Horch, da strömt sein Blut
Durch des Nagels Hut.

Aus dem warmen Quell
Sprudelt‘s rasend schnell:
Endlich stirbt das Kind,
Froh die Engel sind!

Stürmisch ist die Nacht,
Blätter rauschen sacht,
Niemand sah sich um:
Finster blieb‘s und stumm.

Kommentar

Das Gedicht schildert die schreckliche Situation eines scheintot begrabenen Kindes. Wie der literaturhistorische Kommentar berichtet, war die Autorin sehr engagiert, sich dem Schutz der Scheintoten zu widmen. Insofern ist das Gedicht offensichtlich Ausdruck einer sehr spezifischen Angst, die aber schwer im Sinne der psychiatrischen Terminologie fassbar ist. Vielleicht ist sie eine besondere Erscheinungsform der Tanatophobie, also der Angst vor dem Sterben im Allgemeinen, sowohl im Hinblick auf den eigenen Tod als auch auf den Tod anderer, insbesondere nahe stehender Personen, die bei einer Reihe von neurotischer Störungen, insbesondere Angststörungen, zu finden ist.

Brüder Grimm

Märchen von einem, der auszog, das Fürchten zu lernen

aus: Kinder- und Hausmärchen, gesammelt durch die Brüder Grimm in drei Bänden.

Einführung

Neben dem in mühevoller und lebenslanger Haus- und Arbeitsgemeinschaft geschaffenen Deutschen Wörterbuch (begonnen 1852) zählen die Kinder- und Hausmärchen (1812–1815) der Brüder Jacob (1785–1863) und Wilhelm Grimm (1786–1859) zu den herausragendsten Leistungen germanischer Altertumswissenschaften und deutscher Philologie.

Nach dem frühen Tod des Vaters in bescheidenen Verhältnissen aufgewachsen, studierten die Brüder zunächst Jura in Marburg, bis sie sich, angeregt von Carl von Savigny (1779–1861), mit altdeutscher Literatur beschäftigten. Beide wurden Bibliothekare in Kassel und gingen 1830 nach Göttingen, wo sie zusammen mit fünf weiteren Professoren (»Göttinger Sieben«) gegen die Aufhebung der Landesverfassung protestierten und deshalb aus dem Staatsdienst entlassen wurden. Trotz der Heirat von Wilhelm (1825) blieben sie in enger Arbeitsgemeinschaft zusammen und erhielten einen Ruf nach Berlin, wo sie bis an ihr Lebensende an ihren Mammutunternehmungen wissenschaftlich arbeiteten.

Die Kinder- und Hausmärchen enthalten etwa 60 Märchen unterschiedlichen Typs (Schwänke, Scherz-, Lügen-, Grusel-, Tier- und Naturerzählungen). Während die Texte des ersten Bandes auf der Grundlage mündlicher und schriftlicher Quellen aus dem Hessischen beruhen, wurde eine Bäuerin zur Gewährsfrau des zweiten Bandes. Das vorgesehene Ideal der getreuen Textwiedergabe ließ sich nicht halten. Insbesondere Wilhelm Grimm gilt als verantwortlich für Eingriffe in Sprache und Handlungsabläufe (Märchenton). Pädagogische und moralisch-didaktische Absichten waren zunächst zweitrangig. Im Mittelpunkt des Interesses stand vielmehr die Suche nach Resten uralter, wenn auch umgestalteter und zerbröckelter Mythen bis hin zu einer die Poesie selbst freilegenden Urform.

Der unerwartet große, nicht zuletzt vom Gedanken der Romantik beflügelte Erfolg dieser Sammlung wirkte auf ganz Europa und regte zahlreiche Sammler im In- und Ausland zur Nachahmung an. Die Brüder Grimm erlebten sieben Ausgaben, eine von Wilhelm zusammengestellte kleinere Ausgabe brachte es auf immerhin neun Auflagen.
Die der Textgattung Märchen inhärente selbstverständliche Verknüpfung des Realen und Alltäglichen mit dem Übernatürlichen und Phantastischen, der einfache, volkstümliche Erzählduktus sowie der meist garantierte Triumph des Guten über das Böse machten aus einer zunächst mindergeschätzten Gattung ein international geläufiges literarisches Genre, das im romantischen Kunstmärchen, der Gothic Novel sowie der Phantastischen Literatur bis hin zum Magischen Realismus seine Fortsetzungen und Vollendungsformen erfuhr.

Weiterführende Literatur:
Heinz Rölleke: Die Märchen der Brüder Grimm. Eine Einführung. Reclam 2004

Märchen von einem, der auszog, das Fürchten zu lernen

Ein Vater hatte zwei Söhne, davon war der älteste klug und gescheit und wußte sich in alles wohl zu schicken, der jüngste aber war dumm, konnte nichts begreifen und lernen: und wenn ihn die Leute sahen, sprachen sie: mit dem wird der Vater noch seine Last haben. Wenn nun etwas zu tun war, so mußte es der älteste allzeit ausrichten: hieß ihn aber der Vater noch spät oder gar in der Nacht etwas holen, und der Weg ging dabei über den Kirchhof oder sonst einen schaurigen Ort, so antwortete er wohl: »ach nein, Vater, ich gehe nicht dahin, es gruselt mir!« denn er fürchtete sich. Oder, wenn abends beim Feuer Geschichten erzählt wurden, wobei einem die Haut schaudert, so sprachen die Zuhörer manchmal: »Ach, es gruselt mir!« Der jüngste saß in einer Ecke und hörte das mit an und konnte nicht begreifen, was es heißen sollte. »Immer sagen sie, es gruselt mir! Es gruselt mir! Mir gruselt's nicht: das wird wohl eine Kunst sein, von der ich auch nichts verstehe.«
Nun geschah es, daß der Vater einmal zu ihm sprach: »hör du, in der

Ecke dort, du wirst groß und stark, du mußt auch etwas lernen, womit du dein Brot verdienst. Siehst du, wie dein Bruder sich Mühe gibt, aber an dir ist Hopfen und Malz verloren.« – »Ei, Vater«, antwortete er, »ich will gerne was lernen; ja, wenn's anginge, so möchte ich lernen, daß mir's gruselte; davon verstehe ich noch gar nichts.« Der älteste lachte, als er das hörte, und dachte bei sich: »du lieber Gott, was ist mein Bruder ein Dummbart, aus dem wird sein Lebtag nichts: was ein Häkchen werden will, muß sich beizeiten krümmen.« Der Vater seufzte und antwortete ihm: »das Gruseln, das sollst du schon lernen, aber dein Brot wirst du damit nicht verdienen.«

Bald danach kam der Küster zum Besuch ins Haus, da klagte ihm der Vater seine Not und erzählte, wie sein jüngster Sohn in allen Dingen so schlecht beschlagen wäre, er wüßte nichts und lernte nichts. »Denkt Euch, als ich ihn fragte, womit er sein Brot verdienen wollte, hat er gar verlangt, das Gruseln zu lernen.« – «Wenn's weiter nichts ist«, antwortete der Küster, »das kann er bei mir lernen; tut ihn nur zu mir, ich will ihn schon abhobeln.« Der Vater war es zufrieden, weil er dachte: »der Junge wird doch ein wenig zugestutzt.« Der Küster nahm ihn also ins Haus, und er mußte die Glocke läuten. Nach ein paar Tagen weckte er ihn um Mitternacht, hieß ihn aufstehen, in den Kirchturm steigen und läuten. »Du sollst schon lernen, was Gruseln ist«, dachte er, ging heimlich voraus, und als der Junge oben war und sich umdrehte und das Glockenseil fassen wollte, so sah er auf der Treppe, dem Schalloch gegenüber, eine weiße Gestalt stehen. »Wer da?« rief er, aber die Gestalt gab keine Antwort, regte und bewegte sich nicht. »Gib Antwort«, rief der Junge, »oder mache, daß du fortkommst, du hast hier in der Nacht nichts zu schaffen.« Der Küster aber blieb unbeweglich stehen, damit der Junge glauben sollte, es wäre ein Gespenst. Der Junge rief zum zweitenmal: »was willst du hier? sprich, wenn du ein ehrlicher Kerl bist, oder ich werfe dich die Treppe hinab.« Der Küster dachte: »das wird so schlimm nicht gemeint sein«, gab keinen Laut von sich und stand, als wenn er von Stein wäre. Da rief ihn der Junge zum drittenmale an, und als das auch vergeblich war, nahm er einen Anlauf und stieß das Gespenst die Treppe hinab, daß es zehn Stufen hinabfiel und in einer Ecke liegen blieb. Darauf läutete er die Glocke, ging heim, legte sich, ohne ein Wort zu sagen, ins Bett und schlief fort. Die Küsterfrau wartete lange Zeit auf ihren Mann, aber er wollte nicht wiederkommen. Da ward ihr endlich angst, sie weckte den Jungen und fragte: »weißt du nicht, wo mein Mann geblieben ist? er ist vor dir auf den Turm gestiegen.« – »Nein», antwortete der Junge, »aber da hat einer dem Schallloch gegenüber auf der Treppe gestanden, und weil er keine Antwort geben und auch nicht weggehen wollte, so habe ich ihn für einen Spitzbuben gehalten und hinuntergestoßen. Geht nur hin, so werdet Ihr sehen, ob er's gewesen ist, es sollte mir leid tun.« Die Frau sprang fort und fand ihren Mann, der in einer Ecke lag und jammerte und ein Bein gebrochen hatte.

Sie trug ihn herab und eilte dann mit lautem Geschrei zu dem Vater des Jungen. »Euer Junge«, rief sie, »hat ein großes Unglück angerichtet, meinen Mann hat er die Treppe hinabgeworfen, daß er ein Bein gebrochen hat: schafft den Taugenichts aus unserm Hause.« Der Vater erschrak, kam herbeigelaufen und schalt den Jungen aus. »Was sind das für gottlose Streiche, die muß dir der Böse eingegeben haben.« – »Vater«, antwortete er, »hört nur an, ich bin ganz unschuldig: er stand da in der Nacht wie einer, der Böses im Sinne hat. Ich wußte nicht, wer's war, und habe ihn dreimal ermahnt, zu reden oder wegzugehen.« – »Ach«, sprach der Vater, »mit dir erleb' ich nur Unglück, geh mir aus den Augen, ich will dich nicht mehr ansehen.« – »Ja, Vater, recht gerne, wartet nur, bis Tag ist, da will ich ausgehen und das Gruseln lernen, so versteh' ich doch eine Kunst, die mich ernähren kann.« – »Lerne, was du willst«, sprach der Vater, »mir ist alles einerlei. Da hast du fünfzig Taler, damit geh in die weite Welt und sage keinem Menschen, wo du her bist, und wer dein Vater ist; denn ich muß mich deiner schämen.« – »Ja, Vater, wie Ihr's haben wollt, wenn Ihr nicht mehr verlangt, das kann ich leicht in acht behalten.«

Als nun der Tag anbrach, steckte der Junge seine fünfzig Taler in die Tasche, ging hinaus auf die große Landstraße und sprach immer vor sich hin: »wenn mir's nur gruselte! wenn mir´s nur gruselte!« Da kam ein Mann heran, der hörte das Gespräch, das der Junge mit sich selber führte, und als sie ein Stück weiter waren, daß man den Galgen sehen konnte, sagte der Mann zu ihm: »siehst du, dort ist der Baum, wo siebene mit des Seilers Tochter Hochzeit gehalten haben und jetzt das Fliegen lernen: setz dich darunter und warte, bis die Nacht kommt, so wirst du schon das Gruseln lernen.« – «Wenn weiter nichts dazu gehört«, antwortete der Junge, »das ist leicht getan; lerne ich aber so geschwind das Gruseln, so sollst du meine fünfzig Taler haben: komm nur morgen früh wieder zu mir.« Da ging der Junge zu dem Galgen, setzte sich darunter und wartete, bis der Abend kam.

Und weil ihn fror, machte er sich ein Feuer an: aber um Mitternacht ging der Wind so kalt, daß er trotz des Feuers nicht warm werden wollte. Und als der Wind die Gehenkten gegeneinander stieß, daß sie sich hin und her bewegten, so dachte er: »du frierst unten bei dem Feuer, was mögen die da oben erst frieren und zappeln.« Und weil er mitleidig war, legte er die Leiter an, stieg hinauf, knüpfte einen nach dem andern los und holte sie alle siebene herab. Darauf schürte er das Feuer, blies es an und setzte sie rings herum, daß sie sich wärmen sollten. Aber sie saßen da und regten sich nicht, und das Feuer ergriff ihre Kleider. Da sprach er: »nehmt euch in acht, sonst häng' ich euch wieder hinauf.« Die Toten aber hörten nicht, schwiegen und ließen ihre Lumpen fort brennen. Da ward er bös und sprach: »wenn ihr nicht acht geben wollt, so kann ich euch nicht helfen, ich will nicht mit euch verbrennen«, und hing sie nach der Reihe wieder hinauf. Nun setzte er sich zu seinem Feuer und schlief ein, und am andern Morgen, da kam der Mann zu ihm, wollte die funfzig Taler haben und sprach: »nun, weißt du, was Gruseln ist?« – »Nein«, antwortete er, »woher sollte ich's wissen? die da droben haben das Maul nicht aufgetan und waren so dumm, daß sie die paar alten Lappen, die sie am Leibe haben, brennen ließen.« Da sah der Mann, daß er die fünfzig Taler heute nicht davontragen würde, ging fort und sprach: »so einer ist mir noch nicht vorgekommen.«

Der Junge ging auch seines Weges und fing wieder an vor sich hin zu reden: »ach, wenn mir's nur gruselte! Ach, wenn mir nur gruselte!« Das hörte ein Fuhrmann, der hinter ihm herschritt, und fragte: »wer bist du?« – »Ich weiß nicht«, antwortete der Junge. Der Fuhrmann fragte weiter: „wo bist du her?" – „Ich weiß nicht." – »Wer ist dein Vater?« – »Das darf ich nicht sagen.« – »Was brummst du beständig in den Bart hinein?« – »Ei«, antwortete der Junge, »ich wollte, daß mir's gruselte, aber niemand kann mir's lehren.« – »Laß dein dummes Geschwätz«, sprach der Fuhrmann, »komm, geh mit mir, ich will sehen, daß ich dich unterbringe.« Der Junge ging mit dem Fuhrmann, und abends gelangten sie zu einem Wirtshaus, wo sie übernachten wollten. Da sprach er beim Eintritt in die Stube wieder ganz laut: »wenn mir's nur gruselte! wenn mir's nur gruselte!« Der Wirt, der das hörte, lachte und sprach: »wenn dich danach lüstet, dazu sollte hier wohl Gelegenheit sein.« – »Ach, schweig stille«, sprach die Wirtsfrau, »so mancher Vorwitzige hat schon sein Leben eingebüßt, es wäre Jammer und Schade um die schönen Augen, wenn die das

Tageslicht nicht wieder sehen sollten.« Der Junge aber sagte: »wenn‘s noch so schwer wäre, ich will‘s einmal lernen, deshalb bin ich ja ausgezogen.« Er ließ dem Wirt auch keine Ruhe, bis dieser erzählte, nicht weit davon stände ein verwünschtes Schloß, wo einer wohl lernen könnte, was Gruseln wäre, wenn er nur drei Nächte darin wachen wollte. Der König hätte dem, der´s wagen wollte, seine Tochter zur Frau versprochen, und die wäre die schönste Jungfrau, welche die Sonne beschien: in dem Schlosse steckten auch große Schätze, von bösen Geistern bewacht, die würden dann frei und könnten einen Armen reich genug machen. Schon viele wären wohl hinein, aber noch keiner wieder herausgekommen. Da ging der Junge am andern Morgen vor den König und sprach: »wenn‘s erlaubt wäre, so wollte ich wohl drei Nächte in dem verwünschten Schlosse wachen.« Der König sah ihn an, und weil er ihm gefiel, sprach er: »du darfst dir noch dreierlei ausbitten, aber es müssen leblose Dinge sein, und das darfst du mit ins Schloß nehmen.« Da antwortete er: »so bitt‘ ich um ein Feuer, eine Drehbank und eine Schnitzbank mit dem Messer.«
Der König ließ ihm das alles bei Tage in das Schloß tragen. Als es Nacht werden wollte, ging der Junge hinauf, machte sich in einer Kammer ein helles Feuer an, stellte die Schnitzbank mit dem Messer daneben und setzte sich auf die Drehbank. »Ach, wenn mir´s nur gruselte!« sprach er, »aber hier werde ich‘s auch nicht lernen.« Gegen Mitternacht wollte er sich sein Feuer einmal aufschüren: wie er so hineinblies, da schrie‘s plötzlich aus einer Ecke: »au, miau! was uns friert!« – »Ihr Narren«, rief er, »was schreit ihr? wenn euch friert, kommt, setzt euch ans Feuer und wärmt euch.« Und wie er das gesagt hatte, kamen zwei große schwarze Katzen in einem gewaltigen Sprunge herbei, setzten sich ihm zu beiden Seiten und sahen ihn mit ihren feurigen Augen ganz wild an. Über ein Weilchen, als sie sich gewärmt hatten, sprachen sie: »Kamerad, wollen wir eins in der Karte spielen?« – »Warum nicht?« antwortete er, »aber zeigt einmal eure Pfoten her.« Da streckten sie die Krallen aus. »Ei«, sagte er, »was habt ihr lange Nägel! wartet, die muß ich euch erst abschneiden.« Damit packte er sie beim Kragen, hob sie auf die Schnitzbank und schraubte ihnen die Pfoten fest. »Euch habe ich auf die Finger gesehen«, sprach er, »da vergeht mir die Lust zum Kartenspiel«, schlug sie tot und warf sie hinaus ins Wasser. Als er aber die zwei zur Ruhe gebracht hatte und sich wieder zu seinem Feuer setzen wollte, da kamen aus allen Ecken und Enden schwarze Katzen und schwarze Hunde

an glühenden Ketten, immer mehr und mehr, daß er sich nicht mehr bergen konnte: die schrieen greulich, traten ihm auf sein Feuer, zerrten es auseinander und wollten es ausmachen. Das sah er ein Weilchen ruhig mit an, als es ihm aber zu arg ward, faßte er sein Schnitzmesser und rief: »fort mit dir, du Gesindel«, und haute auf sie los. Ein Teil sprang weg, die andern schlug er tot und warf sie hinaus in den Teich. Als er wiedergekommen war, blies er aus den Funken sein Feuer frisch an und wärmte sich. Und als er so saß, wollten ihm die Augen nicht länger offen bleiben, und er bekam Lust zu schlafen. Da blickte er um sich und sah in der Ecke ein großes Bett; »das ist mir eben recht«, sprach er und legte sich hinein. Als er aber die Augen zutun wollte, so fing das Bett von selbst an zu fahren und fuhr im ganzen Schloß herum. »Recht so«, sprach er, »nur besser zu.« Da rollte das Bett fort, als wären sechs Pferde vorgespannt, über Schwellen und Treppen auf und ab: auf einmal hopp hopp! warf es um, das Unterste zu oberst, daß es wie ein Berg auf ihm lag. Aber er schleuderte Decken und Kissen in die Höhe, stieg heraus und sagte: »nun mag fahren, wer Lust hat«, legte sich an sein Feuer und schlief, bis es Tag war. Am Morgen kam der König, und als er ihn da auf der Erde liegen sah, meinte er, die Gespenster hätten ihn umgebracht, und er wäre tot. Da sprach er: »es ist doch schade um den schönen Menschen.« Das hörte der Junge, richtete sich auf und sprach: »so weit ist's noch nicht!« Da verwunderte sich der König, freute sich aber und fragte, wie es ihm gegangen wäre. »Recht gut«, antwortete er, »eine Nacht wäre herum, die zwei andern werden auch herumgehen.« Als er zum Wirt kam, da machte der große Augen. »Ich dachte nicht«, sprach er, »daß ich dich wieder lebendig sehen würde; hast du nun gelernt, was Gruseln ist?« – »Nein«, sagte er, »es ist alles vergeblich: wenn mir's nur einer sagen könnte!«

Die zweite Nacht ging er abermals hinauf ins alte Schloß, setzte sich zum Feuer und fing sein altes Lied wieder an: »wenn mir´s nur gruselte!« Wie Mitternacht herankam, ließ sich ein Lärm und Gepolter hören, erst sachte, dann immer stärker, dann war's ein bißchen still, endlich kam mit lautem Geschrei ein halber Mensch den Schornstein herab und fiel vor ihn hin. »Heda!« rief er, »noch ein halber gehört dazu, das ist zuwenig.« Da ging der Lärm von frischem an, es tobte und heulte, und fiel die andere Hälfte auch herab. »Wart«, sprach er, »ich will dir erst das Feuer ein wenig anblasen.« Wie er das getan hatte und sich wieder umsah, da waren die beiden Stücke zusammengefahren, und saß da ein greulicher Mann auf seinem Platz. »So haben wir nicht gewettet«, sprach der Junge, »die Bank ist mein.« Der Mann wollte ihn wegdrängen, aber der Junge ließ sich's nicht gefallen, schob ihn mit Gewalt weg und setzte sich wieder auf seinen Platz. Da fielen noch mehr Männer herab, einer nach dem andern, die holten neun Totenbeine und zwei Totenköpfe, setzten auf und spielten Kegel. Der Junge bekam auch Lust und fragte: »hört ihr, kann ich mit sein?« – »Ja, wenn du Geld hast.« – »Geld genug«, antwortete er, »aber eure Kugeln sind nicht recht rund.« Da nahm er die Totenköpfe, setzte sie in die Drehbank und drehte sie rund. »So, jetzt werden sie besser schüppeln«, sprach er, »heida! nun geht's lustig!« Er spielte mit und verlor etwas von seinem Geld, als es aber zwölf Uhr schlug, war alles vor seinen Augen verschwunden. Er legte sich nieder und schlief ruhig ein. Am andern Morgen kam der König und wollte sich erkundigen. »Wie ist dir's diesmal gegangen?« fragte er. – »Ich habe gekegelt«, antwortete er, »und ein paar Heller verloren.« – »Hat dir denn nicht gegruselt?« – »Ei was«, sprach er, »lustig hab' ich mich gemacht. Wenn ich nur wüßte, was Gruseln wäre!«

In der dritten Nacht setzte er sich wieder auf seine Bank und sprach ganz verdrießlich: »wenn es mir nur gruselte!« Als es spät ward, kamen sechs große Männer und brachten eine Totenlade hereingetragen. Da sprach er: »ha, ha, das ist gewiß mein Vetterchen, das erst vor ein paar Tagen gestorben ist«, winkte mit dem Finger und rief: »komm, Vetterchen, komm!« Sie stellten den Sarg auf die Erde, er aber ging hinzu und nahm den Deckel ab: da lag ein toter Mann darin. Er fühlte ihm ans Gesicht, aber es war kalt wie Eis. »Wart«, sprach er, »ich will dich ein bißchen wärmen«, ging ans Feuer, wärmte seine Hand und legte sie ihm aufs Gesicht, aber der Tote blieb kalt.

Nun nahm er ihn heraus, setzte sich ans Feuer und legte ihn auf seinen Schoß und rieb ihm die Arme, damit das Blut wieder in Bewegung kommen sollte. Als auch das nichts helfen wollte, fiel ihm ein: »wenn zwei zusammen im Bett liegen, so wärmen sie sich«, brachte ihn ins Bett, deckte ihn zu und legte sich neben ihn. Über ein Weilchen ward auch der Tote warm und fing an sich zu regen. Da sprach der Junge: »siehst du, Vetterchen, hätt' ich dich nicht gewärmt!« Der Tote aber hub an und rief: »jetzt will ich dich erwürgen.« – »Was«, sagte er, »ist das dein Dank? Gleich sollst du wieder in deinen Sarg«, hub ihn auf, warf ihn hinein und machte den Deckel zu; da kamen

die sechs Männer und trugen ihn wieder fort. »Es will mir nicht gruseln«, sagte er, »hier lerne ich's mein Lebtag nicht.«
Da trat ein Mann herein, der war größer als alle andere und sah fürchterlich aus; er war aber alt und hatte einen langen weißen Bart. »O du Wicht«, rief er, »nun sollst du bald lernen, was Gruseln ist; denn du sollst sterben.« – »Nicht so schnell«, antwortete der Junge, »soll ich sterben, so muß ich auch dabei sein.« – »Dich will ich schon packen«, sprach der Unhold. – »Sachte, sachte, mach dich nicht so breit; so stark wie du bin ich auch und wohl noch stärker.« – »Das wollen wir sehn«, sprach der Alte, »bist du stärker als ich, so will ich dich gehn lassen; komm, wir wollen's versuchen.« Da führte er ihn durch dunkle Gänge zu einem Schmiedefeuer, nahm eine Axt und schlug den einen Amboß mit einem Schlag in die Erde. »Das kann ich noch besser«, sprach der Junge und ging zu dem andern Amboß: der Alte stellte sich neben hin und wollte zusehen, und sein weißer Bart hing herab. Da faßte der Junge die Axt, spaltete den Amboß auf einen Hieb und klemmte den Bart des Alten mit hinein.
»Nun hab' ich dich«, sprach der Junge, »jetzt ist das Sterben an dir.« Dann faßte er eine Eisenstange und schlug auf den Alten los, bis er wimmerte und bat, er möchte aufhören, er wollte ihm große Reichtümer geben. Der Junge zog die Axt raus und ließ ihn los. Der Alte führte ihn wieder ins Schloß zurück und zeigte ihm in einem Keller drei Kasten voll Gold. »Davon«, sprach er, »ist ein Teil den Armen, der andere dem König, der dritte dein.« Indem schlug es zwölfe, und der Geist verschwand, also daß der Junge im Finstern stand. »Ich werde mir doch heraushelfen können«, sprach er, tappte herum, fand den Weg in die Kammer und schlief dort bei seinem Feuer ein. Am andern Morgen kam der König und sagte: »nun wirst du gelernt haben, was Gruseln ist?« — »Nein«, antwortete er, »was ist's nur? Mein toter Vetter war da, und ein bärtiger Mann ist gekommen, der hat mir da unten viel Geld gezeigt, aber was Gruseln ist, hat mir keiner gesagt.« Da sprach der König: »du hast das Schloß erlöst und sollst meine Tochter heiraten.« – »Das ist all recht gut«, antwortete er, »aber ich weiß noch immer nicht, was Gruseln ist.«
Da ward das Gold heraufgebracht und die Hochzeit gefeiert, aber der junge König, so lieb er seine Gemahlin hatte und so vernügt er war, sagte doch immer: »wenn mir nur gruselte, wenn mir nur gruselte.« Das verdroß sie endlich. Ihr Kammermädchen sprach: »ich will Hilfe schaffen, das Gruseln soll er schon lernen.« Sie ging hinaus zum

Bach, der durch den Garten floß, und ließ sich einen ganzen Eimer voll Gründlinge holen. Nachts, als der junge König schlief, mußte seine Gemahlin ihm die Decke wegziehen und den Eimer voll kalt Wasser mit den Gründlingen über ihn herschütten, daß die kleinen Fische um ihn herum zappelten. Da wachte er auf und rief: »ach, was gruselt mir, was gruselt mir, liebe Frau! Ja, nun weiß ich, was Gruseln ist.«

Kommentar

Das Märchen der Brüder Grimm »Von einem, der auszog, das Fürchten zu lernen« schildert genau das Gegenteil einer Angststörung bzw. einer durch Angststörung geplagten Persönlichkeit bzw. einer ängstlichen Persönlichkeitsstörung. Der naive und in seinem Denken einfach strukturierte Protagonist wird als jemand dargestellt, der keinerlei Angst vor etwas empfindet, der nie das »Gruseln« erlebt hat. Er wird von seinem Vater in die Welt geschickt, um sich zu bewähren, um das »Gruseln« kennen zu lernen. Der Protagonist geht in viele, bei anderen Menschen angstauslösende Situationen hinein. Es kommt zu leichten und schwierigen Bewährungsproben, die er besteht. Er kann so schließlich eine Königstochter als seine Frau gewinnen. Weil er so unängstlich ist, gelingt es ihm, die jeweiligen an ihn herangetragenen Aufgaben in einer für alle anderen Beteiligten nicht erwarteten Weise zu lösen. Natürlich hätte die ganze Geschichte auch schlimm ausgehen können, denn Angst und Furcht ist entwicklungsgeschichtlich betrachtet ein sehr sinnvolles Verhaltensmuster, das den Menschen schützt vor bedrohlichen Wesen/Situationen. Ein völlig unängstlicher Mensch kann in Situationen kommen, die er nicht mehr bewältigen kann und die für ihn lebensbedrohlich sind. In dem hier abgedruckten Märchen wird diese Alternative nicht dargestellt. Der Bezug zu den phobischen Störungen bzw. Angststörungen ergibt sich im Schlussteil des Märchens, wenn es den Protagonisten erstmals gruselt, als ihm die Königstochter Fische in sein Bett schüttet. In dieser Situation reagiert er offensichtlich phobisch auf Lebewesen, die an sich keine Gefahr bedeuten, die aber wegen ihrer Kälte, Feuchtigkeit, Schleimigkeit und Zappeligkeit doch bei vielen Menschen unangenehme Gefühle hervorrufen.

Armin Ayren

Buhl oder Der Konjunktiv

aus: Armin Ayren. Buhl oder Der Konjunktiv.

Einführung

Der Schriftsteller und Literaturkritiker Armin Ayren (Jahrgang 1934), der viele Jahre als Lehrer und Hochschuldozent (Aix-en-Provence, Toulouse, Mailand, Nizza) tätig war, wurde nicht zuletzt vom allenthalben umfassend zu beklagenden Verfall des korrekten Gebrauchs des Konjunktivs zu seinem Roman »Buhl oder Der Konjunktiv« (1982) angeregt: Ein Mann fährt an den Lago Maggiore, um dort einen Roman zu schreiben. Ein Bekannter namens Buhl, der Ex-Mann seiner Frau Else, hat ihm einen Turm oberhalb von Cannobio zur Verfügung gestellt. Buhl selbst ist verschwunden, hat aber auf dem Schreibtisch Hefte zurückgelassen, die wiederum von einem Studienrat namens Mürzig erzählen, der mit seinen Schülern exzessiv den Konjunktiv durchnimmt, was ihm zunächst Schwierigkeiten mit seinem Vorgesetzten einträgt. Immer mehr verbeißt sich dieser Mürzig in die Probleme des Konjunktivs, der für ihn längst nicht mehr nur eine grammatische Form ist, sondern zur fundamentalistischen Lebensphilosophie und omnipotenten Weltanschauung wird. Mürzig findet aus dem Konjunktiv nicht mehr hinaus. Konjunktiv I und Konjunktiv II werden ihm zum alles beherrschenden Zwang, denn Sprache und Existenz sind ihm eins: der Konjunktiv als die Möglichkeit, das Leben nicht nur von indikativischen Realitäten beherrscht zu erfahren. In der Zwanghaftigkeit wird für Mürzig der Konjunktiv jedoch auch zur Versuchung, formale Fragen bis ins Aberwitzige, Absurd-Groteske hinein zu steigern.
Es gibt kaum einen Roman der zeitgenössischen Literatur, in dem Sprachkritik, Linguistik, Sprachphilosophie und unterhaltsam-spannendes Erzählen auf derart virtuose Weise verknüpft sind. Der über den Abenteuerroman promovierte Germanist und Romanist Ayren ist eine der wenigen sprachwissenschaftlichen Autoritäten auf dem Gebiet des Konjunktivs.

Weiterführende Literatur:
Armin Ayren: Über den Konjunktiv. Isele 1992

Buhl oder Der Konjunktiv

Mürzig will nicht mehr nur die Leute zum richtigen Sprechen bringen, er will die Sprache selbst dorthin bringen, wohin sie, wie er findet, gehört. Mürzig haßt die schwachen Verben.

Aber er gibt diesem Haß nicht einfach nach, er läßt ihn nur langsam in sich wachsen, er sucht sich Gründe dafür. Ein Grund ist, daß manche schwachen Verben stark und die starken dafür schwach sind. *Stehen, sitzen, liegen,* diese Verben drücken einen Zustand aus, Passivität, mithin Schwächen; *stellen, setzen, legen* dagegen eine Handlung, also etwas Aktives, Starkes. Ebenso ist es bei anderen Doppelverben, bei *hängen* und *bangen,* bei *stecken* und *erschrecken. Er erschreckte* ist schwach und müßte stark sein, *er erschrak* ist stark und müßte schwach sein.
Aber da kann man nicht mehr viel machen. Das ist so widersinnig wie der männliche Löffel und die weibliche Gabel. Seht sie euch doch an! eifert Mürzig und streckt der Klasse sein mitgebrachtes Besteck entgegen, seht euch diese Formen an!
In Buhls ersten Kapiteln hat sich Mürzig darauf beschränkt, für die aussterbenden alten Konjunktiv II-Formen zu kämpfen, *büke, schlüge, mölke, stürbe,* vor allem für die *ü*-Formen, wo es auch die mit *ä* gibt: *er stünde* ist tausendmal schöner als *er stände,* und wer dafür *er würde stehen* sagt, gehört an einen Pranger mit einem riesigen Schild: *Ich Sprachverhunzer.*
Jetzt geht Mürzig weiter. Er beginnt beim Sprechen darauf zu achten, daß er keine schwachen Verben in der Vergangenheit mehr verwendet. Dieses kraftlose Zeug bleibt ihm im Halse stecken: *er rechnete, er wedelte, er wendete, redete, wechselte, werkelte, tätschelte.* Leerlauf, Langeweile. Auf die Miste damit. Aber selbst die zweisilbigen schwachen Verben läßt Mürzig nicht mehr gelten. *Er holte, sparte, nannte:*
warum nicht *er hal, spur, nann?*
Mürzig legt sich Listen an.
Fragen, frug; tragen, trug; sagen, sug; plagen, plug;
backen, buk; hacken, huk;
bieten, bot; mieten, mot;
die Konjunktivformen heißen dann *süge, plüge, hüke, möte.* Das muß nur

ganz konsequent durchgeführt werden, dann wird die Sprache wieder kräftig und schön.
Leiden, litt; weiden, witt; oder *meiden, mied; weiden, wied. Schwellen, schwoll; bellen, boll.* Hüke der Bauer das Feld, wüchse dort mehr, und die Kuh witte dort lieber. Dazu bölle der Hund.
Aber Mürzig begnügt sich nicht mit Analogiebildungen. Weg mit allen schwachen Verben. Mürzig macht sie stark. *Reizen, ritz; heizen, hitz; spreizen, spritz. Er rötze, hötze, sprötze. Blitzen, blotz, geblotzen; schwitzen, schwotz, geschwotzen,* ebenso gehen *erhitzen, flitzen, stibitzen, ritzen* und so weiter. *Verschranken, verschrank, verschrünke; verwehren, verwohr, verwöhre; sperren, sporr, spörre.* Oder so: *stützen, stauz, stäuze; nützen, nauz, nuuze.* Die Fremdwörter sind besonders häßlich, die deutscht Mürzig ein. *Frieren, fror, fröre,* demnach auch *integrieren, integror, integröre.* Annulöre jemand diese Neuerungen, er pervertöre die Kraft der zu sich selbst gebrungenen Sprache. So einen, denkt Mürzig, spörre ich ins Gefängnis, der hätte uns geschwochen.
Hier hält Buhl inne. Mürzig sperrt niemand ein, er wird höchstens selbst eingesperrt, ins Irrenhaus. Buhl rettet ihn, er schickt ihn fort, Mürzig wandert aus und gründet eine Konjunktiv-Republik, ein Land weit droben im Gebirg, noch unentdeckt, noch auf keiner Karte verzeichnet, Mürzig-Land. Mürzig wird dort Alleinherrscher sein, wird das Land bevölkern, wird alle Kinder, die dort aufwachsen, in der neuen Sprache erziehen; das werden glückliche Kinder sein und ihre Sprache die reine Musik.

Kommentar

Die Zwangsstörung wird geprägt durch Zwangsgedanken, Zwangsbefürchtungen, Zwangshandlungen. Als Zwänge bezeichnet man Inhalt oder Handlungen, die sich immer wieder aufdrängen, vom Kranken als irrational erkannt werden, aber nicht unterdrückt werden können. Sie werden vom Patienten als ihm zugehörig empfunden, sind also nicht wie bei einer Psychose von außen gemacht. Beim Versuch sie zu unterdrücken, kommt es meist zu unerträglicher Angst und Spannung. Der Kranke fühlt sich seinen Zwängen in quälender Weise ausgeliefert. Die Zwänge beanspruchen oft einen Großteil seiner Tageszeit.
Bei der Geschichte von Armin Ayren »Buhl oder Der Konjunktiv« handelt es sich wahrscheinlich nicht um eine Zwangsstörung im eben dargestellten Sinne. Zwar

kommt es zu zwangsartig anmutenden Umgangsweisen mit der Sprache, es fehlen aber Hinweise darauf, dass diese Verhaltensweisen vom Protagonisten als irrational erkannt werden. Ganz im Gegenteil, er findet seine Sichtweise der Sprache, die er mit Engagement und Nachdruck vermitteln möchte, und als eine Art wichtige Lebensaufgabe eines von seiner erzieherischen Aufgabe begeisterten Lehrers; einer Art Berufung.
Insgesamt scheint es sich bei dem Protagonisten eher um eine akzentuierte, kauzige Persönlichkeit zu handeln, die vielleicht zwanghafte Persönlichkeitszüge hat und überwertige Ideen bezüglich seiner beruflichen Aufgaben im Hinblick auf die deutsche Sprache. Eine Zwangsstörung im oben diskutierten Sinne liegt nicht vor.

Ernst Weiß

Der Augenzeuge

aus: Ernst Weiß. Der Augenzeuge.

Einführung

Der Lyriker, Dramatiker und Romancier Ernst Weiß (1882 bis 1940) ist einer der wichtigsten Repräsentanten der pragerdeutschen Literatur. Vier Jahre nach der Geburt stirbt der Vater. Dieser Verlust wird eines der zentralen Motive des späteren literarischen Werks. Ernst Weiß studierte Medizin in Prag und Wien, hörte zeitweilig bei Freud, arbeitete als Chirurg in Bern, Berlin und Wien unter Prof. Julius Schnitzler, einem Bruder des Arztes und Schriftstellers Arthur Schnitzler (1862–1931). Zur Ausheilung einer Lungentuberkulose fuhr der Freund Franz Kafkas 1913 als Schiffsarzt nach Indien und Japan.

Nach Erscheinen seines ersten Romans »Die Galeere« (1913), der Geschichte eines Röntgenologen und Strahlenphysikers, erlebte Weiß den Ersten Weltkrieg als Regimentsarzt an der Ostfront und wurde mit der Tapferkeitsmedaille ausgezeichnet. Danach arbeitete er als Chirurg an einem Prager Krankenhaus und übersiedelte 1921 nach Berlin.

Es folgten literarisch produktive und erfolgreiche Jahre. So erschien 1931 der Roman »Georg Letham, Arzt und Mörder« (Letham ist ein Anagramm von Hamlet). Nach dem Reichstagsbrand 1933 reiste Weiß nach Prag und pflegte dort seine sterbenskranke Mutter bis zu deren Tod 1934. Eigenen Angaben zufolge ist diese Zeit mit einer schweren Depression verbunden. 1934 emigrierte der Autor nach Paris. Der Roman »Der Gefängnisarzt oder Die Vaterlosen« erschien.

Literarisch war Weiß vor allem mit Thomas Mann und Stefan Zweig verbunden. Zuletzt arbeitete er an seinem Roman »Der Augenzeuge«. In einer fiktiven Autobiographie erzählt der namenlos bleibende süddeutsche Psychiater seine Lebensgeschichte von der Jahrhundertwende bis zur Zeit des Spanischen Bürgerkriegs. Einer seiner Patienten wird der kriegsblinde Gefreite A. H. Hinter dieser Abkürzung verbirgt sich zweifellos Adolf Hitler, dessen ihn einst behandelnder Psychiater Prof. Edmund Forster dem Arzt Ernst Weiß seine eigenen Aufzeichnungen zu Hitler in Paris zugespielt hatte, ehe er 1933 von der Gestapo zum Selbstmord gezwungen

wurde. Im Zentrum des Romans »Der Augenzeuge« steht ein Ereignis: Ein Psychiater heilt durch Hypnose und Autosuggestion im Lazarett zu P. anno 1918 den Patienten A. H. von einer eingebildeten hysterischen Blindheit. Von seinen politischen Vorstellungen und von seinem Hass kann der Arzt seinen Patienten nicht befreien. Indem er ihm aber sein Selbstvertrauen zurückgibt, wird er – aus seiner eigenen Sicht – mitverantwortlich an dessen furchtbarer Karriere. So jedenfalls interpretiert es dieser Arzt. Und dies ist der Grund seines bohrenden Verzweifelns.
Am Tag des Einmarsches deutscher Truppen 1940 in Paris beging Ernst Weiß Selbstmord. Sein Roman »Der Augenzeuge« erschien erst 1963.

Weiterführende Literatur:
Gerhard Köpf: Hitlers psychogene Erblindung. In: Nervenheilkunde 24/2005

Der Augenzeuge

Das Los eines mit hysterischer Blindheit geschlagenen Menschen ist immer sehr schwer. Er ist mehr Krüppel als einer, der auf zwei Prothesen daherhumpelt. Er ist unglücklicher als ein ›echter Blinder‹. Ein solcher Mensch findet sich oft sehr schnell mit seinem Unglück ab. Die echten Blinden sehen nach innen. Sie arbeiten sehr gerne, sind anstellig, bescheiden, lernen ein Blindengewerbe ausüben, lernen Blindenschrift lesen. Oft gründen sie eine Familie, und man ist überrascht von ihrem zufriedenen Gesichtsausdruck. Man bemitleidet sie, was sie gar nicht wollen, und hilft ihnen. Anders ist es aber mit den hysterisch Blinden. Hier im Lazarett hatte H. gut Sympathien sammeln. Er war hier noch von Staats wegen und auf Staatskosten untergebracht, er litt keine äußere Not, hatte sogar viel Gesellschaft, er war mit allem Nötigen versehen. Der Krieg ging aber zweifellos seinem Ende entgegen. Was konnte dann für diesen Mann kommen? Wer nahm ihn auf? Nicht die Blindenanstalt, nicht die Heimatgemeinde, nicht einmal eine Irrenanstalt. Er hatte keine Familie, seine Heimat war die Kaserne. Er war nicht richtig avanciert, denn der Unteroffizier beginnt erst beim Sergeanten, aber er war ein guter Soldat, der Gefreite. Er war Soldat, Soldat, Soldat und sonst nichts.
Aber selbst wenn die alte Armee weiter bestünde, was sollte sie mit

einem Menschen beginnen, der nicht sehen konnte? Er, der schon einmal beinahe gebettelt hatte, der auf Hausieren mit Postkarten angewiesen war, er konnte weiter betteln; Postkarten zu bemalen war er aber nicht mehr imstande.
War ihm zu helfen? Ich dachte lange nach, und endlich ging es mir auf. Ich konnte versuchen, durch eine ingeniöse Verkuppelung seiner zwei Leiden mit seinem Geltungstrieb, seinem Gottähnlichkeitstrieb, seiner Überenergie einen Weg zu finden, ihn von seinen Symptomen zu befreien. Daß ich ihn damit nicht von seiner Grundkrankheit heilen konnte, gestand ich mir nicht ein. Da war ich blind. Ich wollte es nicht sehen, weil mich eine Art Leidenschaft ergriffen hatte. Auch ich wollte wirken, ich mußte handeln. Ich wollte herrschen, und jedeTat ist mehr oder weniger ein Herrschen, ein Verändern, ein Sich-über-das-Schicksal-aktiv-Erheben. Auch H. hatte sich über das Schicksal erhoben. Er wurde lieber blind, als daß er sich den Untergang Deutschlands ansah. Seine Blindheit war ein Zeichen seines außergewöhnlich starken Willens.
Ich mußte diesen Mann, der bei aller seiner Nüchternheit beim Wein in seinem Größenwahn ein hemmungsloser Phantast war, mit der Phantasie fassen. Er, der vielleicht im einzelnen nicht immer mit Absicht, Ziel und Zweck log, sondern im ganzen ein Stück gigantischer Lüge war, für den es keine absolute Wahrheit gab, sondern nur die Wahrheit seiner Phantasie, seines Strebens, seiner Triebe, ihm mußte ich nicht mit logischen Überlegungen, sondern mit einer großartigen Lüge kommen, um ihn zu überwältigen.
Ich ließ ihm durch den ihm so sehr gewogenen Unteroffizier mitteilen, ich interessiere mich für seinen Fall, der etwas Außergewöhnliches sei und der vielleicht in einer Stunde geheilt sein könne, und ich würde ihn im Laufe des Tages sofort holen lassen, sobald ich eine freie Minute hätte. Er setzte eine abweisende Miene auf, berichtete man mir, vielleicht hatte er Angst, ich könnte ihn durchschaut haben. Ich ließ ihn gar nicht erst kommen. Ich hatte tatsächlich andere Arbeit genug. Er sollte gespannt sein. Er sollte nach mir rufen, er sollte mich sehnsüchtig erwarten, und er war es, der eines Abends durch den verlassenen Korridor angetappt kam und Einlaß begehrte. Ich ließ ihn eintreten, schrieb aber seelenruhig weiter, das Kritzeln der Feder mußte er hören. Er wagte nicht, mich anzusprechen. Ich ließ ihn stehen und ging aus dem Raum. Er kehrte erst viel später in den Korridor zurück.

Ich ließ mir Zeit. Ich wußte, er schlief jetzt gar nicht mehr. Die Aussicht, ich könne ihm den Schlaf wiedergeben, erregte ihn so, daß er nicht einmal zwei bis drei Stunden schlief, was er vorher getan hatte. Endlich glaubte ich, er sei vorbereitet. Ich ließ ihn eintreten, zündete zwei Kerzen an und begann, seine Augen mit dem Augenspiegel zu untersuchen. Die Hornhaut spiegelte, sie war glatt, die Bindehaut war etwas gerötet, eine Folge der Schlaflosigkeit. Die Augen, etwas hervorstehende, blaugraue Augen von merkwürdig stechendem, bestechendem Ausdruck, tränten ein wenig. In seinen Zügen drückte sich furchtbare Spannung aus, ich sah, er fürchtete, ich würde ihm sagen, was ihm bisher alle Ärzte und der jüdische Pfleger gesagt hatte, daß er lüge, daß seine Augen gesund seien und daß er doch sehen *müsse,* wenn er nur wolle.
Ich tat das Gegenteil. Aufseufzend tat ich den Augenspiegel wieder in das Futteral zurück, löschte die Kerzen aus und sprach im Dunkel mit ihm. Eigentlich war es ja nur für mich dunkel geworden, für ihn war es immer so gewesen seit seinem Abgang oder seiner Flucht von der Front. Ich sagte ihm, meine ursprüngliche Ansicht habe sich nach verschiedenen Zweifeln doch als wahr erwiesen, seine Augen seien durch das Gelbkreuz furchtbar geschädigt, er könnte tatsächlich nichts sehen. Ich hörte ihn aufatmen. Ich fügte hinzu, ich hätte auch niemals annehmen können, daß er, ein reiner Arier, ein guter Soldat, ein Ritter des Eisernen Kreuzes Erster Klasse, lüge und etwas vortäusche, das nicht bestehe.
Leider sei damit auch meine Möglichkeit, ihm zu helfen, abgeschnitten. Es wäre mir ein leichtes gewesen, ihn von seiner Schlaflosigkeit zu befreien, wenn er meinen Blick hätte aufnehmen können oder wenn er seinen Blick auf irgendein glänzendes Objekt hätte konzentrieren können. Die Hypnose wirke durch das Auge. Blinde könne man nicht hypnotisieren, ich wenigstens könne es nicht. Jedermann müsse sich in alles schicken, gegen das Schicksal sei nichts zu tun. Außer diesen wenigen Sätzen sagte ich nichts. Er tat, als wolle er von seinem Stuhl aufstehen und fortgehen, aber ich hatte ihn schon gebannt, und er setzte sich wieder hin. Er schüttelte den Kopf. Er wehrte sich gegen mich, aber jetzt war ich der Stärkere, da ich auf die Unterseele dieses Menschen wirkte. Denn im Grunde seiner Seele wollte er wieder sehen, und sein Wunsch war, ich sollte ihn mit Gewalt dazu zwingen. Voll Freude an meiner Übermacht fühlte ich, ich hatte ihn in der Gewalt. Ohne es ihm zu befehlen, dachte ich mit aller

Energie daran, er solle seine Hände über dem Schoß falten. Er tat es. Er solle an seinem Eisernen Kreuz nesteln, als wollte er es abnehmen. Er gehorchte. Ich befahl ihm, er solle mir sein Geheimnis mit den Frauen mitteilen. Ich überwand den Widerstand, und er sprach. Ich befahl ihm, er solle den rechten Arm ausstrecken, er zögerte, aber dann tat er auch dies.

Kein Wort mehr, ich wußte, was ich wissen mußte. Alles ging jetzt stumm vor sich, Geist gegen Geist. Ich sah, er hatte Durst. Ich brachte ihm kein Wasser, wozu auch? Es wäre Wahnsinn gewesen, die Sitzung jetzt zu unterbrechen.

Nachdem ich alles in Erfahrung gebracht hatte, hieß es wirken. »Es geschehen keine Wunder mehr«, sagte ich. Er ließ den Kopf auf die Brust sinken und antwortete nicht. »Aber«, setzte ich fort, »das gilt bloß für Durchschnittsmenschen. Es sind an auserwählten Menschen dennoch oft Wunder geschehen, es muß doch Wunder geben und große Menschen geben, vor denen die Natur sich beugt, glauben Sie nicht?« – »Wie Sie denken, Herr Stabsarzt«, sagte er heiser. – »Ich selbst bin kein Scharlatan, kein Wundertäter«, sagte ich, »ich bin ein einfacher Arzt, aber vielleicht haben Sie selbst die seltene, in allen tausend Jahren einmal vorkommende Kraft, ein Wunder zu tun. Jesus hat solche getan, Mohammed, die Heiligen.« Er antwortete nicht, sondern starrte vor sich hin und atmete schwer. »Ich könnte Ihnen nur die Methode angeben, mit deren Hilfe Sie sehen würden, obgleich Ihre Augen verätzt sind vom Gelbkreuz. Ein gewöhnlicher Mensch wäre mit Ihrem Augenbefund blind auf Lebenszeit. Aber für einen Menschen von besonderer Willenskraft und geistiger Energie gibt es keine Grenzen, die naturwissenschaftliche Erkenntnis gilt für ihn nicht mehr, und der Geist sprengt die Mauern, bei Ihnen die dikke weiße Schicht in der Hornhaut, aber vielleicht haben Sie diese Kraft zum Wunder nicht.« – »Wie kann ich es denn wissen?« fragte er. »Das müssen Herr Stabsarzt wissen.« – »Trauen Sie sich aber den Willen zu?« antwortete ich. »Dann versuchen Sie es, öffnen Sie die Augen weit. Ich werde jetzt meine Kerze mit einem Zündhölzchen anzünden. Haben Sie den Funken gesehen?« – »Ich weiß nicht«, sagte er, »ein Licht nicht, aber eine Art weißen runden Schimmers.« – »Das ist nicht genug«, sagte ich, »das reicht nicht, Sie müssen blind an sich glauben, dann werden Sie aufhören, blind zu sein. Sie sind jung, es wäre schade um Sie! Sie wissen, daß Deutschland jetzt Menschen braucht, die Energie und blindes Vertrauen in sich haben. Mit Österreich ist es zu Ende, aber mit Deutschland nicht.« – »Das weiß ich«, sagte er mit ganz veränderter Stimme, stand auf und hielt sich an der Tischkante fest. Aber er zitterte noch. »Hören Sie«, sagte ich fest, »ich habe hier zwei Kerzen, eine rechts, eine links. Sie *müssen* sehen! Sehen Sie sie?« – »Ich fange an zu sehen«, sagte er, »wenn es doch möglich wäre! « – *»Ihnen ist alles möglich! Gott hilft Ihnen, wenn Sie sich selbst helfen!* In jedem Menschen steckt ein Stück Gott, das ist der Wille, die Energie! Fassen Sie alle Ihre Kraft zusammen. Noch mehr, noch mehr! Gut! Jetzt genug! Was sehen Sie jetzt?« – »Ich sehe Ihr Gesicht, Ihren Vollbart, Ihre Hand und den Siegelring, Ihren weißen Kittel, die Zeitung auf dem Tisch und die Aufzeichnungen über mich.« – »Setzen Sie sich«, sagte ich, »ruhen Sie sich aus. Sie sind geheilt, Sie haben sich selbst sehend gemacht.« Ich stand auf und ging im Zimmer umher. H. folgte mir jetzt mit seinen Blicken, ganz wie es ein Mensch mit normalem Auge tut. Er sah auch auf den Tisch und versuchte, meine Aufzeichnungen über ihn zu entziffern. »Sie haben sich wie ein Mann gehalten«, sagte ich, »und wenn Sie in Ihre Augen Licht gebracht haben kraft Ihres Willens, so werde ich in Ihre Gehirnzellen kraft meines Willens etwas wohltätige Dämmerung bringen, und Sie werden von heute an wieder beginnen zu schlafen. Sie werden bis auf Widerruf alles tun, was ich, zu Ihrem Wohl, befehle. Wollen Sie das?« – »Wie Herr Stabsarzt befehlen. Schlafen! Wenn Sie aber das zustande bringen könnten?!!« Ich sagte nun nichts mehr, ließ ihn nochmals aufstehen, um sich von mir auf den Untersuchungstisch betten zu lassen. Ich schob ihm die in die Stirn hereinfallende Stirnlocke zur Seite, strich ihm über die feuchte kalte Stirn und suggerierte ihm, ohne ein Wort, ihm unablässig in die Augen blickend, er werde die Augen schließen und werde sie, auch wenn ich sie ihm auseinanderzuziehen suche, nicht mehr öffnen können und werde dann ohne einen Traum bis zum nächsten Morgen schlafen.

Alles geschah, wie ich es wollte. Ich hatte das Schicksal, den Gott gespielt und einem Blinden das Augenlicht und den Schlaf wiedergegeben. Am nächsten Tag schrieb ich an Helmut, der im Kriegsministerium diente, er möge versuchen, einem Gefreiten A. H. einen Druckposten zu verschaffen. Druckposten hieß leichter Posten, wo ein solcher Mensch sich erholen konnte.

Kommentar

Die dissoziative Störung in der Terminologie Freuds (Konversionsneurose) ist geprägt durch psychogene organische Befunde. Auch kognitive Störungen wie z.B. Amnesie können auftreten. Alle dissoziativen Zustände tendieren dazu, nach einigen Wochen oder Monaten zu remittieren, besonders wenn der Beginn mit einem traumatisierenden Lebensereignis verbunden war und die Störung sehr plötzlich auftrat. Eher chronische Zustände, besonders Lähmungen und Körpergefühlsstörungen, entwickeln sich manchmal recht langsam, wenn der Beginn mit unlösbaren Problemen oder innerpersonellen Schwierigkeiten verbunden ist. Der appellative Charakter der Störung ist meistens zu ersehen: sie erfordert Beachtung und Aufmerksamkeit, ihre Dramatik beeindruckt und beeinflusst das Umfeld.

In der Geschichte von Ernst Weiß »Der Augenzeuge« wird die Blindheit eines Soldaten geschildert. Dabei wird allerdings keine Ausführung zur Entstehung der Blindheit gemacht. Man kann lediglich vermuten, dass schreckliche Kriegserlebnisse bei dem Soldaten die offensichtlich funktionelle Blindheit ausgelöst haben. Es handelt sich wahrscheinlich um eine dissoziative Störung (Konversionsneurose). Dem entspricht auch, dass die Störungen durch eine einfache suggestive Psychotherapie behoben werden kann. Es wird dargestellt, wie ein Arzt in geschickter Weise versucht, das Leiden des Patienten ernst nehmend, ihn wieder auf den Weg des Sehens zu führen. Das macht er in so geschickter und suggestiver Weise, dass die Therapie erfolgreich ist.

Cees Nooteboom

Die folgende Geschichte

aus: Cees Nooteboom. Die folgende Geschichte.

Einführung

Der niederländische Journalist, Lyriker, Essayist, Reisende und Schriftsteller Cees Nooteboom (Jahrgang 1933) zählt zu den herausragenden Repräsentanten niederländischer Literatur nach dem Zweiten Weltkrieg. Bewundert werden vor allem psychologischer Scharfsinn und stilistische Brillanz. Poetische Reiseberichte gehören ebenso zu seinem Repertoire wie hautnahe Beschreibungen historischer Aufstände, wie etwa des Ungarn-Aufstandes 1956 oder der Pariser Studentenrevolte 1968. Seinen literarischen Durchbruch brachte der Roman »Rituale« (1980).
Am Anfang von »Die folgende Geschichte« (1991), die ohne Gattungsbezeichnung bleibt, wacht der Lehrer und Altphilologe Herman Mussert, von seinen Schülern Sokrates gerufen, in Lissabon in einem ihm vertrauten Zimmer auf, obwohl er in Amsterdam wohnt und sich dort am Vorabend zum Schlafen niedergelegt hat.
Das Reisen wird zum existentiellen Topos, das in der Erfahrung des Fremden, des Unbekannten und Ungewohnten nicht nur eine Lebensphilosophie entdeckt, sondern auch die Chance, sein bisheriges Leben zu ändern und in neue, überraschende Beziehungen und Wechselwirkungen mit anderen Biographien zu setzen, die jenseits realer Grenzen von Zeit und Raum vorstellbar und deshalb auch möglich sind. Die Grenzen von Traum und Wirklichkeit werden aufgehoben, was einzig zählt, ist die Möglichkeitsform, die aus philosophischer Reflexion und psychischer Sensibilität erwächst.

Weiterführende Literatur:
Peter Fiedler: Dissoziative Störungen und Konversion. Beltz PVU 2001

Die folgende Geschichte

Meine eigene Person hat mich nie sonderlich interessiert, doch das hieß nicht, daß ich auf Wunsch einfach hätte aufhören können, über mich nachzudenken – leider nicht. Und an jenem Morgen hatte ich etwas zum Nachdenken, soviel ist sicher. Ein anderer würde es vielleicht als eine Sache von Leben und Tod bezeichnen, doch derlei große Worte kommen mir nicht über die Lippen, nicht einmal, wenn niemand zugegen ist, wie damals.

Ich war mit dem lächerlichen Gefühl wach geworden, ich sei vielleicht tot, doch ob ich nun wirklich tot war oder tot gewesen war, oder nichts von alledem, konnte ich zu diesem Zeitpunkt nicht feststellen. Der Tod, so hatte ich gelernt, war nichts, und wenn man tot war, auch das hatte ich gelernt, dann hörte jegliches Nachdenken auf. Das also traf nicht zu, denn sie waren noch da, Überlegungen, Gedanken, Erinnerungen. Und ich war noch da, wenig später sollte sich sogar herausstellen, daß ich gehen konnte, sehen, essen (den süßen Geschmack dieser aus Muttermilch und Honig zubereiteten Teigklöße, die die Portugiesen zum Frühstück essen, hatte ich noch Stunden danach im Mund). Ich konnte sogar mit richtigem Geld bezahlen. Und dieser Umstand war für mich der überzeugendste. Man wacht in einem Zimmer auf, in dem man nicht eingeschlafen ist, die eigene Brieftasche liegt, wie sich das gehört, auf einem Stuhl neben dem Bett. Daß ich in Portugal war, wußte ich bereits, wenngleich ich am Abend zuvor wie üblich in Amsterdam zu Bett gegangen war, aber daß sich portugiesisches Geld in meiner Brieftasche befinden würde, das hätte ich nicht erwartet. Das Zimmer selbst hatte ich auf Anhieb erkannt. Hier hatte sich schließlich eine der bedeutsamsten Episoden meines Lebens abgespielt, sofern in meinem Leben von derlei überhaupt die Rede sein konnte.

Doch ich schweife ab. Aus meiner Zeit als Lehrer weiß ich, daß man alles mindestens zweimal erzählen muß und damit die Möglichkeit eröffnen, daß Ordnung sich einstellt, wo Chaos zu herrschen scheint. Ich kehre also zur ersten Stunde jenes Morgens zurück, dem Augenblick, in dem ich die Augen, die ich demnach noch besaß, aufschlug. »Wir werden spüren, wie es durch die Ritzen des Kausalgebäudes zieht«, hat jemand gesagt. Nun, an jenem Morgen zog es bei mir ganz gehörig, auch wenn mein Blick als erstes auf eine Decke mit mehreren äußerst stabilen, parallel zueinander verlaufenden Balken fiel, eine Konstruktion, die durch ihre funktionale Klarheit den Eindruck von Ruhe und Sicherheit erweckt, etwas, was jedes menschliche Wesen, und mag es noch so ausgeglichen sein, braucht, wenn es aus dem dunklen Reich des Schlafes zurückkehrt. Funktional waren diese Balken, weil sie mit ihrer Kraft das darüber liegende Stockwerk stützten, und klar war die Konstruktion wegen der völlig gleichbleibenden Abstände zwischen den Balken. Das hätte mich folglich beruhigen müssen, doch davon war keine Rede. Zum einen waren es nicht meine Balken, und zum anderen war von oben jenes für mich, in diesem Zimmer, so schmerzliche Geräusch menschlicher Lust zu hören. Es gab nur zwei Möglichkeiten: entweder war es nicht mein Zimmer, oder es war nicht ich, und in diesem Fall waren es auch nicht meine Augen und Ohren, denn diese Balken waren nicht nur schmaler als die meines Schlafzimmers an der Keizersgracht, sondern dort wohnte auch niemand über mir, der mich mit seiner – oder ihrer – unsichtbaren Leidenschaft belästigen konnte. Ich blieb ganz still liegen, und sei es nur, um mich an den Gedanken zu gewöhnen, meine Augen seien möglicherweise nicht meine Augen, was natürlich eine umständliche Art und Weise ist, zu sagen, daß ich totenstill dalag, weil ich tödliche Angst hatte, ich sei jemand anders. Dies ist das erste Mal, daß ich es zu erzählen versuche, und es fällt mir nicht leicht. Ich wagte nicht, mich zu bewegen, denn wenn ich jemand anders war, dann wußte ich nicht, wie das vor sich gehen sollte. So ungefähr. Meine Augen, so nannte ich sie fürs erste weiter, sahen die Balken, die nicht meine Balken waren, und meine Ohren oder die jenes möglichen anderen hörten, wie das erotische Crescendo über mir mit der Sirene eines Krankenwagens draußen verschmolz, der auch nicht die richtigen Töne von sich gab.

Ich befühlte meine Augen und merkte, daß ich sie dabei schloß. Die eigenen Augen wirklich befühlen ist nicht möglich, man schiebt immer erst den Schutz davor, der dafür gedacht ist, nur: dann kann man natürlich nicht die Hand sehen, die diese verschleierten Augen befühlt. Kugeln, das fühlte ich. Wenn man sich traut, kann man sogar vorsichtig hineinkneifen. Ich schäme mich, zugeben zu müssen, daß ich nach all den vielen Jahren, die ich auf der Welt bin, noch immer nicht weiß, woraus ein Auge eigentlich besteht. Hornhaut, Netzhaut

sowie Iris und Linse, aus denen in jedem Kryptogramm eine Blume und eine Hülsenfrucht wird, die kannte ich, aber das eigentliche Zeug, diese zähe Masse aus erstarrtem Gelee, die hat mir immer Angst eingejagt. Ich wurde unweigerlich ausgelacht, wenn ich von Gelee sprach, und doch sagt der Herzog von Cornwall, als er in *King Lear* dem Grafen von Gloucester die Augen ausreißt: *out! vile jelly!*, und genau daran mußte ich denken, als ich in diese nichtssehenden Kugeln kniff, die meine Augen waren oder nicht waren.
Lange Zeit blieb ich so liegen und versuchte, mich an den vergangenen Abend zu erinnern. Es ist nichts Aufregendes an den Abenden eines Junggesellen, wie ich einer bin, sofern ich zumindest derjenige war, um den es hier ging. Manchmal sieht man das, einen Hund, der sich in den eigenen Schwanz zu beißen versucht. Dann entsteht eine Art hündischer Wirbelwind, der erst aufhört, wenn aus diesem Sturm der Hund als Hund hervortritt. Leere, das ist es, was man dann in diesen Hundeaugen sieht, und Leere war es, was ich in jenem fremden Bett empfand. Denn angenommen, daß ich nicht ich war und folglich jemand anders (niemand zu sein, dachte ich, würde zu weit gehen), dann würde ich bei den Erinnerungen jenes anderen doch denken müssen, daß es *meine* Erinnerungen seien, schließlich sagt jeder »meine« Erinnerungen, wenn er seine Erinnerungen meint.

Kommentar

Zu den dissoziativen Störungen gehört auch die seltene Fugue und die multiple Persönlichkeitsstörung. Bei dem Text von Cees Nooteboom »Die folgende Geschichte« handelt es sich mit einer gewissen Wahrscheinlichkeit um den Zustand des Sich-Wiedereinfindens in die Realität nach einer dissoziativen Fugue.
Hauptmerkmal der dissoziativen Fugue ist ein plötzliches unerwartetes Weggehen von zu Hause oder aus der gewohnten Umgebung, oft verbunden mit der Annahme einer neuen Identität und der Unfähigkeit, sich an die frühere Identität zu erinnern. Typischerweise gehen der dissoziativen Fugue belastende Ereignisse oder Situationen voraus. Während der Zeit der Fugue werden häufig zielgerichtete Reisen unternommen, eventuell zu Orten, die für den Betroffenen von besonderer gefühlsmäßiger Bedeutung sind. Nach außen erscheinen die Patienten in dieser Zeit oft völlig geordnet; Selbstversorgung (z.B. Essen, Waschen oder einfachere soziale Interaktionen, auch der Kauf von Fahrkarten, Bestellung von Mahlzeiten) sind oft ungestört.

In dem Auszug der Geschichte von Nooteboom versucht sich der Protagonist mühselig zu reorientieren über seine Identität und seine Lebensumstände, die geographische Lokalisation und die eigentlichen Hintergründe für seine Anwesenheit in einer neuen, fremden Situation. Die Hintergründe seines Hier-Seins sind ihm nicht erinnerlich, insbesondere weiß er nicht, wie er von Amsterdam nach Portugal gekommen ist. Neben einer dissoziativen Fugue wäre differentialdiagnostisch u.a. an Ausnahmezustände, z.B. im Rahmen komplex-partieller epileptischer Anfälle zu denken. Die Epilepsie wird im Text der ICD-10 zur dissoziativen Fugue auch ausdrücklich als Differentialdiagnose genannt.

Robert Louis Stevenson

Henry Jekylls vollständige Erklärung

aus: Robert Louis Stevenson. Unheimliche Geschichten Bd. 1: Der seltsame Fall des Dr. Jekyll und Mr. Hyde. Ausgewählt und herausgegeben von Manfred Kluge.

Einführung

Mit seinem Roman »Die Schatzinsel« (1883) sicherte sich der Schotte Robert Louis Stevenson (1850–1894) einen Platz im Olymp der Jugendliteratur. In seinem kurzen Leben schuf er ein vor Fabulierlust überbordendes Werk aus Romanen, Reiseberichten, autobiographischen Skizzen, Essays und Gedichten für Kinder. Seine Eltern und Vorfahren waren namhafte schottische Leuchtturmbauer, doch eine frühe labile gesundheitliche Konstitution verhinderte eine Karriere als Ingenieur. Stevenson studierte Jura in Edinburgh und reiste aufgrund seiner Tuberkulose hauptsächlich durch südliche Länder. Zusammen mit seiner Ehefrau, der um zehn Jahre älteren Amerikanerin Fanny van de Grift Osbourne, die ihn nachhaltig zum Schreiben ermunterte, war er fast ständig auf Reisen, sammelte mit Eifer neue Eindrücke, was allerdings immer mehr auf Kosten seiner angegriffenen Gesundheit ging. »Die Schatzinsel« war zunächst nur ein Achtungserfolg. Der literarische Durchbruch kam mit der Erzählung »The strange case of Dr. Jekyll and Mr. Hyde« (1886; dt. 1889: »Der seltsame Fall des Dr. Jekyll und Mr. Hyde«) niedergeschrieben nach einem Traum in drei Tagen. Doch diese erste Fassung fand aufgrund eines mangelnden moralischen Schlusses nicht die Billigung seiner Ehefrau, woraufhin Stevenson die Story erneut in drei Tagen in die endgültige Version brachte. Die vielfach verfilmte Geschichte beruht auf dem keltischen Mythos des »feth«, des Doppelgängers, der dem Menschen kurz vor seinem Tod erscheint. Eine artistisch komplexe, auf wechselnden Perspektiven beruhende raffinierte Erzählstruktur verhindert vorsätzlich eine eindeutige Interpretation, obgleich eine intendierte Kritik an einer rigiden viktorianischen Doppelmoral nicht zu verkennen ist. Literarhistorisch ist Stevensons Erzählung dem Motivkreis des Doppelgängers verpflichtet, wie er seit der Antike im Alkmene-Stoff geläufig ist und besonders in der Romantik von jener großen antiaufklärerischer Attraktivität war (vgl. auch E.T.A. Hoffmanns Roman »Die Elixiere des Teufels«, 1815), die sich bis zur Jahrhundertwende hielt (vgl.

Oscar Wilde: »Das Bildnis des Dorian Gray«, 1890). Mit Stevenson erobert der Stoff die moderne Vorstellung einer inkohärenten Persönlichkeit im Kontext spezifischer gesellschaftlicher Bedingungen jenseits einer moralisch eindeutig gefestigten Identität. Die Entdeckung der bedrohlichen, bislang ungekannten Abgründe im eigenen Ich, eine als beglückend und euphorisierend erlebte Amoralität sowie das gesteigerte Interesse an den Verirrungen des indifferenten Sozialwesens Mensch in einer zunehmend vom Kommerz, nicht aber von der Moral diktierten Gesellschaft ermöglichten Stevenson eine Verschiebung der Akzente ins Psychopathologische, das die Dissoziation des Individuums nicht zuletzt als Resultat desintegrativer sozialer Prozesse deutet. Die Faszination an dieser Thematik hält bis in die Gegenwart an (vgl. Bret Easton Ellis mit seinem Roman »American Psycho«, 1991).
In den ersten sechs Wochen wurden 40.000 Exemplare von »Dr. Jekyll und Mr. Hyde« verkauft. Die Erzählung machte ihren Autor endlich finanziell unabhängig, aber Stevenson, von den Eingeborenen als Geschichtenerzähler verehrt, starb im Alter von erst 44 Jahren auf der Südseeinsel Opolu/Samoa an einer Gehirnblutung.

Weiterführende Literatur:
Alex Capus: Reisen im Licht der Sterne. Eine Vermutung. Knaus 2005

Henry Jekylls vollständige Erklärung

Ich wurde im Jahre 18.. geboren, besaß ein großes Vermögen, erfreute mich der schönsten Talente, war von Natur aus fleißig, genoß die Achtung der besten meiner Kameraden und hatte also alle Aussicht auf eine ehrenvolle und glänzende Laufbahn. Mein schlimmster Fehler war ein gewisses ungeduldiges, fröhliches Temperament, das sonst vielen Menschen zum Glück gereicht, mir aber schadete, da ein hochfahrendes Verlangen mich dazu trieb den Kopf hoch zu tragen und hochmütig dreinzusehen, wenn ich mich öffentlich zeigte.
So kam es, daß ich meine Vergnügungen vor den andern Menschen verbarg und bereits die Doppelnatur meines Wesens empfand, als ich in das Alter kam, in dem man vernünftig zu überlegen beginnt und ich mich in der Welt nach einem Berufe umsah. Viele Männer hätten sich der Seitensprünge, die ich mir zuschulden kommen ließ, ge-

rühmt; aber im Hinblick auf die hohen Ziele, die mir vorschwebten, betrachtete und verheimlichte ich diese Laster mit einer fast krankhaften Scham. So war es also doch eher mein Streben nach dem Guten als meine Fehler, die mich zu dem machten, was ich wurde und die mich stärker unter diesem Einfluß des Guten und des Bösen leiden ließ als die meisten andern Menschen. Das führte mich zu tiefen quälenden Gedanken über das unbarmherzige Gesetz des Lebens, in dem einerseits wohl die Religion wurzelt, das aber andererseits auch die Ursache allen Elends ist. War ich solcherart ein Doppelwesen, so war ich dennoch kein Heuchler. Beide Teile meiner Natur waren vollkommen wirklich. Warf ich alle Hemmungen ab und überließ ich mich dem Laster, so war ich nicht weniger ich, als wenn ich vor den Augen aller Welt arbeitete, um die Wissenschaft zu fördern oder die Sorgen und Leiden der Menschheit zu lindern.

So kam es, daß meine wissenschaftlichen Studien, die sich ganz und gar dem Mystischen und Übersinnlichen zuwandten, ein helles Licht auf die Kämpfe meines Innern warfen. Tag und Tag kam ich, sowohl von der moralischen Seite her wie auch von der des Verstandes immer mehr zu jener Erkenntnis, deren teilweise Entdeckung mich so entsetzlich Schiffbruch leiden ließ, daß der Mensch nicht ein Wesen ist, sondern aus zweien besteht. Ich sage zwei, weil mein augenblickliches Wissen über diesen Punkt nicht hinausreicht. Andere werden meinen Spuren folgen und mich auf diesem Gebiet überholen. Ich glaube sogar voraussagen zu können, daß der Mensch zu der Erkenntnis kommen wird, daß er im Grunde genommen aus einer Unzahl von einander unabhängiger und gänzlich widersinniger Wesen besteht. Ich folgte freilich diesem Wege nur in einer Richtung. Von der moralischen Seite her lernte ich in meiner eigenen Person diese vollkommene Doppelnatur im Menschen erkennen. Ich begriff: konnte ich von einer meiner beiden Naturen sagen, daß sie vollkommen mein eigenes Ich sei, so war ich nur deshalb dazu berechtigt, weil ich in Wahrheit in beiden Naturen zugleich existierte.

Schon sehr früh, noch ehe der Gang meiner wissenschaftlichen Arbeiten mich dazu verführte, an die Möglichkeit eines solchen Wunders zu glauben, spielte ich oft in wachen Träumen mit dem Gedanken einer Trennung dieser beiden Naturen. Gelänge es mir, so sagte ich, jeder der beiden einen eigenen Körper zu geben, so müßte das Leben mit einem Schlag von allem befreit sein, das es uns jetzt so unerträglich macht. Der böse Teil könnte, befreit von dem Streben und den Gewissensbissen seines besseren Zwillingsbruders, seinen eigenen Weg gehen; und der gute könnte seinen aufwärtsführenden Pfad weiterverfolgen und das Gute, das seine Freude ist, tun, ohne sich noch länger seines schlechteren Teiles schämen zu müssen. War es doch der Fluch der Menschheit, daß diese beiden entgegengesetzten Naturen so eng verbunden waren und diese feindlichen Brüder einander im Innern eines jeden Menschen unaufhörlich bekämpften. Nun war die Frage, was geschähe, wenn man diese beiden trennen könnte.

So weit war die Sache, als meine Arbeit im Laboratorium mir das Ganze von einer neuen Seite her beleuchtete. Mehr denn je war ich überzeugt, daß der scheinbar so feste Körper, mit dem bekleidet wir durch unser Dasein wandern, ganz zufällig, wesenlos und nebelhaft ist. Nun entdeckte ich, daß gewisse Chemikalien die fleischliche Hülle zu verdrängen vermögen, wie etwa der Wind die Vorhänge eines Gartenhäuschen zurückschlägt. Aus zwei sehr guten Gründen will ich mich nicht näher auf die wissenschaftliche Seite meiner Beichte einlassen. Erstens, weil ich die Erfahrung machte, daß die ganze Bürde und Last unseres Lebens in dem Buch unseres Schicksal vorgezeichnet ist und das Geschick, will man ihm entfliehen, einen nur noch unbarmherziger und mitleidloser umklammert. Zweitens, weil – mein Bericht beweist es nur zu sehr – meine Entdeckungen sehr unvollkommen waren. Es möge daher genügen, daß ich meinen Körper nicht nur als Materialisation gewisser Kräfte erkannte, sondern auch auf ein Mittel stieß, diese Mächte zu entthronen, um sie in einer zweiten menschlichen Gestalt in die Welt zu schicken. Diese neue Gestalt mußte nicht weniger natürlich sein, weil sie ja alle Merkmale der schlechten Eigenschaften meiner selbst in sich trüge.

Ich zögerte lange, ehe ich diese Theorie in die Praxis umsetzte. Ich war mir dessen wohl bewußt, daß es mich das Leben kosten könnte. Denn ein Mittel, das in dem Innersten des Menschen eine solche Umwälzung hervorruft und es so sehr verändert, konnte leicht durch den kleinsten Tropfen zuviel, oder durch das geringste Versehen in der Zusammensetzung jene immaterielle Hülle, die ich verändern wollte, gänzlich vernichten.

Längst schon hatte ich meine Tinktur bereitet. Ich hatte von einer berühmten chemischen Firma eine große Menge eines besonderen Salzes gekauft, das, wie ich durch meine Experimente wußte, die letzte noch erforderliche Substanz war. In einer unseligen Nacht mischte ich diese Grundstoffe, sah sie in dem Glas kochen und dampfen und stürzte, als sich die Lösung gesetzt hatte, mutig die ganze Dosis hinunter.

Es folgten wahre Folterqualen: ein Ziehen in allen Knochen, tödliche Übelkeit und eine Seelenangst, wie sie auch in der Stunde der Geburt oder des Todes kaum gefühlt werden kann. Allmählich ließen diese Qualen nach, und ich kam wieder zu mir, wie ein Mensch, der aus schwerer Krankheit erwacht.

Meine Gefühle waren mir seltsam fremd, etwas unbeschreiblich Neues und daher unendlich Wohltuendes war in ihnen. Ich fühlte mich jünger, leichter, glücklicher. In meinem Innern empfand ich eine gewaltige Unruhe; ein Strom ungeordneter Vorstellungen wirbelte in mir herum, ich fühlte mich losgelöst von allen Pflichten, und das Gefühl einer mir unbekannten doch nicht unschuldigen Freiheit erfüllt meine Seele. Vom ersten Augenblicke dieses neuen Lebens an erkannte ich, daß ich schlechter geworden sei, zehnmal schlechter als zuvor. Ich war der Sklave meiner bösen Leidenschaften; allein dieser Gedanke beglückte und berauschte mich in diesem Augenblick. Im Gefühl dieser seelischen Frische breitete ich die Arme aus und merkte plötzlich, daß ich kleiner geworden war.

Damals stand in meinem Zimmer noch kein Spiegel; der jetzt – da ich dies schreibe – hier steht, wurde erst später und eben wegen dieser Verwandlungen hierhergebracht. Die Nacht wurde zum Morgen und auch dieser wurde, so düster er auch war, beinahe schon zum Tage; doch alle Bewohner des Hauses lagen noch in tiefem Schlaf.

Von Hoffnung geschwellt und in dem Gefühl, gesiegt zu haben, entschloß ich mich zu dem Wagnis, in dieser neuen Gestalt bis in mein Schlafzimmer zu gehen. Ich eilte durch den Garten, wobei der Himmel, wie es mir schien, verwundert auf mich niedersah. Ich schlich, ein Fremder in meinem eigenen Haus, durch die Gänge, und als ich mein Zimmer betrat, sah ich im Spiegel zum erstenmale die Gestalt Edward Hydes.

Ich kann darüber nur theoretisch sprechen und nicht etwas Sicheres behaupten, sondern nur sagen, was ich für das Wahrscheinlichste halte. Die schlechtere Hälfte meines Wesens, auf die ich ja diese neuentdeckte Kraft verwandt hatte, war weniger kräftig und entwickelt als die gute, die ich soeben verlassen hatte. Im Laufe meines Lebens, das trotz allem durch Jahrzehnte hindurch ein unaufhörliches Arbeiten der Tugend und der Selbstzucht gewesen ist, war das Schlechte nicht so ausgebildet, doch auch nicht so erschöpft gewesen. Das war, glaube ich, der Grund, warum Edward Hyde um soviel kleiner, schmächtiger und jünger war als Henry Jekyll. Wie das Gute aus dem Antlitz des einen Wesens leuchtete, so war aus den Zügen des anderen klar und unverkennbar die Bosheit zu lesen. Das Böse, das, wie ich heute noch glaube, der sterbliche Teil des Menschen ist, hatte seinen Körper verunstaltet. Denn noch besah ich das Ungeheuer im Spiegel nicht mit Widerwillen, sondern hieß es sogar willkommen. Denn auch dieses war ich ja selbst. Es schien mir ganz natürlich und menschlich. Meinen Augen erschien das andere Wesen lebhafteren Geistes zu sein auch charakteristischer und in sich abgeschlossener als das ausdruckslose und doppelte Wesen, das bisher mein eigenes Wesen war.

Solange ich Edward Hyde war, bemerkte ich, daß jeder Mensch, bei der ersten Begegnung mit mir ein unwillkürliches Grauen empfand. Dies kam, wie ich annehme, daher, daß alle Menschen, mit denen ich in Berührung kam, ebenfalls aus einem guten und einem bösen Wesen bestehen. Dieser Edward Hyde aber war der einzige Mensch auf der Welt, der wirklich nur aus Bösem bestand.

Ich blieb nur einige Augenblicke vor dem Spiegel stehen, denn das zweite und wichtigere Experiment mußte noch ausgeführt werden. Ich mußte wissen, ob meine Persönlichkeit ganz verloren gegangen war und ob ich deshalb bis Morgengrauen aus meinem Haus, das ja dann nicht länger mein eigenes war, fliehen mußte. Ich eilte in mein Arbeitszimmer zurück, braute und trank noch einmal diese Mixtur, machte wieder die gleichen Qualen der Auflösung durch und erwachte mit der Persönlichkeit, der Gestalt und den Gesichtszügen Henry Jekylls.

In dieser Nacht war ich an dem verhängnisvollen Scheidewege angelangt. Es hätte alles anders kommen können und ich wäre aus diesen Qualen des Todes und der Wiedergeburt als Engel statt als Teufel neu erstanden, hätte ich meine Entdeckung in einem edleren Sinne weiter verfolgt und meine Versuche unter einem besseren und gläubigeren Stern ausgeführt. Das Getränk selbst war neutral; es war an sich weder teuflisch noch göttlich. Es erschütterte gleichsam nur die Türen meines Gefängnisses. Zu dieser Zeit schlief meine Tugend; das Böse in mir, durch Ehrgeiz erweckt, lauerte und ergriff gerne und rasch die Gelegenheit; und das Wesen, das dadurch entstand, war Edward Hyde. Wenngleich ich von nun an zwei Charaktere und zwei Gestalten besaß, so war mein eines Wesen vollkommen böse, das andere

aber blieb der alte Henry Jekyll, jenes völlig ungereimte Gebilde, an dessen Veredlung und Besserung ich bereits längst verzweifelt war. Mein Werk war also ganz nach der bösen Seite geraten.
Sogar zu jener Zeit hatte ich meine Abneigung gegen das nüchterne Leben des Gelehrten noch nicht ganz überwunden. Ich war bisweilen noch genußsüchtig, und meine Vergnügungen waren zum mindesten nicht ehrbar. Da ich nicht nur sehr bekannt und geachtet war, sondern auch schon zu den älteren Herrn gezählt wurde, so waren mir diese Widersprüche in meinem Leben täglich unwillkommener. Hier trat die Versuchung durch die von mir entdeckte neue Macht an mich heran, bis ich ihr verfiel. Ich brauchte ja nur das Mittel zu trinken, um sogleich die Gestalt des berühmten Professors schwinden zu sehen und mich wie mit einem dicken Mantel mit dem Körper Edward Hydes zu umgeben. Als ich daran dachte, lachte ich. Es erschien mir manchmal geradezu humoristisch, und ich traf meine Vorkehrungen mit der größten Sorgfalt. Ich mietete und richtete jenes Haus in Soho ein, wo Hyde durch die Polizei gesucht wurde. Als Wirtschafterin nahm ich eine Person, von der ich wohl wußte, daß sie verschwiegen und gewissenlos sei. Überdies sagte ich meinen Dienstboten, daß ein Mr. Hyde, den ich ihnen beschrieb, in meinem Hause tun und lassen könne, was er wollte. Um jedem Mißverständnis vorzubeugen, kam ich sogar manchmal in meiner zweiten Gestalt zu Besuch, so daß die Leute im Haus mich genau kannten. Zunächst verfaßte ich jenes Testament, über das Du so böse warst, damit, wenn mir als Dr. Jekyll etwas zustieße, ich ohne einen materiellen Verlust als Edward Hyde weiterleben könnte. Nachdem ich mich so nach allen Seiten gesichert hatte, begann ich aus den seltsamen Vorrechten meiner Lage Nutzen zu ziehen.
Es hat früher Männer gegeben, die sich Schurken mieteten, die ihre Verbrechen ausführen mußten, während ihre eigene Person und ihr Ruf ungefährdet blieben. Ich aber war der erste, der das Gleiche tat, um seinen Lastern nachzugehen, der erste, der sich in dem einen Augenblick als ein ehrlicher Mann zeigen konnte, um im nächsten gleich einem Schuljungen diese Fesseln abzuwerfen und die Freiheit in vollen Zügen zu genießen.
Ich war in dieser unkenntlichen Maske vollkommen sicher. Überlege Dir doch nur, daß ich ja nicht einmal wirklich existierte. Ich brauchte nichts anderes zu tun, als mich hinter die Tür meines Laboratoriums zurückzuziehen; in ein bis zwei Minuten konnte ich meine Mixtur, die

stets bereit stand, mischen und austrinken; was auch immer Hyde verbrochen haben mochte, es sank doch in ein Nichts zusammen wie der Hauch auf einem Spiegel.

An seiner Stelle saß seelenruhig ein Mann um Mitternacht bei der Lampe über seinen Studien, ein Mann, der über jeden Verdacht erhaben lachen konnte: Henry Jekyll.

Die Freuden, denen ich in meiner Maske nachging, waren, wie ich bereits sagte, meiner Stellung unwürdig; aber in der Gestalt Edward Hydes wurden sie bald zu Verbrechen. Kehrte ich von solchen Ausflügen heim, so wunderte ich mich hinterher oft selbst über die Schlechtigkeit meines Stellvertreters. Jener dienende Geist, den ich aus meiner Seele heraufbeschwor und ausschickte, war durchaus schlecht und böse; sein ganzes Handeln und seine Gedanken drehten sich nur um seine eigene Person; an den Qualen anderer fand er in tierischer Lust sein Vergnügen und war hartherzig wie ein Stein.

Bisweilen war Henry Jekyll über die Taten Edward Hydes entsetzt, aber dieser stand so gänzlich außerhalb des Gesetzes, daß diese Tatsache sein Gewissen beruhigte. Es war ja schließlich Hyde und nur Hyde allein, der alle Schuld trug. Jekyll selbst war nicht schlechter geworden, er erwachte stets unverändert mit allen seinen guten Eigenschaften und bemühte sich sogar nach Möglichkeit, das Böse, das Hyde verbrochen hatte, wiedergutzumachen. Das schläferte sein Gewissen ein.

Auf die Einzelheiten der Verbrechen, die ich auf diese Weise duldete – denn selbst jetzt kann ich noch nicht zugeben, daß ich sie selbst beging – will ich mich nicht weiter einlassen. Ich möchte nur von den Warnungen erzählen und berichten, wie auch meine Strafe sich allmählich vorbereitete. Eine Grausamkeit, die ich an einem Kinde verübte, erregte den Zorn eines zufällig Vorübergehenden, den ich am nächsten Tage als einen Deiner Bekannten erkannte. Der Arzt und die Angehörigen des Kindes nahmen für ihn Partei; eine Weile fürchtete ich sogar für mein Leben, und schließlich mußte Hyde, um ihre nur allzu gerechte Entrüstung zu beschwichtigen, sie zu jener Tür führen und ihnen einen auf den Namen Henry Jekyll lautenden Scheck ausstellen. Für die Zukunft war diese Gefahr leicht zu bannen, weil ich auf Edward Hydes Namen bei einer Bank ein Konto eröffnet hatte.

Ungefähr zwei Monate vor dem Mord an Sir Danvers, als ich wieder auf einem meiner Abenteuer gewesen und spät nach Hause gekommen war, erwachte ich am nächsten Tage mit einem merkwürdigen Gefühl. Ich sah mich ratlos um, erkannte die vornehme Zimmereinrichtung meines Hauses, betrachtete die Bettvorhänge und das Mahagonigetäfel und es schien mir, als wäre ich nicht dort erwacht, wo ich mich befand, sondern in dem viel kleineren Zimmer in Soho, wo ich gewohnt war, in dem Körper Edward Hydes zu schlafen. Ich lachte über mich selbst, grübelte über dieses psychologische Rätsel nach und verfiel darüber wieder in einen angenehmen Halbschlummer. So lag ich da, als mein Blick auf meine Hand fiel. Wie Du oft bemerkt haben wirst, war die Hand Henry Jekylls nach Form und Gestalt, wie es mein Beruf mit sich bringt, groß und fest, doch weiß und wohlgestaltet, während die auf der Bettdecke ruhende Hand, die ich trotz der fahlen Beleuchtung eines Londoner Morgens deutlich erkennen konnte, mager, rauh und knochig, bräunlich und stark mit Haaren bewachsen war. Es war die Hand Edward Hydes.

Etwa eine halbe Minute starrte ich dieses Wunder an, dann durchfuhr mich ein tödlicher Schreck, ich sprang aus dem Bett und lief zum Spiegel. Bei dem Anblick, der sich mir nun bot, überlief es mich eiskalt. Als Henry Jekyll war ich schlafen gegangen, als Edward Hyde war ich aufgewacht. »Wie war das zu erklären?« so fragte ich mich dann mit einem neuen Schrecken. »Wie konnte es wieder gut gemacht werden?« Es war schon spät am Morgen, die Dienstboten längst auf, alle meine Geheimmittel waren im Arbeitsraum und bis dorthin führte ein weiter Weg, zwei Treppen hinunter, durch den hintern Durchgang über den offenen Hof und durch den anatomischen Hörsaal. Ich konnte wohl mein Gesicht verhüllen, aber was nutzte mir das, da ja auch meine Gestalt verändert war. Aber dann erinnerte ich mich, daß ja meine Dienerschaft schon daran gewöhnt war, mich in dieser zweiten Gestalt ein- und ausgehen zu sehen. Ich zog mich darauf, so gut es ging, an, durcheilte schnell das Haus, wo Bradshaw mich anstarrte und erschreckt zurücksprang und sich wohl wunderte, Mr. Hyde zu so ungewohnter Stunde und dazu in diesem Aufzug zu sehen. Zehn Minuten später saß Dr. Jekyll in seiner wirklichen Gestalt in böser Laune beim Frühstück. Mein Appetit war allerdings gering.

Dieser unerklärliche Vorfall, der alle meine bisherigen Erfahrungen umstürzte, schien mir, gleich dem babylonischen Finger auf der Wand, mein Urteil zu verkünden. Ernsthafter als sonst dachte ich über die Folgen nach, die dieses Doppelleben für mich haben konnte.

Der Teil meiner selbst, der durch meine Macht hervorgebracht werden konnte, war in der letzten Zeit allzusehr geübt und verwöhnt worden; es schien mir auch, als hätte Edward Hyde an Körper zugenommen, und ich glaubte, wenn ich dessen Gestalt annahm, mein Blut auch kräftiger durch die Adern strömen zu spüren. Ich fing an, die Gefahr zu ahnen, daß meine eigentliche Natur völlig unterliegen würde, wenn es noch lange so weiter ginge; daß die Macht der freiwilligen Verwandlung von mir genommen werden könnte und ich dann ganz Edward Hyde bleiben müßte. Auch schien die Wirkung der Mixtur nicht immer die gleiche zu sein; einmal ziemlich zu Anfang war mir die Sache ganz mißglückt. Von da ab mußte ich die Dosierung verdoppeln und einmal, was mit der größten Todesgefahr verbunden war, sogar verdreifachen. Diese Unregelmäßigkeiten hatten bisher alle meine Freuden getrübt. Gelegentlich dieses Vorfalls machte ich die Wahrnehmung, daß während anfangs die Schwierigkeit daran lag, den Körper des Dr. Jekyll abzulegen, nun das Umgekehrte der Fall war. Dies alles sprach dafür, daß ich nach und nach mein besseres Ich verlor und allmählich ganz zu meinem andern und bösen Wesen wurde.

Ich fühlte, daß ich nun zwischen diesen beiden Naturen wählen mußte. Meine beiden Wesen hatten das gleiche Gedächtnis, aber alle andern Funktionen waren verschieden. Jekyll, der zuweilen sehr zart zu empfinden vermochte, dann aber wieder sich lüsternen Begierden hingab, entwarf und teilte die Vergnügungen und Abenteuer Hydes. Hyde aber hatte keinerlei Interesse für Jekyll oder er erinnerte sich seiner nur, wie der Räuber sich der Höhle erinnert, die ihm bei der Verfolgung Unterschlupf gewährt. Jekyll hatte mehr das Interesse eines Vaters. Hyde wiederum war gleichgültiger als ein Sohn. Wollte ich ganz Jekyll werden, so hieß das, allen diesen Reizen zu entsagen, denen ich mich seit langem heimlich hingegeben und die ich in der letzten Zeit auch in vollen Zügen genossen hatte. Ganz Hyde zu werden aber hieß, auf alle meine Bestrebungen und Interessen zu verzichten und fortan als ein Verachteter ohne Freunde in dieser Welt zu leben. Die Vorteile mögen ungleich erscheinen, aber etwas anderes gab den Ausschlag. Während Jekyll unter den sich selbst auferlegten Entsagungen litte, wäre sich Hyde dessen, was er verloren hätte, gar nicht bewußt. So seltsam nun meine Lage war, so war das Ergebnis etwas ganz Alltägliches; dieselben Entschlüsse, die jeder reumütige Sünder faßt, der der Versuchung erliegt, gewannen bei mir die Ober-

hand. Es erging mir wie den meisten Menschen: ich erwählte den besseren Teil, hatte aber nachher nicht die Kraft, gut zu bleiben.
Ja, ich gab dem alternden, unbefriedigten Doktor, der, umgeben von seinen Freunden, ehrliche Hoffnungen hegte, den Vorzug und sagte der Freiheit, der zügellosen Jugend, den heimlichen Vergnügungen, deren ich mich in der Gestalt Hydes erfreut hatte, ein entschiedenes Lebewohl. Ich traf diese Wahl vielleicht mit einem mir unbewußten Vorbehalt und gab weder das Haus in Soho auf, noch vernichtete ich die Kleider Hydes, die noch in meinem Arbeitszimmer lagen. Doch blieb ich zwei Monate lang meinem Entschluß treu; führte diese zwei Monate hindurch ein ernsteres und geordneteres Leben als je zuvor und erfreute mich des besten Gewissens. Aber die Zeit verscheuchte meine Befürchtungen; es ergriff mich ein Sehnen und Verlangen, als dränge Hyde nach Freiheit, und schließlich braute ich in einer schwachen Stunde wieder die geheimnisvolle Mischung und trank sie.
Unter tausenden erkennt wohl kaum ein Säufer, wenn er mit sich selbst über seine Laster abrechnet, die Gefahren, denen er sich durch seine rohen Ausschweifungen aussetzt; ebensowenig hatte ich, so oft ich auch schon meine Lage durchdacht hatte, das Fehlen jedes moralischen Halts und die Bereitwilligkeit zu allem Bösen, das den Charakter Edward Hydes ausmachte, erkannt. Und doch sollte ich gerade dadurch gestraft werden. Der Teufel in mir war lange genug gefesselt gewesen, jetzt trat er wie ein brüllender Löwe hervor. Als ich den Trank nahm, fühlte ich eine noch weit ungezügeltere Neigung zum Bösen als je vorher. So mag die unselige Ungeduld in meiner Seele entstanden sein, mit der ich auf die höfliche Anrede eines unglücklichen Opfers hörte. Ich erkläre wenigstens, daß wahrhaftig kein Mensch, der seines Verstandes mächtig ist, ein so schweres Verbrechen aus einem so unbedeutenden Anlaß hätte vollbringen können und daß ich ebenso überlegt zuschlug, wie ein krankes Kind, das seine Spielsachen zertritt. Aber ich hatte mich freiwillig aller dieser Hemmungen beraubt, durch die sonst sogar sehr böse Menschen in den Stand gesetzt werden, den Versuchungen einigermaßen aussichtsvoll zu begegnen; aber in meiner Lage war die Versuchung gleichbedeutend mit dem Unterliegen.
Der böse Geist in mir erwachte sofort zu voller Wut. Mit einer wahren Wollust mißhandelte ich den wehrlosen Körper; jeder einzelne Schlag war für mich eine Freude, und erst als ich müde wurde, erfaßte

mich ein plötzliches Entsetzen. Ich sah mein Leben verloren, ich floh von dem Schauplatz der Tat, indem ich zugleich triumphierte und zitterte; mein Durst nach dem Bösen war befriedigt und gestillt, jedoch mein Leben war in größter Gefahr. Ich lief nach dem Haus in Soho, und um ganz sicher zu sein, vernichtete ich meine Papiere. Dann ging ich durch die hellerleuchteten Straßen weiter und war noch immer in derselben zwiespältigen Stimmung, in der ich noch Gefallen an meinem Verbrechen fand und leichten Herzens andere für die Zukunft erfand; doch zugleich eilte ich so schnell ich konnte vorwärts, um einer Verfolgung zu entgehen. Hyde hatte noch ein Lied auf den Lippen, als er den Trank mischte, und trank dem Ermordeten zu.

Kaum waren die Qualen der Verwandlung vorüber, als Henry Jekyll voll Dankbarkeit und Reue in die Knie sank und seine Hände betend zu Gott erhob. Der Schleier des Selbstbetrugs zerriß, und ich sah mein Leben als ein Ganzes vor mir. Ich verfolgte seinen Lauf von den Tagen der Kindheit an, da ich noch von meinem Vater an der Hand geführt wurde, und dann weiter durch alle Handlungen der Selbstverleugnung, die mein Beruf mit sich bringt, um dann wieder mit jenem Schreckensabend zu enden. Ich hätte laut aufschreien können, mit Tränen und Gebeten versuchte ich die furchtbare Stimme, mit der mein Gedächtnis zu mir redete, zu übertönen und zu dämpfen, dennoch sah selbst in meine Gebete das fratzenhafte Gesicht meiner Schlechtigkeit herein.

Als die Heftigkeit der Gewissensbisse abnahm, folgte ein Gefühl der Freude, denn jetzt lag der Weg klar vor mir. Hyde hatte sich nun unmöglich gemacht; ob ich wollte oder nicht, ich war nun mit meinem bessern Teil unlösbar verbunden. O wie freute ich mich! Und mit welcher Demut und Bereitwilligkeit fügte ich mich von Neuem in die Schranken des natürlichen Lebens. Wie aufrichtig war doch die Entsagung, mit der ich die Tür verschloß, durch die ich so oft ein- und ausgegangen war; den Schlüssel warf ich zu Boden und zertrat ihn mit den Füßen.

Am nächsten Tage hörte ich die Nachricht, daß der Mord beobachtet worden sei, daß die Schuld Hydes aller Welt bekannt sei und das Opfer eine von allen hochgeachtete Persönlichkeit wäre. Ich war froh, das zu erfahren und zugleich zu hören, daß auf diese Weise mein besseres Selbst gestärkt wurde und vor dem Schrecken des Schafotts bewahrt war. Nun war Jekyll meine einzige Zuflucht; Hyde brauchte

sich nur einen Augenblick sehen zu lassen und alle Hände würden sich gegen ihn erheben, um ihn zu ergreifen oder zu töten.
Durch mein künftiges Leben wollte ich das Geschehene wiedergutmachen; und ich kann wohl sagen, daß mir das auch einigermaßen gelang. Du weißt ja selbst, wie ich mich in den letzten Monaten des verflossenen Jahres bemühte, die Leiden meiner Mitmenschen zu mildern. Du weißt, daß ich sehr viel für andere tat und daß mir die Tage ruhig, ja beinahe glücklich verliefen. Ich kann auch nicht sagen, daß dieses Leben voll Wohltaten mir überdrüssig geworden wäre; ich freute mich im Gegenteil täglich mehr daran. Allein ich litt noch immer unter dem Fluch eines Doppelwesens, und das Böse in mir, das solange gefesselt war, rang nach Freiheit. Ich wollte nicht etwa wieder die Gestalt Hydes annehmen – der Gedanke allein machte mich schaudern –, nein, der Grund, daß ich versucht wurde gegen das gute Gewissen zu handeln, lag in mir selbst, und schließlich unterlag ich wie irgendein gewöhnlicher Sünder.
Jede Sache erreicht schließlich ihr Ende, und das größte Gefäß läuft einmal über; dieser plötzliche Umschwung zerstörte mein inneres Gleichgewicht. Doch noch beunruhigte mich das nicht; alles schien so natürlich wie in jenen alten Tagen, da ich meine Entdeckung noch nicht gemacht hatte. Es war ein schöner klarer Tag im Monat Januar, und da der Frost gebrochen war, so war es feucht; doch war der Himmel wolkenlos, der Regent-Park bot zugleich ein winterliches Bild und war doch schon von milden Frühlingslüften durchweht. Ich saß in der Sonne auf einer Bank, das Tierische in mir versuchte mich, und die reineren Gefühle schlummerten; nach alledem war ich überzeugt, daß ich meinen Nächsten ähnlich war und ich lächelte, als ich mich mit andern Menschen verglich. Um wievieles besser war ich, der ich meinen guten Willen auch durch Taten bewies, als jene, die in den Tag hineinlebten und deren Nachlässigkeit oft an Faulheit, ja selbst an Grausamkeit grenzt.
In diesem Augenblick der Selbstverherrlichung erfaßte mich Todesangst und Grauen; doch war das bald vorüber und ich fiel in Ohnmacht. Als ich wieder erwachte, war eine Veränderung in meinem Innern vor sich gegangen; ich fühlte mich gehobener, verachtete die Gefahr und fühlte mich frei von allen Pflichten. Ich sah an mir nieder; die Kleidungsstücke hingen formlos um meine zusammengeschrumpften Glieder; die auf meinen Knien ruhende Hand war rauh und behaart. Ich war wieder einmal Edward Hyde. Noch kurz zuvor

erfreute ich mich der Achtung aller Menschen, war reich und beliebt – zu Hause wartete das Mittagessen auf mich, und nun war ich der Abscheu der Menschheit, verfolgt und heimatlos, ein bekannter Mörder und reif für den Galgen.
Meine Sinne taumelten, aber verließen mich nicht ganz. Ich hatte schon mehr als einmal bemerkt, daß ich in meiner zweiten Gestalt meine geistigen Fähigkeiten mehr zu konzentrieren verstand. Daher kam es auch, daß dort, wo Jekyll in entscheidenden Augenblicken den Kopf hängen ließ, Hyde ihn aufrecht trägt. Meine Geheimmittel befanden sich in einem der Wandschränke meines Arbeitsraums. Wie konnte ich zu ihnen gelangen? Das war das Rätsel, das ich, den Kopf in die Hände stützend, zu lösen versuchte.
Die Türe des Laboratoriums hatte ich versperrt; betrat ich mein Haus, so würden mich meine eigenen Diener an den Galgen schleppen. Ich begriff, daß mir dies nur mit Hilfe einer zweiten Person gelingen könnte und dachte dabei an Lanyon. Aber wie konnte ich ihn erreichen? Wie ihn dazu überreden? Wie sollte ich selbst, wenn ich mich in den Straßen der Verfolgung entzöge, zu ihm gelangen? Und wie konnte ich, ein ihm ja dann unbekannter, unwillkommener Gast, den berühmten Physiker überreden, das Arbeitszimmer seines Kollegen Dr. Jekyll zu berauben? Dann aber fiel mir ein, daß mir von meinem eigentlichen Wesen noch die Handschrift geblieben war; und weil mir dieser Hoffnungsstrahl aufleuchtete, so lag mit einem Mal der Weg, den ich einzuschlagen hatte, klar vor mir.
Da brachte ich, so gut es ging, meinen Anzug in Ordnung, rief eine Droschke an und fuhr in ein Hotel in die Portland Straße, dessen Name mir gerade einfiel. Der Kutscher konnte beim Anblick meiner Erscheinung, die allerdings belustigend genug war, so traurig auch das Los dessen, dem sie gehörte, sein mochte, das Lachen nicht unterdrücken. Ich knirschte vor Wut mit den Zähnen, und das Lächeln verschwand – zu seinem Glück – aus seinem Gesicht; für mich war es noch ein größeres Glück, denn sonst hätte ich ihn im nächsten Augenblick von seinem Sitz gerissen und erwürgt. Als ich in das Gastzimmer trat, sah ich mich mit einem so düstern Blicke um, daß die Kellner darüber erschraken; in meiner Gegenwart wagten sie einander nicht anzusehen, nahmen still meine Befehle entgegen, führten mich dann in ein abseits gelegenes Zimmer und brachten mir Schreibzeug. Hyde in Lebensgefahr, das war mir ein unbekanntes Gefühl; er fürchtete sich, er war als Mörder gezeichnet und dürstete

doch nach neuen bösen Taten. Doch das Geschöpf war schlau; es unterdrückte mit aller Gewalt seine Wut und schrieb seine beiden wichtigen Briefe an Lanyon und Poole. Um ganz sicher zu sein, ließ er sie einschreiben.

Dann saß er den ganzen Tag in seinem Zimmer, kaute an den Nägeln, nahm sein Mittagessen ein und hatte niemanden zur Gesellschaft als die Angst. Die Kellner benahmen sich ihm gegenüber sichtlich gedrückt. Als die Nacht hereinbrach, nahm er einen geschlossenen Wagen und ließ sich durch alle Straßen der Stadt fahren.

Ich sage stets er, denn ich kann nicht ich sagen: Jene Höllengeburt hatte kaum etwas Menschliches an sich; in diesem Menschen gab es nichts als Furcht und Haß. Schließlich glaubte er, der Kutscher habe Verdacht geschöpft, entließ deshalb den Wagen und wagte es, zu Fuß weiter zu gehen. Mit seinen schlechtsitzenden Kleidern zog er die Blicke der nächtlichen Passanten auf sich, indessen in seiner Seele die beide früher genannten Leidenschaften wie ein Sturmwind tobten. Von der Furcht gejagt, schritt er eiligst vorwärts, sprach mit sich selbst und zählte, durch die entlegensten Gassen gehend, die Minuten bis Mitternacht. Einmal sprach ihn eine Frau an, die ihm, wie ich glaube, eine Schachtel Streichhölzer anbot; er warf sie ihr ins Gesicht und lief davon.

Als ich zu Lanyon kam, packte mich auf das tiefste das Entsetzen, das meinen alten Freund vor mir ergriff; aber es war nur wie ein Tropfen im Meer, verglichen mit dem Grauen, das ich empfand, wenn ich an die letzten Stunden dachte. In meiner Seele war eine Veränderung vor sich gegangen. Mich quälte nicht länger die Angst vor dem Galgen, sondern der Ekel, Hyde zu sein. Wie im Traum horchte ich auf die Strafpredigt Lanyons, kam halb träumend nach Hause und legte mich zu Bett. Nach den Erlebnissen dieses Tages verfiel ich in einen festen und tiefen Schlaf, den selbst die Schreckensbilder, die mich umschwebten, nicht zu stören vermochten. Am andern Morgen fühlte ich mich schwach, aber dennoch frischer. Ich fürchtete und haßte noch immer die in mir schlummernde Bestie und hatte durchaus nicht die Gefahren vergessen, denen ich ausgesetzt war; aber ich war froh, zu Hause und in der Nähe meiner Geheimmittel zu sein. Mein Herz war so von Dankbarkeit erfüllt, daß ich wieder hoffte.

Nach dem Frühstück schlenderte ich im Hofe umher und freute mich an der frischen Luft, als ich wieder von jenen nicht zu beschreibenden Empfindungen befallen wurde, die stets die Wandlung meines Wesens

ankündigten. Ich hatte gerade noch Zeit, in mein Arbeitszimmer zu flüchten, ehe mich wieder die wütenden Leidenschaften Hydes befielen. Diesmal mußte ich die doppelte Dosis nehmen, um mein eigentliches Wesen wieder zu gewinnen und sechs Stunden später saß ich abermal traurig am Feuer, die Schmerzen kehrten wieder und ich mußte mein Mittel nochmals anwenden.
Kurzum, ich konnte von jenem Tag an nur noch mit größter Anstrengung, und indem ich fortwährend mein Mittel anwandte, die Gestalt Dr. Jekylls beibehalten. Zu allen Tages- und Nachtzeiten erfaßte mich dieses Grauen, und wenn ich nur wenige Minuten schlief, so erwachte ich stets als Hyde. Durch die Anstrengung und die Schlaflosigkeit magerte ich ab, wie vom Fieber verzehrt, wurde schwach an Geist und Körper und hatte nur noch einen Gedanken: die Furcht vor dem bösen Teil meines Ich. Aber im Schlaf, oder wenn die Wirkung des Mittels nachließ, wurde ich fast unmerklich (denn die Schmerzen der Verwandlung verschwanden nach und nach) zu Mr. Hyde. Meine Fantasie verfolgte mich mit gespenstischen Gestalten, mein Herz war von unbegreiflichem Haß erfüllt und der Körper schien kaum stark genug, um dies alles zu ertragen. Mit Jekylls Schwäche wuchs die Macht Hydes. Der Haß, der diese beiden Wesen voneinander trennte, war bei beiden gleich groß. Jekyll hatte nun die volle Mißgestalt dieser Kreatur, die ihm bis in den Tod folgte, und zum Teil das Bewußtsein mit ihm teilte, gesehen. Über dieses Band hinaus, das ihn vollkommen zur Verzweiflung brachte, dachte er an Hyde, nicht nur als an etwas, das der Hölle entstammte, sondern hielt ihn auch geradezu für unorganisch. Es war gräßlich, daß dieser Unhold Sprache und Stimme besaß und daß dieses unvollkommene Gebilde Mienen und Gebärden hatte, ja ihm sogar die Macht zu sündigen gegeben war.
Und dieses Ungeheuer war mit ihm enger verbunden als ein Weib, ja sogar enger als sein eigenes Auge, es war in seinem Fleisch, er fühlte, wie es sich in ihm regte und nach Geborenwerden drängte. In jeder schwachen Stunde, im leisesten Schlaf, stand es gegen ihn auf und verdrängte ihn aus dem Leben. Der Haß Hydes gegen Jekyll war anderer Art. Die Angst vor dem Galgen drängte ihn dazu, Jekyll als sein Versteck zu benutzen, doch er fluchte dieser Notwendigkeit, fluchte der Abhängigkeit, in die er geraten war und vergalt den Haß, der ihm entgegengebracht wurde, doppelt. Daher auch die Streiche, die er mir spielte, indem er Lästerungen in meiner Handschrift auf die Sei-

ten meiner Bücher schrieb, diese verbrannte und auch das Bild meines Vaters vernichtete.

Hätte er den Tod nicht so sehr gefürchtet, so hätte er sich getötet, um auch mich zu vernichten. Aber seine Lust am Leben war erstaunlich, ja noch mehr als das: ich, der ich krank bin und der ich bei dem bloßen Gedanken an ihn friere, ich habe Mitleid mit ihm, wenn ich an dieses leidenschaftliche Anklammern denke, und seine Angst sehe, die ihn befällt, wenn er daran denkt, daß ich Selbstmord begehen könnte. Es wäre zwecklos, und es fehlt mir auch, so furchtbar das ist, die Zeit, um diesen Bericht fortzusetzen. Es mag genügen, daß niemand je solche Leiden ausgestanden hat. Und selbst diese brachten durch die Gewohnheit – nein, ich will dieses Wort nicht aussprechen – eine gewisse Unempfindlichkeit, ein Vertrautsein mit der Verzweiflung in meine Seele, und meine Strafe hätte wohl noch viele Jahre gedauert, wenn nicht jener Umstand eingetreten wäre, der mich nun ganz meines eigentlichen Wesens und meiner Natur beraubt.

Mein Vorrat an dem notwendigen Salz, den ich nie erneuert hatte, ging allmählich zur Neige. Ich ließ mir ein frisches Quantum holen und braute die Mixtur. Die Aufwallung und der erste Farbenwechsel erfolgten, doch schon der zweite nicht mehr; ich trank alles aus, aber ohne Erfolg. Du wirst durch Poole erfahren, wie ich in ganz London danach suchen ließ, aber vergebens. Und heute bin ich überzeugt, daß die erste Portion chemisch nicht rein war und eben diese mir unbekannte Unreinheit der Mischung solche Kraft verlieh.

Seither ist eine Woche vergangen und ich schließe meinen Bericht, während ich unter der Wirkung des letzten Restes meines alten Mittels stehe. Das ist also das letzte Mal, daß Henry Jekyll seine eigenen Gedanken fassen oder sein eigenes, jetzt so trauriges Gesicht im Spiegel sehen kann. Noch darf ich zögern, dieses Schreiben zu beenden. Denn wenn mein Bericht bisher noch der Zerstörung entging, so verdanke ich dies dem Zufall und meiner Klugheit. Überkäme mich die Verwandlung, während ich schreibe, so würde Hyde alles in Stücke zerreißen. Wenn aber einige Zeit darüber vergangen ist und ich es beiseite gelegt habe, so hält sein wunderbarer Trieb der Selbsterhaltung und die Beschränkung des Augenblicks ihn wohl nochmals von dieser Handlung ab. Und in der Tat hat ihn schon das Verderben, das uns beiden droht, ein wenig geändert und gebeugt.

Wenn eine weitere halbe Stunde vergeht, so weiß ich, daß ich wieder, und diesmal für immer, die Gestalt dieses scheußlichsten Wesens angenommen haben werde. Dann werde ich schauernd und weinend in meinem Stuhle sitzen oder mit der gespanntesten und entsetzlichsten Aufmerksamkeit in diesem Zimmer auf und abgehen, um auf jedes verdächtige Geräusch zu horchen. Wird Hyde auf dem Schafott sterben? Oder wird er den Mut finden, sich im letzten Augenblick selbst zu erlösen? Gott weiß es, und mir ist es gleich. Dies ist meine eigentliche Todesstunde, und was nun folgt, betrifft einen andern und nicht mich.

Jetzt eben, da ich die Feder niederlege und diese Beichte versiegle, ist auch das Leben des unglücklichen Henry Jekyll zu Ende …

Nach einer älteren anonymen Übersetzung

Kommentar

Die Geschichte von Robert Louis Stevenson »Henry Jekylls vollständige Erklärung« schildert wahrscheinlich eine multiple Persönlichkeitsstörung (dissoziative Identitätsstörungen). Das Merkmal der multiplen Persönlichkeitsstörung ist die Existenz von zwei oder mehr unterschiedlichen Persönlichkeiten oder Persönlichkeitszuständen innerhalb eines Individuums. Dabei ist zu einem bestimmten Zeitpunkt jeweils nur eine der Persönlichkeiten nachweisbar, wobei jede in der Regel eigene Persönlichkeitszüge, Erinnerungen und Verhaltensweisen besitzt. In typischen Fällen sind diese vollständig voneinander getrennt, keiner hat Zugang zu den Erhebungen der anderen, und eine Persönlichkeit ist sich der Existenz der anderen selten bewusst. Der Wechsel von einer Persönlichkeit zur anderen vollzieht sich beim ersten Mal gewöhnlich plötzlich und ist eng mit traumatischen Erlebnissen verbunden. Spätere Wechsel sind oft begrenzt auf traumatische oder belastende Ereignisse. Die multiple Persönlichkeit ist, auch wenn sie in den letzten Jahren viel Aufmerksamkeit in der Laienpresse, u.a. im Zusammenhang mit forensisch-psychiatrischen Fällen gewonnen hat, eine eher sehr seltene Störung.

Der in der Geschichte dargestellte Fall kommt diesem Konzept sehr nahe, allerdings sieht es so aus, als ob, zumindest über einen langen Zeitraum, der jeweilig handelnden Person die Freiheit bleibt, sich in die jeweils andere Person erneut zu verwandeln. Erst im weiteren Verlauf wird diese Möglichkeit erschwert und schlussendlich genommen bleibt nur der eine Teil der Person, „das scheußliche Wesen", übrig. In der Geschichte vollzieht sich der Wandel von einer zur anderen Persönlichkeit durch ein chemisches Gemisch, das der Protagonist selber nach geheimnisvollen Rezepten zusammengestellt hat, und das an alchemistische Traditionen erinnert. Insgesamt entsteht so eine interessante Parabel von den guten und schlechten Persönlichkeitsanteilen eines Menschen.

Thomas Mann

Buddenbrooks

aus: Thomas Mann. Buddenbrooks.

Einführung

Die Zahl wissenschaftlicher Abhandlungen zu Themen und Motiven der Medizin im Werk des Nobelpreisträgers (1929) Thomas Mann (1875–1955) ist mittlerweile Legion, gleichviel, ob sie sich mit »Der Tod in Venedig« (1912), »Der Zauberberg« (1924), »Doktor Faustus« (1947) oder mit »Bekenntnisse des Hochstaplers Felix Krull« (1954) beschäftigen. Es ist längst kein Geheimnis mehr, dass sich Thomas Mann häufig von namhaften Medizinern ausgiebig beraten ließ und sich nicht scheute, deren Auskünfte produktiv in sein Werk aufzunehmen und sie situations- oder personenadäquat literarisch zu verarbeiten.

Im Mittelpunkt des Romans »Buddenbrooks« (1901) stehen der Gedanke und das Phänomen des Verfalls, worauf im Untertitel (Verfall einer Familie) ausdrücklich hingewiesen wird. Dabei vollzieht sich dieser Verfall nicht nur als gesellschaftlicher und ökonomischer Abstieg, sondern auch als wesenhafte und charakterliche Degeneration, die sich wiederum in den deutlich zur Sprache kommenden physischen und psychischen Problemen nahezu sämtlicher Romanfiguren spiegelt: Mit Jeans pietistischem Frömmlertum zeichnet sich die Dekadenz bereits ab, Thomas stirbt noch vor seinem 50. Geburtstag an einem eitrigen Zahn, sein Sohn Hanno 16-jährig an Typhus, Bendix Grünlich ist ein Hochstapler und Pseudologe, Alois Permaneder säuft, die ungebrochen naive Tony scheitert in zwei Ehen und bleibt reflektorisch erheblich defizitär.

Der Roman, der geschickt auf ausländische Muster des generationenübergreifenden Familienromans (z.B. bei Zola) zurückgreift, wurde zum Welterfolg, dreimal verfilmt (zuletzt 1979) und vom Bildungsbürgertum nicht zuletzt wegen seiner gediegen realistischen Darstellungsweise (vgl. Buddenbrook-Haus in Lübeck) überwiegend genüsslich rezipiert, was oft zu Lasten der Dekadenz-Thematik ging und somit Thomas Manns Intention (siehe Untertitel) partiell verfehlte.

Der vorliegende Textauszug rückt nicht den zerbrechlichen, früh kränkelnden, schließlich an Typhus sterbenden letzten Spross Hanno, sondern den arbeitsunfähi-

gen, oberflächlich hypochondrisch anmutenden, deutlich selbstreflexiven und dandyhaft antibürgerlichen Christian Buddenbrook ins Zentrum, dessen eigentümliches Verhalten selbst von seinen engsten Familienangehörigen als bloß exzentrisch abgetan wird und tragisch unverstanden bleibt.

Weiterführende Literatur:
Helmut Koopmann: Thomas Mann Handbuch. S. Fischer 2005

Buddenbrooks

Es war anders mit Christian. Er vermochte bei den naiven und kindlichen Ergüssen seiner Schwester schlechterdings nicht, seine Haltung zu bewahren; er bückte sich über seinen Teller, wandte sich ab, zeigte das Bedürfnis, sich zu verkriechen, und unterbrach sie mehrere Male sogar mit einem leisen und gequälten: »Gott ... Tony ...«, wobei seine große Nase in unzählige Fältchen gezogen war.
Ja, er legte Unruhe und Verlegenheit an den Tag, sobald das Gespräch sich dem Verstorbenen zuwandte, und es schien, als ob er nicht nur die undelikaten Äußerungen tiefer und feierlicher Gefühle, sondern auch die Gefühle selbst fürchtete und mied.
Man hatte ihn noch keine Träne über den Tod des Vaters vergießen sehen. Die lange Entwöhnung allein erklärte dies nicht. Das Merkwürdige aber war, daß er, im Gegensatze zu seinem sonstigen Widerwillen gegen derartige Gespräche, immer wieder seine Schwester Tony ganz allein beiseite nahm, um sich von ihr die Vorgänge jenes fürchterlichen Sterbenachmittages so recht anschaulich und im einzelnen erzählen zu lassen: denn Madame Grünlich erzählte am lebhaftesten.
»Also gelb sah er aus?« fragte er zum fünften Male ... »Was schrie das Mädchen, als es zu euch hereinstürzte? Er sah also ganz gelb aus? ... Und hat nichts mehr sagen können, bevor er starb? ... Was sagte das Mädchen? Wie hat er nur noch machen können: ›Ua ... ua‹? ...« Er schwieg, schwieg lange Zeit, indes seine kleinen, runden, tiefliegenden Augen schnell und gedankenvoll im Zimmer umherirrten. »*Gräßlich*«, sagte er plötzlich, und man sah, daß ein Schauer ihn überlief,

während er aufstand. Und immer mit unruhigen und grübelnden Augen ging er auf und nieder, während Tony sich wunderte, daß ihr Bruder, der sich aus unbegreiflichen Gründen zu schämen schien, wenn sie laut den Vater betrauerte, mit einer Art schauerlicher Nachdenklichkeit ganz laut die Todeslaute desselben wiederholen mochte, die er mit vieler Mühe von Line, dem Mädchen, erfragt hatte …

Christian hatte sich durchaus nicht verschönt. Er war hager und bleich. Die Haut umspannte straff seinen Schädel, zwischen den Wangenknochen sprang die große, mit einem Höcker versehene Nase scharf und fleischlos hervor, und das Haupthaar war schon merklich gelichtet. Sein Hals war dünn und zu lang, und seine mageren Beine zeigten eine starke Krümmung nach außen … Übrigens schien sein Londoner Aufenthalt ihn am nachhaltigsten beeinflußt zu haben, und da er auch in Valparaiso am meisten mit Engländern verkehrt hatte, so hatte seine ganze Erscheinung etwas Englisches angenommen, was nicht übel zu ihr paßte. Es lag etwas davon in dem bequemen Schnitt und dem wolligen, durablen Stoff seines Anzuges, in der breiten und soliden Eleganz seiner Stiefel und in der Art, wie sein rotblonder, starker Schnurrbart mit etwas säuerlichem Ausdruck ihm über den Mund hing. Ja selbst seine Hände, die von jenem matten und porösen Weiß waren, wie die Hitze es hervorbringt, machten mit ihren rund und kurz geschnittenen sauberen Nägeln aus irgendwelchen Gründen einen englischen Eindruck.

»Sage mal …«, fragte er unvermittelt, »kennst du das Gefühl … es ist schwer zu beschreiben … wenn man einen harten Bissen verschluckt und es tut hinten den ganzen Rücken hinunter weh?« Dabei war wieder seine ganze Nase in straffe kleine Fältchen gezogen.

»Ja«, sagte Tony, »das ist etwas ganz Gewöhnliches. Man trinkt einen Schluck Wasser …«

»So?« erwiderte er unbefriedigt. »Nein, ich glaube nicht, daß wir dasselbe meinen.« Und ein unruhiger Ernst bewegte sich auf seinem Gesichte hin und her …

Dabei war er der erste, der im Hause eine freie und der Trauer abgewandte Stimmung vertrat. Er hatte von der Kunst, den verstorbenen Marcellus Stengel nachzuahmen, nichts verlernt und redete oft stundenlang in seiner Sprache. Bei Tische erkundigte er sich nach dem Stadttheater … ob eine gute Truppe dort sei, was gespielt werde …

»Ich weiß nicht«, sagte Tom mit einer Betonung, die übertrieben

gleichgültig war, um nicht ungeduldig zu sein. »Ich kümmere mich jetzt nicht darum.«
Christian aber überhörte dies völlig und fing an, vom Theater zu sprechen ... »Ich kann gar nicht sagen, wie gern ich im Theater bin! Schon das Wort ›Theater‹, macht mich geradezu glücklich ... Ich weiß nicht, ob jemand von euch dies Gefühl kennt? Ich könnte stundenlang stillsitzen und den geschlossenen Vorhang ansehen ... Dabei freue ich mich wie als Kind, wenn wir hier herein zur Weihnachtsbescherung gingen ... Schon das Stimmen der Orchesterinstrumente! Ich würde ins Theater gehen, nur um das zu hören! ... Besonders gern habe ich die Liebesszenen ... Einige Liebhaberinnen verstehen es, den Kopf des Liebhabers so zwischen beide Hände zu nehmen ... Überhaupt die Schauspieler ... ich habe in London und auch in Valparaiso viel mit Schauspielern verkehrt. Zu Anfang war ich wahrhaftig stolz, mit ihnen so im ganz gewöhnlichen Leben sprechen zu können. Im Theater achte ich auf jede ihrer Bewegungen ... das ist sehr interessant! Einer sagt sein letztes Wort, dreht sich in aller Ruhe um und geht ganz langsam und sicher und ohne Verlegenheit zur Tür, obgleich er weiß, daß die Augen des ganzen Theaters auf seinem Rücken liegen ... wie man das kann! Früher habe ich mich fortwährend gesehnt, einmal hinter die Kulissen zu kommen – ja, jetzt bin ich da ziemlich zu Hause, das kann ich sagen. Stellt euch vor ... in einem Operettentheater – es war in London – ging eines Abends der Vorhang auf, als ich noch auf der Bühne stand ... Ich unterhielt mich mit Miss Watercloose ... einem Fräulein Watercloose ... ein sehr hübsches Mädchen! Genug! plötzlich öffnet sich der Zuschauerraum ... mein Gott, ich weiß nicht, wie ich von der Bühne heruntergekommen bin!«
Madame Grünlich lachte so ziemlich allein in der kleinen Tafelrunde; aber Christian fuhr mit umherwandernden Augen zu sprechen fort. Er sprach von englischen Café-Konzertsängerinnen, er erzählte von einer Dame, die mit einer gepuderten Perücke aufgetreten sei, mit einem langen Stock auf die Erde gestoßen und ein Lied namens ›That's Maria!‹ gesungen habe ... »Maria, wißt ihr, Maria ist die Schändlichste von allen ... Wenn eine das Sündhafteste begangen hat: that's Maria! Maria ist die *Allerschlimmste,* wißt ihr ... das Laster ...« Und das letzte Wort sprach er mit abscheulichem Ausdruck, indem er die Nase krauste und die rechte Hand mit gekrümmten Fingern erhob.

»Assez, Christian!« sagte die Konsulin. »Dies interessiert uns durchaus nicht.«
Allein Christians Blick schweifte abwesend über sie hin, und er hätte auch wohl ohne ihren Einwurf zu sprechen aufgehört, denn während seine kleinen, runden, tiefliegenden Augen rastlos wanderten, schien er in ein tiefes, unruhiges Nachdenken über Maria und das Laster versunken.
Plötzlich sagte er: »Sonderbar ... manchmal kann ich nicht schlukken! Nein, da ist nichts zu lachen; ich finde es furchtbar ernst. Mir fällt ein, daß ich vielleicht nicht schlucken kann, und dann kann ich es wirklich nicht. Der Bissen sitzt schon ganz hinten, aber dies hier, der Hals, die Muskeln ... es versagt ganz einfach ... Es gehorcht dem Willen nicht, wißt ihr. Ja, die Sache ist: ich wage nicht einmal, es ordentlich zu wollen.«
Tony rief ganz außer sich: »Christian! mein Gott, was für dummes Zeug! Du wagst nicht, schlucken zu wollen ... Nein, du machst dich ja lächerlich! Was erzählst du uns eigentlich alles ...!«
Thomas schwieg. Die Konsulin aber sagte: »Das sind die Nerven, Christian, ja, es war höchste Zeit, daß du nach Hause kamst; das Klima drüben hätte dich noch krank gemacht.« –
Nach Tische setzte er sich an das kleine Harmonium, das im Eßsaale stand, und machte einen Klaviervirtuosen. Er tat, als ob er sein Haar zurückwürfe, rieb sich die Hände und blickte von unten herauf ins Zimmer; dann, lautlos, ohne die Bälge zu treten, denn er konnte durchaus nicht spielen und war überhaupt unmusikalisch wie die meisten Buddenbrooks, begann er, emsig vornübergebeugt, den Baß zu bearbeiten, vollführte wahnsinnige Passagen, warf sich zurück, blickte entzückt nach oben und griff mit beiden Händen machtvoll und sieghaft in die Tasten ... Selbst Clara geriet ins Lachen. Sein Spiel war täuschend, voll von Leidenschaft und Charlatanerie, voll von unwiderstehlicher Komik, die den burlesken und exzentrischen englisch-amerikanischen Charakter trug und weit entfernt war, einen Augenblick unangenehm zu berühren, denn er selbst fühlte sich allzu wohl und sicher darin.
»Ich bin immer sehr häufig in Konzerte gegangen«, sagte er; »ich sehe es gar zu gern, wie die Leute sich mit ihren Instrumenten benehmen! ... Ja, es ist wahrhaftig wunderschön, ein Künstler zu sein!«
Dann begann er von neuem. Plötzlich jedoch brach er ab. Ganz unvermittelt wurde er ernst: so überraschend, daß es aussah, als ob

eine Maske von seinem Gesicht hinunterfiel; er stand auf, strich mit der Hand durch sein spärliches Haar, begab sich an einen anderen Platz und blieb dort, schweigsam, übellaunig, mit unruhigen Augen und einem Gesichtsausdruck, als horche er auf irgendein unheimliches Geräusch.

[…]

Die Qual, die unbestimmte Qual in Christians linkem Beine, war seit einiger Zeit mehreren äußerlichen Mitteln gewichen; die Schluckbeschwerden aber kehrten noch oft bei Tische wieder, und neuerdings war eine zeitweilige Atemnot, ein asthmatisches Übel hinzugetreten, das Christian während längerer Wochen für Lungenschwindsucht hielt und dessen Wesen und Wirkungen er seiner Familie mit gekrauster Nase in ausführlichen Beschreibungen mitzuteilen bemüht war. Doktor Grabow wurde zu Rate gezogen. Er stellte fest, daß Herz und Lunge recht kräftig arbeiteten, daß aber der gelegentliche Atemmangel auf eine gewisse Trägheit gewisser Muskeln zurückzuführen sei, und verordnete zur Erleichterung der Respiration erstens den Gebrauch eines Fächers, zweitens ein grünliches Pulver, das man entzünden und dessen Rauch man einatmen mußte. Des Fächers bediente Christian sich auch im Kontor, und auf einen Vorhalt des Chefs antwortete er, daß in Valparaiso jeder Kontorist schon der Hitze wegen einen Fächer besessen habe: »Johnny Thunderstorm … du lieber Gott!« Als er aber eines Tages, nachdem er längere Zeit ernst und unruhig auf seinem Sessel hin und her gerückt, auch sein Pulver im Kontor aus der Tasche zog und einen so starken und übelriechenden Qualm entwickelte, daß mehrere Leute zu husten begannen und Herr Marcus sogar ganz blaß wurde … da gab es einen öffentlichen Eklat, einen Skandal, eine fürchterliche Auseinandersetzung, die zum sofortigen Bruch geführt haben würde, hätte nicht die Konsulin noch einmal alles vertuscht, mit Vernunft besprochen und zum Guten gewandt.

[…]

»Nun?« fragte der Konsul.

»Ich kann es nun nicht mehr«, antwortete Christian, indem er sich, Hut und Stock zwischen den mageren Knien, seitwärts auf einem der hochlehnigen Stühle niederließ, die den Eßtisch umstanden.

»Darf ich fragen, was du nun nicht mehr kannst, und was dich zu mir führt?« sagte der Konsul, der stehen blieb.

»Ich kann es nun nicht mehr«, wiederholte Christian, drehte mit fürchterlich unruhigem Ernst seinen Kopf hin und her und ließ seine kleinen, runden, tiefliegenden Augen schweifen. Er zählte jetzt dreiunddreißig Jahre, aber er sah weit älter aus. Sein rötlichblondes Haar war so stark gelichtet, daß fast schon die ganze Schädeldecke freilag. Über den tief eingefallenen Wangen traten die Knochen scharf hervor; dazwischen aber buckelte sich, nackt, fleischlos, hager, in ungeheurer Wölbung seine große Nase …

»Wenn es nur dies wäre«, fuhr er fort, indem er mit der Hand an seiner linken Seite hinunterstrich, ohne seinen Körper zu berühren … »Es ist kein Schmerz, es ist eine Qual, weißt du, eine beständige, unbestimmte Qual. Doktor Drögemüller in Hamburg hat mir gesagt, daß an dieser Seite alle Nerven zu kurz sind … Stelle dir vor, an der ganzen linken Seite sind alle Nerven zu kurz bei mir! Es ist so sonderbar … manchmal ist mir, als ob hier an der Seite irgendein Krampf oder eine Lähmung stattfinden müßte, eine Lähmung für immer … Du hast keine Vorstellung … Keinen Abend schlafe ich ordentlich ein. Ich fahre auf, weil plötzlich mein Herz nicht mehr klopft und ich einen ganz entsetzlichen Schreck bekomme … Das geschieht nicht einmal, sondern zehnmal, bevor ich einschlafe, Ich weiß nicht, ob du es kennst … ich will es dir ganz genau beschreiben … Es ist …«

»Laß nur«, sagte der Konsul kalt. »Ich nehme nicht an, daß du hierhergekommen bist, um mir dies zu erzählen?«

»Nein, Thomas, wenn es nur *das* wäre; aber das ist es nicht allein! Es ist mit dem Geschäft … Ich kann es nun nicht mehr.«

»Du bist wieder in Unordnung?« Der Konsul fuhr nicht einmal auf, er wurde nicht mehr laut. Er fragte es ganz ruhig, während er seinen Bruder von der Seite mit einer müden Kälte ansah.

»Nein, Thomas. Und um die Wahrheit zu sagen – es ist ja nun doch gleich – ich bin niemals recht in Ordnung gekommen, auch durch die zehntausend damals nicht, wie du selbst weißt … Die waren eigentlich nur, damit ich nicht gleich zuzumachen brauchte. Die Sache ist die – Ich habe gleich darauf noch Verluste gehabt, in Kaffee – und bei dem Bankerott in Antwerpen … Das ist wahr. Aber dann habe ich eigentlich gar nichts mehr getan und mich still verhalten. Aber man muß doch leben … und nun sind da Wechsel und andere Schulden … fünftausend Taler … Ach, du weißt nicht, wie sehr ich herunter bin! Und zu allem diese Qual …«

Kommentar

In der dargestellten Episode aus Thomas Manns »Buddenbrooks« geht es um eine eigenartige krankhafte Veränderung Christians, die auch äußerlich den beteiligten Bezugspersonen auffällt, ganz besonders den Protagonisten aber sehr zu beschäftigen scheint. Er klagt u.a. über eigenartige Schluckbeschwerden, die sogar bis in den Rücken ausstrahlen, dass die Muskeln des Halses beim Schlucken nicht seinem Willen gehorchen würden, dass unbestimmte Qualen im linken Bein schon früher aufgetreten, in letzter Zeit aber besser geworden seien. Zeitweilig habe er Atemnot, weshalb er auch an Lungenschwindsucht gedacht habe. Der Doktor fand bei entsprechender Untersuchung keine organischen Hintergründe und rät zu einer symptomatischen Behandlung. Dem Kontext der Geschichte ist zu entnehmen, dass die Symptomatik sich möglicherweise als Reaktion auf den Tod des Großvaters entwickelte. Am Ende der hier ausgewählten Textepisode wird deutlich, dass wahrscheinlich auch geschäftliche und finanzielle Schwierigkeiten den situativen Hintergrund für die Störung abgeben. Es handelt sich wahrscheinlich um eine Somatisierungsstörung. Differentialdiagnostisch ist eine hypochondrische Störung zu erwägen.

Funktionelle Krankheitszustände, bei denen das Auftreten meist multipler körperlicher Symptome beobachtet wird, für die sich keine ausreichenden organischen Ursachen finden lassen, gehört zum ärztlichen Alltag. Jedes Organ und jede Körperfunktion kann von der Störung betroffen sein. Die Folgen sind oft gravierend, da die dargebotene Symptomatik mit ihrer Vielgestaltigkeit und Intensität immer wieder Anlass zu umfangreichen körperlichen Untersuchungen, evtl. sogar zu Operationen gibt. An eine funktionelle Störung wird oft erst sehr spät gedacht und der Psychiater wird ebenfalls oft erst sehr spät einbezogen. In der ICD-10 werden diese funktionellen Störungen, für die eine organische Ursache nicht nachweisbar ist, als »somatoforme Störungen« klassifiziert, die je nach klinischer Ausgestaltung in weitere Subtypen unterteilt werden können, u.a. in die Somatisierungsstörung. Im 19. Jahrhundert wurden diese Störungen im Gesamtkontext des Hysteriekontextes gesehen. Paul Briquet beschrieb eine Hysterieform als polysymptomatische Störung, bei der eine Vielzahl von funktionellen körperlichen Symptomen auftrat. Sein Konzept gilt als Ursprung der als »Somatisierungsstörung« benannten Erkrankung. Kennzeichen der Somatisierungsstörung sind multiple, meist viele Jahre bestehende Körpersymptome, die umfangreiche diagnostische und therapeutische Maßnahmen zur Folge haben. Eine körperliche Verursachung wird trotz intensiver diagnostischer Maßnahmen nicht gefunden. Eine psychogene Verursachung wird unterstellt, kann aber häufig nicht bewiesen werden, da die Patienten meist wenig introspektionsfähig sind und ihnen bestimmte Konflikte bzw. Belastungen nicht ausreichend bewusst sind (Alexithymie). Nach psychoanalytischer Auffassung liegt den Somatisierungsstörungen wie überhaupt den somatoformen Störungen, ähnlich wie den dissoziativen Störungen, eine Übersetzung unbewusster Konflikte in die Körpersprache zugrunde. Innerpsychische Konflikte werden auf der »Bühne des Körpers« ausagiert. Dabei spielt das Auftreten einer diffusen Angst (besonders Schuldängste) eine besondere Rolle. Durch den entstehenden primären (inneren) und sekundären (äußeren) Krankheitsgewinn kann eine Entlastung von der Affektspannung erreicht werden. Die Somatisierungsstörung ist relativ häufig, in der allgemeinen Bevölkerung liegt die Prävalenz bei etwa 4 Prozent, in der Primärversorgung leiden etwa 10 Prozent der Patienten an dieser Störung. Sie ist eine chronisch verlaufende Erkrankung mit fluktuierender Symptomatik.

Molière

Der eingebildete Kranke

aus: Molière. Der eingebildete Kranke. Kommödie in drei Aufzügen.
Übersetzung und Nachwort von Doris Distelmaier-Haas.

Einführung

»Der eingebildete Kranke« (1673) des französischen Theaterdirektors, Schauspielers und Dichters Molière (eigentlich Jean Baptiste Poquelin, 1622–1673) ist eine der unsterblichen Komödien der Weltliteratur.
Argan, Hypochonder, Neurotiker und Haustyrann zugleich, der sich und seiner Umgebung das Leben zur Hölle macht, stellt sich als angeblich Schwerkranker tot, entlarvt die Gattin, gibt am Ende seiner Tochter doch die Erlaubnis, den Mann zu heiraten, den sie liebt, und verspottet die Ärzte (wie schon in Molières Satiren »L'Amour Médecin« und »Médecin malgré lui«, 1672) als diejenigen, welche Gesunde krank machen.
Im Stück lässt der Autor seinen beklagenswerten Helden sagen: »Der Molière ist doch ein unverschämter Kerl … Wenn ich Arzt wäre – ich würde mich schon rächen, und wenn er krank würde, dann ließe ich ihn ohne Hilfe sterben.«
Makabre Ironie der Geschichte: Molière starb während der vierten Aufführung seines Stückes, in dem er seine Lieblingsrolle, nämlich die Hauptrolle, spielte. Im dritten Akt brach er auf offener Bühne im Kostüm des eingebildeten kranken Argan zusammen. Das Publikum hielt's für eine schauspielerische Glanzleistung und amüsierte sich köstlich.

Weiterführende Literatur:
Jürgen von Stackelberg: Molière. Eine Einführung. Reclam 2005

Der eingebildete Kranke

Erster Aufzug

Erster Auftritt

Argan

Argan (*sitzt allein in seinem Zimmer an einem Tisch, rechnet mit Spielmarken die Aufstellungen seines Apothekers nach und hält folgendes Zwiegespräch*). Drei und zwei macht fünf, und fünf macht zehn, und zehn macht zwanzig. Drei und zwei macht fünf. »Ferner, am vierundzwanzigsten, ein gleitfreudiges, vorbereitendes, beruhigendes Klistierchen zwecks Erweichung, Befeuchtung und Erfrischung der Eingeweide des gnädigen Herrn.« Was mir an meinem Apotheker, Herrn Fleurant, gefällt, ist der höfliche Ton seiner Rechnungen. »Für die Eingeweide des gnädigen Herrn dreißig Sous.« Ja, aber Herr Fleurant, Höflichkeit ist nicht alles, man muß auch vernünftig bleiben und darf den Kranken nicht das Fell über die Ohren ziehen. Dreißig Sous für eine Spülung! Ergebenster Diener, noch einmal! Aber Ihr habt in den anderen Rechnungen nur zwanzig Sous dafür angesetzt, und zwanzig Sous, das heißt bei euch Apothekern zehn Sous; da habt Ihr sie, zehn Sous! »Ferner, am gleichen Tage, ein gutes, reinigendes Klistier, nach ärztlicher Verordnung zusammengestellt aus einer doppelten Dosis Latwerge von Sennesstrauch und Rhabarber, Rosenhonig und anderen Ingredienzien, um den Unterleib des gnädigen Herrn auszufegen, zu spülen und zu säubern, dreißig Sous.« Mit Eurer Erlaubnis, zehn Sous. »Ferner, am Abend des gleichen Tages, einen beruhigenden, sedierenden Trank für die Leber, um dem gnädigen Herrn Schlaf zu schenken, fünfunddreißig Sous.« Dagegen will ich nichts sagen, denn ich konnte gut darauf schlafen. Zehn, fünfzehn, sechzehn und siebzehn Sous, sechs Deniers. »Ferner, am fünfundzwanzigsten, eine gute reinigende und kräftigende Arznei, nach der Verordnung des Herrn Purgon zusammengestellt aus frischer Kassie, levantinischen Sennesblättern und anderen Ingredienzien, um die Galle des gnädigen Herrn in Fluß zu bringen und abzuführen, vier Livres.« Oh, Herr Fleurant, Ihr scherzt wohl! Man muß leben und leben lassen. Herr Purgon hat Euch nicht aufgetragen, vier Francs dafür anzusetzen. Schreibt, schreibt drei Livres, wenn es beliebt!

Zwanzig und dreißig Sous. »Ferner, am gleichen Tage, einen schmerzlindernden und adstringierenden Heiltrank, um dem gnädigen Herrn Ruhe zu verschaffen, dreißig Sous.« Also, zehn, fünfzehn Sous. »Ferner, am sechsundzwanzigsten, ein Beruhigungsklistier, um die Winde des gnädigen Herrn zu vertreiben, dreißig Sous. » Zehn Sous, Herr Fleurant. »Ferner, am Abend, eine Wiederholung des oben genannten Klistiers, dreißig Sous.« Herr Fleurant, zehn Sous. »Ferner, am siebenundzwanzigsten, eine gute Arznei, eigens zusammengestellt, um den Stuhlgang zu beschleunigen und die bösen Säfte des gnädigen Herrn auszuscheiden, drei Livres.« Also, zwanzig, dreißig Sous. Es gefällt mir, daß Ihr vernünftig seid. »Ferner, am achtundzwanzigsten, etwas geklärte und gesüßte Molke, um das Blut des gnädigen Herrn zu besänftigen, zu beruhigen, zu mäßigen und aufzufrischen, zwanzig Sous.« Gut, zehn Sous. »Ferner, einen herzstärkenden, vorbeugenden Trank, der Verordnung entsprechend zusammengesetzt aus zwölf Gran Bezoar, Sirup von Zitronen und Granatäpfeln und aus anderen Ingredienzien, fünf Livres.« Immer langsam, Herr Fleurant, wenn ich bitten darf! Wenn Ihr es dergestalt treibt, mag ja niemand mehr krank sein; begnügt Euch mit vier Francs! Zwanzig, vierzig Sous. Drei und zwei macht fünf, und fünf macht zehn, und zehn macht zwanzig. Dreiundsechzig Livres, vier Sous, sechs Deniers. So habe ich also in diesem Monat eins, zwei, drei, vier, fünf, sechs, sieben, acht Arzneien erhalten und eins, zwei, drei, vier, fünf, sechs, sieben, acht, neun, zehn, elf, zwölf Einläufe; im vorigen Monat waren es zwölf Arzneien und zwanzig Einläufe. Da wundere ich mich nicht, daß es mir in diesem Monat nicht so gut geht wie im vorhergehenden. Das muß ich Herrn Purgon sagen, damit er das ein wenig in die Reihe bringt. Vorwärts, schafft dies alles weg. *(Da er sieht, daß niemand kommt und daß keiner seiner Leute im Zimmer ist.)* Da ist ja niemand. Ich kann sagen, was ich will, sie lassen mich immer allein. Um nichts in der Welt wollen sie hierbleiben. *(Er klingelt mit einer Glocke, um seine Leute herbeizurufen.)* Die hören nicht, und meine Glocke ist nicht laut genug. Klingling, klingling, klingling. *(Nachdem er zum zweiten Mal geläutet hat.)* Da rührt sich nichts! Klingling, klingling, klingling. *(Nachdem er nochmals geläutet hat.)* Die sind taub. Toinette! Klingling, klingling, klingling. *(Nachdem er mit aller Kraft geklingelt hat.)* Das ist ja so, als ob ich überhaupt nicht klingelte. Du Biest, du Luder! Klingling, klingling, klingling. *(Er sieht, daß er weiterhin vergeblich läutet.)* Ich werde rasend. *(Er läutet nicht mehr, sondern schreit.)* Du Rabenaas, zum Teufel mit dir! Ist denn das die Möglichkeit? Einen armen Kranken so allein zu lassen! Klingling, klingling, klingling. Das schreit doch zum Himmel! Klingling, klingling, klingling. O mein Gott, die lassen mich hier sterben. Klingling, klingling, klingling.

Kommentar

Der kurze Auszug aus Molières »Der eingebildete Kranke« beschreibt die absurden und übertriebenen Therapiemaßnahmen, die das Ausmaß der Störung des Protagonisten verdeutlichen sollen. Deutlich klagt der »eingebildete Kranke« darüber, dass noch immer nicht genügend für ihn getan wird, und dass er viel zu viel allein gelassen wird. „Der eingebildete Kranke" gilt als klassische Darstellung des Hypochonders. Es ist aber die Frage, ob er das wirklich im Sinne der modernen psychiatrischen Diagnostik ist. Demnach ist ein „eingebildeter Kranker", also ein Simulant, jemand, der aus dem Simulieren von Krankheitssymptomen positive Konsequenzen zieht wie ständige Beachtung etc.

Die »hypochondrische Störung« gehört zu den eben bereits genannten »somatoformen Störungen«. Es handelt sich bei dieser Störung um eine anhaltende übermäßige Angst oder Befürchtung, an einer schweren körperlichen Erkrankung zu leiden, obwohl für die weitgehend unspezifischen körperlichen Symptome keine organischen Ursachen gefunden werden können. Die Überzeugung, dass eine ernsthafte körperliche Erkrankung bestehen könnte, gründet sich auf die in der Regel subjektive Interpretation von vermeintlichen oder tatsächlichen funktionellen Organstörungen. Das Wesentliche in der hypochondrischen Störung besteht aber nicht in dem Vorhandensein dieser funktionellen Störung, sondern in der übermäßigen gedanklichen Beschäftigung damit und den daraus resultierenden, teilweise gravierenden sozialen Folgen. Die sozialen Beziehungen sowie die berufliche Leistungsfähigkeit sind oft gestört, da der Betreffende fast ausschließlich mit seinen Beschwerden und der dahinter vermuteten Erkrankung beschäftigt ist. Zum Verhaltensmuster dieser Patienten wird u.a. der häufige Arztwechsel, da die Patienten sich von keinem Arzt richtig behandelt fühlen und immer fürchten, fehldiagnostiziert zu werden. Hypochondrische Störungen sind häufig, ihre Prävalenz in der Bevölkerung liegt bei ca. 4 bis 6 Prozent, in der primärärztlichen Versorgung ist die Inzidenz natürlich deutlich höher. Die hypochondrische Störung verläuft meist chronisch, kann jedoch Intensitätsschwankungen der Symptomatik zeigen.

Franz Kafka

Die Verwandlung

aus: Franz Kafka. Erzählungen. Herausgegeben von Max Brod.

Einführung

Wie kaum ein anderer Autor des 20. Jahrhunderts hat Franz Kafka (1883-1924) die Moderne beeinflusst und geprägt. Die wissenschaftliche Literatur zum Werk des pragerdeutschen Schriftstellers ist von einem Einzelnen längst nicht mehr zu bewältigen. Der schon in früher Jugend schriftstellerisch tätige Kafka verbrachte seine Ferien gerne bei seinem Onkel, einem Landarzt. Nach der Matura studierte er in Prag zunächst Chemie, daneben Germanistik und Kunstgeschichte, hauptsächlich aber Jura (Promotion 1906). Nach einem Rechtspraktikum am Zivil- und Strafgericht arbeitete Kafka von 1908 bis 1922 in der Arbeiter-Unfall-Versicherungsanstalt für das Königreich Böhmen und fand Zugang zu Prager Schriftstellerkreisen. Maßgeblich gefördert wurde er von seinem späteren Nachlassverwalter Max Brod (1884–1968). Anhaltende Familienkonflikte insbesondere mit dem Vater, schwer wiegende Selbstzweifel und Depressionen sowie tragische Liebesbeziehungen flossen zwar in das Werk ein, überschatteten aber auch das Leben des Autors. Die 1917 diagnostizierte, 1924 schließlich zum Tode führende Tuberkulose dominierte schließlich die Biographie. Das Gesamtwerk Kafkas wurde erst durch Max Brod der Öffentlichkeit zugänglich, weil sich dieser dem ausdrücklichen Wunsch des Autors, das Werk ungesehen zu vernichten, widersetzt hatte. Die Romane »Der »Prozeß« (1925) und »Das Schloß« (1926) wurden mehrfach (u. a. von Orson Welles und Maximilian Schell) verfilmt, der Schriftsteller Martin Walser (Jahrgang 1927) promovierte 1951 mit der Dissertation »Beschreibung einer Form. Versuch über Kafka«.

In der Erzählung »Die Verwandlung« (1915) erwacht der Handlungsreisende Gregor Samsa eines Morgens als ein auf dem Rücken liegendes monströses Insekt. Seine Familie wendet sich angeekelt und entsetzt ab, Samsa verwahrlost und verendet. Klassische Parabelform und Diagnose der Moderne verschmelzen in eins.

In alle Weltsprachen übersetzt und mehrmals verfilmt wirkte diese in schier jede Richtung deutbare Parabel nachhaltig auf die Literatur des 20. Jahrhunderts. Es gibt nur wenige wissenschaftliche Disziplinen, die sich aus ihrer Perspektive nicht am Versuch einer Deutung eines Werkes von Franz Kafka beteiligt hätten. Vielfach wurden daher die Texte Kafkas auch missbraucht oder unter einem Wust von Sekundärliteratur verschüttet. Der Nobelpreisträger Elias Canetti (1905–1994) urteilte dagegen: »Franz Kafka ist der Dichter, der unser Jahrhundert am reinsten ausgedrückt hat.«

Weiterführende Literatur:
Hartmut Binder: Kafkas Erzählung »Die Verwandlung«. Entstehung, Deutung, Wirkung. Stroemfeld 2004

Die Verwandlung

Als Gregor Samsa eines Morgens aus unruhigen Träumen erwachte, fand er sich in seinem Bett zu einem ungeheueren Ungeziefer verwandelt. Er lag auf seinem panzerartig harten Rücken und sah, wenn er den Kopf ein wenig hob, seinen gewölbten, braunen, von bogenförmigen Versteifungen geteilten Bauch, auf dessen Höhe sich die Bettdecke, zum gänzlichen Niedergleiten bereit, kaum noch erhalten konnte. Seine vielen, im Vergleich zu seinem sonstigen Umfang kläglich dünnen Beine flimmerten ihm hilflos vor den Augen.
›Was ist mit mir geschehen?‹ dachte er. Es war kein Traum. Sein Zimmer, ein richtiges, nur etwas zu kleines Menschenzimmer, lag ruhig zwischen den vier wohlbekannten Wänden. Über dem Tisch, auf dem eine auseinandergepackte Musterkollektion von Tuchwaren ausgebreitet war – Samsa war Reisender –, hing das Bild, das er vor kurzem aus einer illustrierten Zeitschrift ausgeschnitten und in einem hübschen, vergoldeten Rahmen untergebracht hatte. Es stellte eine Dame dar, die, mit einem Pelzhut und einer Pelzboa versehen, aufrecht dasaß und einen schweren Pelzmuff, in dem ihr ganzer Unterarm verschwunden war, dem Beschauer entgegenhob.
Gregors Blick richtete sich dann zum Fenster, und das trübe Wetter – man hörte Regentropfen auf das Fensterblech aufschlagen – machte ihn ganz melancholisch. ›Wie wäre es, wenn ich noch ein wenig weiterschliefe und alle Narrheiten vergäße‹, dachte er, aber das war

gänzlich undurchführbar, denn er war gewöhnt, auf der rechten Seite zu schlafen, konnte sich aber in seinem gegenwärtigen Zustand nicht in diese Lage bringen. Mit welcher Kraft er sich auch auf die rechte Seite warf, immer wieder schaukelte er in die Rückenlage zurück. Er versuchte es wohl hundertmal, schloß die Augen, um die zappelnden Beine nicht sehen zu müssen, und ließ erst ab, als er in der Seite einen noch nie gefühlten, leichten, dumpfen Schmerz zu fühlen begann.

›Ach Gott‹, dachte er, ›was für einen anstrengenden Beruf habe ich gewählt! Tagaus, tagein auf der Reise. Die geschäftlichen Aufregungen sind viel größer als im eigentlichen Geschäft zu Hause, und außerdem ist mir noch diese Plage des Reisens auferlegt, die Sorgen um die Zuganschlüsse, das unregelmäßige, schlechte Essen, ein immer wechselnder, nie andauernder, nie herzlich werdender menschlicher Verkehr. Der Teufel soll das alles holen!‹ Er fühlte ein leichtes Jucken oben auf dem Bauch; schob sich auf dem Rücken langsam näher zum Bettpfosten, um den Kopf besser heben zu können; fand die juckende Stelle, die mit lauter kleinen weißen Pünktchen besetzt war, die er nicht zu beurteilen verstand; und wollte mit einem Bein die Stelle betasten, zog es aber gleich zurück, denn bei der Berührung umwehten ihn Kälteschauer.

Er glitt wieder in seine frühere Lage zurück. ›Dies frühzeitige Aufstehen‹, dachte er, ›macht einen ganz blödsinnig. Der Mensch muß seinen Schlaf haben. Andere Reisende leben wie Haremsfrauen. Wenn ich zum Beispiel im Laufe des Vormittags ins Gasthaus zurückgehe, um die erlangten Aufträge zu überschreiben, sitzen diese Herren erst beim Frühstück. Das sollte ich bei meinem Chef versuchen; ich würde auf der Stelle hinausfliegen. Wer weiß übrigens, ob das nicht sehr gut für mich wäre. Wenn ich mich nicht wegen meiner Eltern zurückhielte, ich hätte längst gekündigt, ich wäre vor den Chef hingetreten und hätte ihm meine Meinung von Grund des Herzens aus gesagt. Vom Pult hätte er fallen müssen! Es ist auch eine sonderbare Art, sich auf das Pult zu setzen und von der Höhe herab mit dem Angestellten zu reden, der überdies wegen der Schwerhörigkeit des Chefs ganz nahe herantreten muß. Nun, die Hoffnung ist noch nicht gänzlich aufgegeben; habe ich einmal das Geld beisammen, um die Schuld der Eltern an ihn abzuzahlen – es dürfte noch fünf bis sechs Jahre dauern –, mache ich die Sache unbedingt. Dann wird der große Schnitt gemacht. Vorläufig allerdings muß ich aufstehen, denn mein Zug fährt um fünf.‹

Und er sah zur Weckuhr hinüber, die auf dem Kasten tickte. ›Himmlischer Vater!‹ dachte er. Es war halb sieben Uhr, und die Zeiger gingen ruhig vorwärts, es war sogar halb vorüber, es näherte sich schon drei Viertel. Sollte der Wecker nicht geläutet haben? Man sah vom Bett aus, daß er auf vier Uhr richtig eingestellt war; gewiß hatte er auch geläutet. Ja, aber war es möglich, dieses möbelerschütternde Läuten ruhig zu verschlafen? Nun, ruhig hatte er ja nicht geschlafen, aber wahrscheinlich desto fester. Was aber sollte er jetzt tun? Der nächste Zug ging um sieben Uhr; um den einzuholen, hätte er sich unsinnig beeilen müssen, und die Kollektion war noch nicht eingepackt, und er selbst fühlte sich durchaus nicht besonders frisch und beweglich. Und selbst wenn er den Zug einholte, ein Donnerwettter des Chefs war nicht zu vermeiden, denn der Geschäftsdiener hatte beim Fünfuhrzug gewartet und die Meldung von seiner Versäumnis längst erstattet. Er war eine Kreatur des Chefs, ohne Rückgrat und Verstand. Wie nun, wenn er sich krank meldete? Das wäre aber äußerst peinlich und verdächtig, denn Gregor war während seines fünfjährigen Dienstes noch nicht einmal krank gewesen. Gewiß würde der Chef mit dem Krankenkassenarzt kommen, würde den Eltern wegen des faulen Sohnes Vorwürfe machen und alle Einwände durch den Hinweis auf den Krankenkassenarzt abschneiden, für den es ja überhaupt nur ganz gesunde, aber arbeitsscheue Menschen gibt. Und hätte er übrigens in diesem Falle so ganz unrecht? Gregor fühlte sich tatsächlich, abgesehen von einer nach dem langen Schlaf wirklich überflüssigen Schläfrigkeit, ganz wohl und hatte sogar einen besonders kräftigen Hunger.

Als er dies alles in größter Eile überlegte, ohne sich entschließen zu können, das Bett zu verlassen – gerade schlug der Wecker drei Viertel sieben –, klopfte es vorsichtig an die Tür am Kopfende seines Bettes. »Gregor«, rief es – es war die Mutter –, »es ist drei Viertel sieben. Wolltest du nicht wegfahren?« Die sanfte Stimme! Gregor erschrak, als er seine antwortende Stimme hörte, die wohl unverkennbar seine frühere war, in die sich aber, wie von unten her, ein nicht zu unterdrückendes, schmerzliches Piepsen mischte, das die Worte förmlich nur im ersten Augenblick in ihrer Deutlichkeit beließ, um sie im Nachklang derart zu zerstören, daß man nicht wußte, ob man recht gehört hatte. Gregor hatte ausführlich antworten und alles erklären wollen, beschränkte sich aber bei diesen Umständen darauf, zu sagen: »Ja, ja, danke Mutter, ich stehe schon auf.« Infolge der Holztür war die Veränderung in Gregors Stimme draußen wohl nicht zu merken, denn die Mutter beruhigte sich mit dieser Erklärung und schlürfte davon. Aber durch das kleine Gespräch waren die anderen Familienmitglieder darauf aufmerksam geworden, daß Gregor wider Erwarten noch zu Hause war, und schon klopfte an der einen Seitentür der Vater, schwach, aber mit der Faust. »Gregor, Gregor«, rief er, »was ist denn?« Und nach einer kleinen Weile mahnte er nochmals mit tieferer Stimme: »Gregor! Gregor!« An der anderen Seitentür aber klagte leise die Schwester: »Gregor? Ist dir nicht wohl? Brauchst du etwas?« Nach beiden Seiten hin antwortete Gregor: »Bin schon fertig«, bemühte sich, durch die sorgfältigste Aussprache und durch Einschaltung von langen Pausen zwischen den einzelnen Worten seiner Stimme alles Auffallende zu nehmen. Der Vater kehrte auch zu seinem Frühstück zurück, die Schwester aber flüsterte: »Gregor, mach auf, ich beschwöre dich.« Gregor aber dachte gar nicht daran aufzumachen, sondern lobte die vom Reisen her übernommene Vorsicht, auch zu Hause alle Türen während der Nacht zu versperren.

Zunächst wollte er ruhig und ungestört aufstehen, sich anziehen und vor allem frühstücken, und dann erst das Weitere überlegen, denn, das merkte er wohl, im Bett würde er mit dem Nachdenken zu keinem vernünftigen Ende kommen. Er erinnerte sich, schon öfters im Bett irgendeinen vielleicht durch ungeschicktes Liegen erzeugten, leichten Schmerz empfunden zu haben, der sich dann beim Aufstehen als reine Einbildung herausstellte, und er war gespannt, wie sich seine heutigen Vorstellungen allmählich auflösen würden. Daß die Veränderung der Stimme nichts anderes war als der Vorbote einer tüchtigen Verkühlung, einer Berufskrankheit der Reisenden, daran zweifelte er nicht im geringsten.

Die Decke abzuwerfen war ganz einfach; er brauchte sich nur ein wenig aufzublasen und sie fiel von selbst. Aber weiterhin wurde es schwierig, besonders weil er so ungemein breit war. Er hätte Arme und Hände gebraucht, um sich aufzurichten; statt dessen aber hatte er nur die vielen Beinchen, die ununterbrochen in der verschiedensten Bewegung waren und die er überdies nicht beherrschen konnte. Wollte er eines einmal einknicken, so war es das erste, daß er sich streckte; und gelang es ihm endlich, mit diesem Bein das auszuführen, was er wollte, so arbeiteten inzwischen alle anderen, wie freigelassen, in höchster, schmerzlicher Aufregung. »Nur sich nicht im Bett unnütz aufhalten«, sagte sich Gregor.

Zuerst wollte er mit dem unteren Teil seines Körpers aus dem Bett hinauskommen, aber dieser untere Teil, den er übrigens noch nicht gesehen hatte und von dem er sich auch keine rechte Vorstellung machen konnte, erwies sich als zu schwer beweglich; es ging so langsam; und als er schließlich, fast wild geworden, mit gesammelter Kraft, ohne Rücksicht sich vorwärtsstieß, hatte er die Richtung falsch gewählt, schlug an den unteren Bettpfosten heftig an, und der brennende Schmerz, den er empfand, belehrte ihn, daß gerade der untere Teil seines Körpers augenblicklich vielleicht der empfindlichste war.
Er versuchte es daher, zuerst den Oberkörper aus dem Bett zu bekommen, und drehte vorsichtig den Kopf dem Bettrand zu. Dies gelang auch leicht, und trotz ihrer Breite und Schwere folgte schließlich die Körpermasse langsam der Wendung des Kopfes. Aber als er den Kopf endlich außerhalb des Bettes in der freien Luft hielt, bekam er Angst, weiter auf diese Weise vorzurücken, denn wenn er sich schließlich so fallen ließ, mußte geradezu ein Wunder geschehen, wenn der Kopf nicht verletzt werden sollte. Und die Besinnung durfte er gerade jetzt um keinen Preis verlieren; lieber wollte er im Bett bleiben.
Aber als er wieder nach gleicher Mühe aufseufzend so dalag wie früher, und wieder seine Beinchen womöglich noch ärger gegeneinander kämpfen sah und keine Möglichkeit fand, in diese Willkür Ruhe und Ordnung zu bringen, sagte er sich wieder, daß er unmöglich im Bett bleiben könne und daß es das Vernünftigste sei, alles zu opfern, wenn auch nur die kleinste Hoffnung bestünde, sich dadurch vom Bett zu befreien. Gleichzeitig aber vergaß er nicht, sich zwischendurch daran zu erinnern, daß viel besser als verzweifelte Entschlüsse ruhige und ruhigste Überlegung sei. In solchen Augenblicken richtete er die Augen möglichst scharf auf das Fenster, aber leider war aus dem Anblick des Morgennebels, der sogar die andere Seite der engen Straße verhüllte, wenig Zuversicht und Munterkeit zu holen. ›Schon sieben Uhr‹, sagte er sich beim neuerlichen Schlagen des Weckers, ›schon sieben Uhr und noch immer ein solcher Nebel.‹ Und ein Weilchen lang lag er ruhig mit schwachem Atem, als erwarte er vielleicht von der völligen Stille die Wiederkehr der wirklichen und selbstverständlichen Verhältnisse. […]

Kommentar

Die Erzählung von Franz Kafka »Die Verwandlung« schildert einen jungen Mann, der nach dem Aufwachen feststellt, dass er in seiner Körperlichkeit verändert ist, dass er zu einem »ungeheuren« Ungeziefer verwandelt ist. Dies alles kann er in vielen Details reflektieren, seine sonstigen kognitiven und Bewusstseinsprozesse scheinen unverändert zu sein. Er reagiert mit großer Gelassenheit auf die Veränderung und wartet auf eine Wende. Sein Bezug zur Außenwelt, z.B. die Aufnahme der Mahnung von Mutter und Vater, er müsse aufstehen, sind ungestört. Man kann in dieser Geschichte die Darstellung eines Depersonalisationssyndroms vermuten.

Unter einem Depersonalisationssyndrom wird die Veränderung der Wahrnehmung der eigenen Person oder des eigenen Körpers verstanden. Die Patienten berichten in der Regel über ein Gefühl des Losgelöstseins von den eigenen psychischen Prozessen oder ihrem eigenen Körper. Auch wird über ein Gefühl der Leere im Kopf oder ein stumpfes Druckgefühl geklagt. Das Gefühlserleben wird als unpersönlich beschrieben, die eigenen Handlungen erscheinen dem Patienten mechanisch. Manche Patienten geben an, sie fühlten sich wie ein Roboter oder »wie im Traum«. Dabei bleibt zwar das Wissen über die Integrität des eigenen Körpers erhalten, aber dieser rationale Vorgang löst sich vom gefühlsmäßigen Erleben. Oft geht das Erlebnis der Depersonalisation mit dem Erlebnis der Derealisation, also der Veränderung der Wahrnehmung der Umgebung als fremd und eigenartig einher. Das Syndrom der Depersonalisation ist unspezifisch und kommt bei einer Vielzahl von Erkrankungen vor, so z.B. im Rahmen von Störungen, Depressionen und Schizophrenien. Als Depersonalisationsstörung im Rahmen der ICD-10 werden nur die Depersonalisationssyndrome gefasst, die als eigenständige funktionelle Störungen anzusehen sind. Traditionellerweise wurde sie als neurotische Störung im Sinne der psychodynamischen Theorie erklärt. Die Abgrenzung zu wahnhafter Depersonalisation (autopsychischer Wahn) kann schwierig sein. Bei einer Depersonalisationsstörung erkennt der Betreffende in der Regel, dass eine subjektiv empfundene Veränderung stattgefunden hat, die nicht von äußeren Kräften oder anderen Personen verursacht worden ist. Die Realitätsprüfung bleibt intakt.

F5: Verhaltensauffälligkeiten mit körperlichen Störungen und Faktoren

Unter diesem Kapitel werden u.a. Essstörungen und Schlafstörungen subsumiert. Ess- und Schlafstörungen sind sehr häufig Störungen, die als isolierte Störung vorkommen, oder aber, wie insbesondere die Schlafstörung, oft im Rahmen anderer Erkrankungen als Teilsymptomatik bestehen.
Essstörungen sind u.a. durch ein verändertes Essverhalten und die daraus resultierende Veränderung des Körpergewichts nach oben oder unten gekennzeichnet. Die Anorexia nervosa (Magersucht) ist gekennzeichnet durch erheblich reduzierte Nahrungsaufnahme verbunden mit z.T. exzessivem, lebensbedrohlichem Gewichtsverlust. Damit verbunden sind typische Symptome wie Körper-Wahrnehmungsstörungen (die Patienten empfinden den Körper als zu dick u.a.) und einer Reihe körperlicher Folgesymptome. Die Bulimia nervosa (Ess-Brech-Sucht) ist durch Heißhunger-Attacken und selbstinduziertes Erbrechen gekennzeichnet. Beide Störungen sind häufig assoziiert. Die Anorexia nervosa und die Bulimia nervosa kommen hauptsächlich im jungen Alter vor und vorzugsweise bei jungen Frauen zwischen 15 und 25 Jahren. Die Häufigkeit in dieser Risikogruppe liegt bei etwa 1 Prozent bei der Anorexie und 1 bis 3 Prozent bei der Bulimie. Ätiopathogenetisch besteht ein komplexes Zusammenspiel prädisponierender Faktoren und Faktoren, die wechselseitig die Störung aufrechterhalten. Neben den neurobiologischen und psychosozialen wie auch soziokulturellen Faktoren kommt auch der Familienstruktur oft eine wichtige Rolle zu. Es scheint in den Familien essgestörter Patienten häufig ein bestimmtes Interaktionsmuster vorzuliegen, im Sinne von gesteigerter Rigidität, Überbehütung, Konfliktvermeidung und geringer Konfliktlösungsfähigkeit. Essgestörte Patienten versuchen die Kontrolle über seelische und körperliche Funktionen zu behalten. Nahrungsaufnahme wird in diesem Zu-

sammenhang oft als Kontrollverlust erlebt. Auch setzen Essgestörte ihre Symptomatik zur Kontrolle der Umgebungsbedingungen ein, z.B. im Hinblick auf die Interaktion mit den unmittelbaren Bezugspersonen.
Bei der primären Insomnie spielen offensichtlich eine erhöhte Angespanntheit („Nicht-Abschaltenkönnen"), schlafbehindernde Gedanken sowie ungünstige Schlafgewohnheiten (z.B. zu frühes Zubettgehen) eine wichtige Rolle. Weitere Ursachen sind emotionale Belastungen und Stresssituationen. Schlafstörungen sind sehr häufig, die Prävalenz liegt zwischen 15 bis 30 Prozent in der Allgemeinbevölkerung, behandlungsbedürftige Insomnien dürften bei 10 bis 15 Prozent vorliegen, wobei primär psychogene Insomnien dominieren. Über 1 Million Bundesbürger (1,5 %) nehmen regelmäßig ein Schlafmittel. Bei über drei Viertel der Schlafgestörten lassen sich organische, psychiatrische oder neurologische Störungen und Erkrankungen feststellen. Bei ca. 10 Prozent bestehen Missbrauch bzw. Abhängigkeit von Alkohol oder Medikamenten, die auch ursächlich für die bestehende Schlafstörung sein können. Schlafstörungen sind ein häufiges Symptom psychischer Erkrankungen. So weisen z.B. 90 Prozent an einer Depression Erkrankte Schlafstörungen auf.

Franz Hohler

Bedingungen für die Nahrungsaufnahme

Einführung

Der Schweizer Schriftsteller, Kabarettist und Musiker Franz Hohler (Jahrgang 1943) studierte Germanistik und Romanistik in Zürich, bis er nach fünf Semestern aufgrund eines ersten erfolgreichen Soloprogramms sein Studium abbrach und seither – meist als Ein-Mann-Show, nur in Begleitung seines Cellos – durch Europa und Übersee tourt. Hohler publizierte sozialkritisch-pfiffige Erzählungen, Romane, Gedichte, Porträts und Kinderbücher, schrieb Theaterstücke, Hörspiele und Fernsehfilme, veröffentlichte Schallplatten mit seinen Soloprogrammen, übersetzte Molière und wurde mehrfach ausgezeichnet (u. a. Kunstpreis der Stadt Zürich 2005).
Hohlers niemals denunziatorischer, sondern stets zutiefst humanistischer und sprachartistisch ausgefeilter Humor gibt sich nicht mit oberflächlicher Effekthascherei zufrieden, sondern basiert auf tiefen Einsichten in die menschliche Psyche, deren Verletzbarkeit, aber auch deren Absurdität und Lächerlichkeit.

Weiterführende Literatur:
Corinna Jacobi: Essstörungen. Hogrefe 2004

Bedingungen für die Nahrungsaufnahme

Mir ist der Fall eines Kindes bekannt, das, knapp nachdem es ein Jahr alt geworden war, nichts mehr essen wollte. Wenn man ihm seine Nahrung, die meistens aus einem Brei bestand, eingeben wollte, verwarf es die Hände vor dem Gesicht, schüttelte den Kopf und wand sich, so daß es unmöglich war, ihm auch nur einen Löffel davon in den Mund zu bringen. War man doch einmal so weit vorgedrungen, spuckte es sofort alles wieder aus und begann zu schreien. Das einzige, was es zu sich nahm, war etwas Wasser, aber schon wenn man ihm statt dessen Milch hinhielt, wollte es nichts mehr davon wissen.

Die Eltern waren beunruhigt und konnten sich diese plötzliche Änderung nicht erklären. Sie versuchten das Kind zuerst mit Zureden, dann mit Drohungen und Schlägen zur Annahme des Breis zu bewegen, aber es war vergebens; sie legten ihm eine Banane hin, die es sonst unter allen Umständen gegessen hätte, doch das Kind nahm sie nicht. Erst ein Zufall führte zu einer Lösung. Das Zimmer des Kindes war mit einem Gatter, das man in den Türrahmen einklemmte, abgesperrt, so daß das Kind bei offener Türe im Zimmer gelassen werden konnte und man hörte, was drinnen vorging, ohne daß es die Möglichkeit hatte hinauszurennen. Am dritten Tag der Nahrungsverweigerung wollte der Vater der Mutter, die sich schon im Zimmer befand, um das Kind zu Bett zu bringen, den Brei hineinreichen, da kam das Kind an das Gatter gelaufen und schaute begierig zum Teller hinauf. Sogleich beugte sich der Vater hinunter und begann, ihm über das Gatter hinweg den Brei einzulöffeln, und das Kind, das sich mit den Händen an den Stäben hielt und mit dem Kopf gerade über den Gatterrand hinausreichte, schien sehr zufrieden und aß den ganzen Brei auf. Am nächsten Morgen fütterte der Vater, bevor er zur Arbeit ging, das Kind auf dieselbe Weise, und es zeigte nicht die geringsten Widerstände. Als aber die Mutter am Mittag dem Kind den Brei über das Gatter geben wollte, lief es weg und schlug den Deckel seiner Spieltruhe solange auf und zu, bis sich die Mutter aus dem Türrahmen entfernte. Vom Vater nahm es am Abend wieder ohne Umstände den Brei über das Gatter.

Nun aß das Kind zwar wieder, aber die Tatsache, daß es nur von seinem Vater gespeist werden wollte, machte den Eltern zu schaffen. Abgesehen davon, daß es so nur zwei Mahlzeiten am Tag bekam, war es für den Vater nicht einfach, jeden Abend pünktlich dazusein, um dem Kind sein Essen zu verabreichen, er mußte sich von Berufs wegen öfters von seinem Wohnort wegbegeben. Einmal erschien er leicht verspätet und hörte das Kind schon schreien, warf den Mantel rasch über einen Stuhl, ging zum Kinderzimmer und gab dem Kind sein Essen. Erst nachher merkte er, daß er vergessen hatte, seinen Hut dazu abzunehmen. Als er am andern Morgen wieder zum Kind ging, wollte es nicht essen, zeigte ihm jedoch unablässig auf den Kopf. Da

erinnerte sich der Vater an den vorigen Abend, holte seinen Hut und setzte ihn auf, und befriedigt ließ sich das Kind nun seinen Brei geben. Von nun an mußte der Vater immer einen Hut anhaben, wenn er wollte, daß das Kind aß.
Bisher war die Mutter stets zugegen gewesen, wenn das Kind sein Essen erhielt, nun blieb sie einmal am Morgen, als sie schlecht geschlafen hatte, im Bett, da sich der Vater anerboten hatte, das Kind allein zu besorgen. Das Kind weigerte sich aber, den Brei ohne die Gegenwart der Mutter zu essen, und so blieb dem Vater nichts anderes übrig, als die Mutter herzuholen, welche sich im Nachthemd auf ein Kinderstühlchen setzte.
Am selben Abend wehrte sich das Kind schreiend gegen die Zumutung, seinen Brei zu essen, dabei war alles in Ordnung. Der Vater stand außerhalb des Gatters und hatte seinen Hut an, und die Mutter war auch dabei. Allerdings trug sie jetzt ihre Tageskleidung, und da das Kind immer wieder auf die Mutter zeigte, zog sie schließlich ihr Nachthemd an und kam wieder ins Zimmer. Das Kind war aber erst zufrieden, als sie sich wieder auf das Kinderstühlchen setzte und von dort aus zuschaute, wie es aß.
Von jetzt an mußte sich die Mutter immer zur Essenszeit des Kindes das Nachthemd anziehen, sonst war an eine Nahrungsaufnahme gar nicht zu denken.
Bald ließ sich das Kind nicht mehr von zufällig eingetretenen Ereignissen leiten, die es wiederholt haben wollte, sondern begann, sich selbst neue Forderungen auszudenken. So deutete es als nächstes auf den Schrank, der im Zimmer stand und schaute dazu seine Mutter an. Die Mutter ging auf den Schrank zu und wollte ihn öffnen, doch da heulte das Kind auf und zeigte auf die Decke des Schranks. Die Mutter sagte, nein, das mache sie nicht, da legte sich das Kind auf den Boden und strampelte mit Händen und Füßen in der Luft, indem es gellende Schreie von besonderer Widerlichkeit dazu ausstieß. Trotzdem beschlossen die Eltern, auf diesen Wunsch des Kindes nicht einzugehen, und so mußte es ohne Essen ins Bett. Bis zum Morgen, so hofften sie, hätte es den Gedanken bestimmt wieder vergessen. Als die Mutter am andern Morgen im Nachthemd auf dem Kinderstühlchen saß und der Vater im Hut vor dem Gatter stand und dem Kind das Essen eingeben wollte, lehnte es wieder ab und zeigte auf die Decke des Schranks. Die Eltern erfüllten ihm den Wunsch nicht, aber das Kind aß nichts.

Nach zwei Tagen, als es bereits Schwächeerscheinungen zeigte, weil es außer Wasser nichts zu sich genommen hatte, gaben die Eltern nach, die Mutter kletterte im Nachthemd auf den Schrank und legte sich flach hin, worauf das Kind sofort und mit großer Begeisterung seinen Brei aß, sich aber immer wieder mit Blicken versicherte, ob die Mutter ihm auch wirklich beim Essen zuschaue. Die Eltern waren nach dieser Niederlage sehr geschlagen und schauten geängstigt dem entgegen, was noch kommen würde. Man kann sich fragen, ob ihr Verhalten richtig war, aber sie sahen keinen andern Weg, um das Kind nicht verhungern zu lassen. Die Kinderärztin, die immer für die Kinder und gegen die Eltern entschied, empfahl dringend, den Wünschen des Kindes nachzugeben, da es wichtiger sei, daß das Kind esse, als daß die Eltern möglichst sorglos lebten, und ein Kinderpsychologe, mit dem der Vater bekannt war, konnte auch nicht helfen, sprach von einer etwas verfrühten Trotzphase und machte vage Hoffnungen, daß sie vorübergehend sei.

Dafür gab es aber noch keine Anzeichen, denn als das Kind das nächstemal essen sollte, rannte es zum Fenster und war nicht mehr davon wegzubringen. Der Vater wies das Kind auf die Mutter hin, die ordnungsgemäß im Nachthemd auf dem Schrank lag, deutete auf seinen Hut und wollte ihm das Essen über das Gatter geben, aber das Kind schüttelte sich am ganzen Körper und griff mit beiden Händen nach dem Fenstersims. Der Vater wollte es zwar nicht wahrhaben, aber er wußte, was das bedeutete. Das Zimmer lag im ersten Stock, er holte also eine Leiter im Keller, stellte sie außen an das Haus, stieg darauf zum Kinderzimmer hoch und reichte dem Kind den Brei durch das offene Fenster. Das Kind strahlte und aß alles auf.

Am folgenden Tag regnete es, und der Vater erstieg die Leiter zum Kinderzimmer mir einem Regenschirm. Von nun an mußte er immer mit dem Regenschirm ans Fenster kommen, unabhängig vom Wetter, sonst wurde der Brei nicht gegessen.

Inzwischen hatten die Eltern, um sich etwas zu entlasten, ein Dienstmädchen genommen. Das Kind jedoch lehnte dieses gänzlich ab und wollte sich nur von der Mutter betreuen lassen. Auch die Hoffnung, das Dienstmädchen könne sich im Nachthemd der Mutter auf den Schrank legen, erwies sich als falsch, das Kind verfiel fast in Tobsucht ob des plumpen Täuschungsversuches. Als aber das Dienstmädchen das Zimmer verlassen wollte, war es auch wieder nicht recht. Es mußte am Gatter stehenbleiben und ebenfalls zusehen, wie das Kind aß,

und auch das reichte noch nicht. Es aß erst, wenn das Dienstmädchen bei jedem Löffel, den es schluckte, einmal eine Rasselbüchse schüttelte.
Das, hätte man annehmen können, war nun fast das äußerste, aber jetzt fing das Kind an, den Vater wegzustoßen, wenn er sich über den Sims lehnte und auch denTeller mit dem Brei hinunterzuwerfen, den der Vater jeweils aufs Fensterbrett stellte. Dem Vater fiel nichts anderes mehr ein als sich eine sehr hohe Bockleiter zu kaufen. Die stellte er in einiger Entfernung von der Hausmauer auf, stieg dann hoch und verabreichte dem Kind den Brei mit einem Löffel, den er an einem Bambusrohr befestigt hatte. Um mit diesem Löffel in den Brei eintauchen zu können, mußte er den linken Arm mit dem Teller ganz ausstrecken, konnte also den Brei nicht auf der Leiter abstellen. Da er aber nicht ohne Schirm auftreten durfte und ihn nicht wie bisher in der Hand halten konnte, hatte er sich ein Drahtgestell angefertigt, das er auf die Schultern nehmen konnte und in welches der Schirm eingesteckt wurde, so daß er ihn etwa in derselben Höhe über sich trug, wie wenn er ihn in der Hand gehabt hätte.
Ein Nachbar, der zu diesem Zeitpunkt seinen Feldstecher auf das Haus gerichtet hat, sieht also folgendes:
Der Vater reicht dem Kind den Brei in einem an einer Bambusstange befestigten Löffel von einer Bockleiter außerhalb des ersten Stockes durchs Fenster. Dazu trägt er einen Hut und einen Regenschirm, den er an einem Drahtgestell über den Schultern festgemacht hat. Die Mutter liegt im Nachthemd auf dem Schrank, und das Dienstmädchen steht vor dem Gatter, das im Türrahmen eingeklemmt ist. Beide schauen zu, wie das Kind ißt, und das Dienstmädchen schüttelt zusätzlich bei jedem Löffel, den das Kind schluckt, eine Rasselbüchse. Wenn diese Bedingungen erfüllt sind, und nur dann, dann ißt das Kind.

Kommentar

Die Geschichte von Franz Hohler schildert fast protokollarisch die Geschichte eines Konditionierungsprozesses, der dazu führt, dass die Nahrungsaufnahme eines 1-jährigen Kindes gekoppelt wird an immer komplexere situative Bedingungen, die zunächst zufällig sind, dann aber vom Kind zunehmend gestaltet werden. Das Kind isst nur, wenn die jeweiligen situativen Elemente erfüllt sind. Die Eltern geraten dadurch in eine im-

mer groteskere Rolle, wagen es aber nicht mit ausreichender Kraft, sich zur Wehr zu setzen, zumal die Kinderärztin rät, dem Kind mehr oder weniger zu Willen zu sein. Die Geschichte schildert mögliche Entstehungsmechanismen von Essverhalten und auch die Machtausübung, die durch gestörtes Essverhalten auf die Umgebung entstehen kann.

Jean Paul

Die Kunst, einzuschlafen

aus: Jean Paul. Sämtliche Werke, Band. 6. Herausgegeben von Norbert Miller. Nachwort von Walter Höllerer.

Einführung

Der deutsche Schriftsteller Jean Paul (1763–1825) hieß eigentlich Johann Paul Friedrich Richter und wählte seinen »Nom de plume« aus Bewunderung für Jean Jacques Rousseau (1712 bis 1778). Er war der Sohn eines Lehrers und Organisten und wuchs in ärmlichen Verhältnissen auf, denen er seine Lesewut entgegensetzte. In Leipzig studierte er lustlos Theologie, musste vor seinen Gläubigern fliehen und kehrte als gescheiterte Existenz zu seiner Mutter nach Hof zurück. Der Tod eines Freundes (1786) sowie der Suizid seines Bruders Heinrich (1789) überschatteten die Jahre der Armut zusätzlich. Erst das Romanfragment »Die unsichtbare Loge« (1793) brachte aufgrund des überschwänglichen Lobes von Karl Philipp Moritz (1756 bis 1793) den Durchbruch. Schlagartig berühmt jedoch wurde Jean Paul durch den Roman »Hesperus« (1795), dem größten literarischen Erfolg nach Goethes Werther. Herder, Wieland und Gleim äußerten sich enthusiastisch, Goethe und Schiller ablehnend. Auf Einladung seiner glühenden Verehrerin Charlotte von Kalb besuchte Jean Paul 1796 Weimar, Goethe und Schiller jedoch blieben höchst distanziert. Seine Berliner Blütezeit als Lieblingsautor insbesondere der gebildeten Damenwelt, darunter auch die preußische Königin Luise, ist mit den Romanen »Siebenkäs« (1796/97), »Titan« (1800–1803) und »Flegeljahre« (1804/05) verbunden. Er verlobte sich mit Karoline von Feuchtersleben, was wegen der Standesunterschiede problematisch war. Als die Hindernisse endlich überwunden schienen, entlobte sich Jean Paul wieder und heiratete 1801 Karoline Meyer, mit der er in Begleitung ihrer beiden Kinder 1805 nach Bayreuth übersiedelte. Dort führte er fortan ein zurückgezogenes Leben, wegen häufigen häuslichen Zanks bevorzugte er allerdings das Landgasthaus Rollwenzelei vor den Toren der Stadt und sprach tüchtig dem Braunbier zu. Im Jahre 1823 erkrankte Jean Paul am grauen Star und erblindete, 1825 kam eine Brustwassersucht hinzu, an der er 1825 verstarb und in Bayreuth unter großer Anteilnahme beigesetzt wurde.

Erzähltechnik, Stilistik und Sprachartistik Jean Pauls zeigen deutliche Wirkungen bis hinein in die Gegenwartsliteratur (z.B. Arno Schmidt, Günter Grass, Hanns-Josef Ortheil, Günter de Bruyn), obgleich viele seiner Romane heute ohne philologischen Kommentar kaum mehr genussvoll lesbar sind. Die Bewunderung für seine Werke ist dennoch ungebrochen.

Weiterführende Literatur:
Hanns-Josef Ortheil: Jean Paul. Rowohlt 198

Die Kunst, einzuschlafen

Nicht Einschlafen, sondern Wiedereinschlafen ist schwer.

Dies ist ungemein verdrießlich, besonders wenn man keine Mittel dagegen weiß.

Ich weiß und gebe sie aber; sämtlich laufen sie in der Kunst zusammen, sich selber Langweile zu machen, eine Kunst, die bei gedachten logischen Köpfen auf die unlogische Kunst, nicht zu denken, hinauskommt.

1) Das erste Mittel, das schon Leibniz als ein gutes vorschlug, ist *Zählen.* Denn die ganze Philosophie, ja die Mathematik hat keine abstrakte Größe, die uns so wenig interessiert als die Zahl; nur aber kann man einem Einschläfer nicht genug einschärfen, das Zählen äußerst langsam und schläfrig zu verrichten. Indes diese Beobachtung höchstmöglicher Faultierlangsamkeit ist wohl Kardinalregel aller Einschläfermittel überhaupt.

2) Töne, sagt Bako, schläfern mehr ein als ungegliederte Schälle. Auch Töne zählen und werden gezählt. Da aber hier nicht von fremden, sondern von Selbentladungen – das Einschläfern ist der einzige schöne Selbermord – die Rede ist: so gehören nur Töne her, die man in sich selber hört und macht. Es gibt kein süßres Wiegenlied als dieses innere Hören des Hörens. Wer nicht musikalisch phantasieren kann, der höre sich wenigstens irgendein Lieblingslied oder eine Trauermusik in seinem Kopfe ab; der Schlaf wird kommen und vielleicht den Traum mitbringen, dessen Saiten in keiner Luft mehr zittern, sondern im Äther.

3) Vom zweiten Mittel ist das dritte nicht sehr verschieden, sich

nämlich in gleichem Silben-Dreschen leere Schilderungen langsam innen vorzusagen, wie ich z.B. mir: wenn die Wolken fliegen, wenn die Nebel fliehen, wenn die Bäume blühen etc. Darauf lass' ich aufs *Wenn* kein *So* folgen, sondern nichts, nämlich Entschlafen; denn die kleinste Rücksicht auf Sinn oder Zusammenhang oder Silbenzahl würde, wie ein Nachtwächter-Gesang, alles wieder einreißen, was das poetische Selberwiegenlied aufgebaut. Da aber nicht jeder Talent zum Dichten hat – zumal so spät im Bette –: so kommen ja dem Nicht-Dichter zu Tausenden Bett-Lieder mit diesem poetischen faulen Trommelbaß entgegen, wovon er nur eines auswendig zu lernen braucht, um für alle Nächte damit sein Glück zu machen.

4) Ein gutes Mittel, einzuschlafen nicht sowohl als wieder einzuschlafen, ist, falls man aus einem Traum erwacht, sich in diesen mit den schläfrigen Augen, indem man ihm unaufhörlich nachschaut, wieder einzusenken; bald wird die Welle eines neuen Traumes wieder anfallen und dich in ihr Meer fortspülen und eintauchen. Der Traum sucht den Traum. Im großen Schatten der Nacht spielt jeder Schatten mit uns Sterblichen und hält uns für seinesgleichen.

5) Hefte dein inneres Nachtauge *lange* auf einen optischen Gegenstand, z.B. auf eine Morgenaue, auf einen Berggipfel, es wird sich schließen. Überhaupt sind Landschaften – weil sie unserm innern Menschen, der mehr Augen hat als Ohren, leicht zu erschaffen werden, und weil sie uns in keine mit Menschen bevölkerte und erweckende Zukunft ziehen – die beste Schaukel und Wiege des unruhigen Geistes.

6) Das sechste Mittel half mir mehrere Nachmitternächte durch, aber es fordert Übung; man schaut nämlich bloß unverrückt in den leeren schwarzen Raum hinein, der sich vor den *zugeschloßnen* Augen ausstreckt. Nach einigen Minuten, wenn nicht Sekunden, wird sich das Schwarze färben und erleuchten und so den Chaos-Stoff zu den bunten Traum- oder Empfindbildern liefern, welche in den Schlaf hinüberführen.

7) Wer seine Augen schließen will, mache an seinem innern Januskopfe zuerst das Paar, das nach der *Zukunft* blicket, zu; das zweite, nach der *Vorzeit* gerichtet, lasse er immer offen. Am Tage *vor* einer Reise oder Haupttat schläft man so schwer als am Tage *nachher* so leicht; die Zukunft ergreift uns (so wie den Traum) mehr als die Gegenwart und Vergangenheit.

8) Für manche geübte gewandte Geister im Kopfe mag das wildeste

Springen von Gegen- zu Gegenstand – aber ohne Vergleichungzweck –, mit welchem der Verfasser sich sonst einschläferte, von einiger Brauchbarkeit sein. Eigentlich ist dieses Springenlassen nichts anders, wenn es gut sein will, als das obige Gehenlassen des Gehirns; der Geist läßt das Organ auszucken in Bildern.

9) Seelenlehrer und deren Seelenschüler schläfern sich ein – falls sie wollen – wenn sie geradezu jede Gedankenreihe ganz vorn abbrechen, die neue wieder und so fort, indem sie sich fragen bei jedem Mächtigen, was sie ausdenken und vollenden möchten: »Kann ich denn nicht morgen eine Stunde länger wach liegen und meine Kopfarbeit auf dem Kopfkissen verrichten? Und warum denn nicht?« – Wer aber so wenig Denkkraft hat, daß er sie damit nicht einmal hemmen kann, wo er will, der höre hier wieder ein Ausmittel; nämlich er horche sich innen zu, wie ihm *ohne sein Schaffen* ein Substantivum nach dem andern zutönt und zufliegt, z. B. mir gestern: »Kaiser – Rotmantel – Purpurschnecke – Stadtrecht – Donnersteine – Hunde – Blutscheu – atque – panis – piscis – crinis – Karol magnus –Partebona – et so weiter.«

10) Niemand merkte noch scharf genug darauf, daß er zwei der besten Säemaschinen der Schlummerkörner an seinem eignen Kopfe herumtrage, nämlich seine beiden Gehörgänge, nach außenhin Ohren genannt. Höchstens nahm vielleicht einer und der andere wahr, daß ihm Einschläferndes zufließe durch die Gehörgänge in Hofkirchen, in Redesälen akademischer Mitglieder, in Freimäurerlogen und in Theaterlogen, wiewohl er am hellen Tage wenig Gebrauch davon zu machen wußte; aber ich darf wohl mich als den Erfinder ansehen, welcher die eignen Gehörwerkzeuge, auch ohne alle Unterstützung fremder Sprachwerkzeuge und folglich in der Einsamkeit der Nacht und der Bettstelle, als die besten Schlaftrunkzubringer zuerst beobachtet hat. Wie nämlich Mäzen sich durch Wasserfälle einschläferte oder wie in den achtziger Jahren der Wunderdoktor Schlippach in der Schweiz ein besonderes Schlafzimmer hatte, worin alle Kranke entschliefen an den um dasselbe niederrauschenden Strömen: so tragen wir alle ja ähnliche Wasserfälle in uns, ich meine die Pulsadern-Springbrunnen und Blutadern-Wasserfälle, welche unaufhörlich dicht neben unsern Ohrnerven rauschen, und die jeder – sogar am Tage mit einiger Aufmerksamkeit nach Innen, aber noch lauter in der Nacht auf dem Kopfkissen – vernehmen kann. Nun auf dieses innere Rauschen richte ein Beflißner des Wiedereinschlafens recht bestimmt

sein Seelenohr; – und er wird mir danken, wenn er erwacht, und es rühmen, daß er durch mich früher eingeschlafen. Noch trefflicher wirkt dieses zehnte Mittel ein, wenn man ihm noch das sechste als ein adjuvans beimischt, was ich in meiner nächtlichen Praxis selten vergesse.

11) Das eilfte Einschlafmittel ist irgendeine Historie, die man sich metrisch in den freiesten Silbenmaßen vorerzählt. Gewöhnlich nehm' ich des biblischen Josephs Geschichte dazu und halte damit gut sieben, ja bis zwölf Nächte Haus;

12) Kein gemeines Einschlafmittel – sondern vielmehr ein neues und das zwölfte – ist *Buchstabieren* unendlich langgestreckter Wörter, wie sie die Kanzleien des Reichstags, des Bundtags, die wienerischen sämtlich, ja die meisten deutschen als höhere bureaux des longitudes uns hinlänglich zulangen und schenken.

13) Das dreizehnte Seelen- und Bett-Laudanum kann jeder gebrauchen, er habe so viele Ideen, als er will, oder so wenige oder gar keine. Ich schäme mich, es aber anzugeben, da es in nichts Geistigerem besteht als darin, daß man die fünf Finger, einen nach dem andern, langsam auf oder unter dem Deckbette auf- und niederbewegt und fortfährt und daran so lange denkt, bis man, ohne daran zu denken, an kein Aufheben oder Achtgeben mehr denkt, sondern schnarcht. Es ist erbärmlich, daß unser Geist so oft der Mitbelehnte des Leibes ist und besonders hier das Faustrecht der toten Hand und deren Fingersetzung hat, und daß sein geistiger oder geistlicher Arm in der Armröhre des weltlichen steckt. Schlafdurstige, also Schlaftrunkene, z.B. Soldaten, Postillione, schlummern im Reiten und Marschieren halb ein, bloß weil gleiche Bewegungen des Körpers dieselben langweiliggeistigen, die das Gehirn wenig mehr reizen, in sich schließen. Läßt man aber den schlafenden Postillion die Pferde abspannen, einziehen, abschirren und füttern: so wird und bleibt der Mann ganz wach; bloß weil seine (körperlichen und geistigen) Bewegungen jetzt immer etwas anderes anzufangen und abzusetzen haben. Der Grund ist: die Einförmigkeit fehlt. Wenn man in Tangotaboo (nach Forster) die Großen dadurch einschläfert, daß man lange und linde auf ihrem Leibe trommelt: so ist der Grund gar nicht von diesem vorletzten Mittel verschieden. Denn das

14) ist das letzte. Da die Kunst, einzuschlafen, nichts ist als die Kunst, sich selber auf die angenehmste Weise Langweile zu machen – denn im Bette oder Leibe findet man doch keinen andern Gesellschafter als

sich –, so taugt alles dazu, was nicht aufhört und ohne Absätze wiederkehrt. Der eine stellt sich auf einen Stern und wirft aus einem Korbe voll Blumen eine nach der andern in den Weltabgrund, um ihn (hofft er) zu füllen; er entschläft aber vorher. Ein anderer stellt sich an eine Kirchentüre und zählt und sieht die Menge ohne Ende, die herauszieht. Ein dritter, z. B. ich selber, reitet um die Erde, eigentlich auf der Wolkenbergstraße des Dunstkreises, auf der wahren, um uns hängenden Bergkette von Riesengebirgen, und reitet (indem er unaufhörlich selber das Roß bewegt) von Wolke zu Wolke und zu Pol-Scheinen und Nebelfeldern, und dann schwimmt er durch langes Blau und durch Äquator-Güsse, und endlich sprengt er zum andern Pole wieder zu uns herauf. – Ein vierter Schlaflustiger setzt irgendeinen Genius bis an den halben Leib in eine lichte Wolke und will ihn mit Rosen rund umlegen und überdecken, die aber alle in die weiche Wolke untersinken; der Mann läßt indes nicht ab und umblümet weiter – in die Runde – und immer fort – und die Blumen weichen – und der Genius ragt – wahrhaftig ich schliefe hier, hielte mich nicht das Schreiben munter, unter demselben selber ein. So wird uns nun der Schlaf – dieses schöne Stilleben des Lebens – von allem zugeführt, was einförmig so fortgeht. So schlafen Menschen über dem Leben selber ein, wenn es kaum acht oder neun Jahrzehende gedauert hat. So könnte sogar dieser muntere Aufsatz den Lesern die Kunst, einzuschlafen, mitteilen, wenn er ganz und gar nicht aufhörte.

Kommentar

Die Einschlafregeln, die Jean Paul in seinem Beitrag »Die Kunst, einzuschlafen« gibt, erscheinen größtenteils als sinnvoll, wenn sie auch in einer etwas poetischen bzw. z.T. parodierenden Weise formuliert sind.

Gerade bei der Therapie der primären Insomnie, also der nicht durch andere Erkrankungen bedingten Schlaflosigkeit, spielen verschiedene »diätetische« Maßnahmen (diätetisch im Sinne von Hippokrates als Kunst der Lebensführung) der Schlafförderung eine zentrale Rolle. Dazu gehört eine Veränderung der Lebensführung in dem Sinne, dass man am Abend vor dem Schlafengehen ermüdet genug ist und dass Umgebungsfaktoren, wie die Schlafzimmertemperatur, akustische Bedingungen, Lichtverhältnisse so modifiziert sind, dass sie das Schlafen befördern. Schließlich gehört dazu auch, dass man sich mit verschiedenen Maßnahmen so

»beruhigt«, dass der Schlafvorgang einsetzen kann, bzw. dass man beim nächtlichen Wiederaufwachen erneut zum Schlafen kommt.

August Strindberg

Inferno

aus: August Strindberg. Werke. Deutsche Gesamtausgabe. Inferno. Legende.
Deutsch von Emil Schering.

Einführung

Der schwedische Schriftsteller August Strindberg (1849–1912) ist als Dramatiker mit der von ihm erstmals verwendeten traumartig assoziativen Stationentechnik einer der Wegbereiter der literarischen Moderne. Nach dem Verlust der Mutter im Alter von 13 Jahren (Lungentuberkulose) folgen schwere Vaterkonflikte. Das Medizinstudium bricht Strindberg ab und scheitert als Hilfslehrer und Schauspielaspirant, was in einen Suizidversuch mündet. Danach verdingte sich der Hochsensible als Journalist und Bibliothekar, hielt sich die meiste Zeit im Ausland auf, lebte in der Schweiz und in Paris, ehe er 1899 endgültig nach Stockholm zurückkehrte. Die Trennung von seiner zweiten Frau durchlebte er 1894–1896 als seine Inferno-Krise. Alle drei Ehen wurden unglücklich geschieden und endeten in einem Desaster. Seine späte Beschäftigung mit Religion, Theologie und Okkultismus antizipierte Grundzüge des literarischen Expressionismus.
Zu seinen wichtigsten Prosawerken zählen der Roman »Das rote Zimmer« (1879), der vierteilige autobiographische Romanzyklus »Der Sohn einer Magd«, »Entwicklung einer Seele« (1886–1909) sowie der Roman »Am offenen Meer« (1890). Gemeinsam ist all diesen Texten ein sozialkritischer Impetus, der die zeitgenössischen Erfahrungen von der Entgrenzung und Dissoziation des Ich sowie den nicht aufhebbaren Konflikt zwischen den Geschlechtern thematisiert.
Obgleich lange Zeit als Dichter der Triebhaftigkeit, des Weiberhasses und Geschlechterkampfes verschrien, zählen seine Dramen »Der Vater« (1887), »Fräulein Julie« (1888), »Ein Traumspiel« (1902), »Der Totentanz« (1901) und »Gespenstersonate« (1907) zur Weltliteratur.
Der nachfolgende Text stammt aus dem autobiographischen Roman Inferno *(1897), der Strindbergs schwere psychische Krise darstellt, die er zwischen 1894 und 1896 nach der Trennung von seiner zweiten Frau Frida Uhl (seiner schönen Gefängniswärterin) in Paris durchlitt. In dem umgearbeiteten Tagebuch wird der*

überreizte Nervenzustand Strindbergs deutlich: übersteigerte Hysterie, belastende Träume, Angstzustände, Verfolgungswahn, Flucht- und Selbstmordgedanken wechseln mit religiöser Trostsuche und Nietzsches Idee vom Übermenschentum. Die Forschung sieht jedoch in der Form der Bearbeitung des Tagebuchs bereits eine therapeutische Veräußerlichung seines Schuldkomplexes (siehe zur Psychopathologie Strindbergs: Karl Jaspers: Strindberg und van Gogh, 1922).
Strindberg starb 1912 in Stockholm an Magenkrebs und wurde unter der Anteilnahme einer vieltausendköpfigen Trauergemeinde beigesetzt.

Weiterführende Literatur:
Peter Schütze: August Strindberg. Rowohlt 2002

Inferno

August Strindberg hat in einer Lebenskrise das Schreiben aufgegeben und ist nach Paris gezogen, wo er in wechselnden Hotelzimmern chemische Versuche anstellt, in dieser Zeit befällt ihn ein schwerer Verfolgungswahn, der in der Vision gipfelt, ein »Unbekannter« attackiere ihn jede Nacht mit einer »Elektrisiermaschine«. Es dauert lange, bis er wieder schlafen kann.

Anfang Juli gehen die Studenten in die Ferien und lassen das Hotel leer.
Darum erregt ein Fremder, der in das Zimmer neben meinem Arbeitstisch einzieht, meine Neugier. Der Unbekannte spricht niemals; er scheint sich hinter der Wand, die uns trennt, mit Schreiben zu beschäftigen. Seltsam ist jedenfalls, dass er seinen Stuhl zurückschiebt, wenn ich meinen bewege; dass er meine Bewegungen wiederholt, als wolle er mich durch seine Nachahmung necken.
Das dauert drei Tage. Am vierten mache ich diese Beobachtung: wenn ich schlafen gehe, legt sich der andere in dem Zimmer neben meinem Tisch nieder; bin ich aber im Bett, so höre ich, wie er sich in das andere Zimmer begibt und das Bett neben meinem Bett einnimmt. Ich höre ihn, wie er sich parallel mit mir ausstreckt: er blättert in einem Buch, löscht dann die Lampe, holt tief Atem, dreht sich auf die Seite und schläft ein.
Eine vollständige Stille herrscht in dem Zimmer neben meinem

Tisch. Er bewohnt also beide Zimmer. Es ist unangenehm, von zwei Seiten belagert zu werden.

Abends wage ich aus Furcht nicht mehr an meinem Tisch zu bleiben. Ich lege mich zu Bett, ohne dass ich mich getraue einzuschlafen. Es ist Nacht, und die Lampe ist angesteckt. Auf der Mauer, meinem Fenster gegenüber, sehe ich den Schatten einer menschlichen Gestalt sich abzeichnen. Ob Mann oder Weib, ich wusste es nicht zu sagen, aber der Eindruck, der mir geblieben ist, war der eines Weibes. Als ich aufstehe, um nachzusehen, wird die Gardine mit einem kurzen Geräusch herabgelassen. Dann höre ich den Unbekannten in das Zimmer eintreten, das neben meinem Alkoven liegt, und Stille tritt ein.
Drei Stunden liege ich wach da, ohne den Schlaf zu finden, der sonst nicht auf sich warten lässt.
Da schleicht sich ein beunruhigendes Gefühl durch meinen Körper: ich bin das Opfer eines elektrischen Stroms, der zwischen den beiden benachbarten Zimmern läuft. Die Spannung wächst, und trotzdem ich Widerstand leiste, verlasse ich das Bett, von diesem Gedanken besessen:
– Man tötet mich! Ich will mich nicht töten lassen!
Ich gehe hinaus, um den Diener in seiner Zelle am Ende des Korridors zu suchen. Aber, ach, er ist nicht da. Also entfernt, fortgeschickt, geheimer Mitschuldiger, gekauft.
Ich steige die Treppe hinab und durchschreite den Korridor, um den Pensionsvorsteher zu wecken.
Mit einer Geistesgegenwart, deren ich mich nicht für fähig gehalten, schütze ich ein Unwohlsein vor, das von den Ausdünstungen der Chemikalien komme, und bitte um ein anderes Zimmer für die Nacht. Infolge eines Zufalls, den die zornige Vorsehung herbeigeführt hat, liegt das einzige verfügbare Zimmer unter dem meines Feindes. Sobald ich allein bin, öffne ich das Fenster und atme die frische Luft einer sternklaren Nacht ein. Über den Dächern der Rue d´Assas und der Rue Madame leuchten der große Bär und der Polarstern.
– Gegen Norden also! Omen accipio!
Als ich die Vorhänge des Alkovens zurückziehe, höre ich über mir meinen Feind, wie er aus dem Bett steigt und einen schweren Gegenstand in einen Koffer fallen lässt, dessen Deckel er mit einem Schlüssel abschließt.
Er verbirgt also etwas; vielleicht die Elektrisiermaschine.

Ich erwache; eine Uhr schlägt zwei, eine Tür wird zugemacht, und … ich bin aus dem Bett, wie gehoben durch eine Saugpumpe, die mir das Herz aussaugt. Als ich auf den Füßen bin, trifft eine elektrische Dusche meinen Nacken und drückt mich zu Boden.
Ich erhebe mich wieder, fasse meine Kleider und stürze in den Garten hinaus, ein Raub des furchtbarsten Herzklopfens.
Als ich mich angekleidet habe, ist mein erster klarer Gedanke, die Polizei zu rufen, um eine Haussuchung vornehmen zu lassen.
Aber die Haustür ist verschlossen, ebenso die Portierloge; ich tappe mich im Finstern vorwärts, öffne eine Tür rechts und trete in die Küche, wo ein Nachtlicht brennt. Ich stoße es um und stehe in tiefster Dunkelheit.
Die Furcht bringt mich wieder zur Besinnung, und von dem Gedanken, wenn ich mich täusche, bin ich verloren, geleitet, kehre ich in mein Zimmer zurück.
Ich schleppe einen Sessel in den Garten und, unter dem Sterngewölbe sitzend, denke ich an das, was sich zugetragen hat.
Eine Krankheit? Unmöglich, da es mir gut ging, bis ich mein Inkognito lüftete. – Ein Attentat? Offenbar, da ich selber die Vorbereitungen gesehen habe. Übrigens, hier in diesem Garten, außer Bereich meiner Feinde, bin ich wieder hergestellt, und mein Herz funktioniert vollkommen normal.
Während ich diese Überlegungen anstelle, höre ich in dem Zimmer, das an meines stößt, jemand husten. Kurz darauf antwortet ein leises Husten im Zimmer; das darüber liegt. Wahrscheinlich sind es Zeichen und sie gleichen genau denen, die ich in der letzten Nacht im Hotel Orfila gehört hatte.
Ich mache mich an die Glastür des Zimmers im Erdgeschoss, um das Schloss aufzubrechen, aber es ist vergebens.
Vom nutzlosen Kampf gegen die Unsichtbaren ermüdet, sinke ich in den Sessel nieder; der Schlaf erbarmt sich meiner; ich schlummere ein, unter den Sternen einer schönen Sommernacht, während die Stockrosen sich im lauen Juliwind wiegen.

Es ist die Nacht vom 25. auf den 26. Juli 1896. Meine Freunde haben ihr Möglichstes getan, um mich zu beruhigen; wir haben zusammen alle Dachkammern, die neben meinem Zimmer liegen, sogar den Boden untersucht, damit ich sicher sei, dass sich niemand in strafbarer Absicht dort versteckt habe. Als man aber die Tür einer Rumpelkam-

mer öffnet, macht ein an sich gleichgültiger Gegenstand einen entmutigenden Eindruck auf mich. Es ist ein Eisbär, der als Teppich dient; aber der gähnende Rachen, die drohenden Eckzähne, die funkelnden Augen reizen mich. Warum muss dieses Tier gerade in diesem Augenblick dort liegen?
Ohne mich auszuziehen, lege ich mich aufs Bett, entschlossen, den verhängnisvollen Glockenschlag der zweiten Stunde abzuwarten.
Ich warte bis Mitternacht, mit Lesen beschäftigt.
Ein Uhr ist vorbei, und das ganze Haus schläft ruhig.
Endlich schlägt es zwei Uhr! Nichts geschieht! Da, in einem Anfall von Anmaßung, und um die Unsichtbaren herauszufordern, vielleicht auch in der Absicht, ein physikalisches Experiment zu machen, stehe ich auf, öffne die beiden Fenster, stecke zwei Kerzen an. Ich setze mich an den Tisch hinter die Leuchter und biete mich mit unbedeckter Brust als Zielscheibe dar und fordere die Unbekannten heraus.
– Hier bin ich, ihr Einfältigen!
Da macht sich ein Fluidum, wie ein elektrisches, fühlbar, zuerst schwach. Ich blicke auf meine Magnetnadel, die ich als Zeuge aufgestellt habe; aber nicht die Spur einer Abweichung: also keine Elektrizität.
Aber die Spannung nimmt zu, mein Herz schlägt kräftig; ich widerstehe, aber schnell wie ein Blitz erfüllt ein Fluidum meinen Körper, erstickt mich und saugt an meinem Herzen …
Ich stürze die Treppe hinunter, um den Salon im Erdgeschoss zu erreichen, wo man mir für den Fall der Not ein provisorisches Bett bereitet hat. Da liege ich fünf Minuten und denke nach. Ist es strahlende Elektrizität? Nein, da die Magnetnadel nichts angezeigt hat. Eine Krankheit, veranlasst durch die Furcht vor der zweiten Stunde? Auch nicht, da mir nicht der Mut fehlt, den Angriffen zu trotzen. Warum musste ich denn die Kerzen anstecken, die das unbekannte Fluidum, dessen Opfer ich war, anzogen?
Ohne Antwort zu erhalten, in einem endlosen Labyrinth verirrt, zwinge ich mich, einzuschlafen; da aber greift mich eine neue Entladung an, gleich einem Zyklon, reißt mich aus dem Bett, und die Jagd beginnt wieder. Ich ducke mich hinter der Wand, ich lege mich unter das Gesims der Türen, vor die Kamine. Überall, überall finden mich die Furien. Die Seelenangst nimmt überhand, der panische Schrecken vor allem und nichts ergreift mich so, dass ich von Zimmer zu

Zimmer fliehe; schließlich flüchte ich mich auf den Balkon, wo ich mich zusammenkauere.

17. September. – Ich erwache in der Nacht davon, dass ich die Dorfkirche dreizehn Male schlagen höre. Sofort fühle ich die elektrische Einwirkung, und auf dem Boden über meinem Kopfe wird ein Geräusch hervorgebracht.
19. September. – Als ich den Boden durchsuche, entdecke ich ein Dutzend Spinnrocken, deren Räder mich an Elektrisiermaschinen erinnern. Ich öffne einen großen Koffer: er ist beinahe leer und enthält nur fünf schwarz gestrichene Stäbe, deren Gebrauch mir unbekannt ist; in der Form eines Pentagramms liegen sie auf dem Boden. Wer hat mir diesen Streich gespielt, und was hat das zu bedeuten? Ich wage nicht danach zu fragen, und die Sache bleibt rätselhaft.
In der Nacht wütet ein furchtbares Gewitter zwischen Mitternacht und zwei Uhr. Gewöhnlich erschöpft sich ein Gewitter in kurzer Zeit und zieht davon; dieses bleibt zwei Stunden über dem Dorfe stehen. Ich empfinde das wie einen persönlichen Angriff: jeder Blitz zielt auf mich, ohne mich zu treffen.
An den Abenden erzählt mir meine Schwiegermutter die gegenwärtige Chronik der Gegend. Welche ungeheure Sammlung Tragödien, häuslicher und anderer! Ehebruch, Scheidung, Familienprozesse, Mord, Diebstahl, Vergewaltigung, Blutschande, Verleumdung. Die Schlösser, die Villen, die Hütten bergen Unglückliche aller Art, Bettler, Irre, Kranke, Krüppel halten die Gräben der großen Landstraße besetzt, zu Füßen eines Gekreuzigten, einer Madonna, eines Märtyrers kniend.
In der Nacht irren diese Unglücklichen, die unter Schlaflosigkeit und Alpdrücken leiden, auf den Wiesen und in den Wäldern umher, um die Müdigkeit zu finden, die ihnen Schlaf geben wird. Unter diesen Heimgesuchten sind Leute aus der guten Gesellschaft, wohlerzogene Damen, sogar ein Pfarrer.

Ein junger Mensch besucht mich.
– Was muss man tun, um nachts ruhig zu schlafen?
– Was ist geschehen?
– Ich weiß es wahrhaftig nicht zu sagen, aber ich habe einen Schrecken vor meinem Schlafzimmer bekommen, und ich ziehe morgen aus.

– Junger Mann, Atheist und Realist, was ist geschehen?
– Als ich heute nacht die Tür öffnete, um einzutreten, fasste mich jemand beim Arm und schüttelte mich.
– Es ist also jemand in Ihrem Zimmer?
– Aber nein! Ich habe die Kerzen angezündet und ich habe niemand gesehen.
– Junger Mann, es gibt jemand, den man bei Kerzenlicht nicht sieht.
– Wer ist das?
– Das ist der Unsichtbare, junger Mann. Haben Sie Sulfonal, Bromkalium, Morphium, Chloral genommen?
– Ich habe alles versucht!
– Und der Unsichtbare räumt nicht das Feld. Sie wollen nachts ruhig schlafen und Sie verlangen von mir ein Mittel. Hören Sie, junger Mann, ich bin weder ein Arzt noch ein Prophet; ich bin ein alter Sünder, der Buße tut. Verlangen Sie weder Predigten noch Prophezeiungen von einem Schächer, der kaum Zeit genug hat, sich selber zu predigen. Ich habe an Schlaflosigkeit und Niedergeschlagenheit gelitten, ich habe Körper an Körper mit dem Unsichtbaren gerungen, und ich habe endlich Schlaf und Gesundheit wiedergewonnen. Wissen Sie, wie? Raten Sie?
Der junge Mann errät mich und schlägt die Augen nieder.
– Sie erraten es! Dann gehen Sie in Frieden und schlafen Sie gut!

Kommentar

In der Geschichte von August Strindberg »Inferno« wird von einer schweren Schlaflosigkeit berichtet, die als Folge psychotischen Erlebens auftritt. Der Erzähler, offenbar Strindberg selbst, berichtet über einen schweren Verfolgungswahn, der in der Überzeugung gipfelt, ein Unbekannter attackiere ihn jede Nacht mit einer »Elektrisiermaschine«. Die psychotischen Vorstellungswelten entwickeln sich immer mehr zu einem komplexen systematischen Wahngebilde. Es handelt sich um einen Fall von sekundärer Insomnie im Rahmen eines psychotischen Erkrankungsprozesses.

F6: Persönlichkeits- und Verhaltensstörungen

In diesem Großkapitel der ICD-10 werden mehrere psychische Störungen zusammengefasst, u.a. Persönlichkeitsstörungen, Störungen der Impulskontrolle und Störungen der Geschlechtsidentität und sexuellen Präferenz. Unter Persönlichkeitsstörungen versteht man tief verwurzelte, anhaltende und weitgehend stabile Verhaltensmuster, die sich in starren Reaktionen auf unterschiedliche persönliche und soziale Lebenslagen zeigen. Gegenüber der Mehrheit der Bevölkerung zeigen sich deutliche Abweichungen im Wahrnehmen, Denken, Fühlen und in Beziehung zu anderen. In vielen Fällen gehen diese Störungen mit persönlichem Leiden und gestörter sozialer Funktionsfähigkeit einher. Die einzelnen Formen der Persönlichkeitsstörung werden nach den vorherrschenden Verhaltensmustern klassifiziert: in paranoide, schizoide, schizotype, dissoziale (meistens wird in Deutschland dafür der Psychopathie-Begriff verwendet), emotional instabile, histrionische, anankastische, zwanghafte, ängstlich/vermeidende und abhängige/asthenische Persönlichkeitsstörung. Bei allen Persönlichkeitsstörungen handelt es sich um Extremvarianten der Normalverteilung von Persönlichkeitszügen, die wiederum zu individuellen Persönlichkeitstypen zusammengefasst werden können. Die individuelle Persönlichkeit zeichnet sich durch das Bestehen unterschiedlicher Persönlichkeitszüge aus und kann verstanden werden als ein Muster von charakteristischen Gedanken, Gefühlen und Verhaltensweisen, die eine Person von einer anderen unterscheiden und die über Zeit und Situation fortdauern. Verschiedene Persönlichkeitszüge können einen Persönlichkeitstyp charakterisieren, wie z.B. die ängstlich/vermeidende, die abhängig/asthenische, die zwanghafte, die emotional instabile, die histrionische Persönlichkeit. Eine starke Ausprägung eines solchen Persönlichkeitstypus bezeichnet man als akzentuierte Persönlichkeit, eine noch weitergehende Abweichung

von den »normalen« Persönlichkeitstypen als Persönlichkeitsstörung. Insgesamt ist die Abgrenzung zwischen akzentuierter Persönlichkeit bzw. Persönlichkeitsstörung zu noch ungestörtem Verhalten nicht leicht und sehr stark von normativen Vorannahmen abhängig, die in bestimmten gesellschaftlichen Kontexten unterschiedlich sein können.
Eine frühe Persönlichkeitstypologie ist die von Hippokrates (ca. 400 v. Chr.) entwickelte Temperamentlehre, die auf der Basis seiner Humoralpathologie (»Säfte-Lehre«) entstand. Hippokrates unterschied Sanguiniker (leichtblütig, wechselhafte Stimmung), Melancholiker (schwerblütig, schwermütig), Choleriker (heftig, leicht erregbar) und Phlegmatiker (kaltblütig, schwer erregbar). In der Neuzeit wurde die Persönlichkeitslehre lange Zeit durch das Werk des Tübinger Psychiaters Ernst Kretschmer (1888–1964) geprägt. Er entwarf eine so genannte Konstitutionslehre. Darin wurden drei Körperbautypen voneinander unterschieden, die eine biologisch determinierte Beziehung zu jeweils bestimmten psychischen Krankheitsformen aufweisen sollten:

- Pykniker: breitwüchsiger, gedrungener Körperbau »zyklothymes« Temperament, Neigung zu affektiven Beschwerden
- Leptosomer Typ: schmal, Neigung zu »Schizothymie« (Introvertiertheit mit Nähe zur Schizophrenie)
- Athletischer Typ: breitschultrig, muskulös, besondere Affinität zu Epilepsie

Eine den heutigen Ansichten schon sehr nahe stehende Auffassung zur Persönlichkeitslehre wurde durch Kurt Schneider (1887–1967) dargestellt. Nach seiner Ansicht beruht die Abnormität der Persönlichkeit nicht auf einem Krankheitsvorgang, sondern bezieht sich auf »Abweichungen von einer uns vorschwebenden Durchschnittsbreite von Persönlichkeiten«. Dem entsprechend wurden abnorme Persönlichkeiten von ihm als Extremvarianten einer bestimmten Wesensart aufgefasst. Von Kurt Schneider wurden folgende Formen der abnormen Persönlichkeit unterschieden: Hyperthymisch, depressiv, selbstunsicher, fanatisch, geltungsbedürftig, stimmungslabil, gemütlos und asthenisch. Persönlichkeitsstörungen haben eine komplexe Genese. Der Mensch ist immer mehr als das Produkt von Anlagen und Umwelt. Er ist immer auch das, was er selbst aus den Anlagen und Umwelteinflüssen macht. Hinsichtlich der detaillierten Ätiopathogenese gibt es, je nach Schulrichtung unterschiedliche Vorstellungen, die mehr psychologische oder mehr biologische Aspekte in den Vordergrund stellen.

Zu den Störungen der Impulskontrolle gehören das pathologische Stehlen (Kleptomanie), die pathologische Brandstiftung (Pyromanie) und das pathologische Spielen. Diese Erkrankungen weisen große Überschneidungen zu den nicht stoffgebundenen Abhängigkeiten auf. Das gemeinsame Merkmal dieser Störungen ist das wiederholte, vollständige oder teilweise Versagen der (willentlichen) Beherrschung eines Wunsches oder Antriebs (Impuls). Durch das daraus resultierende Verhalten kommt es meist zur Schädigung der eigenen Person oder anderer. Die Störungen beziehungsweise der Verlust der Impulskontrolle ist nicht in jedem Fall eine eigenständige psychische Störung, sondern kommt als Symptom auch bei anderen psychischen Erkrankungen vor. Die heute noch gebräuchlichen Bezeichnungen für einzelne Störungen der Impulskontrolle (Kleptomanie, Pyromanie) gehen auf das Konzept der so genannten (instinktiven) Monomanien zurück, das besonders in der französischen Psychiatrie des 19. Jahrhunderts vertreten wurde. Dieser Bezeichnung lag die Vorstellung zugrunde, dass die Psyche nur in einem Punkt krankhaft verändert sei, während Urteilsvermögen und affektive (gefühlsmäßige) Schwingungsfähigkeit ansonsten erhalten bleiben. Zeitweise wurden über 100 verschiedene Formen von Monomanien in dem so definierten Sinne beschrieben. Anklänge an diese Begriffsdefinition finden sich noch heute in der umgangssprachlichen Verwendung, wonach eine etwas übertriebene Leidenschaft für einen bestimmten Gegenstand oder seltsame Gewohnheiten als »Manie« bezeichnet werden.

Als Störungen der Geschlechtsidentität bezeichnet man eine tiefe Unzufriedenheit mit dem eigenen Geschlecht sowie den dringenden und anhaltenden Wunsch, die Rolle des anderen Geschlechts teilweise oder vollständig anzunehmen. Dazu gehören der Transsexualismus, also der Wunsch, als Angehöriger des anderen anatomischen Geschlechts zu leben und anerkannt zu werden, sowie der Transvestitismus, also die Vorliebe für das Tragen der jeweils gegengeschlechtlichen typischen Kleidung. Als Störungen der sexuellen Präferenz, im allgemeinen Sprachgebrauch auch als »sexuelle Perversion« bezeichnet, versteht man weitgehend fixierte Formen der Erlangung sexueller Befriedigung, die an außergewöhnliche Bedingungen geknüpft sind. Dazu gehören u.a. der Fetischismus, der Exhibitionismus, der Voyeurismus sowie der Sadomasochismus.

Heinrich von Kleist

Michael Kohlhaas

aus: Heinrich von Kleist. Die Erzählungen.
Mit einer Einleitung von Thomas Mann.

Einführung

Heinrich von Kleist (1777–1811) blieb sein Lebtag ein Außenseiter. Weder wollte er die preußische Offizierstradition seiner Familie fortsetzen, noch gelang es ihm, eine solide bürgerliche Existenz aufzubauen. Sein Studium (Mathematik, Physik, Jura, Volkswirtschaft) brach er ebenso ab wie seine Tätigkeiten in der Berliner und Königsberger Finanzverwaltung, seine Dramen (»Penthesilea«, 1808; »Käthchen von Heilbronn«, 1810; »Der zerbrochene Krug«, 1811; »Prinz Friedrich von Homburg«, 1821) fielen durch, die Novellen erzielten bestenfalls Achtungserfolge. Den literarischen Zeitgenossen war er zu experimentell und zu radikal, mit seinen Themen von Missverständnissen und zerbrechenden familiären und gesellschaftlichen Ordnungen sowie seiner subtilen Ironie passte er weder in die Klassik noch in die Romantik. Dazu kamen private Niederlagen in Liebesbeziehungen: zwei Ehen scheiterten. Verarmt und verkannt nahm sich Kleist im Alter von erst 34 Jahren zusammen mit seiner Geliebten Henriette Vogel 1811 am Wannsee bei Berlin das Leben. In seinem Abschiedsbrief schreibt er: »Die Wahrheit ist, dass mir auf Erden nicht zu helfen war.«

Kleists bekannteste und zugleich bedeutendste Novelle »Michael Kohlhaas« (1810) basiert auf einer realen Geschichte eines Hans Kohlhase, vermerkt in der Maerckischen Chronik (um 1595). Erzählt wird von einem Pferdehändler, der aus einem gekränkten Rechtsgefühl heraus derart hartnäckig um sein Recht kämpft, bis er dabei alle Grenzen der Vernunft überschreitet, ins Maßlose des Unrechts gerät und brandschatzend das Land überzieht, ehe er aufs Rad geflochten wird.

Die literarische Vielschichtigkeit des Textes provozierte zu vielfältigen, z.T. heterogenen Deutungen aus rechtsphilosophischer, rechtshistorischer, religiöser, sozialkritischer, ideologiekritischer und nicht zuletzt psychologischer Sicht. Die Novelle wurde insbesondere von der 68er Generation neu rezipiert, am überzeugendsten in dem Roman »Kohlhaas« von Elisabeth Plessen (1979). Unter dem Titel »Michael

Kohlhaas – Der Rebell« wurde Kleists Novelle 1969 von Volker Schlöndorff verfilmt.
In Peters' Lexikon »Psychiatrie« (2000) wird die (literarische und historische) Figur Kohlhaas als »Paradigma des Kampfparanoikers« bezeichnet.

Weiterführende Literatur:
Günter Hagedorn: Heinrich von Kleist. Michael Kohlhaas. Erläuterungen und Dokumente. Reclam 2003

Michael Kohlhaas

Unter diesen Umständen übernahm der Doktor Martin Luther das Geschäft, den Kohlhaas, durch die Kraft beschwichtigender Worte, von dem Ansehn, das ihm seine Stellung in der Welt gab, unterstützt, in den Damm der menschlichen Ordnung zurückzudrücken, und auf ein tüchtiges Element in der Brust des Mordbrenners bauend, erließ er ein Plakat folgenden Inhalts an ihn, das in allen Städten und Flecken des Kurfürstentums angeschlagen ward:
»Kohlhaas, der du dich gesandt zu sein vorgibst, das Schwert der Gerechtigkeit zu handhaben; was unterfängst du dich, Vermessener, im Wahnsinn stockblinder Leidenschaft, du, den Ungerechtigkeit selbst, vom Wirbel bis zur Sohle, erfüllt? Weil der Landesherr dir, dem du untertan bist, dein Recht verweigert hat, dein Recht in dem Streit um ein nichtiges Gut, erhebst du dich, Heilloser, mit Feuer und Schwert und brichst, wie der Wolf der Wüste, in die friedliche Gemeinheit, die er beschirmt. Du, der die Menschen mit dieser Angabe, voll Unwahrhaftigkeit und Arglist, verführt: meinst du, Sünder, vor Gott dereinst, an dem Tage, der in die Falten aller Herzen scheinen wird, damit auszukommen? Wie kannst du sagen, daß dir dein Recht verweigert worden ist, du, dessen grimmige Brust, vom Kitzel schnöder Selbstrache gereizt, nach den ersten, leichtfertigen Versuchen, die dir gescheitert, die Bemühung gänzlich aufgegeben hat, es dir zu verschaffen? Ist eine Bank voll Gerichtsdienern und Schergen, die einen Brief, der gebracht wird, unterschlagen oder ein Erkenntnis, das sie abliefern sollen, zurückhalten, deine Obrigkeit? Und muß ich dir sa-

gen, Gottvergessener, daß deine Obrigkeit von deiner Sache nichts weiß – was sag ich? daß der Landesherr, gegen den du dich auflehnst, auch deinen Namen nicht kennt, dergestalt, daß, wenn dereinst du vor Gottes Thron trittst, in der Meinung, ihn anzuklagen, er, heiteren Antlitzes, wird sprechen können: diesem Mann, Herr, tat ich kein Unrecht, denn sein Dasein ist meiner Seele fremd? Das Schwert, wisse, das du führst, ist das Schwert des Raubes und der Mordlust, ein Rebell bist du und kein Krieger des gerechten Gottes, und dein Ziel auf Erden ist Rad und Galgen, und jenseits die Verdammnis, die über die Missetat und die Gottlosigkeit verhängt ist.

Wittenberg, usw. *Martin Luther.*«

Kohlhaas wälzte eben auf dem Schlosse zu Lützen einen neuen Plan, Leipzig einzuäschern, in seiner zerrissenen Brust herum – denn auf die in den Dörfern angeschlagene Nachricht, daß der Junker Wenzel in Dresden sei, gab er nichts, weil sie von niemand, geschweige denn vom Magistrat, wie er verlangt hatte, unterschrieben war –, als Sternbald und Waldmann das Plakat, das zur Nachtzeit an den Torweg des Schlosses angeschlagen worden war, zu ihrer großen Bestürzung bemerkten. Vergebens hofften sie durch mehrere Tage, daß Kohlhaas, den sie nicht gern deshalb antreten wollten, es erblicken würde; finster und in sich gekehrt, in der Abendstunde, erschien er zwar, aber bloß um seine kurzen Befehle zu geben, und sah nichts: dergestalt, daß sie an einem Morgen, da er ein paar Knechte, die in der Gegend wider seinen Willen geplündert hatten, aufknüpfen lassen wollte, den Entschluß faßten, ihn darauf aufmerksam zu machen. Eben kam er, während das Volk von beiden Seiten schüchtern auswich, in dem Aufzuge, der ihm seit seinem letzten Mandat gewöhnlich war, von dem Richtplatz zurück: ein großes Cherubsschwert, auf einem rotledernen Kissen, mit Quasten von Gold verziert, ward ihm vorangetragen, und zwölf Knechte mit brennenden Fackeln folgten ihm: da traten die beiden Männer, ihre Schwerter unter dem Arm, so, daß es ihn befremden mußte, um den Pfeiler, an welchem das Plakat angeheftet war, herum. Kohlhaas, als er, mit auf dem Rücken zusammengelegten Händen, in Gedanken vertieft, unter das Portal kam, schlug die Augen auf und stutzte; und da die Knechte bei seinem Anblick ehrerbietig auswichen: so trat er, indem er sie zerstreut ansah, mit einigen raschen Schritten an den Pfeiler heran. Aber wer beschreibt, was in seiner Seele vorging, als er das Blatt, dessen Inhalt ihn der Ungerechtigkeit zieh, daran erblickte: unterzeichnet von dem teuersten und verehrungswürdigsten Namen, den er kannte, von dem Namen Martin Luthers! Eine dunkle Röte stieg in sein Antlitz empor; er durchlas es, indem er den Helm abnahm, zweimal von Anfang bis zu Ende; wandte sich, mit ungewissen Blicken, mitten unter die Knechte zurück, als ob er etwas sagen wollte, und sagte nichts; löste das Blatt von der Wand los, durchlas es noch einmal und rief: »Waldmann! laß mir mein Pferd satteln!«, sodann: »Sternbald! folge mir ins Schloß!«, und verschwand. Mehr als dieser wenigen Worte bedurfte es nicht, um ihn in der ganzen Verderblichkeit, in der er dastand, plötzlich zu entwaffnen. Er warf sich in die Verkleidung eines thüringischen Landpächters; sagte Sternbald, daß ein Geschäft von besonderer Wichtigkeit ihn nach Wittenberg zu reisen nötige; übergab ihm in Gegenwart einiger der vorzüglichsten Knechte die Anführung des in Lützen zurückbleibenden Haufens und zog unter der Versicherung, daß er in drei Tagen, binnen welcher Zeit kein Angriff zu fürchten sei, wieder zurück sein werde, nach Wittenberg ab.

Er kehrte unter einem fremden Namen in ein Wirtshaus ein, wo er, sobald die Nacht angebrochen war, in seinem Mantel und mit einem Paar Pistolen versehen, die er in der Tronkenburg erbeutet hatte, zu Luthern ins Zimmer trat. Luther, der unter Schriften und Büchern an seinem Pulte saß und den fremden, besonderen Mann die Tür öffnen und hinter sich verriegeln sah, fragte ihn: wer er sei und was er wolle, und der Mann, der seinen Hut ehrerbietig in der Hand hielt, hatte nicht so bald, mit dem schüchternen Vorgefühl des Schreckens, den er verursachen würde, erwidert: daß er Michael Kohlhaas, der Roßhändler, sei, als Luther schon: »Weiche fern hinweg!« ausrief und, indem er, vom Pult erstehend, nach einer Klingel eilte, hinzusetzte: »Dein Odem ist Pest und deine Nähe Verderben!« Kohlhaas, indem er, ohne sich vom Platz zu regen, sein Pistol zog, sagte: »Hochwürdiger Herr, dies Pistol, wenn Ihr die Klingel rührt, streckt mich leblos zu Euren Füßen nieder! Setzt Euch und hört mich an; unter den Engeln, deren Psalmen Ihr aufschreibt, seid Ihr nicht sicherer als bei mir.« Luther, indem er sich niedersetzte, fragte: »Was willst du?« Kohlhaas erwiderte: »Eure Meinung von mir, daß ich ein ungerechter Mann sei, widerlegen! Ihr habt mir in Eurem Plakat gesagt, daß meine Obrigkeit von meiner Sache nichts weiß: wohlan, verschafft mir freies Geleit, so gehe ich nach Dresden und lege sie ihr vor.« – »Heilloser und entsetzlicher Mann!« rief Luther, durch diese Worte verwirrt zugleich und beruhigt: »wer gab dir das Recht, den Junker von Tronka, in Verfolg eigenmächtiger Rechtsschlüsse, zu überfallen und, da du ihn auf seiner Burg nicht fandst, mit Feuer und Schwert die ganze Gemeinschaft heimzusuchen, die ihn beschirmt?« Kohlhaas erwiderte: »Hochwürdiger Herr, niemand, fortan! Eine Nachricht, die ich aus Dresden erhielt, hat mich getäuscht, mich verführt! der Krieg, den ich mit der Gemeinheit der Menschen führe, ist eine Missetat, sobald ich aus ihr nicht, wie Ihr mir die Versicherung gegeben habt, verstoßen war!« »Verstoßen!« rief Luther, indem er ihn ansah. »Welch eine Raserei der Gedanken ergriff dich? Wer hätte dich aus der Gemeinschaft des Staats, in welchem du lebtest, verstoßen? Ja, wo ist, solange Staaten bestehen, ein Fall, daß jemand, wer es auch sei, daraus verstoßen worden wäre?« – »Verstoßen«, antwortete Kohlhaas, indem er die Hand zusammendrückte, »nenne ich den, dem der Schutz der Gesetze versagt ist! Denn dieses Schutzes, zum Gedeihen meines friedlichen Gewerbes, bedarf ich; ja, er ist es, dessenhalb ich mich mit dem Kreis dessen, was ich erworben, in diese Gemeinschaft flüchte; und wer mir ihn versagt, der stößt mich zu den Wilden der Einöde hinaus; er gibt mir, wie wollt Ihr das leugnen, die Keule, die mich selbst schützt, in die Hand.« – »Wer hat dir den Schutz der Gesetze versagt?« rief Luther. »Schrieb ich dir nicht, daß die Klage, die du eingereicht, dem Landesherrn, dem du sie eingereicht, fremd ist? Wenn Staatsdiener hinter seinem Rücken Prozesse unterschlagen oder sonst seines geheiligten Namens, in seiner Unwissenheit, spotten: wer anders als Gott darf ihn wegen der Wahl solcher Diener zur Rechenschaft ziehen, und bist du, gottverdammter und entsetzlicher Mensch, befugt, ihn deshalb zu richten?« – »Wohlan«, versetzte Kohlhaas, »wenn mich der Landesherr nicht verstößt, so kehre ich auch wieder in die Gemeinschaft, die er beschirmt, zurück. Verschafft mir, ich wiederhol' es, freies Geleit nach Dresden: so lasse ich den Haufen, den ich im Schloß zu Lützen versammelt, auseinandergehen und bringe die Klage, mit der ich abgewiesen worden bin, noch einmal bei dem Tribunal des Landes vor.« – Luther, mit einem verdrießlichen Gesicht, warf die Papiere, die auf seinem Tische lagen, übereinander und schwieg. Die trotzige Stellung, die dieser Mensch im Staat einnahm, verdroß ihn; und den Rechtsschluß, den er von Kohlhaasenbrück aus an den Junker erlassen, erwägend, fragte er: was er denn von dem Tribunal zu Dresden verlange? Kohlhaas antwortete: »Bestrafung des Junkers, den Gesetzen gemäß; Wiederher-

stellung der Pferde in den vorigen Stand; und Ersatz des Schadens, den ich sowohl als mein bei Mühlberg gefallener Knecht Herse durch die Gewalttat, die man an uns verübte, erlitten.« – Luther rief: »Ersatz des Schadens! Summen zu Tausenden, bei Juden und Christen, auf Wechseln und Pfändern, hast du, zur Bestreitung deiner wilden Selbstrache, aufgenommen. Wirst du den Wert auch auf der Rechnung, wenn es zur Nachfrage kommt, ansetzen?« –
»Gott behüte!« erwiderte Kohlhaas. »Haus und Hof und den Wohlstand, den ich besessen, fordere ich nicht zurück; so wenig als die Kosten des Begräbnisses meiner Frau! Hersens alte Mutter wird eine Berechnung der Heilkosten und eine Spezifikation dessen, was ihr Sohn in der Tronkenburg eingebüßt, beibringen; und den Schaden, den ich wegen Nichtverkaufs der Rappen erlitten, mag die Regierung durch einen Sachverständigen abschätzen lassen.« – Luther sagte: »Rasender, unbegreiflicher und entsetzlicher Mensch!« und sah ihn an. »Nachdem dein Schwert sich an dem Junker Rache, die grimmigste, genommen, die sich erdenken läßt: was treibt dich, auf ein Erkenntnis gegen ihn zu bestehen, dessen Schärfe, wenn es zuletzt fällt, ihn mit einem Gewicht von so geringer Erheblichkeit nur trifft?« – Kohlhaas erwiderte, indem ihm eine Träne über die Wangen rollte: »Hochwürdiger Herr! es hat mich meine Frau gekostet; Kohlhaas will der Welt zeigen, daß sie in keinem ungerechten Handel umgekommen ist. Fügt Euch in diesen Stücken meinem Willen und laßt den Gerichtshof sprechen; in allem anderen, was sonst noch streitig sein mag, füge ich mich Euch.« – Luther sagte: »Schau her, was du forderst, wenn anders die Umstände so sind, wie die öffentliche Stimme hören läßt, ist gerecht; und hättest du den Streit, bevor du eigenmächtig zur Selbstrache geschritten, zu des Landesherrn Entscheidung zu bringen gewußt, so wäre dir deine Forderung, zweifle ich nicht, Punkt vor Punkt bewilligt worden. Doch hättest du nicht, alles wohl erwogen, besser getan, du hättest, um deines Erlösers willen, dem Junker vergeben, die Rappen, dürre und abgehärmt, wie sie waren, bei der Hand genommen, dich aufgesetzt und zur Dickfütterung in deinen Stall nach Kohlhaasenbrück heimgeritten?« – Kohlhaas antwortete: »Kann sein!«, indem er ans Fenster trat; »kann sein, auch nicht! Hätte ich gewußt, daß ich sie mit Blut aus dem Herzen meiner lieben Frau würde auf die Beine bringen müssen: kann sein, ich hätte getan, wie Ihr gesagt, hochwürdiger Herr, und einen Scheffel Hafer nicht gescheut! Doch weil sie mir einmal so teuer zu stehen gekommen sind,

so habe es denn, meine ich, seinen Lauf: laßt das Erkenntnis, wie es mir zukömmt, sprechen und den Junker mir die Rappen auffüttern.« – – Luther sagte, indem er unter mancherlei Gedanken wieder zu seinen Papieren griff: er wolle mit dem Kurfürsten seinethalben in Unterhandlung treten. Inzwischen möchte er sich auf dem Schlosse zu Lützen still halten; wenn der Herr ihm freies Geleit bewillige, so werde man es ihm auf dem Wege öffentlicher Anplackung bekanntmachen. – »Zwar«, fuhr er fort, da Kohlhaas sich herabbog, um seine Hand zu küssen, »ob der Kurfürst Gnade für Recht ergehen lassen wird, weiß ich nicht; denn einen Heerhaufen, vernehm' ich, zog er zusammen und steht im Begriff, dich im Schlosse zu Lützen aufzuheben: inzwischen, wie ich dir schon gesagt habe, an meinem Bemühen soll es nicht liegen.« Und damit stand er auf und machte Anstalt, ihn zu entlassen. Kohlhaas meinte, daß seine Fürsprache ihn über diesen Punkt völlig beruhige; worauf Luther ihn mit der Hand grüßte, jener aber plötzlich ein Knie vor ihm senkte und sprach: er habe noch eine Bitte auf seinem Herzen. Zu Pfingsten nämlich, wo er an den Tisch des Herrn zu gehen pflege, habe er die Kirche, dieser seiner kriegerischen Unternehmung wegen, versäumt; ob er die Gewogenheit haben wolle, ohne weitere Vorbereitung seine Beichte zu empfangen und ihm, zur Auswechselung dagegen, die Wohltat des heiligen Sakraments zu erteilen? Luther, nach einer kurzen Besinnung, indem er ihn scharf ansah, sagte: »Ja, Kohlhaas, das will ich tun! Der Herr aber, dessen Leib du begehrst, vergab seinem Feind. – Willst du«, setzte er, da jener ihn betreten ansah, hinzu, »dem Junker, der dich beleidigt hat, gleichfalls vergeben, nach der Tronkenburg gehen, dich auf deine Rappen setzen und sie zur Dickfütterung nach Kohlhaasenbrück heimreiten?« – »Hochwürdiger Herr«, sagte Kohlhaas errötend, indem er seine Hand ergriff – »Nun?« –, »der Herr auch vergab allen seinen Feinden nicht. Laßt mich den Kurfürsten, meinen beiden Herren, dem Schloßvogt und Verwalter, den Herren Hinz und Kunz, und wer mich sonst in dieser Sache gekränkt haben mag, vergeben: den Junker aber, wenn es sein kann, nötigen, daß er mir die Rappen wieder dickfüttere.« – Bei diesen Worten kehrte ihm Luther, mit einem mißvergnügten Blick, den Rücken zu und zog die Klingel. Kohlhaas, während, dadurch herbeigerufen, ein Famulus sich mit Licht in dem Vorsaal meldete, stand betreten, indem er sich die Augen trocknete, vom Boden auf; und da der Famulus vergebens, weil der Riegel vorgeschoben war, an der Türe wirkte, Luther aber sich wieder zu seinen Papieren niedergesetzt hatte: so machte Kohlhaas dem Mann die Türe auf. Luther, mit einem kurzen, auf den fremden Mann gerichteten Seitenblick, sagte dem Famulus: »Leuchte!«, worauf dieser, über den Besuch, den er erblickte, ein wenig befremdet, den Hausschlüssel von der Wand nahm und sich, auf die Entfernung desselben wartend, unter die halboffene Tür des Zimmers zurückbegab. – Kohlhaas sprach, indem er seinen Hut bewegt zwischen beide Hände nahm: »Und so kann ich, hochwürdigster Herr, der Wohltat, versöhnt zu werden, die ich mir von Euch erbat, nicht teilhaftig werden?« Luther antwortete kurz: »Deinem Heiland, nein! dem Landesherrn – das bleibt einem Versuch, wie ich dir versprach, vorbehalten!« und damit winkte er dem Famulus, das Geschäft, das er ihm aufgetragen, ohne weiteren Aufschub abzumachen. Kohlhaas legte, mit dem Ausdruck schmerzlicher Empfindung, seine beiden Hände auf die Brust; folgte dem Mann, der ihm die Treppe hinunter leuchtete, und verschwand.

Kommentar

Der von Heinrich von Kleist geschilderte »Michael Kohlhaas« wird als Prototyp der querulatorischen Persönlichkeitsstörung beschrieben. Der Begriff der Persönlichkeitsstörung kennzeichnet Persönlichkeiten mit einer extremen Ausprägung bestimmter Persönlichkeitsmerkmale, welche im Allgemeinen zu Störungen und Beeinträchtigungen führen. Es handelt sich dabei um andauernde, situationsübergreifende Persönlichkeitseigenschaften, die bereits in der Jugendzeit oder dem frühen Erwachsenenalter erkennbar werden. Die Betroffenen leiden entweder an sich selber oder die Gesellschaft leidet an ihrer Abnormität. Es bestehen fließende Übergänge von bestimmten, noch im Normbereich anzusiedelnden Persönlichkeitsausprägungen bzw. Charaktereigenschaften und den Persönlichkeitsstörungen. Die Definition der Persönlichkeitsstörung geht vor allem von den sozialen Auswirkungen, der beeinträchtigten Selbstverwirklichung und/oder dem persönlichen Leidensdruck aus.

Bei der in der traditionellen Symptomatologie als querulatorisch/fanatisch beschriebenen Persönlichkeit handelt es sich um rechthaberische Menschen, die meist sehr selbstbewusst und expansiv sind, durch Fehlschläge nicht belehrbar sind und ihre meist überwertigen Ideen der Umwelt aufzwingen wollen. Bei kleineren Rückschlägen oder Benachteiligungen können sie meist einen unverhältnismäßigen Kampf gegen die gesamte Welt beginnen.

Schon in der traditionellen Psychopathologie gab es von der querulatorischen Persönlichkeit enge Überlappungen mit der paranoiden Persönlichkeit, die durch starke Empfindlichkeit gegenüber Misserfolgen oder vermeintlichen Demütigungen gekennzeichnet ist, wobei hier eine Tendenz besteht, neutrale oder sonstige Handlungen anderer als feindlich oder verächtlich zu missdeuten.
In der ICD-10 wird beides unter dem Konzept der »paranoiden Persönlichkeitsstörung« zusammengefasst. Die wesentlichen Merkmale dafür sind ein ausgeprägtes Misstrauen, übertriebene Empfindlichkeit und ein rigides und streitsüchtiges Beharren auf vermeintlichen eigenen Rechten. Eher unbedeutende Erlebnisse werden als feindselige Handlungen und gegen die eigene Person gerichtet missdeutet. Sie werden zornig und mit anhaltendem Groll beantwortet. Richtet sich die situationsangemessene Reaktion auf eine überwertige Idee, so spricht man auch von fanatischer Persönlichkeit. Steht der Kampf gegen ein wirkliches oder vermeintliches Unrecht im Mittelpunkt, wird auch von querulatorischer Persönlichkeit gesprochen. Diese Begriffe tauchen in der ICD-10 aber nur noch als Unterbegriffe zur paranoiden Persönlichkeitsstörung auf.

Graham Greene

Dr. Fischer aus Genf oder Die Bomben-Party

aus: Graham Greene. Dr. Fischer aus Genf oder Die Bomben-Party. Roman.
Aus dem Englischen von Peter Michael und Hans W. Polak.

Einführung

Über kaum einen zeitgenössischen Autor ist mehr geschrieben worden, von kaum einem weiß man weniger: Der englische Schriftsteller Graham Greene (1904–1991) gehört mit seinem umfangreichen, weltweit millionenfach aufgelegten Werk zu jenen Autoren, denen der Nobelpreis zu Unrecht verweigert wurde. Seine Romane erreichten nicht zuletzt aufgrund zahlreicher Verfilmungen (z. B. »Der dritte Mann«; »Die Stunde der Komödianten«; »Der Honorarkonsul«; »Unser Mann in Havanna«; »Der stille Amerikaner«) eine ungeheure Popularität.

Sein Biograph Michael Shelden (»Graham Greene. The Man Within«, 1994) beschreibt Greene als Menschen mit einer »extravaganten Phantasie und einer leidenschaftlichen Illoyalität«. Zeitlebens hat der weit gereiste und stets polyglotte, sich inmitten internationaler Krisenherde bewegende Greene mehr von seinem Leben verschleiert, als er in seinen Romanen preisgibt: seine anhaltenden Depressionen und Suizidgefährdungen, die latente Neigung zur Homosexualität, Experimente mit Drogen, die Faszination Alkohol, ausschweifende Liebesabenteuer.

Die jahrzehntelange Agententätigkeit rechtfertigte Greene mit der Begründung, der britische Geheimdienst sei »das beste Reisebüro der Welt«. Auch den Katholizismus, als dessen globaler literarischer Repräsentant er lange missverstanden wurde, hat der Agent und Autor nie ernst genommen, zumal er bekannte, er sei nur deshalb konvertiert, um sich leichter einer jungen Katholikin nähern zu können. Die komplexe und stets gefährdete eigene Psyche offenbart Graham Greene in seinen autobiographischen Aufzeichnungen »A Sort of Life« (1971, dt.: »Eine Art Leben«, 2004) sowie in seinem Traumjournal »In meiner eigenen Welt« (1995).

In dem Roman »Doktor Fischer aus Genf oder Die Bomben-Party« (1980) erweist sich Graham Greene als Gesellschaftskritiker mit beißendem Sarkasmus, der mit den psychologisch subtilen Mitteln des tiefschwarzen Humors die Welt der raffgierigen und habsüchtigen Reichen (The beautiful People) geißelt, die ohne

Skrupel bereit sind, sich für Platinuhren und Millionenschecks von dem satanisch zynischen und menschenverachtenden Genfer Krösus Doktor Fischer auf dessen exklusiven Partys demütigen zu lassen.
Graham Greene starb 1991 in Vevey über dem Genfer See. Die Todesursache ist – nach Schweizer Recht – der Öffentlichkeit unzugänglich. Beschrieben wird allerdings eine Krankheit des Blutes, bei der das Knochenmark nicht mehr genügend rote Blutkörperchen produziert. Der Biograph Shelden meint: »Leukämie war es nicht.«

Weiterführende Literatur:
Michael Shelden: Graham Greene. Eine Biographie. Steidl 1995

Dr. Fischer aus Genf oder Die Bomben-Party

Der übellaunige Diener, den nie wiederzusehen ich gehofft hatte, öffnete mir die Tür. Fünf kostspielige Autos rekelten sich auf dem Zufahrtsweg zur Villa, zwei davon mit Chauffeur, und ich spürte, wie er meinen kleinen Fiat 500 mit Geringschätzung musterte. Dann betrachtete er meinen Anzug, und seine Augenbrauen schossen hinauf. »Wie ist Ihr Name?« fragte er, obwohl ich überzeugt war, daß er sich ganz gut erinnern konnte. Er sprach Englisch mit einem leichten Vorstadtakzent. Meine Nationalität konnte er also nicht vergessen haben.
»Jones«, sagte ich.
»Dr. Fischer ist beschäftigt.«
»Er erwartet mich«, sagte ich.
»Dr. Fischer speist heute mit Freunden.«
»Zufällig speise ich auch mit ihm.«
»Haben Sie eine Einladung?«
»Natürlich habe ich eine.«
»Bitte zeigen Sie die Karte vor.«
»Geht leider nicht. Ich habe sie zu Hause gelassen.«
Er knurrte etwas, aber seine Selbstsicherheit war erschüttert, das sah ich. Ich sagte: »Dr. Fischer würde kaum schätzen, daß ein Platz bei Tisch unbesetzt bliebe. Vielleicht fragen Sie ihn doch lieber.«
»Wie, sagten Sie, war Ihr Name?«
»Jones.«

»Folgen Sie mir.«
Ich marschierte hinter seiner weißen Jacke her, durch die Halle und die Stiegen hinauf. Auf dem Treppenabsatz drehte er sich zu mir um und sagte: »Wenn Sie mich angelogen haben … wenn Sie nicht eingeladen waren … « Mit den Fäusten machte er eine Bewegung wie ein Boxer beim Sparring.
»Wie heißen Sie?« fragte ich.
»Was kümmert Sie das?«
»Ich möchte nur dem Doktor mitteilen, wie Sie seine Freunde begrüßen.«
»Freunde«, sagte er. »Er hat keine Freunde. Ich sag es Ihnen noch einmal, wenn Sie nicht eingeladen sind …«
»Ich bin eingeladen.«
Wir gingen nicht in die Richtung zum Arbeitszimmer, wo ich Dr. Fischer zuletzt gesehen hatte, sondern in die entgegengesetzte, und er stieß eine Tür auf. »Mr. Jones«, grunzte der Mensch, und ich trat ein. Da standen sie alle, die Kriechtiere, und starrten mich an. Die Herren trugen Smoking und Mrs. Montgomery ein Abendkleid.
»Kommen Sie rein, Jones«, sagte Dr. Fischer. »Sie können servieren, Albert, sobald alles fertig ist.«
Der Tisch war kostbar gedeckt: Im Schliff der Kristallgläser blitzte das Licht des Lüsters, selbst die Suppenteller sahen teuer aus. Ich war ein bißchen überrascht, sie vorzufinden – schließlich war es nicht die Jahreszeit für kalte Suppen. »Das ist Jones, mein Schwiegersohn«, sagte Dr. Fischer. »Seien Sie nachsichtig wegen seines Handschuhs. Die Hand darunter ist verkrüppelt. Mrs. Montgomery, Mr. Kips, Monsieur Belmont, Mr. Richard Deane, Divisionär Krueger.« (Ihm wäre nicht eingefallen, Krueger einen falschen Titel zu geben.) Ich spürte, daß mir Schwaden von Feindseligkeit entgegenströmten wie Tränengas. Warum wohl? Vielleicht meines dunklen Anzugs wegen. Ich war ein Eindringling in ihrem exklusiven Zirkel, ein Straßenköter unter Rassehunden.
»Ich bin Monsieur Jones schon begegnet«, meldete sich Belmont wie ein Zeuge der Anklage, der den Beschuldigten identifizierte.
»Ich auch«, sagte Mrs. Montgomery, »ganz kurz.«
»Jones ist ein bedeutender Sprachgelehrter«, erklärte Dr. Fischer. »Er übersetzt Briefe über Pralinen«, und dabei dämmert mir, daß er bei meinem Arbeitgeber Erkundigungen über mich eingezogen haben mußte. «Hier, Jones, bei unseren kleinen Parties, ist Englisch die Um-

gangssprache, weil Richard Deane, obwohl er als großer Star gilt, keine andere Sprache spricht, obwohl er sich manchmal an eine Art Französisch wagt, sobald er bezecht ist – frühestens nach dem dritten Glas. Das Französisch, das Sie von ihm am Fernsehschirm hören können, ist synchronisiert.«

Alle lachten wie auf ein Stichwort, ausgenommen Deane, der freudlos lächelte. »Wenn er einen oder zwei Drinks intus hat, vermag er sogar den Falstaff zu spielen, nur fehlen ihm dazu der Humor und das Gewicht. Letzteren Mangel werden wir uns heute abend bemühen zu mildern. Was den Humor anlangt, sind wir leider überfordert. Sie werden fragen, was dann noch bleibt. Nur sein rasch dahinschwindendes Renommee bei Frauen und Teenagern. Kips, Sie sehen aus, als amüsierten Sie sich nicht. Paßt Ihnen etwas nicht? Vielleicht fehlt Ihnen unser sonst üblicher Apéritif, aber heute abend wollte ich Ihre Geschmacksnerven wegen der kommenden Gaumenfreuden nicht abstumpfen.«

»Nein, nein. Mir ist alles recht, Dr. Fischer, bestimmt. Alles.«

«Ich bestehe nämlich darauf«, erklärte Dr. Fischer, »daß sich jeder bei meinen kleinen Parties unterhält.«

»Saus und Braus sind sie«, versicherte Mrs. Montgomery, »Saus und Braus.«

»Dr. Fischer ist ein besonders aufmerksamer Gastgeber«, klärte mich Divisionär Krueger ein wenig herablassend auf.

»Und so großzügig«, sagte Mrs. Montgomery. »Diese Halskette, sie war ein Preis bei unserer letzten Party.« Sie trug ein Halsband aus Goldmünzen – von weitem hielt ich sie für Krügerrands.

»Jeder gewinnt immer einen kleinen Preis«, brabbelte der Divisionär. Er war wirklich ein müder alter Mann und wahrscheinlich erfüllt von einem gewaltigen Schlafbedürfnis. Mir gefiel er noch am besten von allen, denn er schien mich noch am ehesten in diesem Kreis gelten zu lassen.

»Dort drüben sind ja die Preise«, rief Mrs. Montgomery. »Ich hab geholfen, sie auszusuchen.« Sie ging zu einer Anrichte, wo ich jetzt einen Berg Pakete erblickte, die in Geschenkpapier gewickelt waren. In eines bohrte sie die Fingerspitze, wie ein Kind, das eine Weihnachtsüberraschung durch das Papier hindurch zu erkennen versucht.

»Preise wofür?« fragte ich.

»Nicht für Intelligenz«, antwortete Dr. Fischer, »sonst könnte der Divisionär nie gewinnen.«

Jeder einzelne starrte auf die Pakete.
»Wir haben nur eine Aufgabe zu lösen: Wir müssen uns mit seinen kleinen Launen abfinden«, erklärte Mrs. Montgomery, »und dann verteilt er die Preise. Wir hatten einmal einen Abend, da ließ er – ob Sie es glauben oder nicht – lebende Hummer auftragen und dazu jedem einen Topf mit kochendem Wasser hinstellen. Jeder mußte einen fangen und selber kochen. Ein Hummer zwickte den General in den Finger.«
»Die Narbe sieht man immer noch«, maulte Divisionär Krueger.
»Die einzige Narbe, die er je im Gefecht davongetragen hat«, sagte Dr. Fischer.
»Saus und Braus war es«, erklärte mir Mrs. Montgomery, als hätte ich nichts verstanden.
»Jedenfalls verdanken wir diesem Abend Ihre blauen Haare«, sagte Dr. Fischer. »Vorher waren sie ein unappetitliches Grau mit Nikotinflecken.«
»Nicht grau – naturblond – und doch nicht mit Nikotinflecken.«
»Denken Sie an die Spielregeln, Mrs. Montgomery«, mahnte Dr. Fischer. »Wenn Sie mir noch einmal widersprechen, bekommen Sie keinen Preis.«
»Mr. Kips ist das einmal bei einer unserer Parties passiert«, sagte Monsieur Belmont. »Damit ist er um ein achtzehnkarätiges goldenes Feuerzeug gekommen. So eines«, er zog ein Lederetui aus der Tasche.
»Da habe ich nicht viel verloren«, sagte Mr. Kips. »Ich bin Nichtraucher.«
»Seien Sie vorsichtig, Kips. Verunglimpfen Sie meine Gaben nicht, oder Sie werden heute wieder einmal leer ausgehen.«
Ich dachte: Aber das ist doch ein Tollhaus hier, mit einem wahnsinnigen Doktor als Leiter. Nur Neugier hielt mich dort, gewiß nicht der Wunsch, irgendeinen »Preis« zu bekommen.
»Und nun«, sagte Dr. Fischer, »ehe wir uns zum Abendessen setzen – ein Essen, von dem ich sehr hoffe, daß es Ihnen Vergnügen bereitet und Sie ihm Gerechtigkeit widerfahren lassen, denn ich habe über die Speisenfolge viel nachgegrübelt – sollte ich unserem neuen Gast vielleicht das Zeremoniell erklären, das wir bei diesen Dinners einhalten.«
»Absolut«, sagte Belmont. »Ich glaube ja – wenn Sie gestatten –, Sie hätten vielleicht doch – sollen wir sagen, hm – über sein Erscheinen hier bei uns – hm, abstimmen lassen sollen? Immerhin sind wir doch so eine Art Klub.«

Mr. Kips sagte: »Ich bin der gleichen Meinung wie Belmont. Wir alle wissen, wo wir stehen. Wir akzeptieren gewisse Bedingungen. Im Sinn von Spiel und Spaß. Ein Fremder könnte manches mißverstehen.«
»Mr. Kips auf der Suche nach einem Dollar«, sagte Dr. Fischer. »Sie fürchten, daß sich durch einen neu hinzukommenen Gast der Wert der Preise verringern könnte, so wie Sie auch hoffen, ihr Wert könnte durch den Tod von zweien aus unserem Kreis steigen.«
Es herrschte Schweigen. Nach dem Ausdruck in seinen Augen zu schließen, erwartete ich eine ärgerliche Antwort von Mr. Kips, aber er gab sie nicht. Er sagte nur: »Sie mißverstehen mich.«
Nun könnte jemand, der an der Party nicht teilnahm, denken, all dies wäre nicht mehr als ein fröhliches Geplänkel unter Klubmitgliedern gewesen, die einander zuerst herzhaft beflegeln und sich dann zu einem guten Abendessen und einer gewaltigen Trinkerei mit kameradschaftlichen Gesprächen an einen gemeinsamen Tisch setzen. Ich aber, der ich ihre Gesichter beobachtete und sah, wie knapp die Sticheleien bis an die Grenze des Erträglichen gingen, bemerkte, wie schal und heuchlerisch diese humorvoll scheinenden Wechselreden waren und daß Haß sich wie eine Regenwolke im Zimmer ausbreitete – Haß vom Hausherrn gegen seine Gäste und Haß gegen den Gastgeber von seinen Besuchern. Ich fühlte mich ganz und gar als Eindringling, denn wenn mir auch jeder einzelne von ihnen mißfiel, waren meine Gefühle doch noch nicht stark genug, um sie als Haß zu bezeichnen.
»Dann bitte ich Sie also zu Tisch«, verkündete Dr. Fischer, »und ich will dem neuen Gast in unserer Mitte den Sinn meiner kleinen Abendgesellschaft erklären, während Albert das Essen aufträgt.«
Mein Platz war neben Mrs. Montgomery, die rechts vom Gastgeber saß. Rechts von mir hatte ich Belmont als Nachbar und den Schauspieler Richard Deane als Gegenüber. Neben jedem Teller stand eine Flasche mit ausgezeichnetem Yvorne, außer bei unserem Gastgeber, der, wie ich merkte, polnischen Wodka bevorzugte.
«Zunächst«, hob Dr. Fischer an, »bitte ich Sie, mit mir Ihr Glas zu erheben, um auf das Andenken unserer beiden – Freunde, soll ich sie aus diesem Anlaß so nennen? – anläßlich ihres Todestages vor zwei Jahren zu trinken. Ein seltsames Zusammentreffen. Ich habe den heutigen Tag aus diesem Grund gewählt. Madame Faverjon starb von eigener Hand. Ich glaube, sie vermochte sich selbst nicht mehr länger zu ertragen – sogar mir fiel es schwer genug, sie zu ertragen,

obwohl ich anfangs fand, daß sie ein interessantes Studienobjekt war. Von allen Menschen um diesen Tisch war sie die habgierigste – und das will schon etwas heißen. Sie war auch die wohlhabendste unter Ihnen. Wenn ich jeden beobachtete, gab es Augenblicke, da zeigten Sie alle Anzeichen von Auflehnung, weil ich Kritik an Ihnen übte, sodaß ich mich gezwungen sah, Sie an die Preise nach unserem Abendessen zu erinnern, die Sie Gefahr liefen zu verwirken. Bei Madame Faverjon war dies niemals der Fall. Sie nahm alles und jedes hin, um ihre Eignung als Empfänger eines Geschenks nachzuweisen, obwohl sie es sich ohne weiteres hätte leisten können, etwas von gleichem Wert selbst zu kaufen. Sie war eine abscheuliche Person, eine unbeschreibliche Person, und doch muß ich zugeben, daß sie zuletzt einen gewissen Mut zeigte. Ich bezweifle, daß irgend jemand von Ihnen ein solches Ausmaß an Mut aufbrächte, nicht einmal unser tapferer Divisionär. Ja, ich zweifle sogar, daß irgend jemand von Ihnen auch nur erwogen hat, die Welt von der eigenen unnötigen Gegenwart zu befreien. Deshalb also bitte ich Sie, mit mir das Glas auf den Geist von Madame Faverjon zu erheben.«

Ich gehorchte wie alle anderen auch.

Albert kam mit einem Silbertablett herein, auf dem eine große Schale Kaviar stand sowie kleine silberne Schüsselchen mit Ei, Zwiebel und Zitronenscheiben.

»Ich darf um Nachsicht bitten, daß Albert mir zuerst serviert«, sagte Dr. Fischer.

»Ich liebe Kaviar«, sagte Mrs. Montgomery. »Ich brauchte überhaupt nichts anderes zu essen.«

»Sie könnten es sich leisten, überhaupt nichts anderes zu essen, wenn Sie nur bereit wären, dafür Ihr eigenes Geld auszugeben.«

»Ich bin nicht so reich.«

»Schade um die Mühe, mich anzulügen. Wären Sie nicht so reich, wie Sie sind, dann säßen Sie nicht an meinem Tisch. Ich lade nur die ganz Reichen ein.«

»Und was ist mit Mr. Jones?«

»Er ist hier mehr als Beobachter und nicht als Gast, aber als mein Schwiegersohn wird er sich vielleicht vorstellen, daß er einmal viel zu erwarten hat. Auch Erwartungen sind eine Art Reichtum. Ich bin überzeugt, Mr. Kips könnte für ihn beträchtliche Kredite erwirken, und Hoffnungen unterliegen nicht der Steuer – er brauchte daher Monsieur Belmonts Rat nicht. Albert, die Lätzchen.«

Jetzt erst entdeckte ich, daß bei keinem von uns Servietten gedeckt waren. Albert befestigte ein Lätzchen um Mrs. Montgomerys Hals. Sie kreischte vor Vergnügen. *»Écrevisses!* Ich liebe *érevisses!«*
»Wir haben noch nicht auf das Andenken des verstorbenen und betrauerten Monsieur Groseli getrunken«, sagte der Divisionär und schob sein Lätzchen zurecht. »Ich kann nicht behaupten, daß ich den Menschen je leiden mochte.«
»Dann schnell, während Albert Ihr Dinner holt. Auf Monsieur Groseli. Er nahm nur an zweien unserer Abendessen teil, ehe er an Krebs starb, und deshalb hatte ich nicht genug Zeit, seinen Charakter zu studieren. Hätte ich von seinem Krebs gewußt, dann hätte ich ihn nie eingeladen, sich uns anzuschließen. Ich erwarte von meinen Gästen, daß sie mich viel länger unterhalten. Ah, da kommt schon Ihr Essen, also kann ich mit meinem beginnen.«
Mrs. Montgomery stieß einen schrillen Schrei aus. »Aber, das ist ja Porridge, kaltes Porridge.«
»Echtes schottisches Porridge. Gerade Sie sollten es zu schätzen wissen, mit Ihrem schottischen Namen.« Dr. Fischer bediente sich von seinem Kaviar und goß sich ein Glas Wodka ein.
»Das wird uns den Appetit ganz verderben«, sagte Deane.
»Keine Sorge, es gibt nichts anderes.«
»Das geht wirklich zu weit, Dr. Fischer«, sagte Mrs. Montgomery. »Kaltes Porridge. Das ist ja völlig ungenießbar.«
»Dann essen Sie es nicht, Mrs. Montgomery. Nach den Spielregeln verlieren Sie dadurch nur Ihr kleines Geschenk. Ehrlich gesagt, ich habe extra Porridge bestellt, Jones zuliebe. Ich hatte zuerst an Rebhühner gedacht, aber wie hätte er sie mit nur einer Hand essen sollen?«
Zu meinem Erstaunen sah ich, daß der Divisionär und Richard Deane zu essen begonnen hatten, während Mr. Kips wenigstens den Löffel aufnahm.
»Wenn wir um ein bißchen Zucker bitten dürften«, sagte Belmont. »Das würde vielleicht den Geschmack verbessern.«
»Wie ich höre, halten es die Waliser – nein; nein, ich weiß schon, Jones – ich meine die Schotten – für Blasphemie, ihr Porridge durch Zucker zu verderben. Sie essen es sogar, sagt man mir, mit Salz. Salz soll Ihnen nicht vorenthalten werden. Bringen Sie den Herrschaften Salz, Albert. Mrs. Montgomery hat beschlossen, heute abend hungrig zu bleiben.«

»Ach nein, Dr. Fischer, ich werde Ihnen doch nicht den Spaß verderben. Geben Sie mir das Salz. Schlechter kann das Porridge damit auch nicht schmecken als ohne.«
Ein oder zwei Minuten später löffelten alle zu meiner Überraschung schweigend und grimmig entschlossen ihr Porridge. Vielleicht verschlug es ihnen die Sprache. »Sie scheinen es nicht versuchen zu wollen, Jones?« fragte mich Dr. Fischer und nahm noch ein wenig Kaviar.
»So hungrig bin ich nicht.«
»Auch nicht so reich«, sagte Dr. Fischer. »Mehrere Jahre lang studiere ich jetzt schon die Habgier der Reichen. ›Gib, auf daß dir gegeben werde‹, diesen zynischen Ausspruch von Christus nehmen sie sehr, sehr wörtlich. ›Geben‹ heißt es, beachten Sie das wohl, nicht ›verdienen‹. Die Geschenke, die ich verteile, sobald das Essen vorüber ist, können sie sich alle selbst machen, aber dann hätten sie sie verdient, wenn auch nur dadurch, daß sie einen Scheck unterschrieben haben. Die Reichen hassen es, Schecks zu unterschreiben. Darauf beruht der Erfolg von Kreditkarten. Eine Karte ersetzt hundert Schecks. Diese Leute würden alles tun, nur um ihre Präsente zu bekommen. Das war heute einer der härtesten Tests bisher, und schauen Sie nur, wie schnell sie ihr kaltes Porridge aufessen, damit sie endlich ihre Geschenke erhalten. Sie, fürchte ich, werden gar nichts bekommen, wenn Sie nicht essen.«
»Auf mich wartet zu Hause etwas von größerem Wert als Ihr Geschenk.«
»Sehr chevaleresk gesagt«, meinte Dr. Fischer, »aber seien Sie nicht gar zu selbstsicher. Frauen warten nicht immer. Ich bezweifle, daß eine Handprothese romantische Gefühle stärkt. Albert, Mr. Deane kann schon nachserviert werden.«
»Also nein«, sagte Mrs. Montgomery, »nicht noch ein zweites Mal.«
»Das geschieht Mr. Deane zuliebe. Ich will ihn auffüttern, damit er einen besseren Falstaff abgibt.«
Deane schoß ihm einen wütenden Blick zu, aber er ließ sich noch einmal auflegen.
»Ich habe natürlich nur Spaß gemacht. Deane könnte ebensowenig den Falstaff geben wie Britt Ekland die Cleopatra. Deane ist kein Schauspieler, er ist Gegenstand sexueller Begierden. Mädchen unter zwanzig beten ihn an, Jones. Wie enttäuscht die wären, wenn sie ihn einmal ohne Kleider sehen würden. Ich habe Grund zu der Annahme, daß er unter vorzeitigem Samenerguß leidet. Vielleicht bremst

Sie das Porridge ein wenig, Deane, meine armer Junge. Albert, einen frischen Teller für Mr. Kips, und ich sehe gerade, Mrs. Montgomery hat fast aufgegessen. Schnell, Divisionär, beeilen Sie sich, Belmont. Die Geschenke gibt es erst, wenn alle ihre Teller geleert haben.« Mich erinnerte die Szene an einen Jäger, der seine Hundemeute mit dem Knall der Peitsche dirigiert.
»Beobachten Sie sie, Jones. Sie sind so bedacht, fertig zu werden, daß sie das Trinken vergessen.«
»Ich glaube nicht, daß Yvorne zu Porridge schmeckt.«
»Lachen Sie ruhig über sie, Jones. Die werden es nicht übelnehmen.«
»Ich finde sie nicht komisch.«
»Ich gebe natürlich zu, daß eine Party wie die heutige ihre ernsten Seiten hat, aber trotzdem ... Müssen Sie nicht auch ein bißchen an Schweine denken, die aus einem Trog fressen? Beinahe hat man den Eindruck, sie genießen es. Mr. Kips hat ein wenig Porridge auf sein Hemd gekleckert. Säubern Sie ihn, Albert.«
»Sie widern mich an, Dr. Fischer.«
Er wandte sich mir zu und sah mich an: seine Augen waren wie glänzende Splitter aus blaßblauem Stein. Ein paar graue Kaviarkörner hatten sich in seinen roten Schnurrbart verirrt.
»Ja, ich verstehe, was Sie empfinden. Manchmal geht es mir genauso, aber ich werde nicht ablassen von meiner Untersuchung, bis zum bitteren Ende. Ich werde nicht aufgeben. Bravo, Divisionär. Sie holen auf. Sie schwingen einen tollen Löffel, Deane, mein Junge, ich wünschte, Ihre Bewunderinnen könnten Sie jetzt sehen, wie Sie schlingen.«
»Warum tun Sie das?« fragte ich.
»Warum sollte ich Ihnen das auf die Nase binden? Sie sind keiner der Unsrigen. Sie werden es auch nie sein. Zählen Sie mit Ihren Erwartungen nur nicht auf mich.«
»Das sowieso nicht.«
»Sie haben den Stolz der Armen, aha. Schließlich, warum sollte ich es Ihnen nicht sagen. Sie *sind* ja eine Art Sohn. Ich möchte feststellen, Jones, ob die Habgier unserer reichen Freunde irgendwelche Grenzen hat. Ob es so was gibt: bis hierher und nicht weiter. Ob der Tag kommt, an dem sie sich weigern, ihre Geschenke anzunehmen. Stolz ist sicher keine Hürde für ihre Habgier. Weil er sich Vorteile erhofft, würde Mr. Kips sich ebensogern, wie Herr Krupp das getan hat, an einen Tisch mit Herrn Hitler setzen, was immer ihm auch vorgesetzt

wird. Dem Divisionär ist Porridge über das Lätzchen geflossen. Geben Sie ihm ein sauberes, Albert. Ich glaube, heute abend kann ich ein Experiment abschließen. Ich habe neue Pläne.«
»Sie sind selbst ein reicher Mann. Hat *Ihre* Habgier Grenzen?«
»Vielleicht werde ich es eines Tages wissen. Aber meine Gier ist von anderer Art. Ich bin nicht gierig auf Schmuck.«
»Schmuck ist ohnehin etwas Harmloses.«
»Ich stelle mir vor, daß meine Gier etwas von der Art ist, wie Gott sie empfindet.«
»Ist Gott gierig?«
»Ach, glauben Sie doch ja nicht, daß ich von seiner Existenz mehr überzeugt bin als von der des Teufels, aber ich fand immer schon, Theologie ist ein amüsantes intellektuelles Spiel. Albert, Mrs. Montgomery hat ihr Porridge aufgegessen. Sie können ihren Teller abservieren. Was wollte ich sagen?«
»Daß Gott gierig ist.«
»Nun, die Gläubigen und die Empfindsamen sagen, daß er nach unserer Liebe giert. Betrachtet man die Welt, die er angeblich geschaffen hat, dann, meine ich, kann er wohl nur danach gieren, uns zu erniedrigen, und *diese* Gier, wie kann er die je stillen? Sie ist bodenlos. Die Welt wird immer elender und elender, während er die Schraube ohne Ende noch ein Stückchen weiterdreht, obwohl er uns Gaben anbietet – denn ein allumfassender Selbstmord würde seine Absichten verhindern –, um die Demütigungen zu lindern, die wir erleiden. Ein Darmkrebs, eine rinnende Nase, Geilheit. Sie, zum Beispiel, Sie sind ein armer Mann, also gibt er Ihnen ein kleines Geschenk, meine Tochter, um Sie ein bißchen länger zufriedenzustellen.«
»Sie ist eine sehr große Linderung«, sagte ich. »Wenn es Gott war, der sie mir geschenkt hat, dann bin ich dankbar dafür.«
»Und doch wird vielleicht Mrs. Montgomerys Halskette länger währen als Ihre sogenannte Liebe.«
»Weshalb sollte er wünschen, uns zu erniedrigen?«
»Wünsche ich das nicht auch? Und man sagt doch, er habe uns nach seinem Bilde geschaffen. Vielleicht hat er entdeckt, daß er ein ziemlich elender Handwerker ist, und er ist von dem Ergebnis enttäuscht. Ein fehlerhaftes Produkt wirft man in den Abfalleimer. Sehen Sie sich sie doch an, und lachen Sie darüber, Jones. Haben Sie keinen Humor? Jeder von ihnen hat seinen Teller geleert, nur Mr. Kips nicht. Und wie ungeduldig sie jetzt alle werden. Da, Belmont hilft ihm sogar

und ißt für ihn von seinem Teller. Ich bin nicht ganz sicher, daß die Spielregeln das gestatten, aber ich will es hingehen lassen. Haben Sie noch einen Augenblick Geduld mit mir, meine Freunde, bis ich mit meinem Kaviar fertig bin. Sie können ihnen die Lätzchen abnehmen, Albert.«

Kommentar

Im Roman von Graham Greene »Doktor Fischer aus Genf oder Die Bomben-Party« wird eine eigenartige, groteske Party geschildert, im Rahmen derer der einladende »Doktor Fischer« seine Partygäste herabsetzend, demütigend, zynisch und missachtend behandelt. Er begründet sein ungewöhnliches Vorgehen damit, dass er experimentieren möchte, wie weit die Menschen seinen Wünschen/Befehlen folgen. Zynisch geht er davon aus, dass er fast alles von diesen sogar größtenteils wohlhabenden Menschen haben kann, wenn diese dafür durch ein Geschenk belohnt werden. Insgesamt tritt er herzlos, egoistisch auf und erfreut sich an der Demütigung der von ihm Eingeladenen. Man kann das Verhaltensmuster des Protagonisten als eine – wenn auch ungewöhnliche – Ausbildungsform einer »dissozialen Persönlichkeitsstörung« sehen. Hauptmerkmal dieser Persönlichkeitsstörung ist sein verantwortungsloses und antisoziales Verhalten. Die Betroffenen können sich gesellschaftlichen Normen nicht anpassen. Sie können sich meist nicht oder nur sehr unzureichend in die Gefühle anderer hineinversetzen. Die Fähigkeit, emotional vertrauensvolle und tragende Beziehungen aufzubauen, ist gering. Normen werden ungenügend internalisiert, die innere Verhaltenskontrolle wird unzureichend ausgebildet. Die Schuld für eigenes Fehlverhalten wird bei anderen gesucht. Mit »Acting-out« bezeichnet man das unkontrollierte Ausagieren und Ausleben von Antrieben und Gefühlen. Häufig ist diese Persönlichkeitsstörung bei chronisch rezidivierenden Straftätern zu finden. Bei dem Protagonisten handelt es sich insofern um eine besondere Gegebenheit, als er durch seinen finanziellen Wohlstand sich offenbar antisoziale Verhaltensweisen erlauben kann, die nicht im Sinne des Strafgesetzbuches bewertet werden können.

Heimito von Doderer

Die Heilungen

aus: Heimito von Doderer. Die Merowinger oder Die totale Familie.

Die erste Auflage dieses Werkes ist im Biederstein Verlag erschienen.

Einführung

Der österreichische Erzähler Franz Carl Heimito Ritter von Doderer (1896–1966) zählt vor allem wegen seiner Werke »Die Strudlhofstiege« (1951) und »Die Dämonen« (1956) zu den bedeutendsten Romanautoren der österreichischen Literatur des 20. Jahrhunderts. Doderer war Historiker und Psychologe und schloss seine Studien mit der Promotion ab. Im Ersten Weltkrieg diente er bei den Dreier-Dragonern, geriet 1916 in russische Gefangenschaft. In einem sibirischen Straflager beschloss er, Schriftsteller zu werden. Erst 1920 kehrte er nach Wien zurück. Seine Schwester Helga, Vorbild der Etelka in der Strudlhofstiege, beging 1927 Selbstmord. Doderer trat bereits 1933 der NSDAP bei, schrieb aber nie eine Zeile für die Nazis, konvertierte 1940 zum Katholizismus, diente als Reserveoffizier bei der Luftwaffe und erlebte das Kriegsende 1945 in Oslo. Seit 1942 litt er verstärkt an Neuralgien. Nachdem (auch jüdische) Freunde für ihn bürgten sowie nach Bezahlung einer »Sühneabgabe« wurde er 1947 von der Liste der »Belasteten« gestrichen. Der vielfach geehrte, freilich auch verbitterte und zur Paranoia wie zum Sadismus neigende Autor gab sich gerne als aristokratischer Dandy und starb in Wien 1966 nach einer erfolglosen Operation (Morbus Crohn).

Der Erzählduktus seiner umfangreichen Arbeiten ist bestimmt von der präzisen Erfassung des Zeitpanoramas, von einem ausgeprägtem Sinn für Humor und Groteske sowie von einem hohen Reflexionsgrad bei der Darstellung psychischer Prozesse und Befindlichkeiten. Seine ebenso penibel wie kontinuierlich geführten Tagebücher »Tangenten« (1964) und »Commentarii« (1976/86) stellen dies eindrucksvoll unter Beweis.

Der Roman »Die Merowinger oder Die totale Familie« (1962) erzählt die groteske, Zeitgeschichte und barocke Schnurren amüsant vereinigende Geschichte des letzten Merowinger-Sprösslings Freiherr Childerich von Bartenbruch, Majoratsherr in Mittelfranken.

Der zu plötzlich auftretenden, schweren Wutanfällen neigende schmächtige und kleinwüchsige Mann führt nicht zufällig eine Keule in seinem Wappen. Childerich III. will – mit neidvollem Blick auf die über Jahrhunderte erfolgreiche habsburgische Heiratspraxis (… tu felix Austria nube) – durch eine ausgetüftelte, wissenschaftlich systematisch betriebene Familien- und Heiratspolitik sein eigener Vater, Großvater, Sohn, Enkel, Neffe und vor allem Alleinerbe des Bartenbruchschen Vermögens werden. Die beiden ersten familiären Positionen erreicht er dadurch, dass er jene jungen Damen, die sein Großvater und Vater in hohem Alter in zweiter Ehe geheiratet hatten, nach dem Tode der betagten Ahnen selbst heimführt.
Sein Ideal einer »totalen Familie« lautet: La famille, c'est moi.

Weiterführende Literatur:
Heinz Ludwig Arnold (Hrsg.): Heimito von Doderer. Edition Text und Kritik 2001

Die Heilungen

Bachmeyer, ein kleiner, lebhafter, sehr gut gekleideter Mann mit schwarzem Spitzbarte, stieg die Treppen zur Privat-Ordination des Direktors der neurologischen und psychiatrischen Klinik, Professor Dr. Horn, hinauf und ließ dabei einen spürbaren Duft-Streifen von Lavendelwasser hinter sich: bitter und rundlich zugleich, ein sozusagen comfortabler Geruch. Als ihm geöffnet war, betrat er die weiten Vor-Räume und, auf die Minute bestellt, auf die Minute gekommen, hatte er nicht lange Zeit, sich in dieser neuen Umgebung umzusehen: schon erschien eine weißgekleidete, blond überschopfte, hübsche, große Krankenschwester – ihre Augen konnte Bachmeyer nicht recht sehen, wegen ihrer Brillen, zu seinem Glücke! – und sagte, der Herr Professor lasse Herrn Bachmeyer bitten. Im Ordinationsraume selbst ward der Patient alsbald vom Arzte sozusagen überwölbt, wie von einem vorhängenden Felsen: der Professor trug ebenfalls reinstes Weiß, einen Ärztekittel, wovon aber ungeheuer viel vorhanden war, ganz oben erst gekrönt vom Antlitze, vom runden, breiten Barte, von den blinkenden goldnen Brillen. Es gehörte Horn zu jenen Leuten, die ständig vor Wohlwollen schnaufen und, auch wenn sie nichts reden, immer irgendwelche kleine Töne von sich geben, eine Art asthmatisches leises Piepsen, das in seltsamer Weise an jenes feine Getön erinnern kann, wie es eine gewisse Art von Schmetterlingen zu erzeugen vermag, die zwar in Europa einheimisch, aber doch selten ist: wir meinen den dicken, samtigen ›Totenkopf‹. So piepste denn Horn, wenn er nicht gerade schnaufte oder sprach. Bachmeyer hatte Platz genommen und Horn ließ seine gletscherweißen Massen ihm gegenüber nieder, rückte die Brillen, sah auf Bachmeyers elegante Schuhe hinab und sagte: »Nun, Herr Bachmeyer, wo fehlt's denn, was haben Sie denn für Beschwerden?«

Bachmeyers intelligente Augen, glänzend wie facettierte schwarze Jettknöpfe, bewegten sich lebhaft, während er antwortete, korrekt sprechend, urban und wohlerzogen:

»Die Wut, Herr Professor. Ich leide unter schweren Wutanfällen, die mich entsetzlich anstrengen und sehr mitnehmen.«

»Hm«, sagte Horn mit leichtem Schnauben und Schnaufen, den Blick immer auf Bachmeyers Schuhspitzen geheftet, »können Sie mir, Herr Bachmeyer, vielleicht sagen, welchen Grund diese Wutanfälle haben?«

Bachmeyers Augen blickten auf wie das Mündungsfeuer bei einer Schußwaffe; zugleich beobachtete der Professor, wie die Spitzen seiner Schuhe sich immer weiter voneinander entfernten, so daß die auseinander gedrehten Füße jetzt schon einen stumpfen Winkel bildeten. Zugleich begannen beide Füße eine Art verhaltenen Tretens und Stampfens, ohne daß freilich die Sohlen sich eigentlich vom Boden lösten. Wenngleich Bachmeyer die folgenden Worte urban und höflich wie das Frühere sprach, schien doch sein Grimm jäh zu schwellen, und er zerrieb geradezu, was er sagte, zwischen den Zähnen. Zugleich wurde seine Stimmlage jetzt hoch, fast fistelnd:

»Wenn ich den Grund wüßte, Herr Professor, wäre ich vielleicht gar nicht zu Ihnen gekommen.«

Horn hielt sich dabei nicht auf; er hätte wohl sagen können, daß er nicht eigentlich nach dem Grunde, sondern nur nach den Anlässen der Wutanfälle habe fragen wollen und daß der Ausdruck ›Grund‹ von ihm versehentlich gewählt worden sei. Inzwischen aber hatten sich Bachmeyers Fußspitzen noch erheblich weiter auseinander gedreht und der Professor sagte beiseite und halblaut zu der Ordinationsschwester Helga, die herangetreten war:

»Hundertunddreißig Grad. Nasenzange.«

Schon saß das Instrument, etwa von der Größe eines kleinen Schmet-

terlings – es sah auch ähnlich aus – auf Bachmeyers Nase (dem Horn durch einen Augenblick sanft die Hände festhielt), in der Art eines Kneifers, nur erheblich weiter unten. Es war eine feine und lange Schnur daran befestigt, deren Ende Schwester Helga in der Hand hatte; jedoch war die Schnur nicht etwa gespannt, sondern locker und durchhängend.* Die Schwester blickte auf den Patienten; ihre schmalgeschlitzten Äuglein hinter den Brillengläsern aber zeigten eigentlich keinen richtigen Blick, sondern nur die dünne und wäßrige Substanz einer fast unbegreiflichen, alleräußersten Frechheit, und einer sanften Befriedigung eben darüber.
»Wir beginnen nun gleich mit der Behandlung«, sagte Horn zu dem perplexen Bachmeyer und schnaufte begütigend. »Bitte jetzt keinerlei heftigere oder plötzliche Bewegung zu machen, es könnten sonst leicht Beschwerden eintreten. Und langsam aufstehen, ja, so, Herr Bachmeyer.« Er drehte ihn sanft herum, so daß Bachmeyer mit dem Rücken gegen den Arzt stand. Die Schwester betätigte einen elektrischen Kontakt: im nächsten Augenblicke schmetterte der Krönungsmarsch aus Giacomo Meyerbeers Oper ›Der Prophet‹, von einem Lautsprecher machtvoll verstärkt, in den Raum. Dieser gewaltige Rhythmus löste endlich Bachmeyers Sohlen ganz vom Boden. Die Fußspitzen weit auseinandergestellt – der Fußwinkel mochte jetzt bald 140 Grad betragen – begann er zu treten, ja, bald zu stampfen, und bewegte sich so, immer die Fußspitzen seitwärts, mit kleinen Schritten fort, bald in ein noch kraftvolleres Stampfen übergehend: rhythmisierter, geordneter Grimm. Helga schwebte voran. Sie glich einem Botticelli-Engel, aus dessen Augen jedoch äußerster Hohn blinzte. So leitete sie Bachmeyern, das Ende der Schnur, die zur Nasenzange lief, leicht emporhaltend, den anderen Arm tänzerisch in die Hüfte gestützt. So leitete sie Bachmeyern wie einen Bären. Die

* Die Nasenzange gehört zur Gruppe der sogenannten Blattzangen. Es sind dies Flachzangen mit sehr verbreiterter Druckfläche, zu deren Fertigung das Material dünner genommen wird. Den Sitz am Nasenrücken bewirkt ein Feder-Bügel. Handhaben fehlen. Jedoch läßt ein kleines Hebelwerk bei geringer Spannung der Schnur drei scharfe Nadeln durch jedes Blatt treten, welche sogleich bis in die Beinhaut dringen, und dadurch auch schwerst tobende Individuen mühelos bändigen. Die Nasenzange ist nicht zu verwechseln mit dem gleichnamigen, bei der Jagd beim Ausheben des Dachses gebrauchten Instrument, wenn die Hunde jenen in der Röhre gestellt haben. Eine gewisse Analogie zur Dachszange besteht allerdings.

Schnur hing durch. Eine geringste Anspannung nur hätte, vermöge des sinnreichen, kleinen Hebelwerkes der Nasenzange, dem Wütenden einen äußersten, ja, fast betäubenden Schmerz zugefügt und ihn unverzüglich gebändigt, wenn er etwa versuchen wollte, aus dem rhythmisch geordneten Wutmarsch seitwärts auszubrechen. Der Professor hatte indessen aus zahlreichen Pauken- und Trommelschlögeln, Klöppeln, Klöpfeln und hölzernen Hämmern, die in Taschen an der Wand gereiht waren, zwei Instrumente gewählt – lange Paukenschlögel, vorne gut umwickelt – und schritt hinter Bachmeyern drein, den Rhythmus mäßig auf dessen Schädel paukend, wobei er die Schlögel elegant und routiniert aus dem Handgelenke fallen ließ. So bewegte sich dieses dreigliedrige therapeutische Wut-Element unter Trompetenschall durch das weite Ordinations-Zimmer, sodann durch eine im Hintergrunde offen stehende Flügeltüre und den benachbarten Raum, um schließlich in ein sehr ausgedehntes Gemach einzutreten, welches völlig leer war, bis auf den lang ausgezogenen Tisch in der Mitte – es war ein solcher, wie man ihn oft in sehr groß dimensionierten Eßzimmern sehen kann – welcher, ganz nach Art der Schaukasten oder Schaugestelle in den Museen, mehrere Stufen von rotem Samt zeigte. Sie waren in Abständen mit billigen Porzellan- oder Steingutfiguren besetzt: Mädchen mit Harfen, Tänzerinnen mit Tamburins, Knaben mit Hirtenflöten, weiblichen Figuren, die Krüge auf der Schulter hielten, und ähnlichem Unfug mehr. Bachmeyers Stampfen hatte sich während des Wutmarsches erheblich gesteigert, zur Befriedigung des Professors, der ja nur bei kräftigem Durchkochen und Durchtreiben des Grimms etwas für seine therapeutischen Ziele hoffen durfte; als man in den letzten, großen Raum kam, trat Bachmeyer bereits derart machtvoll auf, daß der Boden zitterte und mit ihm alle Figuren auf dem Tische. Der Professor, nachdem er sich durch einen kurzen Blick davon überzeugt hatte, daß Bachmeyers Fußwinkel noch keineswegs abnahm, sondern eher größer zu werden im Begriffe war, vertauschte blitzschnell die Paukenschlögel gegen zwei hölzerne Hämmer, welche in den Taschen seines weißen Kittels staken: die rhythmische Applikation wurde zudem jetzt noch bedeutend kräftiger als vorher erteilt, was angesichts der dicken, schwarzen Haarwirbel Bachmeyers dem Arzte als angängig erschien; allerdings waren die Hämmer an der Schlagfläche mit Leder gepolstert. Man war noch keine zwei Schritte an dem Tische mit den roten Samtstufen entlang gegangen, als Bachmeyer blitzschnell, ja, geradezu mit Gier, eine der Figuren ergriff und sie zu Boden schmetterte, so daß die Scherben weithin über das glatte Parkett sprangen. »Eins«, sagte der Professor laut, und Schwester Helga wiederholte: »Eins!« Während des weiteren Umganges consumierte Bachmeyer noch zwei Figuren, darunter einen Faun mit Spitzbart und Bocksbeinen. Jedesmal wurde laut mitgezählt. Schon nach der zweiten Figur begann der Fußwinkel rapid zu sinken und das Stampfen Bachmeyers schwächte sich mehr und mehr ab. Nach der dritten Figur sagte der Professor laut »neunzig«, die Schwester wiederholte, die Applikation ward neuerlich modifiziert, von den Hämmern wieder zurück auf die Schlögel, welche Horn jetzt nur leicht auf Bachmeyers Haupt tanzen ließ; dieser langte schließlich vorne im Ordinationszimmer mit dem Fußwinkel eines normalen und menschlichen Ganges an. Noch blieb die Nasenzange am Ort. Erst nachdem der Arzt durch einen kurzen, mäßig starken Riss an Bachmeyers Bart – es erfolgte darauf keinerlei Reaktion – sich von der nunmehr eingetretenen Harmlosigkeit dieses Patienten überzeugt hatte, ward sic entfernt.

»Ich danke vielmals, Herr Bachmeyer«, sagte Professor Horn, sich mit seiner ganzen Masse langsam verbeugend (während im Blick der Schwester Helga die Frechheit gallertig wie Eierklar stand), »Sie werden jetzt zweifellos ein Nachlassen der Beschwerden während der nächsten Tage beobachten können; die Reaktionen waren ja sehr günstig, durchaus erfolgversprechend. Doch möchte ich empfehlen, in zehn Tagen wieder vorzusprechen; wie Sie wissen, ordiniere ich für solche speziale Fälle jeden 1., 10. und 20. des Monates; das wäre also das nächste Mal am 20.«

Schon hatte Schwester Helga in einem Buche nachgeschlagen und rief Bachmeyern, freundlich lächelnd, die genaue Uhrzeit seines Erscheinens zu. Horn verbeugte sich nochmals, vor Wohlwollen schnaufend. Und damit ging Bachmeyer ab: in tiefstem Staunen, leicht schwitzend – dies trieb den Lavendelduft noch mehr heraus – und in glücklicher Benommenheit. In tiefstem Staunen: nicht so sehr über alles, was ihm jetzt widerfahren war, sondern über das Fehlen der Wut, ja, mehr als das, über das augenblickliche Fehlen jedes Verhältnisses, jeder Beziehung, jeder Möglichkeit zur Wut oder zum Grimme. In Bachmeyer war die unschuldige Freundlichkeit und Sanftmut eines gutgearteten Jünglings, während er leichten Schrittes über den Treppenabsatz vor der Ordination des Professors Horn ging. Eben als er dann die ersten Stufen betrat, kam von unten ein kleiner, sehr bärtiger Herr, den er im Vorbeipassieren versehentlich leicht streifte; Bachmeyer lüftete den Hut, entschuldigte sich rasch und lief leichtfüßig die Treppen hinab, voll tiefer Bewunderung für den Arzt, von dem er eben kam, und beflügelt von der Aussicht, daß ihm wirklich könnte geholfen werden.

Hätte Bachmeyer sich umgewandt – zu seinem Glücke tat er's nicht – dann wäre ihm vielleicht das Mark gefroren vor Entsetzen über den Blick, welchen das vielfach bärtige Wesen, das er auf der obersten Stufe leicht gestreift hatte, ihm nun nachsandte: beispiellose Wut, gräßlicher Grimm brachen als gelblich-grün aufleuchtender Strahl aus den Augen des Kleinen: ja, die Wut stand wie in bebenden Türmen ob seinem Haupte. Er schritt über den Treppenabsatz auf Horns Türe zu, indem er die Knie weit höher hob, als zum Gehen erforderlich gewesen wäre, er ging im Hahnentritt; und einem kundigen Auge hätte sein Fußwinkel allein schon gesagt, daß hier eine bedenkliche Lage herrschte. Der Professor, als er des Kleinen ansichtig wurde – welcher den Namen eines Freiherrn Childerich von Bartenbruch trug und Childerich III. genannt wurde, zum Unterschiede von seinem Vater und Großvater, die ebenso geheißen – der Professor also erkannte sogleich die Gefährlichkeit des Zustandes, in welchem sich dieser ihm schon lange bekannte Patient heute befand; und Horn wußte auch sehr wohl um die bestehende Möglichkeit, daß zwei oder drei Sekunden später das kleine, bärtige Wesen tief in seine Schulter verbissen sein konnte, mit einem ungeheuren Satze ihn anspringend. Jedoch der Professor dosierte meist richtig und rechtzeitig. Seine flachen Hände gebrauchend, die ungefähr die Größe von Suppentellern haben mochten, begann er sofort, dem Herrn von Bartenbruch derart kräftige Ohrfeigenpaare zu applizieren, daß der Kleine bald mit rotem Gesicht im Ordinationszimmer nur so herumtaumelte: nach dem sechsten Ohrfeigenpaar konnte schon die Nasenzange gesetzt und der Baron auf den Trab, das heißt auf den Wutmarsch, gebracht werden. Helga schwebte voran. Immerhin erst nach der fünften Figur – im ganzen consumierte Herr von Bartenbruch heute deren neun – begann der Fußwinkel zu sinken, so daß Professor Horn einen zweiten Umgang vornahm, an dessen Beginn man noch auf 100–110 Grad stand; und erst ganz am Ende trat die Normalisierung ein und wurde das Maß eines menschlichen Ganges erreicht. Bartenbruch mußte sofort gebadet und in einem für solche Zwecke neben der Ordination befindlichen Ruhe-Raume gebettet werden.

Kommentar

In der Geschichte von Heimito von Doderer »Die Heilungen« wird eine eigenartige, sadistisch anmutende »ärztliche Kur« für aggressive, gereizte Persönlichkeiten dargestellt, im Verlauf derer es schließlich zu einem kathartischen Abreagieren der Wut und der Erregungspotenziale dieser Personen kommt.

Offensichtlich geht es um Personen, die in der traditionellen Psychopathologie als »erregbare Persönlichkeiten« beschrieben werden. Diese Persönlichkeitsstörung ist dadurch gekennzeichnet, dass bereits geringfügige Anlässe zu expressiven Ausbrüchen von Ärger, Hass oder Gewalttätigkeit führen können. Insgesamt besteht bei diesen Menschen meist eine starke Unbeständigkeit in der Stimmungslage. Diese Störung taucht in der ICD-10 nicht auf. Es gibt aber Überschneidungen mit der dissozialen Persönlichkeitsstörung, in die auch die geringe Frustrationstoleranz eingehen kann und die niedrige Schwelle für aggressives und gewalttätiges Verhalten.

Arthur Schnitzler

Fräulein Else

Einführung

Der Wiener Romancier und Dramatiker Arthur Schnitzler (1862–1931) war der älteste Sohn des Medizinprofessors Johann Schnitzler (Laryngologe), schrieb schon als Gymnasiast Theaterstücke, studierte Medizin und eröffnete nach dem Tod des Vaters 1893 eine eigene Praxis und experimentierte mit Hypnose. Ermutigt nicht zuletzt von der Schauspielerin Adele Sandrock (1864–1937) und dem Kaffeehaus-Literatenkreis Jung-Wien um Hermann Bahr, Felix Salten, Peter Altenberg, Hugo von Hofmannsthal und Karl Kraus widmete er sich zunehmend seinen literarischen Werken und entwickelte seine Meisterschaft als wohl bedeutendster Psychologe der deutschsprachigen Literatur und skeptisch ironischer Chronist der vom Wertezerfall (Fröhliche Apokalypse) gezeichneten Gesellschaft im Wiener Fin de Siècle. Sein zunächst wegen Pornographie von der Zensur verbotenes Theaterstück »Der Reigen« (1897, Uraufführung 1920) machte Schnitzler zum so genannten »Skandalautor«. Aufsehen erregte er ebenfalls mit seiner Novelle »Leutnant Gustl« (1900), dem ersten, an französischem Vorbild (Dujardin) geschulten inneren Monolog in der deutschsprachigen Literatur. Er dient der unmittelbaren Darstellung des Bewusstseinsstroms. Wegen angeblicher Verunglimpfung der k.u.k.-Armee wurde Schnitzler daraufhin sein Reserveoffiziersrang aberkannt. Seine Ehe mit der Schauspielerin Olga Gussmann scheiterte und wurde geschieden. Nach dem Suizid seiner Tochter Lili (1928) vereinsamte der von Sigmund Freud »aus einer Art Doppelgängerscheu gemiedene« Schnitzler und erlag 1931 in Wien einer Gehirnblutung.

Stanley Kubrick verfilmte 1999 unter dem Titel »Eyes Wide Shut« Schnitzlers »Traumnovelle«. Die Novelle »Fräulein Else« (1924), ebenfalls im inneren Monolog gehalten, erzählt die Geschichte der neunzehnjährigen Else, die sich dem alternden Kunsthändler und Lebemann Herrn von Dorsday eine Viertelstunde lang nackt zeigen soll, um ihren in Schulden verstrickten Vater vor dem Offenbarungseid und dem Gefängnis zu bewahren. Else schwankt zwischen Scham und dem koketten

Impuls, jedwede Moral hinter sich zu lassen. »Ein Luder will ich sein, aber nicht eine Dirne.« In immer größerer Zerrissenheit zeigt sie sich schließlich Dorsday nicht allein, sondern vor dem versammelten Musiksalon eines Hotels nackt, bricht zusammen, wird auf ihr Zimmer gebracht, wo sie sich mit dem schon bereit gestellten Veronal vergiftet.

Weiterführende Literatur:
Konstanze Fliedl: Arthur Schnitzler. Reclam 2005

Fräulein Else

»Du willst wirklich nicht mehr weiterspielen, Else?« – »Nein, Paul, ich kann nicht mehr. Adieu. – Auf Wiedersehen, gnädige Frau.« – *»Aber, Else, sagen Sie mir doch: Frau Cissy. Oder lieber noch: Cissy, ganz einfach.«* – »Auf Wiedersehen, Frau Cissy.« – *»Aber warum gehen Sie denn schon? Es sind noch volle zwei Stunden bis zum Dinner.«* – »Spielen Sie nur Ihr Single mit Paul, Frau Cissy, mit mir ist's doch heut' wahrhaftig kein Vergnügen.« – *»Lassen Sie sie, gnädige Frau, sie hat heut' ihren ungnädigen Tag. – Steht dir übrigens ausgezeichnet zu Gesicht, das Ungnädigsein, Else. – Und der rote Sweater noch besser.«* – »Bei Blau wirst du hoffentlich mehr Gnade finden, Paul. Adieu.«
Das war ein ganz guter Abgang. Hoffentlich glauben die Zwei nicht, daß ich eifersüchtig bin. – Daß sie was miteinander haben, Cousin Paul und Cissy Mohr, darauf schwör' ich. Nichts auf der Welt ist mir gleichgültiger. – Nun wende ich mich noch einmal um und winke ihnen zu. Winke und lächle. Sehe ich nun gnädig aus? – Ach Gott, sie spielen schon wieder. Eigentlich spiele ich besser als Cissy Mohr; und Paul ist auch nicht gerade ein Matador. Aber gut sieht er aus – mit dem offenen Kragen und dem Bösen-Jungen-Gesicht. Wenn er nur weniger affektiert wäre. Brauchst keine Angst zu haben, Tante Emma …
Was für ein wundervoller Abend! Heut' wär' das richtige Wetter gewesen für die Tour auf die Rosetta-Hütte. Wie herrlich der Cimone in den Himmel ragt! – Um fünf Uhr früh wär' man aufgebrochen. Anfangs wär' mir natürlich übel gewesen, wie gewöhnlich. Aber das verliert sich. – Nichts köstlicher als das Wandern im Morgengrauen. –

Der einäugige Amerikaner auf der Rosetta hat ausgesehen wie ein Boxkämpfer. Vielleicht hat ihn beim Boxen wer das Aug‘ ausgeschlagen. Nach Amerika würd‘ ich ganz gern heiraten, aber keinen Amerikaner. Oder ich heirat‘ einen Amerikaner und wir leben in Europa. Villa an der Riviera. Marmorstufen ins Meer. Ich liege nackt auf dem Marmor. – Wie lang ist‘s her, daß wir in Mentone waren? Sieben oder acht Jahre.
Ich war dreizehn oder vierzehn. Ach ja, damals waren wir noch in besseren Verhältnissen. – Es war eigentlich ein Unsinn die Partie aufzuschieben. Jetzt wären wir jedenfalls schon zurück. – Um vier, wie ich zum Tennis gegangen bin, war der telegraphisch angekündigte Expreßbrief von Mama noch nicht da. Wer weiß, ob jetzt. Ich hätt‘ noch ganz gut ein Set spielen können. – Warum grüßen mich diese zwei jungen Leute? Ich kenn‘ sie gar nicht.
Seit gestern wohnen sie im Hotel, sitzen beim Essen links am Fenster, wo früher die Holländer gesessen sind. Hab‘ ich ungnädig gedankt? Oder gar hochmütig? Ich bin‘s ja gar nicht. Wie sagte Fred auf dem Weg vom ›Coriolan‹ nach Hause? Frohgemut. Nein, hochgemut. Hochgemut sind Sie, nicht hochmütig, Else. Ein schönes Wort. Er findet immer schöne Worte. – Warum geh‘ ich so langsam? Fürcht‘ ich mich am Ende vor Mamas Brief? Nun, Angenehmes wird er wohl nicht enthalten. Expreß! Vielleicht muß ich wieder zurückfahren. O weh. Was für ein Leben – trotz rotem Seidensweater und Seidenstrümpfen. Drei Paar! Die arme Verwandte, von der reichen Tante eingeladen. Sicher bereut sie‘s schon. Soll ich‘s dir schriftlich geben, teuere Tante, daß ich an Paul nicht im Traum denke? Ach, an niemanden denke ich. Ich bin nicht verliebt. In niemanden. Und war noch nie verliebt. Auch in Albert bin ich‘s nicht gewesen, obwohl ich es mir acht Tage lang eingebildet habe. Ich glaube, ich kann mich nicht verlieben. Eigentlich merkwürdig. Denn sinnlich bin ich gewiß. Aber auch hochgemut und ungnädig Gott sei Dank. Mit dreizehn war ich vielleicht das einzige Mal wirklich verliebt. In den Van Dyck – oder vielmehr in den Abbé Des Grieux, und in die Renard auch. Und wie ich sechzehn war, am Wörthersee. – Ach nein, das war nichts. Wozu nachdenken, ich schreibe ja keine Memoiren. Nicht einmal ein Tagebuch wie die Bertha. Fred ist mir sympathisch, nicht mehr. Vielleicht, wenn er eleganter wäre. Ich bin ja doch ein Snob. Der Papa findet‘s auch und lacht mich aus. Ach, lieber Papa, du machst mir viel Sorgen. Ob er die Mama einmal betrogen hat? Sicher. Öfters. Mama

ist ziemlich dumm. Von mir hat sie keine Ahnung. Andere Menschen auch nicht. Fred? – Aber eben nur eine Ahnung. – Himmlischer Abend. Wie festlich das Hotel aussieht. Man spürt: Lauter Leute, denen es gut geht und die keine Sorgen haben. Ich zum Beispiel. Haha! Schad'. Ich wär' zu einem sorgenlosen Leben geboren. Es könnt' so schön sein. Schad'. – Auf dem Cimone liegt ein roter Glanz. Paul würde sagen: Alpenglühen. Das ist noch lang' kein Alpenglühen. Es ist zum Weinen schön. Ach, warum muß man wieder zurück in die Stadt!

»Guten Abend, Fräulein Else.« – »Küss' die Hand gnädige Frau.« – *»Vom Tennis?«* – Sie sieht's doch, warum fragt sie? »Ja, gnädige Frau. Beinah drei Stunden lang haben wir gespielt. – Und gnädige Frau machen noch einen Spaziergang?« – *»Ja, meinen gewohnten Abendspaziergang. Den Rolleweg. Der geht so schön zwischen den Wiesen, bei Tag ist er beinahe zu sonnig.«* – »Ja, die Wiesen hier sind herrlich. Besonders im Mondenschein von meinem Fenster aus.« – *»Guten Abend, Fräulein Else. – Küss' die Hand, gnädige Frau.«* – »Guten Abend, Herr von Dorsday.« – *»Vom Tennis, Fräulein Else?«* – »Was für ein Scharfblick, Herr von Dorsday.« – *»Spotten Sie nicht, Else.«* – Warum sagt er nicht ›Fräulein Else?‹ – *»Wenn man mit dem Rakett so gut ausschaut, darf man es gewissermaßen auch als Schmuck tragen.«* – Esel, darauf antworte ich gar nicht. »Den ganzen Nachmittag haben wir gespielt. Wir waren leider nur Drei. Paul, Frau Mohr und ich.« – *»Ich war früher ein enragierter Tennisspieler.«* – »Und jetzt nicht mehr?« – *»Jetzt bin ich zu alt dazu.«* – »Ach, alt, in Marienlyst, da war ein fünfundsechzigjähriger Schwede, der spielte jeden Abend von sechs bis acht Uhr. Und im Jahr vorher hat er sogar noch bei einem Turnier mitgespielt.« – *»Nun, fünfundsechzig bin ich Gott sei Dank noch nicht, aber leider auch kein Schwede.«* – Warum leider? Das hält er wohl für einen Witz. Das Beste, ich lächle höflich und gehe. »Küss' die Hand, gnädige Frau. Adieu, Herr von Dorsday«. Wie tief er sich verbeugt und was für Augen er macht. Kalbsaugen. Hab ich ihn am Ende verletzt mit dem fünfundsechzigjährigen Schweden? Schad't auch nichts. Frau Winawer muß eine unglückliche Frau sein. Gewiß schon nah an fünfzig. Diese Tränensäcke, – als wenn sie viel geweint hätte. Ach wie furchtbar, so alt zu sein. Herr von Dorsday nimmt sich ihrer an. Da geht er an ihrer Seite. Er sieht noch immer ganz gut aus mit dem graumelierten Spitzbart. Aber sympathisch ist er nicht. Schraubt sich künstlich hinauf. Was hilft Ihnen Ihr erster Schneider, Herr von Dorsday? Dorsday! Sie haben sicher einmal anders geheißen. – Da

kommt das süße kleine Mädel von Cissy mit ihrem Fräulein. – »Grüß dich Gott, Fritzi. Bon soir, Mademoiselle. Vous allez bien?« – *»Merci, Mademoiselle. Et vous?«* – »Was seh' ich, Fritzi, du hast ja einen Bergstock. Willst du am End' den Cimone besteigen?« – *»Aber nein, so hoch hinauf darf ich noch nicht.«* – »Im nächsten Jahr wirst du es schon dürfen. Pah, Fritzi. A bientôt, Mademoiselle.« – *»Bon soir, Mademoiselle.«*
Eine hübsche Person. Warum ist sie eigentlich Bonne? Noch dazu bei Cissy. Ein bitteres Los. Ach Gott, kann mir auch noch blühen. Nein, ich wüßte mir jedenfalls was Besseres. Besseres? – Köstlicher Abend. ›Die Luft ist wie Champagner‹, sagte gestern Doktor Waldberg. Vorgestern hat es auch einer gesagt. – Warum die Leute bei dem wundervollen Wetter in der Halle sitzen? Unbegreiflich. Oder wartet jeder auf einen Expreßbrief? Der Portier hat mich schon gesehen; – wenn ein Expreßbrief für mich da wäre, hätte er mir ihn sofort hergebracht. Also keiner da. Gott sei Dank. Ich werde mich noch ein bißl hinlegen vor dem Diner. Warum sagt Cissy ›Dinner‹? Dumme Affektation. Passen zusammen, Cissy und Paul. – Ach, wär der Brief lieber schon da. Am Ende kommt er während des ›Dinner‹. Und wenn er nicht kommt, hab' ich eine unruhige Nacht. Auch die vorige Nacht hab' ich so miserabel geschlafen. Freilich, es sind gerade diese Tage. Drum hab' ich auch das Ziehen in den Beinen. Dritter September ist heute. Also wahrscheinlich am sechsten. Ich werde heute Veronal nehmen. O, ich werde mich nicht daran gewöhnen. Nein, lieber Fred, du mußt nicht besorgt sein. In Gedanken bin ich immer per Du mit ihm. – Versuchen sollte man alles, – auch Haschisch. Der Marinefähnrich Brandel hat sich aus China, glaub' ich, Haschisch mitgebracht. Trinkt man oder raucht man Haschisch? Man soll prachtvolle Visionen haben. Brandel hat mich eingeladen mit ihm Haschisch zu trinken oder – zu rauchen – Frecher Kerl. Aber hübsch. –
»Bitte sehr, Fräulein, ein Brief.« – Der Portier! Also doch! – Ich wende mich ganz unbefangen um. Es könnte auch ein Brief von der Karoline sein oder von der Bertha oder von Fred oder Miß Jackson? »Danke schön.« Doch von Mama. Expreß. Warum sagt er nicht gleich: ein Expreßbrief? »O, ein Expreß!« Ich mach' ihn erst auf dem Zimmer auf und les' ihn in aller Ruhe. – Die Marchesa. Wie jung sie im Halbdunkel aussieht. Sicher fünfundvierzig. Wo werd' ich mit fünfundvierzig sein? Vielleicht schon tot. Hoffentlich. Sie lächelt mich so nett an, wie immer. Ich lasse sie vorbei, nicke ein wenig, – nicht als wenn ich mir eine besondere Ehre daraus machte, daß mich eine Marchesa

anlächelt. – »*Buona sera.*« – Sie sagt mir buona sera. Jetzt muß ich mich doch wenigstens verneigen. War das zu tief? Sie ist ja um so viel älter. Was für einen herrlichen Gang sie hat. Ist sie geschieden? Mein Gang ist auch schön. Aber – ich weiß es. Ja, das ist der Unterschied. – Ein Italiener könnte mir gefährlich werden. Schade, daß der schöne Schwarze mit dem Römerkopf schon wieder fort ist. ›Er sieht aus wie ein Filou‹, sagte Paul. Ach Gott, ich hab' nichts gegen Filous, im Gegenteil. – So, da wär' ich. Nummer siebenundsiebzig. Eigentlich eine Glücksnummer. Hübsches Zimmer. Zirbelholz. Dort steht mein jungfräuliches Bett. – Nun ist es richtig ein Alpenglühen geworden. Aber Paul gegenüber werde ich es abstreiten. Eigentlich ist Paul schüchtern. Ein Arzt, ein Frauenarzt! Vielleicht gerade deshalb. Vorgestern im Wald, wie wir so weit voraus waren, hätt' er schon etwas unternehmender sein dürfen. Aber dann wäre es ihm übel ergangen. Wirklich unternehmend war eigentlich mir gegenüber noch niemand. Höchstens am Wörthersee vor drei Jahren im Bad;. Unternehmend? Nein, unanständig war er ganz einfach. Aber schön. Apoll vom Belvedere. Ich hab' es ja eigentlich nicht ganz verstanden damals. Nun ja mit – sechzehn Jahren. Meine himmlische Wiese! Meine–! Wenn man sich die nach Wien mitnehmen könnte. Zarte Nebel. Herbst? Nun ja, dritter September, Hochgebirge.
Nun, Fräulein Else, möchten Sie sich nicht doch entschließen, den Brief zu lesen? Er muß sich ja gar nicht auf den Papa beziehen. Könnte es nicht auch etwas mit meinem Bruder sein? Vielleicht hat er sich verlobt mit einer seiner Flammen? Mit einer Choristin oder einem Handschuhmädel. Ach nein, dazu ist er wohl doch zu gescheit. Eigentlich weiß ich ja nicht viel von ihm. Wie ich sechzehn war und er einundzwanzig, da waren wir eine Zeitlang geradezu befreundet. Von einer gewissen Lotte hat er mir viel erzählt. Dann hat er plötzlich aufgehört. Diese Lotte muß ihm irgend etwas angetan haben. Und seitdem erzählt er mir nichts mehr. – Nun ist er offen, der Brief, und ich hab' gar nicht bemerkt, daß ich ihn aufgemacht habe. Ich setze mich aufs Fensterbrett und lese ihn. Achtgeben, daß ich nicht hinunterstürze. Wie uns aus San Martino gemeldet wird, hat sich dort im Hotel Fratazza ein beklagenswerter Unfall ereignet. Fräulein Else T., ein neunzehnjähriges bildschönes Mädchen, Tochter des bekannten Advokaten ... Natürlich würde es heißen, ich hätte mich umgebracht aus unglücklicher Liebe oder weil ich in der Hoffnung war. Unglückliche Liebe, ah nein.

›Mein liebes Kind‹ – Ich will mir vor allem den Schluß anschaun. – ›Also nochmals, sei uns nicht böse, mein liebes gutes Kind und sei tausendmal‹ – Um Gottes willen, sie werden sich doch nicht umgebracht haben! Nein, – in dem Fall wär' ein Telegramm von Rudi da. – ›Mein liebes Kind, du kannst mir glauben, wie leid es mir tut, daß ich dir in deine schönen Ferialwochen‹ – Als wenn ich nicht immer Ferien hätt', leider – ›mit einer so unangenehmen Nachricht hineinplatze.‹ – Einen furchtbaren Stil schreibt Mama – ›Aber nach reiflicher Überlegung bleibt mir wirklich nichts anderes übrig. Also, kurz und gut, die Sache mit Papa ist akut geworden. Ich weiß mir nicht zu raten, noch zu helfen.‹ – Wozu die vielen Worte? – ›Es handelt sich um eine verhältnismäßig lächerliche Summe – dreißigtausend Gulden‹, lächerlich? – ›die in drei Tagen herbeigeschafft sein müssen, sonst ist alles verloren,‹ Um Gottes willen, was heißt das? – ›Denk dir, mein geliebtes Kind, daß der Baron Höning‹, – wie, der Staatsanwalt? – ›sich heut früh den Papa hat kommen lassen. Du weißt ja, wie der Baron den Papa hochschätzt, ja geradezu liebt. Vor anderthalb Jahren, damals, wie es auch an einem Haar gehangen hat, hat er persönlich mit den Hauptgläubigern gesprochen und die Sache noch im letzten Moment in Ordnung gebracht. Aber diesmal ist absolut nichts zu machen, wenn das Geld nicht beschafft wird. Und abgesehen davon, daß wir alle ruiniert sind, wird es ein Skandal, wie er noch nicht da war. Denk' dir, ein Advokat, ein berühmter Advokat, – der, – nein, ich kann es gar nicht niederschreiben. Ich kämpfe immer mit den Tränen. Du weißt ja, Kind, du bist ja klug, wir waren ja, Gott sei's geklagt, schon ein paar Mal in einer ähnlichen Situation und die Familie hat immer herausgeholfen. Zuletzt hat es sich gar um hundertzwanzigtausend gehandelt. Aber damals hat der Papa einen Revers unterschreiben müssen, daß er niemals wieder an die Verwandten, speziell an den Onkel Bernhard, herantreten wird.‹ – Na weiter, weiter, wo will denn das hin? Was kann denn ich dabei tun? – ›Der Einzige, an den man eventuell noch denken könnte, wäre der Onkel Viktor, der befindet sich aber unglücklicherweise auf einer Reise zum Nordkap oder nach Schottland‹ – Ja, der hat's gut, der ekelhafte Kerl – ›und ist absolut unerreichbar, wenigstens für den Moment. An die Kollegen, speziell Dr. Sch., der Papa schon öfter ausgeholfen hat‹ – Herrgott, wie stehn wir da – ›ist nicht mehr zu denken, seit er sich wieder verheiratet hat‹ – also was denn, was denn, was wollt ihr denn von mir? – ›Und da ist nun dein Brief gekommen, mein liebes Kind, wo du unter andern Dorsday erwähnst, der sich auch im Fratazza aufhält, und das ist uns wie ein Schicksalswink erschienen. Du weißt ja, wie oft Dorsday in früheren Jahren zu uns gekommen ist‹ – na, gar so oft – ›es ist der reine Zufall, daß er sich seit zwei, drei Jahren seltener blicken läßt; er soll in ziemlich festen Banden sein – unter uns, nichts sehr Feines‹ – warum ›unter uns?‹ – ›Im Residenzklub hat Papa jeden Donnerstag noch immer seine Whistpartie mit ihm, und im verflossenen Winter hat er ihm im Prozeß gegen einen andern Kunsthändler ein hübsches Stück Geld gerettet. Im übrigen, warum sollst du es nicht wissen, er ist schon früher einmal dem Papa beigesprungen.‹ – Hab' ich mir gedacht – ›Es hat sich damals um eine Bagatelle gehandelt, achttausend Gulden, – aber schließlich – dreißig bedeuten für Dorsday auch keinen Betrag. Darum hab' ich mir gedacht, ob du uns nicht die Liebe erweisen und mit Dorsday reden könntest‹ – Was? – ›Dich hat er ja immer besonders gern gehabt‹ – Hab' nichts davon gemerkt. Die Wange hat er mir gestreichelt, wie ich zwölf oder dreizehn Jahre alt war. ›Schon ein ganzes Fräulein.‹ – ›Und da Papa seit den achttausend glücklicherweise nicht mehr an ihn herangetreten ist, so wird er ihm diesen Liebesdienst nicht verweigern. Neulich soll er an einem Rubens, den er nach Amerika verkauft hat, allein achtzigtausend verdient haben. Das darfst du selbstverständlich nicht erwähnen.‹ – Hältst du mich für eine Gans, Mama? – ›Aber im übrigen kannst du ganz aufrichtig zu ihm reden. Auch, daß der Baron Höning sich den Papa hat kommen lassen, kannst du erwähnen, wenn es sich so ergeben sollte. Und daß mit den dreißigtausend tatsächlich das Schlimmste abgewendet ist, nicht nur für den Moment, sondern, so Gott will, für immer.‹ – Glaubst du wirklich, Mama? – ›Denn der Prozeß Erbesheimer, der glänzend steht, trägt dem Papa sicher hunderttausend, aber selbstverständlich kann er gerade in diesem Stadium von den Erbesheimers nichts verlangen. Also, ich bitte dich, Kind, sprich mit Dorsday. Ich versichere dich, es ist nichts dabei. Papa hätte ihm ja einfach telegraphieren können, wir haben es ernstlich überlegt, aber es ist doch etwas ganz anderes, Kind, wenn man mit einem Menschen persönlich spricht. Am sechsten um zwölf muß das Geld da sein, Doktor F.‹ – Wer ist Doktor F.? Ach ja, Fiala. – ›ist unerbittlich. Natürlich ist da auch persönliche Rancune dabei. Aber da es sich unglücklicherweise um Mündelgelder handelt‹ – Um Gottes willen! Papa, was hast du getan? – ›kann man nichts machen. Und wenn das Geld am fünften um zwölf Uhr mittags nicht in Fialas Händen ist, wird der

Haftbefehl erlassen, vielmehr so lange hält der Baron Höning ihn noch zurück. Also Dorsday müßte die Summe telegraphisch durch seine Bank an Doktor F. überweisen lassen. Dann sind wir gerettet. Im andern Fall weiß Gott was geschieht. Glaub' mir, du vergibst dir nicht das Geringste, mein geliebtes Kind. Papa hatte ja anfangs Bedenken gehabt. Er hat sogar noch Versuche gemacht auf zwei verschiedenen Seiten. Aber er ist ganz verzweifelt nach Hause gekommen.‹ – Kann Papa überhaupt verzweifelt sein? – ›Vielleicht nicht einmal so sehr wegen des Geldes, als darum, weil die Leute sich so schändlich gegen ihn benehmen. Der eine von ihnen war einmal Papas bester Freund. Du kannst dir denken, wen ich meine.‹ – Ich kann mir gar nichts denken; Papa hat so viel beste Freunde gehabt und in Wirklichkeit keinen. Warnsdorf vielleicht? – ›Um ein Uhr ist Papa nach Hause gekommen, und jetzt ist es vier Uhr früh. Jetzt schläft er endlich, Gott sei Dank.‹ – Wenn er lieber nicht aufwachte, das wär' das beste für ihn. – ›Ich gebe den Brief in aller früh selbst auf die Post, expreß, da mußt du ihn vormittag am dritten haben.‹ – Wie hat sich Mama das vorgestellt? Sie kennt sich doch in diesen Dingen nie aus. – ›Also sprich sofort mit Dorsday, ich beschwöre dich und telegraphiere sofort, wie es ausgefallen ist. Vor Tante Emma laß dir um Gottes willen nichts merken, es ist ja traurig genug, daß man sich in einem solchen Fall an die eigene Schwester nicht wenden kann, aber da könnte man ja ebensogut zu einem Stein reden. Mein liebes, liebes Kind, mir tut es ja so leid, daß du in deinen jungen Jahren solche Dinge mitmachen mußt, aber glaub' mir, der Papa ist zum geringsten Teil selber daran schuld.‹ – Wer denn, Mama? – ›Nun, hoffen wir zu Gott, daß der Prozeß Erbesheimer in jeder Hinsicht einen Abschnitt in unserer Existenz bedeutet. Nur über diese paar Wochen müssen wir hinaus sein. Es wäre doch ein wahrer Hohn, wenn wegen der dreißigtausend Gulden ein Unglück geschähe?‹ – Sie meint doch nicht im Ernst, daß Papa sich selber … Aber wäre – das andere nicht noch schlimmer? – ›Nun schließe ich, mein Kind, ich hoffe, du wirst unter allen Umständen‹ – Unter allen Umständen? ›noch über die Feiertage, wenigstens bis neunten oder zehnten in San Martino bleiben können. Unseretwegen mußt du keineswegs zurück. Grüße die Tante, sei nur weiter nett mit ihr. Also nochmals, sei uns nicht böse, mein liebes gutes Kind, und sei tausendmal‹ – ja, das weiß ich schon.

Also, ich soll Herrn Dorsday anpumpen … Irrsinnig. Wie stellt sich Mama das vor? Warum hat sich Papa nicht einfach auf die Bahn ge-

setzt und ist hergefahren? – Wär' grad' so geschwind gegangen wie der Expreßbrief. Aber vielleicht hatten sie ihn auf dem Bahnhof wegen Fluchtverdacht – – Furchtbar, furchtbar! Auch mit den dreißigtausend wird uns ja nicht geholfen sein. Immer diese Geschichten! Seit sieben Jahren! Nein – länger. Wer möcht' mir das ansehen? Niemand sieht mir was an, auch dem Papa nicht. Und doch wissen es alle Leute. Rätselhaft, daß wir uns immer noch halten. Wie man alles gewöhnt! Dabei leben wir eigentlich ganz gut. Mama ist wirklich eine Künstlerin. Das Souper am letzten Neujahrstag für vierzehn Personen – unbegreiflich. Aber dafür meine zwei Paar Ballhandschuhe, die waren eine Affäre. Und wie der Rudi neulich dreihundert Gulden gebraucht hat, da hat die Mama beinah' geweint. Und der Papa ist dabei immer gut aufgelegt. Immer? Nein. O nein. In der Oper neulich bei Figaro sein Blick, – plötzlich ganz leer – ich bin erschrocken. Da war er wie ein ganz anderer Mensch. Aber dann haben wir im Grand Hotel soupiert und er war so glänzend aufgelegt wie nur je.
Und da halte ich den Brief in der Hand. Der Brief ist ja irrsinnig. Ich soll mit Dorsday sprechen? Zu Tod' würde ich mich schämen. – – Schämen, ich mich? Warum? Ich bin ja nicht schuld. – Wenn ich doch mit Tante Emma spräche? Unsinn. Sie hat wahrscheinlich gar nicht so viel Geld zur Verfügung. Der Onkel ist ja ein Geizkragen. Ach Gott, warum habe ich kein Geld? Warum hab' ich mir noch nichts verdient? Warum habe ich nichts gelernt? O, ich habe was gelernt! Wer darf sagen, daß ich nichts gelernt habe? Ich spiele Klavier, ich kann französisch, englisch, auch ein bißl italienisch, habe kunstgeschichtliche Vorlesungen besucht – Haha! Und wenn ich schon was Gescheiteres gelernt hätte, was hülfe es mir? Dreißigtausend Gulden hätte ich mir keineswegs erspart. – –
Aus ist es mit dem Alpenglühen. Der Abend ist nicht mehr wunderbar. Traurig ist die Gegend. Nein, nicht die Gegend, aber das Leben ist traurig. Und ich sitz' da ruhig auf dem Fensterbrett. Und der Papa soll eingesperrt werden. Nein. Nie und nimmer. Es darf nicht sein. Ich werde ihn retten. Ja, Papa, ich werde dich retten. Es ist ja ganz einfach. Ein paar Worte ganz nonchalant, das ist ja mein Fall, ›hochgemut‹, – haha, ich werde Herrn Dorsday behandeln, als wenn es eine Ehre für ihn wäre, uns Geld zu leihen. Es ist ja auch eine. – Herr von Dorsday, haben Sie vielleicht einen Moment Zeit für mich? Ich bekomme da eben einen Brief von Mama, sie ist in augenblicklicher Verlegenheit, – vielmehr der Papa – – ›Aber selbstverständlich, mein

Fräulein, mit dem größten Vergnügen. Um wieviel handelt es sich denn?‹ – Wenn er mir nur nicht so unsympathisch wäre. Auch die Art, wie er mich ansieht. Nein, Herr Dorsday, ich glaube Ihnen Ihre Eleganz nicht und nicht Ihr Monokel und nicht Ihre Noblesse. Sie könnten ebensogut mit alten Kleidern handeln wie mit alten Bildern. – Aber Else! Else, was fällt dir denn ein. – O, ich kann mir das erlauben. Mir sieht's niemand an. Ich bin sogar blond, rötlichblond, und Rudi sieht absolut aus wie ein Aristokrat. Bei der Mama merkt man es freilich gleich, wenigstens im Reden. Beim Papa wieder gar nicht. Übrigens sollen sie es merken. Ich verleugne es durchaus nicht und Rudi erst recht nicht. Im Gegenteil. Was täte der Rudi, wenn der Papa eingesperrt würde? Würde er sich erschießen? Aber Unsinn! Erschießen und Kriminal, all die Sachen gibt's ja gar nicht, die stehn nur in der Zeitung.
Die Luft ist wie Champagner. In einer Stunde ist das Diner, das ›Dinner‹. Ich kann die Cissy nicht leiden. Um ihr Mäderl kümmert sie sich überhaupt nicht. Was zieh' ich an? Das blaue oder das schwarze? Heut' wär vielleicht das schwarze richtiger. Zu dekolletiert? Toilette de circonstance heißt es in den französischen Romanen. Jedesfalls muß ich berückend aussehen, wenn ich mit Dorsday rede. Nach dem Dinner, nonchalant. Seine Augen werden sich in meinen Ausschnitt bohren. Widerlicher Kerl. Ich hasse ihn. Alle Menschen hasse ich. Muß es gerade Dorsday sein? Gibt es denn wirklich nur diesen Dorsday auf der Welt, der dreißigtausend Gulden hat? Wenn ich mit Paul spräche? Wenn er der Tante sagte, er hat Spielschulden, – da würde sie sich das Geld sicher verschaffen können.
– Beinah schon dunkel. Nacht, Grabesnacht. Am liebsten möcht' ich tot sein. – Es ist ja gar nicht wahr. Wenn ich jetzt gleich hinunterginge, Dorsday noch vor dem Diner spräche? Ah, wie entsetzlich! – Paul, wenn du mir die dreißigtausend verschaffst, kannst du von mir haben, was du willst. Das ist ja schon wieder aus einem Roman. Die edle Tochter verkauft sich für den geliebten Vater, und hat am End' noch ein Vergnügen davon. Pfui Teufel! Nein, Paul, auch für dreißigtausend kannst du von mir nichts haben. Niemand. Aber für eine Million? – Für ein Palais? Für eine Perlenschnur? Wenn ich einmal heirate, werde ich es wahrscheinlich billiger tun. Ist es denn gar so schlimm? Die Fanny hat sich am Ende auch verkauft. Sie hat mir selber gesagt, daß sie sich vor ihrem Manne graust. Nun, wie wär's, Papa, wenn ich mich heute Abend versteigerte? Um dich vor dem

Zuchthaus zu retten. Sensation –! Ich habe Fieber, ganz gewiß. Oder bin ich schon unwohl? Nein, Fieber habe ich. Vielleicht von der Luft. Wie Champagner. – Wenn Fred hier wäre, könnte er mir raten? Ich brauche keinen Rat. Es gibt ja auch nichts zu raten. Ich werde mit Herrn Dorsday aus Eperies sprechen, werde ihn anpumpen, ich die Hochgemute, die Aristokratin, die Marchesa, die Bettlerin, die Tochter des Defraudanten. Wie komm' ich dazu? Wie komm' ich dazu? Keine klettert so gut wie ich, keine hat so viel Schneid, – sporting girl, in England hätte ich auf die Welt kommen sollen, oder als Gräfin.
Da hängen die Kleider im Kasten! Ist das grüne Loden überhaupt schon bezahlt, Mama? Ich glaube nur eine Anzahlung. Das schwarze zieh' ich an. Sie haben mich gestern alle angestarrt. Auch der blasse kleine Herr mit dem goldenen Zwicker. Schön bin ich eigentlich nicht, aber interessant. Zur Bühne hätte ich gehen sollen. Bertha hat schon drei Liebhaber, keiner nimmt es ihr übel … In Düsseldorf war es der Direktor. Mit einem verheirateten Manne war sie in Hamburg und hat im Atlantic gewohnt, Appartement mit Badezimmer. Ich glaub' gar, sie ist stolz darauf. Dumm sind sie alle. Ich werde hundert Geliebte haben, tausend, warum nicht? Der Ausschnitt ist nicht tief genug; wenn ich verheiratet wäre, dürfte er tiefer sein. – Gut daß ich Sie treffe, Herr von Dorsday, ich bekomme da eben einen Brief aus Wien … Den Brief stecke ich für alle Fälle zu mir. Soll ich dem Stubenmädchen läuten? Nein, ich mache mich allein fertig. Zu dem schwarzen Kleid brauche ich niemanden. Wäre ich reich, würde ich nie ohne Kammerjungfer reisen.
Ich muß Licht machen. Kühl wird es. Fenster zu. Vorhang herunter? – Überflüssig. Steht keiner auf dem Berg drüben mit einem Fernrohr. Schade. – Ich bekomme da eben einen Brief, Herr von Dorsday. – Nach dem Dinner wäre es doch vielleicht besser. Man ist in leichterer Stimmung. Auch Dorsday – ich könnt ja ein Glas Wein vorher trinken. Aber wenn die Sache vor dem Diner abgetan wäre, würde mir das Essen besser schmecken. Pudding a la merveille, fromage et fruits divers. Und wenn Herr von Dorsday Nein sagt? – Oder wenn er gar frech wird? Ah nein, mit mir ist noch keiner frech gewesen. Das heißt, der Marineleutnant Brandl, aber es war nicht bös gemeint. – Ich bin wieder etwas schlanker geworden. Das steht mir gut. – Die Dämmerung starrt herein. Wie ein Gespenst starrt sie herein. Wie hundert Gespenster. Aus meiner Wiese herauf steigen die Gespenster. Wie weit ist Wien? Wie lange bin ich schon fort? Wie allein bin ich da! Ich

habe keine Freundin, ich habe auch keinen Freund. Wo sind sie alle? Wen werd' ich heiraten? Wer heiratet die Tochter eines Defraudanten? – Eben erhalte ich einen Brief, Herr von Dorsday. – ›Aber es ist doch gar nicht der Rede wert, Fräulein Else, gestern erst habe ich einen Rembrandt verkauft, Sie beschämen mich, Fräulein Else.‹ Und jetzt reißt er ein Blatt aus seinem Scheckbuch und unterschreibt mit seiner goldenen Füllfeder; und morgen früh fahr' ich mit dem Scheck nach Wien. Jedenfalls; auch ohne Scheck. Ich bleibe nicht mehr hier. Ich könnte ja gar nicht, ich dürfte ja gar nicht. Ich lebe hier als elegante junge Dame und Papa steht mit einem Fuß im Grab – nein im Kriminal. Das vorletzte Paar Seidenstrümpfe. Den kleinen Riß grad unterm Knie merkt niemand. Niemand? Wer weiß. Nicht frivol sein, Else. – Bertha ist einfach ein Luder. Aber ist die Christine um ein Haar besser? Ihr künftiger Mann kann sich freuen. Mama war gewiß immer eine treue Gattin. Ich werde nicht treu sein. Ich bin hochgemut, aber ich werde nicht treu sein. Die Filous sind mir gefährlich. Die Marchesa hat gewiß einen Filou zum Liebhaber. Wenn Fred mich wirklich kennte, dann wäre es aus mit seiner Verehrung. – ›Aus Ihnen hätte alles Mögliche werden können, Fräulein, eine Pianistin, eine Buchhälterin, eine Schauspielerin, es stecken so viele Möglichkeiten in Ihnen. Aber es ist Ihnen immer zu gut gegangen.‹ Zu gut gegangen. Haha. Fred überschätzt mich. Ich hab' ja eigentlich zu nichts Talent.‹ Wer weiß? So weit wie Bertha hätte ich es auch noch gebracht. Aber mir fehlt es an Energie. Junge Dame aus guter Familie. Ha, gute Familie. Der Vater veruntreut Mündelgelder. Warum tust du mir das an, Papa? Wenn du noch etwas davon hättest! Aber an der Börse verspielt! Ist das der Mühe wert? Und die dreißigtausend werden dir auch nichts helfen. Für ein Vierteljahr vielleicht. Endlich wird er doch durchgehen müssen. Vor anderthalb Jahren war es ja fast schon so weit. Da kam noch Hilfe. Aber einmal wird sie nicht kommen – und was geschieht dann mit uns? Rudi wird nach Rotterdam gehen zu Vanderhulst in die Bank. Aber ich? Reiche Partie. O, wenn ich es darauf anlegte! Ich bin heute wirklich schön. Das macht wahrscheinlich die Aufregung. Für wen bin ich schön? Wäre ich froher, wenn Fred hier wäre? Ach Fred ist im Grunde nichts für mich. Kein Filou! Aber ich nähme ihn, wenn er Geld hätte. Und dann käme ein Filou – und das Malheur wäre fertig. – Sie möchten wohl gern ein Filou sein, Herr von Dorsday? – Von weitem sehen Sie manchmal auch so aus. Wie ein verlebter Vicomte, wie ein Don Juan – mit Ihrem blöden Monocle und Ihrem weißen Flanellanzug. Aber ein Filou sind Sie noch lange nicht. – Habe ich alles? Fertig zum ›Dinner‹? – Was tue ich aber eine Stunde lang, wenn ich Dorsday nicht treffe? Wenn er mit der unglücklichen Frau Winawer spazieren geht? Ach, sie ist gar nicht unglücklich, sie braucht keine dreißigtausend Gulden. Also ich werde mich in die Halle setzen, großartig in einen Fauteuil, schau mir die Illustrated News an und die Vie parisienne, schlage die Beine übereinander, – den Riß unter dem Knie wird man nicht sehen. Vielleicht ist gerade ein Milliardär angekommen. – Sie oder keine. – Ich nehme den weißen Schal, der steht mir gut. Ganz ungezwungen lege ich ihn um meine herrlichen Schultern. Für wen habe ich sie denn, die herrlichen Schultern? Ich könnte einen Mann sehr glücklich machen. Wäre nur der rechte Mann da. Aber Kind will ich keines haben. Ich bin nicht mütterlich. Marie Weil ist mütterlich. Mama ist mütterlich, Tante Irene ist mütterlich. Ich habe eine edle Stirn und eine schöne Figur. – ›Wenn ich Sie malen dürfte, wie ich wollte, Fräulein Else.‹ – Ja, das möchte Ihnen passen. Ich weiß nicht einmal seinen Namen mehr. Tizian hat er keineswegs geheißen, also war es eine Frechheit. – Eben erhalte ich einen Brief, Herr von Dorsday. – Noch etwas Puder auf den Nacken und Hals, einen Tropfen Verveine ins Taschentuch, Kasten zusperren, Fenster wieder auf, ah, wie wunderbar! Zum Weinen. Ich bin nervös. Ach, soll man nicht unter solchen Umständen nervös sein. Die Schachtel mit dem Veronal hab‘ ich bei den Hemden. Auch neue Hemden brauchte ich. Das wird wieder eine Affäre sein. Ach Gott.

Unheimlich, riesig der Cimone, als wenn er auf mich herunterfallen wollte! Noch kein Stern am Himmel. Die Luft ist wie Champagner. Und der Duft von den Wiesen! Ich werde auf dem Land leben. Einen Gutsbesitzer werde ich heiraten und Kinder werde ich haben. Doktor Froriep war vielleicht der Einzige, mit dem ich glücklich geworden wäre. Wie schön waren die beiden Abende hintereinander, der erste bei Kniep, und dann der auf dem Künstlerball. Warum ist er plötzlich verschwunden – wenigstens für mich? Wegen Papa vielleicht? Wahrscheinlich. Ich möchte einen Gruß in die Luft hinausrufen, ehe ich wieder hinuntersteige unter das Gesindel. Aber zu wem soll der Gruß gehen? Ich bin ja ganz allein. Ich bin ja so furchtbar allein, wie es sich niemand vorstellen kann. Sei gegrüßt, mein Geliebter. Wer? Sei gegrüßt, mein Bräutigam! Wer? Sei gegrüßt, mein Freund! Wer? – Fred? – Aber keine Spur. So, das Fenster bleibt offen. Wenn‘s auch

kühl wird. Licht abdrehen. So. – Ja richtig, den Brief. Ich muß ihn zu mir nehmen für alle Fälle. Das Buch aufs Nachtkastel, ich lese heut' Nacht noch weiter in ›Notre Coeur‹, unbedingt, was immer geschieht. Guten Abend, schönstes Fräulein im Spiegel, behalten Sie mich in gutem Angedenken, auf Wiedersehen …
Warum sperre ich die Tür zu? Hier wird nichts gestohlen. Ob Cissy in der Nacht ihre Türe offen läßt? Oder sperrt sie ihm erst auf, wenn er klopft? Ist es denn ganz sicher? Aber natürlich. Dann liegen sie zusammen im Bett. Unappetitlich. Ich werde kein gemeinsames Schlafzimmer haben mit meinem Mann und mit meinen tausend Geliebten. – Leer ist das ganze Stiegenhaus! Immer um diese Zeit. Meine Schritte hallen. Drei Wochen bin ich jetzt da. Am zwölften August bin ich von Gmunden abgereist. Gmunden war langweilig. Woher hat der Papa das Geld gehabt, Mama und mich aufs Land zu schicken? Und Rudi war sogar vier Wochen auf Reisen. Weiß Gott wo. Nicht zweimal hat er geschrieben in der Zeit. Nie werde ich unsere Existenz verstehen. Schmuck hat die Mama freilich keinen mehr. – Warum war Fred nur zwei Tage in Gmunden? Hat sicher auch eine Geliebte! Vorstellen kann ich es mir zwar nicht. Ich kann mir überhaupt gar nichts vorstellen. Acht Tage sind es, daß er mir nicht geschrieben hat. Er schreibt schöne Briefe. – Wer sitzt denn dort an dem kleinen Tisch? Nein, Dorsday ist es nicht. Gott sei Dank. Jetzt vor dem Diner wäre es doch unmöglich, ihm etwas zu sagen. – Warum schaut mich der Portier so merkwürdig an? Hat er am Ende den Expreßbrief von der Mama gelesen? Mir scheint, ich bin verrückt. Ich muß ihm nächstens wieder ein Trinkgeld geben. – Die Blonde da ist auch schon zum Diner angezogen. Wie kann man so dick sein! – Ich werde noch vor's Hotel hinaus und ein bißchen auf und abgehen. Oder ins Musikzimmer? Spielt da nicht wer? Eine Beethovensonate! Wie kann man hier eine Beethovensonate spielen! Ich vernachlässige mein Klavierspiel. In Wien werde ich wieder regelmäßig üben. Überhaupt ein anderes Leben anfangen. Das müssen wir alle. So darf es nicht weitergehen. Ich werde einmal ernsthaft mit Papa sprechen – wenn noch Zeit dazu sein sollte. Es wird, es wird. Warum habe ich es noch nie getan? Alles in unserem Haus wird mit Scherzen erledigt, und keinem ist scherzhaft zu Mut. Jeder hat eigentlich Angst vor dem Andern, jeder ist allein. Die Mama ist allein, weil sie nicht gescheit genug ist und von niemandem was weiß, nicht von mir, nicht von Rudi und nicht vom Papa. Aber sie spürt es nicht und Rudi spürt es auch nicht. Er ist ja ein

netter eleganter Kerl, aber mit einundzwanzig hat er mehr versprochen. Es wird gut für ihn sein, wenn er nach Holland geht. Aber wo werde ich hingehen? Ich möchte fortreisen und tun können was ich will. Wenn Papa nach Amerika durchgeht, begleite ich ihn. Ich bin schon ganz konfus … Der Portier wird mich für wahnsinnig halten, wie ich da auf der Lehne sitze und in die Luft starre. Ich werde mir eine Zigarette anzünden. Wo ist meine Zigarettendose? Oben. Wo nur? Das Veronal habe ich bei der Wäsche. Aber wo habe ich die Dose? Da kommen Cissy und Paul. Ja, sie muß sich endlich umkleiden zum ›Dinner‹, sonst hätten sie noch im Dunkeln weitergespielt. – Sie sehen mich nicht. Was sagt er ihr denn? Warum lacht sie so blitzdumm? Wär' lustig, ihrem Gatten einen anonymen Brief nach Wien zu schreiben. Wäre ich so was imstande? Nie. Wer weiß? Jetzt haben sie mich gesehen. Ich nicke ihnen zu. Sie ärgert sich, daß ich so hübsch aussehe. Wie verlegen sie ist.
»Wie, Else, Sie sind schon fertig zum Diner ?« – Warum sagt sie jetzt Diner und nicht Dinner. Nicht einmal konsequent ist sie. – »Wie Sie sehen, Frau Cissy.« – *»Du siehst wirklich entzückend aus, Else, ich hätte große Lust, dir den Hof* zu *machen.«* – »Erspar' dir die Mühe, Paul, gib mir lieber eine Zigarette.« – *»Aber mit Wonne.«* – »Dank' schön. Wie ist das Single ausgefallen?« – *»Frau Cissy hat mich dreimal hintereinander geschlagen.«* – *»Er war nämlich zerstreut. Wissen Sie übrigens, Else, daß morgen der Kronprinz von Griechenland hier ankommt?«* – Was kümmert mich der Kronprinz von Griechenland? »So, wirklich?« O Gott, – Dorsday mit Frau Winawer! Sie grüßen. Sie gehen weiter. Ich habe zu höflich zurückgegrüßt. Ja, ganz anders als sonst. O, was bin ich für eine Person. – *»Deine Zigarette brennt ja nicht, Else?«* – »Also, gib mir noch einmal Feuer. Danke.« – *»Ihr Schal ist sehr hübsch, Else, zu dem schwarzen Kleid steht er Ihnen fabelhaft. Übrigens muß ich mich jetzt auch umziehen.«* – Sie soll lieber nicht weggehen, ich habe Angst vor Dorsday. – *» Und für sieben habe ich mir die Friseurin bestellt, sie ist famos. Im Winter ist sie in Mailand. Also adieu, Else, adieu, Paul.«* – *»Küss' die Hand, gnädige Frau.«* »Adieu, Frau Cissy.« – Fort ist sie. Gut, daß Paul wenigstens da bleibt. *»Darf ich mich einen Moment* zu *dir setzen, Else, oder stör' ich dich in deinen Träumen?«* – »Warum in meinen Träumen? Vielleicht in meinen Wirklichkeiten.« Das heißt eigentlich gar nichts. Er soll lieber fortgehen. Ich muß ja doch mit Dorsday sprechen. Dort steht er noch immer mit der glücklichen Frau Winawer, er langweilt sich, ich seh' es ihm an, er möchte zu mir herüberkommen. – *»Gibt es denn solche Wirklichkeiten, in denen du nicht gestört sein willst?«* –

Was sagt er da? Er soll zum Teufel gehen. Warum lächle ich ihn so kokett an? Ich mein ihn ja gar nicht. Dorsday schielt herüber. Wo bin ich? Wo bin ich? *»Was hast du denn heute, Else?«* – »Was soll ich denn haben?« – *»Du bist geheimnisvoll, dämonisch, verführerisch.«* »Red' keinen Unsinn, Paul.« *»Man könnte geradezu toll werden, wenn man dich ansieht.«* – Was fällt ihm denn ein? Wie redet er denn zu mir? Hübsch ist er. Der Rauch meiner Zigarette verfängt sich in seinen Haaren. Aber ich kann ihn jetzt nicht brauchen. – *»Du siehst so über mich hinweg. Warum denn, Else?«* – Ich antworte gar nichts. Ich kann ihn jetzt nicht brauchen. Ich mache mein unausstehlichstes Gesicht. Nur keine Konversation jetzt. – *»Du bist mit deinen Gedanken ganz wo anders.«* – »Das dürfte stimmen.« Er ist Luft für mich. Merkt Dorsday, daß ich ihn erwarte? Ich sehe nicht hin, aber ich weiß, daß er hersieht. – *»Also, leb' wohl, Else.«* – Gott sei Dank. Er küßt mir die Hand. Das tut er sonst nie. »Adieu, Paul.« Wo hab' ich die schmelzende Stimme her? Er geht, der Schwindler. Wahrscheinlich muß er noch etwas abmachen mit Cissy wegen heute Nacht. Wünsche viel Vergnügen. Ich ziehe den Schal um meine Schulter und stehe auf und geh' vors Hotel hinaus. Wird freilich schon etwas kühl sein. Schad', daß ich meinen Mantel – Ah, ich habe ihn ja heute früh in die Portierloge hineingehängt. Ich fühle den Blick von Dorsday auf meinem Nacken, durch den Schal. Frau Winawer geht jetzt hinauf in ihr Zimmer. Wieso weiß ich denn das? Telepathie. »Ich bitte Sie, Herr Portier – « *»Fräulein wünschen den Mantel?«* – »Ja, bitte.« – *»Schon etwas kühl die Abende, Fräulein. Das kommt bei uns so plötzlich.«* – »Danke.« Soll ich wirklich vors Hotel? Gewiß, was denn? Jedenfalls zur Türe hin. Jetzt kommt einer nach dem andern. Der Herr mit dem goldenen Zwicker. Der lange Blonde mit der grünen Weste. Alle sehen sie mich an. Hübsch ist diese kleine Genferin. Nein, aus Lausanne ist sie. Es ist eigentlich gar nicht so kühl.

»Guten Abend, Fräulein Else.« – Um Gotteswillen, er ist es. Ich sage nichts von Papa. Kein Wort. Erst nach dem Essen. Oder ich reise morgen nach Wien. Ich gehe persönlich zu Doktor Fiala. Warum ist mir das nicht gleich eingefallen? Ich wende mich um mit einem Gesicht, als wüßte ich nicht, wer hinter mir steht. »Ah, Herr von Dorsday.« – *»Sie wollen noch einen Spaziergang machen, Fräulein Else?«* – »Ach, nicht gerade einen Spaziergang, ein bißchen auf und abgehen vor dem Diner.« – *»Es ist fast noch eine Stunde bis dahin.«* – »Wirklich?« Es ist gar nicht so kühl. Blau sind die Berge. Lustig wär's, wenn er plötzlich um meine Hand anhielte. – *»Es gibt doch auf der Welt keinen schöneren Fleck als diesen*

hier.« – »Finden Sie, Herr von Dorsday? Aber bitte, sagen Sie nicht, daß die Luft hier wie Champagner ist.« – *»Nein, Fräulein Else, das sage ich erst von zweitausend Metern an. Und hier stehen wir kaum sechzehnhundertfünfzig über dem Meeresspiegel.«* – »Macht das einen solchen Unterschied?« – *»Aber selbstverständlich. Waren Sie schon einmal im Engadin?«* – »Nein, noch nie. Also dort ist die Luft wirklich wie Champagner?« – *»Man könnte es beinah' sagen. Aber Champagner ist nicht mein Lieblingsgetränk. Ich ziehe diese Gegend vor. Schon wegen der wundervollen Wälder.«* – Wie langweilig er ist. Merkt er das nicht? Er weiß offenbar nicht recht, was er mit mir reden soll. Mit einer verheirateten Frau wäre es einfacher. Man sagt eine kleine Unanständigkeit und die Konversation geht weiter. – *»Bleiben Sie noch längere Zeit hier in San Martino, Fräulein Else?«* – Idiotisch. Warum schau' ich ihn so kokett an? Und schon lächelt er in der gewissen Weise. Nein, wie dumm die Männer sind. »Das hängt zum Teil von den Dispositionen meiner Tante ab.« Ist ja gar nicht wahr. Ich kann ja allein nach Wien fahren. »Wahrscheinlich bis zum zehnten.« – *»Die Mama ist wohl noch in Gmunden?«* – »Nein, Herr von Dorsday. Sie ist schon in Wien. Schon seit drei Wochen. Papa ist auch in Wien. Er hat sich heuer kaum acht Tage Urlaub genommen. Ich glaube, der Prozeß Erbesheimer macht ihm sehr viel Arbeit.« – *»Das kann ich mir denken. Aber Ihr Papa ist wohl der Einzige, der Erbesheimer herausreißen kann … Es bedeutet ja schon einen Erfolg, daß es überhaupt eine Zivilsache geworden ist.«* – Das ist gut, das ist gut. »Es ist mir angenehm zu hören, daß auch Sie ein so günstiges Vorgefühl haben.« – *»Vorgefühl? Inwiefern?«* – »Ja, daß der Papa den Prozeß für Erbesheimer gewinnen wird.« – *»Das will ich nicht einmal mit Bestimmtheit behauptet haben.«* – Wie, weicht er schon zurück? Das soll ihm nicht gelingen. »O, ich halte etwas von Vorgefühlen und von Ahnungen. Denken Sie, Herr von Dorsday, gerade heute habe ich einen Brief von zu Hause bekommen.« Das war nicht sehr geschickt. Er macht ein etwas verblüfftes Gesicht. Nur weiter, nicht schlucken. Er ist ein guter alter Freund von Papa. Vorwärts. Vorwärts. Jetzt oder nie. »Herr von Dorsday, Sie haben eben so lieb von Papa gesprochen, es wäre geradezu häßlich von mir, wenn ich nicht ganz aufrichtig zu Ihnen wäre.« Was macht er denn für Kalbsaugen? O weh, er merkt was. Weiter, weiter. »Nämlich in dem Brief ist auch von Ihnen die Rede, Herr von Dorsday. Es ist nämlich ein Brief von Mama.« – *»So.«* – »Eigentlich ein sehr trauriger Brief. Sie kennen ja die Verhältnisse in unserem Haus, Herr von Dorsday.« – Um Himmels willen, ich habe ja Tränen in der Stimme.

Vorwärts, vorwärts, jetzt gibt es kein Zurück mehr. Gott sei Dank. »Kurz und gut, Herr von Dorsday, wir wären wieder einmal so weit.« – Jetzt möchte er am liebsten verschwinden. »Es handelt sich – um eine Bagatelle. Wirklich nur um eine Bagatelle, Herr von Dorsday. Und doch, wie Mama schreibt, steht alles auf dem Spiel.« Ich rede so blöd' daher wie eine Kuh. – *»Aber beruhigen Sie sich doch, Fräulein Else.«* – Das hat er nett gesagt. Aber meinen Arm brauchte er darum nicht zu berühren. – *»Also, was gibt's denn eigentlich, Fräulein Else? Was steht denn in dem traurigen Brief von Mama!«* – »Herr von Dorsday, der Papa« – Mir zittern die Knie. »Die Mama schreibt mir, daß der Papa« – *»Aber um Gottes willen, Else, was ist Ihnen denn? Wollen Sie nicht lieber – hier ist eine Bank. Darf ich Ihnen den Mantel umgeben? Es ist etwas kühl.«* – »Danke, Herr von Dorsday, o, es ist nichts, gar nichts besonderes.« So, da sitze ich nun plötzlich auf der Bank. Wer ist die Dame, die da vorüber kommt? Kenn' ich gar nicht: Wenn ich nur nicht weiterreden müßte. Wie er mich ansieht! Wie konntest du das von mir verlangen, Papa? Das war nicht recht von dir, Papa. Nun ist es einmal geschehen. Ich hätte bis nach dem Diner warten sollen. – *»Nun, Fräulein Else?«* – Sein Monokel baumelt. Dumm sieht das aus. Soll ich ihm antworten? Ich muß ja. Also geschwind, damit ich es hinter mir habe. Was kann mir denn passieren? Er ist ein Freund von Papa. »Ach Gott, Herr von Dorsday, Sie sind ja ein alter Freund unseres Hauses.« Das habe ich sehr gut gesagt. »Und es wird Sie wahrscheinlich nicht wundern, wenn ich Ihnen erzähle, daß Papa sich wieder einmal in einer recht fatalen Situation befindet.« Wie merkwürdig meine Stimme klingt. Bin das ich, die da redet? Träume ich vielleicht? Ich habe gewiß jetzt auch ein ganz anderes Gesicht als sonst. – *»Es wundert mich allerdings nicht übermäßig. Da haben Sie schon recht, liebes Fräulein Else, – wenn ich es auch lebhaft bedauere.«* – Warum sehe ich denn so flehend zu ihm auf? Lächeln, lächeln. Geht schon. – *»Ich empfinde für Ihren Papa eine so aufrichtige Freundschaft, für Sie alle.«* – Er soll mich nicht so ansehen, es ist unanständig. Ich will anders zu ihm reden und nicht lächeln. Ich muß mich würdiger benehmen. »Nun, Herr von Dorsday, jetzt hätten Sie Gelegenheit, Ihre Freundschaft für meinen Vater zu beweisen.« Gott sei Dank, ich habe meine alte Stimme wieder. »Es scheint nämlich, Herr von Dorsday, daß alle unsere Verwandten und Bekannten – die Mehrzahl ist noch nicht in Wien – sonst wäre Mama wohl nicht auf die Idee gekommen. – Neulich habe ich nämlich zufällig in einem Brief an Mama Ihrer Anwesenheit hier in Martino Erwähnung getan

– unter anderm natürlich.« *»Ich vermutete gleich, Fräulein Else, daß ich nicht das einzige Thema Ihrer Korrespondenz mit Mama vorstelle. «* – Warum drückt er seine Knie an meine, während er da vor mir steht. Ach, ich lasse es mir gefallen. Was tut's! Wenn man einmal so tief gesunken ist. – »Die Sache verhält sich nämlich so. Doktor Fiala ist es, der diesmal dem Papa besondere Schwierigkeiten zu bereiten scheint.« – *»Ach, Doktor Fiala.«* – Er weiß offenbar auch, was er von diesem Fiala zu halten hat. »Ja, Doktor Fiala. Und die Summe, um die es sich handelt, soll am fünften, das ist übermorgen um zwölf Uhr Mittag, – vielmehr, sie muß in seinen Händen sein, wenn nicht der Baron Höning – ja, denken Sie, der Baron hat Papa zu sich bitten lassen, privat, er liebt ihn nämlich sehr.« Warum red' ich denn von Höning, das wär' ja gar nicht notwendig gewesen. – *»Sie wollen sagen, Else, daß andernfalls eine Verhaftung unausbleiblich wäre?«* – Warum sagt er das so hart? Ich antworte nicht, ich nicke nur. »Ja.« Nun habe ich doch Ja gesagt. – *»Hm, das ist ja – schlimm, das ist ja wirklich sehr – dieser hochbegabte geniale Mensch. – Und um welchen Betrag handelt es sich denn eigentlich, Fräulein Else?«* – Warum lächelt er denn? Er findet es schlimm und er lächelt. Was meint er mit seinem Lächeln? Daß es gleichgültig ist wieviel? Und wenn er Nein sagt! Ich bring' mich um, wenn er Nein sagt. Also, ich soll die Summe nennen. »Wie, Herr von Dorsday, ich habe noch nicht gesagt, wieviel? Eine Million.« Warum sag' ich das? Es ist doch jetzt nicht der Moment zum Spassen? Aber wenn ich ihm dann sage, um wieviel weniger es in Wirklichkeit ist, wird er sich freuen. Wie er die Augen aufreißt? Hält er es am Ende wirklich für möglich, daß ihn der Papa um eine Million – »Entschuldigen Sie, Herr von Dorsday, daß ich in diesem Augenblick scherze. Es ist mir wahrhaftig nicht scherzhaft zumute.« – Ja, ja, drück' die Knie nur an, du darfst es dir ja erlauben. »Es handelt sich natürlich nicht um eine Million, es handelt sich im ganzen um dreißigtausend Gulden, Herr von Dorsday, die bis übermorgen Mittag um zwölf Uhr in den Händen des Herrn Doktor Fiala sein müssen. Ja. Mama schreibt mir, daß Papa alle möglichen Versuche gemacht hat, aber wie gesagt, die Verwandten, die in Betracht kämen, befinden sich nicht in Wien.« – O, Gott, wie ich mich erniedrige. – »Sonst wäre es dem Papa natürlich nicht eingefallen, sich an Sie zu wenden, Herr von Dorsday, respektive mich zu bitten –« – Warum schweigt er? Warum bewegt er keine Miene? Warum sagt er nicht Ja? Wo ist das Scheckbuch und die Füllfeder? Er wird doch um Himmels willen nicht Nein sagen? Soll ich mich auf die Knie vor ihm werfen? O Gott! O Gott – *»Am fünften sagten Sie, Fräulein Else?«* – Gott sei Dank, er spricht. »Jawohl übermorgen, Herr von Dorsday, um zwölf Uhr mittags. Es wäre also nötig – ich glaube, brieflich ließe sich das kaum mehr erledigen.« – *»Natürlich nicht, Fräulein Else, das müßten wir wohl auf telegraphischem Wege«* – ›Wir‹, das ist gut, das ist sehr gut. *»Nun, das wäre das wenigste. Wieviel sagten Sie, Else?«* – Aber er hat es ja gehört, warum quält er mich denn? »Dreißigtausend, Herr von Dorsday. Eigentlich eine lächerliche Summe.« Warum habe ich das gesagt? Wie dumm. Aber er lächelt. Dummes Mädel, denkt er. Er lächelt ganz liebenswürdig. Papa ist gerettet. Er hätte ihm auch fünfzigtausend geliehen, und wir hätten uns allerlei anschaffen können. Ich hätte mir neue Hemden gekauft. Wie gemein ich bin. So wird man. – *»Nicht ganz so lächerlich, liebes Kind«* – Warum sagt er ›liebes Kind‹? Ist das gut oder schlecht? – *»wie Sie sich das vorstellen. Auch dreißigtausend Gulden wollen verdient sein.«* – »Entschuldigen Sie, Herr von Dorsday, nicht so habe ich es gemeint. Ich dachte nur, wie traurig es ist, daß Papa wegen einer solchen Summe, wegen einer solchen Bagatelle« – Ach Gott, ich verhasple mich ja schon wieder. »Sie können sich gar nicht denken, Herr von Dorsday, – wenn Sie auch einen gewissen Einblick in unsere Verhältnisse haben, wie furchtbar es für mich und besonders für Mama ist« – Er stellt den einen Fuß auf die Bank. Soll das elegant sein – oder was? – *»O, ich kann mir schon denken, liebe Else.«* – Wie seine Stimme klingt, ganz anders, merkwürdig. – *»Und ich habe mir selbst schon manchesmal gedacht: schade, schade um diesen genialen Menschen.«* – Warum sagt er ›schade‹? Will er das Geld nicht hergeben? Nein, er meint es nur im allgemeinen. Warum sagt er nicht endlich Ja? Oder nimmt er das als selbstverständlich an? Wie er mich ansieht! Warum spricht er nicht weiter? Ah, weil die zwei Ungarinnen vorbeigehen. Nun steht er wenigstens wieder anständig da, nicht mehr mit dem Fuß auf der Bank. Die Krawatte ist zu grell für einen älteren Herrn. Sucht ihm die seine Geliebte aus? Nichts besonders Feines ›unter uns‹, schreibt Mama. Dreißigtausend Gulden! Aber ich lächle ihn ja an. Warum lächle ich denn? O, ich bin feig. – *»Und wenn man wenigstens annehmen dürfte, mein liebes Fräulein Else, daß mit dieser Summe wirklich etwas getan wäre? Aber – Sie sind doch ein so kluges Geschöpf, Else, was wären diese dreißigtausend Gulden? Ein Tropfen auf einen heißen Stein.«* – Um Gottes willen, er will das Geld nicht hergeben? Ich darf kein so erschrockenes Gesicht machen. Alles steht auf dem Spiel. Jetzt muß ich etwas Vernünftiges sagen und energisch. »O nein, Herr von Dorsday, diesmal wäre es kein Tropfen auf einen heißen Stein. Der Prozeß Erbesheimer steht bevor, vergessen Sie das nicht, Herr von Dorsday, und der ist schon heute so gut wie gewonnen. Sie hatten ja selbst diese Empfindung, Herr von Dorsday. Und Papa hat auch noch andere Prozesse. Und außerdem habe ich die Absicht, Sie dürfen nicht lachen, Herr von Dorsday, mit Papa zu sprechen, sehr ernsthaft. Er hält etwas auf mich. Ich darf sagen, wenn jemand einen gewissen Einfluß auf ihn zu nehmen imstande ist, so bin es noch am ehesten ich.« – *»Sie sind ja ein rührendes, ein entzückendes Geschöpf, Fräulein Else.«* – Seine Stimme klingt schon wieder. Wie zuwider ist mir das, wenn es so zu klingen anfängt bei den Männern. Auch bei Fred mag ich es nicht. – *»Ein entzückendes Geschöpf in der Tat.«* – Warum sagt er ›in der Tat‹? Das ist abgeschmackt. Das sagt man doch nur im Burgtheater. – *»Aber so gern ich Ihren Optimismus teilen möchte – wenn der Karren einmal so verfahren ist.«* – »Das ist er nicht, Herr von Dorsday. Wenn ich an Papa nicht glauben würde, wenn ich nicht ganz überzeugt wäre, daß diese dreißigtausend Gulden« – Ich weiß nicht, was ich weiter sagen soll. Ich kann ihn doch nicht geradezu anbetteln. Er überlegt. Offenbar. Vielleicht weiß er die Adresse von Fiala nicht? Unsinn. Die Situation ist unmöglich. Ich sitze da wie eine arme Sünderin. Er steht vor mir und bohrt mir das Monokel in die Stirn und schweigt. Ich werde jetzt aufstehen, das ist das beste. Ich lasse mich nicht so behandeln. Papa soll sich umbringen. Ich werde mich auch umbringen. Eine Schande dieses Leben. Am besten wär's, sich dort von dem Felsen hinunterzustürzen und aus wär's. Geschähe euch recht, allen. Ich stehe auf. – *»Fräulein Else«* – »Entschuldigen Sie, Herr von Dorsday, daß ich Sie unter diesen Umständen überhaupt bemüht habe. Ich kann Ihr ablehnendes Verhalten natürlich vollkommen verstehen« – So, aus, ich gehe. – *»Bleiben Sie, Fräulein Else.«* – Bleiben Sie, sagt er? Warum soll ich bleiben? Er gibt das Geld her. Ja. Ganz bestimmt. Er muß ja. Aber ich setze mich nicht noch einmal nieder. Ich bleibe stehen, als wär's nur für eine halbe Sekunde. Ich bin ein bißchen größer als er. –*»Sie haben meine Antwort noch nicht abgewartet, Else. Ich war ja schon einmal, verzeihen Sie, Else, daß ich das in diesem Zusammenhang erwähne«* – Er müßte nicht so oft Else sagen – *»in der Lage, dem Papa aus einer Verlegenheit zu helfen. Allerdings mit einer – noch lächerlicheren Summe als diesmal, und schmeichelte mir keineswegs mit der Hoffnung, diesen Betrag jemals wiedersehen zu dürfen, – und so wäre eigentlich kein Grund vorhanden, meine Hilfe diesmal zu verweigern. Und gar wenn ein junges Mädchen wie Sie, Else, wenn Sie selbst als Fürbitterin vor mich hintreten –«* – Worauf will er hinaus?

Seine Stimme ›klingt‹ nicht mehr. Oder anders! Wie sieht er mich denn an? Er soll acht geben!! – *»Also, Else, ich bin bereit – Doktor Fiala soll übermorgen um zwölf Uhr mittags die dreißigtausend Gulden haben – unter einer Bedingung«* – Er soll nicht weiterreden, er soll nicht. »Herr von Dorsday, ich, ich persönlich übernehme die Garantie, daß mein Vater diese Summe zurückerstatten wird, sobald er das Honorar von Erbesheimer erhalten hat. Erbesheimers haben bisher überhaupt noch nichts gezahlt. Noch nicht einmal einen Vorschuß – Mama selbst schreibt mir« – *»Lassen Sie doch, Else, man soll niemals eine Garantie für einen anderen Menschen übernehmen, – nicht einmal für sich selbst.«* – Was will er? Seine Stimme klingt schon wieder. Nie hat mich ein Mensch so angeschaut. Ich ahne, wo er hinaus will. Wehe ihm! – *»Hätte ich es vor einer Stunde für möglich gehalten, daß ich in einem solchen Falle überhaupt mir jemals einfallen lassen würde, eine Bedingung zu stellen? Und nun tue ich es doch. Ja, Else, man ist eben nur ein Mann, und es ist nicht meine Schuld, daß Sie so schön sind, Else.«* – Was will er? Was will er –? – *»Vielleicht hätte ich heute oder morgen das Gleiche von Ihnen erbeten, was ich jetzt erbitten will, auch wenn Sie nicht eine Million, pardon – dreißigtausend Gulden vor mir gewünscht hätten. Aber freilich, unter anderen Umständen hätten Sie mir wohl kaum Gelegenheit vergönnt, so lange Zeit unter vier Augen mit Ihnen zu reden.«*
– »O, ich habe Sie wirklich allzu lange in Anspruch genommen, Herr von Dorsday.« Das habe ich gut gesagt. Fred wäre zufrieden. Was ist das? Er faßt nach meiner Hand? Was fällt ihm denn ein? – *»Wissen Sie es denn nicht schon lange, Else.«* – Er soll meine Hand loslassen! Nun, Gott sei Dank, er läßt sie los. Nicht so nah, nicht so nah. – *»Sie müßten keine Frau sein, Else, wenn Sie es nicht gemerkt hätten. Je vous désire.«* – Er hätte es auch deutsch sagen können, der Herr Vicomte. – *»Muß ich noch mehr sagen?«* – »Sie haben schon zu viel gesagt, Herr Dorsday.« Und ich stehe noch da. Warum denn? Ich gehe, ich gehe ohne Gruß. – *»Else! Else!«* – Nun ist er wieder neben mir. – *»Verzeihen Sie mir, Else. Auch ich habe nur einen Scherz gemacht, geradeso wie Sie vorher mit der Million. Auch meine Forderung stelle ich nicht so hoch – als Sie gefürchtet haben, wie ich leider sagen muß, – so daß die geringere Sie vielleicht angenehm überraschen wird. Bitte, bleiben Sie doch stehen, Else.«* – Ich bleibe wirklich stehen. Warum denn? Da stehen wir uns gegenüber. Hätte ich ihm nicht einfach ins Gesicht schlagen sollen? Wäre nicht noch jetzt Zeit dazu? Die zwei Engländer kommen vorbei. Jetzt wäre der Moment. Gerade darum. Warum tu' ich es denn nicht? Ich bin feig, ich bin zerbrochen, ich bin erniedrigt. Was wird er nun wollen statt der Million? Einen Kuß vielleicht? Dar-

über ließe sich reden. Eine Million zu dreißigtausend verhält sich wie – – Komische Gleichungen gibt es. – *»Wenn Sie wirklich einmal eine Million brauchen sollten, Else, – ich bin zwar kein reicher Mann, dann wollen wir sehen. Aber für diesmal will ich genügsam sein, wie Sie. Und für diesmal will ich nichts anderes, Else, als – Sie sehen.«* – Ist er verrückt? Er sieht mich doch. – Ah, so meint er das, so! Warum schlage ich ihm nicht ins Gesicht, dem Schuften! Bin ich rot geworden oder blaß? Nackt willst du mich sehen? Das möchte mancher. Ich bin schön, wenn ich nackt bin. Warum schlage ich ihm nicht ins Gesicht? Riesengroß ist sein Gesicht. Warum so nah, du Schuft? Ich will deinen Atem nicht auf meinen Wangen. Warum lasse ich ihn nicht einfach stehen? Bannt mich sein Blick? Wir schauen uns ins Auge wie Todfeinde. Ich möchte ihm Schuft sagen, aber ich kann nicht. Oder will ich nicht? – *»Sie sehen mich an, Else, als wenn ich verrückt wäre. Ich bin es vielleicht ein wenig, denn es geht ein Zauber von Ihnen aus, Else, den Sie selbst wohl nicht ahnen. Sie müssen fühlen, Else, daß meine Bitte keine Beleidigung bedeutet. Ja, ›Bitte‹ sage ich, wenn sie auch einer Erpressung zum Verzweifeln ähnlich sieht. Aber ich bin kein Erpresser, ich bin nur ein Mensch, der mancherlei Erfahrungen gemacht hat, – unter andern die, daß alles auf der Welt seinen Preis hat und daß einer, der sein Geld verschenkt, wenn er in der Lage ist, einen Gegenwert dafür zu bekommen, ein ausgemachter Narr ist. Und – was ich mir diesmal kaufen will, Else, so viel es auch ist, Sie werden nicht ärmer dadurch, daß Sie es verkaufen. Und daß es ein Geheimnis bleiben würde zwischen Ihnen und mir, das schwöre ich Ihnen, Else, bei – bei all den Reizen, durch deren Enthüllung Sie mich beglücken würden.«* – Wo hat er so reden gelernt? Es klingt wie aus einem Buch. – *»Und ich schwöre Ihnen auch, daß ich – von der Situation keinen Gebrauch machen werde, der in unserem Vertrag nicht vorgesehen war. Nichts anderes verlange ich von Ihnen, als eine Viertelstunde dastehen dürfen in Andacht vor Ihrer Schönheit. Mein Zimmer liegt im gleichen Stockwerk wie das Ihre, Else, Nummer fünfundsechzig, leicht zu merken. Der schwedische Tennisspieler, von dem Sie heut' sprachen, war doch gerade fünfundsechzig Jahre alt?«* – Er ist verrückt! Warum lasse ich ihn weiterreden? Ich bin gelähmt. – *»Aber wenn es Ihnen aus irgendeinem Grunde nicht paßt, mich auf Zimmer Nummer fünfundsechzig zu besuchen, Else, so schlage ich Ihnen einen kleinen Spaziergang nach dem Diner vor. Es gibt eine Lichtung im Walde, ich habe sie neulich ganz zu entdeckt, kaum fünf Minuten weit von unserem Hotel. – Es wird eine wundervolle Sommernacht heute, beinahe warm, und das Sternenlicht wird Sie herrlich kleiden.«* – Wie zu einer Sklavin spricht er. Ich spucke ihm ins Gesicht. – *»Sie sollen mir nicht gleich antworten, Else. Überlegen Sie. Nach dem Diner werden Sie mir gütigst Ihre Entscheidung kund-*

tun.« – Warum sagt er denn ›kundtun‹. Was für ein blödes Wort: kundtun. – *» Überlegen Sie in aller Ruhe. Sie werden vielleicht spüren, daß es nicht einfach ein Handel ist, den ich Ihnen vorschlage.«* – Was denn, du klingender Schuft! – *»Sie werden möglicherweise ahnen, daß ein Mann zu Ihnen spricht, der ziemlich einsam und nicht besonders glücklich ist und der vielleicht einige Nachsicht verdient.«* – Affektierter Schuft. Spricht wie ein schlechter Schauspieler. Seine gepflegten Finger sehen aus wie Krallen. Nein, nein, ich will nicht. Warum sag' ich es denn nicht. Bring' dich um, Papa! Was will er denn mit meiner Hand? Ganz schlaff ist mein Arm. Er führt meine Hand an seine Lippen. Heiße Lippen. Pfui! Meine Hand ist kalt. Ich hätte Lust, ihm den Hut herunter zu blasen. Ha, wie komisch wär' das. Bald ausgeküßt, du Schuft? – Die Bogenlampen vor dem Hotel brennen schon. Zwei Fenster stehen offen im dritten Stock. Das, wo sich der Vorhang bewegt, ist meines. Oben auf dem Schrank glänzt etwas. Nichts liegt oben, es ist nur der Messingbeschlag. – *»Also auf Wiedersehen, Else.«* – Ich antworte nichts. Regungslos stehe ich da. Er sieht mir ins Auge. Mein Gesicht ist undurchdringlich. Er weiß gar nichts. Er weiß nicht, ob ich kommen werde oder nicht. Ich weiß es auch nicht. Ich weiß nur, daß alles aus ist. Ich bin halbtot. Da geht er. Ein wenig gebückt. Schuft! Er fühlt meinen Blick auf seinem Nacken. Wen grüßt er denn? Zwei Damen. Als wäre er ein Graf, so grüßt er. Paul soll ihn fordern und ihn totschießen. Oder Rudi. Was glaubt er denn eigentlich? Unverschämter Kerl! Nie und nimmer. Es wird dir nichts anderes übrig bleiben, Papa, du mußt dich umbringen. – Die Zwei kommen offenbar von einer Tour. Beide hübsch, er und sie. Haben sie noch Zeit, sich vor dem Diner umzukleiden? Sind gewiß auf der Hochzeitsreise oder vielleicht gar nicht verheiratet. Ich werde nie auf einer Hochzeitsreise sein. Dreißigtausend Gulden. Nein, nein, nein! Gibt es keine dreißigtausend Gulden auf der Welt? Ich fahre zu Fiala. Ich komme noch zurecht. Gnade, Gnade, Herr Doktor Fiala. Mit Vergnügen, mein Fräulein. Bemühen Sie sich in mein Schlafzimmer. – Tu mir doch den Gefallen, Paul, verlange dreißigtausend Gulden von deinem Vater. Sage, du hast Spielschulden, du mußt dich sonst erschießen. Gern, liebe Kusine. Ich habe Zimmer Nummer soundsoviel, um Mitternacht erwarte ich dich. O, Herr von Dorsday, wie bescheiden sind Sie. Vorläufig. Jetzt kleidet er sich um. Smoking. Also entscheiden wir uns. Wiese im Mondenschein oder Zimmer Nummer fünfundsechzig? Wird er mich im Smoking in den Wald begleiten?

Kommentar

Die Novelle schildert die inneren Spannungen und Ambivalenzen der neunzehnjährigen Tochter eines Advokaten aus der Wiener »Fin de Siecle«-Szenerie. Wegen der Spielschulden ihres Vaters muss sie sich in Abhängigkeit zu einem alternden Lebemann begeben, der diese Situation im erotischen Sinne ausnutzen will. Fräulein Else stirbt kurz darauf wegen der erlittenen Demütigung durch Suizid. Diese im Prinzip verständliche Reaktionsweise ist vorwiegend als Folge der besonderen Moralvorstellungen der damaligen Zeit zu verstehen, obendrein wahrscheinlich auch im Kontext einer sehr sensiblen und labilen Persönlichkeit.

Fjodor Dostojewskij

Der Spieler

aus: Fjodor Dostojewskij. Der Spieler.
Aus den Aufzeichnungen eines jungen Mannes.
Übersetzt und herausgegeben von Elisabeth Markstein.

Einführung

Fjodor M. Dostojewskij (1821–1881), Sohn eines Moskauer Armenarztes und laut Nietzsche der einzige Psychologe, von dem man etwas lernen kann, zählt zu den bedeutendsten Romanschriftstellern der Weltliteratur. In seinem Roman »Der Spieler« (1867) thematisiert und verarbeitet der Autor seine eigene Spielleidenschaft, die ihn wiederholt zur Flucht vor seinen Gläubigern ins Ausland (u.a. Deutschland) zwingt.
Der Roman gilt als Musterbeispiel für die Darstellung des Psychogramms eines Spielsüchtigen. Dostojeweskij war nicht nur zeitlebens von schwacher Gesundheit, sondern litt auch unter epileptischen Anfällen (wie Fürst Myschkin, der Held seines Romanes »Der Idiot«, 1868/69), von denen er (fälschlicherweise) behauptete, sie seien erst nach seiner Verurteilung zum Tode und der begnadigenden Verbannung nach Sibirien (1849) aufgetreten. Sein zweijähriger Sohn Aljoscha starb 1878 an Epilepsie. Dostojewskij selbst erlag 1881 in Sankt Petersburg den Folgen eines Lungenleidens. Dem öffentlichen Trauerzug folgten sechzigtausend Menschen.

Weiterführende Literatur:
Birgit Harreß: Dostojewskijs Romane. Interpretationen. Reclam 2005

Der Spieler

Die Großmutter befand sich in ungeduldiger und gereizter Gemütsverfassung; es war ihr anzusehen, daß sich das Roulette in ihrem Kopf festgesetzt hatte. Sie fand für nichts anderes Interesse und war überhaupt sehr zerstreut. Auch gab's kein neugieriges Fragen unterwegs, ganz anders als noch einige Stunden zuvor. Wohl hob sie die Hand, als eine überaus prunkvolle Kutsche an uns vorbeijagte, und wollte wissen, wer das sei, doch meiner Antwort hörte sie, scheint's, nicht mehr zu; ihre Nachdenklichkeit wurde in einem fort von schroffen und ungeduldigen Gesten und Ausfällen unterbrochen. Und als ich ihr, schon fast beim Kurhaus, von weitem Baron und Baronin Wurmerhelm zeigte, sah sie nur flüchtig hin und murmelte ein völlig gleichgültiges »Aha!«, drehte sich rasch zu Potapytsch und Marfa hinter uns um und fauchte:
»Was zottelt ihr uns nach?! Soll ich euch am Ende jedesmal mitnehmen? Nach Hause mit euch! Mir reicht schon deine Begleitung«, fügte sie, an mich gewandt, hinzu, nachdem die beiden mit einer eiligen Verbeugung kehrtgemacht hatten.
Im Kurhaus wurde die Großmutter bereits erwartet. Sofort machte man für sie den alten Platz frei, jenen neben dem Croupier. Ich glaube, daß diese allemal steifen und manierlichen Croupiers, die sich den schlichten Anschein von Amtspersonen geben, denen es beinahe egal ist, ob die Bank gewinnt oder verliert – daß sie in Wahrheit gar nicht so gleichgültig gegenüber den Verlusten der Bank sind und zweifelsohne ihre Instruktionen hinsichtlich der Spielerbetreuung und Wahrung geschäftlicher Interessen haben, wofür sie gewißlich auch Prämien und Auszeichnungen einstecken. Die Großmutter jedenfalls war bereits als Opferlämmchen auserkoren. Danach geschah, was die Unsrigen vorausgesagt hatten.
Und zwar so:
Die Großmutter stürzte sich geradezu auf das Zero und ließ mich von Anbeginn jedesmal zwölf Friedrichsdor darauf setzen. Einmal, zweimal, dreimal – kein Zero. »Weiter, weiter«, stieß mich die Großmutter ungeduldig an. Ich gehorchte.
»Wie oft haben wir gesetzt?« fragte sie endlich, vor Ungeduld mit den Zähnen knirschend.

»Zwölfmal schon, Großmutter. Hundertvierundvierzig Friedrichsdor sind dahin. Glauben Sie mir, Großmutter, bis zum Abend wird wohl …«

»Schweig!« unterbrach sie. »Setze auf Zero und auch noch tausend Gulden auf Rot. Da hast du …«

Das Rot kam, aber das Zero war abermals geplatzt; sie erhielt tausend Gulden.

»Siehst du, siehst du!« zischelte die Großmutter. »Fast alles ist wieder zurück. Setze wieder auf Zero, wir wollen's noch zehnmal versuchen, und dann ist Schluß.«

Doch beim fünften Mal war's die Großmutter leid.

»Schick das verfluchte Zero zum Teufel. Da hast du, setz viertausend Gulden auf Rot«, befahl sie.

»Großmutter! Es ist zuviel; was, wenn Rot nicht kommt?« flehte ich; beinah hätte sie mich geschlagen. (Im übrigen stieß sie mich dauernd so heftig in die Seite, daß man's durchaus als Hiebe verstehen konnte.) Was sollte ich tun? Ich setzte alle am Vormittag gewonnenen viertausend Gulden auf Rot. Die Kugel rollte. Die Großmutter saß ruhig und stolz aufgerichtet da, nicht im geringsten am Erfolg zweifelnd.

»Zéro«, verlautete der Croupier.

Zunächst begriff die Großmutter nicht, doch als sie sah, wie der Croupier ihre viertausend Gulden samt allem, was sonst am Tisch lag, einkassierte, als sie erfuhr, daß das Zero, das so lange auf sich warten gelassen und fast zweihundert Friedrichsdor unsres Einsatzes verschlungen hatte, wie zum Fleiß gerade jetzt, nachdem sich die Großmutter schimpfend von ihm abgewandt hatte, gekommen war, schlug sie mit einem laut vernehmlichen Aufstöhnen die Hände zusammen.

»Gott im Himmel! Das verflixte Ding mußte just jetzt kommen!« brüllte die Großmutter. »Vermaledeite Null! Du, du bist schuld!« fiel sie wütend über mich her. »Du hast's mir ausgeredet.«

»Großmutter, ich hab Ihnen zur Vernunft geraten, wie soll ich für alle Chancen haften?«

»Papperlapapp, ich werd's dir schon zeigen!« zischte sie drohend. »Fort mit dir!«

»Leben Sie wohl, Großmutter.« Ich machte Anstalten, mich zurückzuziehen.

»Alexej Iwanowitsch, Alexej Iwanowitsch, wohin willst du denn? Ach bleib doch! Was denn? Bist gar böse? Dummkopf! Na, bleib schon,

bleib, und ärgere dich nicht, bin selbst ein dummes Weibsbild! Sag mir lieber, was wir jetzt tun solln?«
»Ich will Ihnen keinen Rat geben, Großmutter, weil Sie mir hernach Vorwürfe machen. Spielen Sie aus eignem; Sie befehlen – ich setze.«
»Schon gut, schon gut. Wieder viertausend Gulden auf Rot! Da hast du meine Brieftasche, nimm.« Sie zog das Geld hervor und reichte es mir. »Na, nimm schon, es sind zwanzigtausend Rubel in Scheinen drin.«
»Großmutter«, flüsterte ich, »solche Einsätze …
»Daß mich der Blitz trifft – ich will alles zurückgewinnen. Setze!« Wir setzten und verloren.
»Setze, setze, die ganzen achttausend!«
»Das geht nicht, Großmutter, viertausend ist der Höchsteinsatz …«
»Dann nimm viertausend!«
Diesmal gewannen wir. Großmutters Gesicht hellte sich auf. »Siehst du, siehst du!« stieß sie mich an. »Nimm nochmals vier!«
Wir setzten und verloren. Verloren immer wieder.
»Großmutter, die ganzen zwölftausend sind futsch«, meldete ich.
»Ich seh's ja selbst«, sagte sie – wie soll ich es ausdrücken? – gefaßt und ruhig vor Wut. »Ich sehe, mein Lieber, ich sehe«, murmelte sie mit stierem Blick und scheinbar ganz in Gedanken. »Na ja, auf Teufel komm raus – setze nochmals viertausend Gulden!«
»´s ja kein Geld mehr übrig, Großmutter, in der Brieftasche sind Wertpapiere und irgendwelche Überweisungen, bloß kein Geld.«
»Und in der Börse?«
»Nur Kleingeld, Großmutter.«
»Gibt's hier Wechselstuben?« fragte sie kurz entschlossen.
»Man hat mir gesagt, sie nehmen alle unsre Papiere zum Wechseln.«
»O, soviel Sie wollen. Aber was Sie beim Wechseln verlieren, darüber würde sich selbst ein Jud grausen!«
»Unsinn! Ich gewinn's ja zurück! Los! Ruf diese Tölpel herbei!«
Ich schob sie vom Tisch weg, die Träger erschienen, und wir verließen die Spielsäle. »Schneller, schneller!« kommandierte die Großmutter. »Zeig ihnen den Weg, Alexej Iwanowitsch, etwas in der Nähe. Ist's weit?«
»Sind gleich da, Großmutter.«
Als wir jedoch in die Allee einbogen, kam uns die ganze Partie entgegen: der General, des Grieux, Mademoiselle Blanche samt Mütterchen. Polina Alexandrowna war nicht dabei, auch Mister Astley fehlte.

»He, he, nicht stehenbleiben«, rief die Großmutter. »Was gibt's denn? Hab keine Zeit für euch!«
Ich ging hinter ihr, des Grieux sprang auf mich zu.
»Sie hat alles vom Vormittag verspielt und zwölftausend Gulden dazu. Jetzt sind wir auf dem Weg, die Wertpapiere einzuwechseln«, raunte ich ihm hastig zu.
Des Grieux stampfte auf und stürzte mit der Neuigkeit zum General. Wir schoben die Großmutter an.
»Halt, halt!« flüsterte mir der General außer sich zu.
»Versuchen Sie mal, sie aufzuhalten«, flüsterte ich zurück.
»Tantchen! Tantchen! …« Seine Stimme zitterte und brach. »Wir wollten … wollten eben … Pferde mieten und ins Grüne fahren … Ein herrlicher Ausblick … die Aussichtswarte … wir wollten gerade zu Ihnen, Sie einladen.«
»Ach, laß mich mit deinem Ausblick!« Die Großmutter winkte ungnädig ab.
»Dort ist ein Dorf … Wir werden eine Jause … « fuhr der General vollends verzweifelt fort.
»Nous boirons du lait, sur l´herbe fraîche«, fügte des Grieux mit zähneknirschender Wut hinzu.
Du lait, de l´herbe fraîche – das ist, was sich ein Pariser Bourgeois als Idylle vorstellt; seine allseits bekannte Auffassung von »la nature et la vérité.«
»Ach, laß mich mit deiner Milch in Frieden! Sauf sie selbst, ich krieg Bauchgrimmen davon. Und rückt mir überhaupt vom Leib«, brüllte die Großmutter. »Sagte ich nicht, daß wir's eilig haben?«
»Angekommen, Großmutter«, schrie ich. »Wir sind da!«
Wir waren an einem Haus angelangt, in dem sich eine Bank befand. Ich ging wechseln; die Großmutter wartete vor dem Eingang; des Grieux, der General und Mademoiselle Blanche standen abseits, unentschlossen, was sie tun sollten. Die Großmutter warf ihnen einen zornigen Blick zu, worauf sie sich in Richtung Kurhaus in Bewegung setzten.
Mir wurde in der Bank ein so lausiges Angebot gemacht, daß ich zögerte und zurückging, um von Großmutter Anweisungen zu erbitten.
»So eine Räuberbande!« schrie sie und schlug die Hände zusammen. »Na ja, macht nichts! Geh nur … Nein, halt, hol mir den Direktor raus!«
»´s sind nur Angestellte da, Großmutter.«

»Na dann einen Angestellten, ist egal. So eine Räuberbande!«
Als ich drinnen verlautete, daß eine alte, geschwächte und gehbehinderte Gräfin vor der Tür wartete, erklärte sich ein Angestellter bereit, herauszukommen. Die Großmutter erging sich lange in zornigen und lauten Beschuldigungen, nannte ihn einen Gauner und verhandelte in einem Mischmasch von Russisch, Französisch und Deutsch, wobei ich bei der Übersetzung helfen mußte. Der gestrenge Angestellte sah von einem zum andren und schüttelte stumm den Kopf. Die Großmutter musterte er sogar mit geradezu penetranter Neugier, es war bereits unhöflich; schließlich feixte er.
»Dann verschwinde!« rief die Großmutter. »Erstick an meinem Geld! Wechsle bei ihm, Alexej Iwanowitsch. Wenn wir Zeit hätten, könnten wir's anderswo versuchen …«
»Er sagt, woanders kriegen wir noch weniger.«
Ich erinnere mich nicht mehr genau, wieviel man uns abknöpfte, aber es war schrecklich. Ich bekam zwölftausend Florin in Gold und Banknoten, nahm die Quittung und trat zur Großmutter hinaus.
»Na schön, brauchst nicht nachzählen«, winkte sie mit beiden Händen. »Schnell, schnell zurück!«
»Ich will nie wieder auf das verfluchte Zero setzen und auf Rot auch nicht«, sagte sie, als wir uns dem Kurhaus näherten.
Diesmal bemühte ich mich aus Kräften, ihr weiszumachen, daß sie zunächst wenig setzen möge, da es im Falle einer Glückswende noch immer Zeit war, größere Einsätze zu placieren. Doch sie war so ungeduldig, daß sie zwar fürs erste zustimmte, sich aber während des Spiels nicht und nicht bremsen ließ. Kaum begann sie Einsätze von zehn, zwanzig Friedrichsdor zu gewinnen, stieß sie mich sofort an: »Siehst du! Siehst du! Wir gewinnen. Hätten bloß viertausend statt zehn setzen müssen – und viertausend wären gewonnen, nicht so wie jetzt. Du, nur du bist schuld!«
Und so sehr mich ihr Spiel auch ärgerte, beschloß ich schließlich, den Mund zu halten und ihr keine Ratschläge mehr zu geben.
Plötzlich trat des Grieux zu uns. Sie hatten alle drei in der Nähe gestanden; ich bemerkte, daß sich Mademoiselle Blanche samt Mütterchen etwas abseits hielt und mit dem kleinen Fürsten flirtete. Der General war eindeutig in Ungnade gefallen, geradezu mit Bann belegt. Blanche mochte ihn nicht mal ansehen, obwohl er um sie scharwenzelte und aus der Haut fuhr, ihr zu gefallen. Der arme General! Er erbleichte, er errötete, er erbebte und beachtete nicht einmal

mehr Großmutters Spiel. Blanche und der Fürst verließen schließlich den Saal, der General trottete ihnen nach.
»Madame, Madame«, flötete des Grieux, der sich bis zu Großmutters Ohr vorgezwängt hatte. »Madame, so man nicht setzt … nein, nein, nicht möglich …« radebrechte er auf russisch. »Njet!«
»Wie denn? Bring's mir halt bei!« gab die Großmutter zurück. Des Grieux begann plötzlich hastig schnell auf französisch zu sprechen, gab Ratschläge, unter anderem den, auf eine bessere Chance zu warten, drehte sich ungeduldig dahin und dorthin, rechnete ihr etwas vor …, die Großmutter verstand gar nichts. Er wandte sich jeden Augenblick zu mir, auf daß ich übersetzte; deutete mit dem Finger auf den Tisch; schnappte schließlich einen Bleistift und kritzelte Zahlen auf ein Stück Papier. Die Großmutter verlor schließlich die Geduld.
»Geh mir aus den Augen! Nichts als dummes Geplapper. Madame, Madame – aber verstehn tut er rein gar nichts! Fort!«
»Mais, Madame«, zwitscherte des Grieux und hob wiederum an zu stoßen und zu deuten. Die Sache setzte ihm doch sehr zu.
»Na, mach mal, wie er's sagt«, befahl mir die Großmutter, »wir werden ja sehen: vielleicht klappt's wirklich.«
Des Grieux wollte sie lediglich von den großen Einsätzen abbringen: er schlug vor, auf Zahlen zu spielen, einzeln und kombiniert. Ich setzte nach seinen Anweisungen je einen Friedrichsdor auf einige Impair aus dem ersten Dutzend und je fünf Friedrichsdor auf Zahlengruppen in Pair; insgesamt machte es sechzehn Friedrichsdor.
Die Kugel rollte. »Zéro«, schrie der Croupier. Wir hatten alles verloren.
»Hohlkopf!« herrschte die Großmutter des Grieux an. »Fieser Franzmann, der du bist. Ratschläge will er geben, der Halsabschneider. Mach, daß du fortkommst! Versteht keinen Deut und gibt groß an!«
Aufs tiefste gekränkt, zog des Grieux die Schultern hoch, warf der Großmutter einen kurzen Blick zu und ging. Es dauerte ihn bereits selbst, sich dreingemischt zu haben; die Versuchung war zu groß gewesen.
Nach einer Stunde hatten wir, so sehr wir auch dagegen anrannten, alles verloren.
»Nach Hause!« kommandierte die Großmutter.
Bis zur Allee sagte sie kein Wort. In der Allee dann und schon kurz vor dem Hotel brachen Verwünschungen aus ihr hervor.
»Hat man schon eine solche Idiotin gesehen!?! Ein solches altes, altes blödes Weibsbild!?«

Kaum waren wir in ihrem Appartement angelangt, ließ sie Tee auftragen und sofort zu packen beginnen. »Wir fahren!«
[…]
O ja, mitunter kann sich einem der wildeste, der scheinbar unmöglichste Gedanke so stark im Gehirn festsetzen, daß man ihn schließlich erfüllbar glaubt … Mehr noch: Wenn sich die Idee mit einem mächtigen, leidenschaftlichen Wollen vereint, nimmt man sie bald als etwas Fatales an, etwas, was notwendig und vorausbestimmt ist, als etwas unbedingt zu Geschehendes! Vielleicht fügt sich noch anderes hinzu, eine Kombination von Ahnungen, eine ungewöhnliche Willensanstrengung, die Selbstvergiftung durch die eigene Phantasie oder noch etwas – ich weiß es nicht; wie immer, mir war an diesem Abend (den ich mein Leben lang nicht vergessen werde) Wunderbares geschehen. Obgleich ganz und gar durch die Arithmetik begründbar, bleibt es für mich bis heute wunderbar. Von woher denn, von woher kam damals diese Sicherheit, die sich so tief und seit so langer Zeit in mir festgesetzt hatte? Und ich versichere Ihnen nochmals: Ich habe darin wahrhaftig nicht eine Episode gesehen, die sich neben mehreren anderen ereignet (folglich geschehen kann oder auch nicht), sondern als etwas Besonderes, was sich ereignen *muß*!
Es war viertel nach zehn; ich betrat das Kurhaus mit einer so festen Hoffnung und zugleich einer solchen Erregung, wie ich sie noch nie erfahren hatte. In den Spielsälen tummelte sich noch reichlich viel Publikum, allerdings halb soviel wie vormittags.
Nach zehn Uhr bleiben an den Spieltischen die wahren, die verbissenen Spieler zurück, für sie besteht das Kurbad allein aus dem Roulette, dem zuliebe sie allein hergekommen sind, und sie nehmen kaum wahr, was um sie herum geschieht, und haben während der ganzen Saison für nichts anderes Interesse als für das Spiel von früh bis spät, das sie gerne, wäre dies bloß möglich, die ganze Nacht lang bis zum Morgengrauen fortsetzen würden. Und nur widerwillig brechen sie auf, wenn um zwölf die Säle geschlossen werden. Und sobald der Chefcroupier kurz vor der Sperrstunde sein »Les trois derniers coups, messieurs« kundtut, sind sie gerüstet, bei diesen letzten drei Spielen auch mal alles zu setzen, was sie in der Tasche haben – und eben dann wird am meisten verloren. Ich steuerte auf den Tisch zu, an dem die Großmutter gesessen hatte, und konnte, weil's kein Gedränge gab, rasch einen Platz – stehend – am Tisch ergattern. Direkt vor mir stand auf dem grünen Tuch das Wort »Passe« geschrieben. Das Wort

»Passe« bedeutet die Zahlenreihe von neunzehn bis einschließlich sechsunddreißig. Die erste Reihe hingegen, von eins bis einschließlich achtzehn, heißt Manque. Allein – was kümmerte es mich? Ich kalkulierte nicht, hatte nicht mal gehört, auf welche Zahl die Kugel vorher gefallen war, und fragte nicht danach, als ich das Spiel begann, wie es jeder auch nur ein bißchen kalkulierende Spieler getan hätte. Ich zog meine zwanzig Friedrichsdor aus der Tasche und warf sie auf das Passe vor mir.

»Vingt-deux«, verlautbarte der Croupier.

Ich hatte gewonnen und setzte abermals das ganze, das frühere Geld und den Gewinn, ein.

»Trente-et-un«, rief der Croupier. Wieder gewonnen! Ich besaß somit bereits achtzig Friedrichsdor! Ich schob alle achtzig auf das mittlere Dutzend (dreifacher Gewinn, aber eine Chance gegen zwei) – die Scheibe drehte sich, die Kugel fiel auf vierundzwanzig. Mir wurden drei Bündel zu fünfzig Friedrichsdor und zehn Goldmünzen zugeteilt; alles in allem fand ich mich als Besitzer von zweihundert Friedrichsdor wieder.

Ich war wie von Fieber geschüttelt und schob den ganzen Haufen Geld auf Rot – und kam plötzlich zur Besinnung! Ein einziges Mal an diesem Abend, bei diesem Spiel, fuhr mir kalter Schrecken durch die Glieder und ließ Hände und Beine erzittern. Mit Entsetzen wurde mir plötzlich bewußt, *was* es für mich jetzt bedeuten würde, zu verlieren! Der Einsatz war mein Leben!

»Rouge!« verlautete der Croupier – und ich konnte wieder atmen, spürte ein feuriges Prickeln am ganzen Körper. Man zahlte mir Banknoten aus; somit waren es bereits viertausend Florin und achtzig Friedrichsdor! (Da vermochte ich noch mitzuzählen.)

Danach setzte ich, wie ich mich erinnere, zweitausend Florin wieder auf das mittlere Dutzend – und verlor; setzte mein Gold und achtzig Friedrichsdor – und verlor. Wut packte mich: Ich schnappte die übrigen letzten zweitausend Florin und setzte auf das erste Dutzend, einfach so, auf gut Glück, ohne lange zu überlegen! Nein, doch: es gab einen Augenblick des Wartens, der vielleicht – Eindruck vom Eindruck – mit dem zu vergleichen ist, was Madame Blanchard empfand, als sie damals in Paris mit dem Luftballon zur Erde stürzte.

»Quatre!« rief der Croupier. Wieder besaß ich samt dem Vorigen sechstausend Florin. Schon blickte ich in Siegerpose um mich, schon fürchtete ich nichts, aber auch gar nichts mehr, und warf viertausend

Florin auf Schwarz. Gut ein halbes Dutzend Spieler beeilten sich, mir gleichzutun, und setzten ebenfalls auf Schwarz. Die Croupiers warfen sich Blicke zu und tuschelten. Die Umsitzenden unterhielten sich und warteten.

Es kam Schwarz. Von nun an erinnere ich mich an nichts mehr, weder an meine Kalkulationen noch an die Reihenfolge der Einsätze. Ich erinnere mich lediglich wie im Traum, daß ich bereits etwa sechzehntausend Florin gewonnen hatte, ehe ich durch dreimal Pech auch schon wieder zwölftausend verlor; danach setzte ich die letzten viertausend auf Passe (kaum etwas dabei empfindend; ich wartete bloß, stumpf, ohne einen Gedanken im Kopf) – und gewann wieder; danach gewann ich abermals, viermal hintereinander. Ich erinnere mich nur, daß ich das Geld zu Tausenden an mich zog; erinnere mich noch, daß am häufigsten das mittlere Dutzend kam, das ich mir denn auch zu eigen machte. Es kam irgendwie regelmäßig, immerzu dreibis viermal hintereinander, blieb danach zweimal aus und tauchte wieder auf – drei-, viermal. Derlei Regelmäßigkeit beobachtet man mitunter in Serien, und eben dadurch werden notorische Spieler, jene, die mit dem Bleistift in der Hand Berechnungen anstellen, verwirrt. Und was für grausame Streiche einem das Schicksal hier manchmal spielt!

Ich glaube, seit meiner Ankunft war nicht mehr als eine halbe Stunde vergangen. Plötzlich teilte mir der Croupier mit, daß ich dreißigtausend Florin gwonnen hatte und das Roulette, weil die Bank für nicht mehr als einmal hafte, bis morgen früh geschlossen werde. Ich verstaute mein Gold in der Tasche, packte alle Banknoten und machte mich unverzüglich zu einem anderen Roulettetisch in einem anderen Saal auf; die ganze Meute lief mir nach; dort wurde wiederum ein Platz für mich freigemacht, und ich legte los, ohne zu überlegen, ohne zu rechnen. Ich verstehe nicht, wie ich da heil davongekommen bin!

Im übrigen flackerten in meinem Kopf manchmal doch so was wie rechnerische Überlegungen auf. Ich hielt mich an bestimmte Zahlen und Chancen, ließ sie jedoch bald wieder fallen und setzte von neuem aufs Geratewohl. Ich muß sehr zerstreut gewesen sein; weiß noch, daß die Croupiers mehrmals Fehler von mir, grobe Fehler, korrigierten. Meine Schläfen waren schweißnaß, die Hände zitterten. Immer wieder drängte sich diensteifrig das Polengelichter an mich heran, doch ich hörte auf niemand. Das Glück riß nicht ab! Plötzlich kam rundum lautes Gemurmel und Gelächter auf. »Bravo! Bravo!« schrien alle, manch einer klatschte gar in die Hände. Ich habe auch hier dreißigtausend Florin eingeheimst, und die Bank wurde wieder bis morgen geschlossen.

»Schluß, machen Sie Schluß!« flüsterte mir eine Stimme von rechts ins Ohr. Es war ein Frankfurter Jude, er hatte die ganze Zeit neben mir gestanden und mir, glaub ich, manchmal beim Spielen geholfen.

»Um Himmels willen, machen Sie Schluß« flüsterte mir eine andere Stimme ins linke Ohr. Ich sah kurz hin. Es war eine äußerst bescheiden und züchtig gekleidete Dame um die dreißig, mit einem krankhaft blassen, müden Gesicht, das jedoch durchaus erahnen ließ, wie wunderbar schön es früher gewesen sein mußte. Ich war eben dabei, das Gold vom Tisch aufzuklauben und mir die Taschen mit hastig zusammengeknüllten Banknoten vollzustopfen. Als ich beim letzten Bündel mit fünfzig Friedrichsdor ankam, gelang es mir, das Geld ganz unauffällig der blassen Dame zuzustecken; ich hatte ein ganz starkes Verlangen damals, dies zu tun, und weiß noch, wie ihre zarten, dünnen Finger zum Zeichen tiefster Dankbarkeit meine Hand drückten. Es dauerte nicht länger als einen Augenblick.

Sobald alles eingesammelt war, machte ich mich zum Trente-et-quarante auf.

Beim Trente-et-quarante spielt das erlauchte Publikum. Es ist etwas anderes als Roulette, es sind Karten. Hier haftet die Bank für hunderttausend Taler auf einmal. Der Höchsteinsatz ist ebenfalls mit viertausend Florin festgesetzt. Ich kannte mich bei diesem Spiel und den Einsätzen überhaupt nicht aus, wußte nur von Rot und Schwarz, die es auch dabei gab. Daran hielt ich mich denn auch. Alles, was noch im Kurhaus war, drängte sich um mich. Ich weiß nicht, ob ich während der ganzen Dauer auch nur einmal an Polina dachte. Ich erfuhr damals den unüberwindlichen Genuß am Geldnehmen und Geldeinstecken – die Banknoten türmten sich vor mir auf.

Wahrhaftig, es war, als drängte mich mein Schicksal an den Tisch. Diesmal ereignete sich wie absichtlich ein Vorkommnis, wie es im übrigen recht oft beim Spielen passiert. Da wählt sich die Fortüne sagen wir Rot aus und bleibt zehn-, ja fünfzehnmal hintereinander dabei. Schon vor zwei Tagen hörte ich, daß es in der Vorwoche zwanzigmal hintereinander Rot gegeben hat; es wurde mit Verwunderung herumerzählt. Klarerweise wendet sich alsbald alles vom Rot ab, nach dem zehnten Mal gibt es kaum noch jemanden, der darauf zu setzen wagt. Doch auch auf Schwarz, den Widerpart des Rot, werden erfahrene Spieler nicht setzen. Ein erfahrener Spieler weiß, was er von dieser »Laune des Zufalls« zu halten hat. Man sollte doch beispielsweise meinen, daß nach sechzehnmal Rot beim siebzehnten Mal unbedingt Schwarz kommen müsse. Neulinge stürzen sich en masse darauf, verdoppeln und verdreifachen die Einsätze – und verlieren haushoch.

Ich aber folgte einer seltsamen Laune und hängte mich absichtlich ans Rot, nachdem es siebenmal gekommen war. Ich bin überzeugt, daß eine gute Portion Eitelkeit mit dabei war; die Zuschauer sollten meinen wahnwitzigen Wagemut bewundern. Und dann, o seltsames Empfinden, ich erinnere mich genau, bemächtigte sich meiner plötzlich ein schrecklich starkes und wirklich durch keinerlei Eitelkeit hervorgerufenes Verlangen, einen großen Coup zu wagen. Mag sein, daß die Seele nach einer solchen Kette von Empfindungen nicht gesättigt wird, sondern nur gereizt und nach immer neueren und stärkeren Empfindungen verlangt, ehe am Ende die vollkommene Erschöpfung eintritt. Glauben Sie mir, ´s ist wahr: Wenn es die Spielregeln erlaubt hätten, fünfzigtausend Florin auf einmal zu setzen – ich hätte es zweifellos getan. Von rundherum wurde mir zugerufen, es sei Wahnsinn, und Rot käme bereits zum vierzehnten Mal!

»Monsieur a gagné déjà cent mille florins«, vernahm ich eine Stimme neben mir.

Plötzlich kam ich zur Besinnung. Wie? Ich habe an diesem Abend hunderttausend Florin gewonnen! Ja wozu brauche ich mehr? Ich beugte mich über die Banknoten, stopfte sie, ohne zu zählen, in die Tasche, raffte mein ganzes Gold und alle Geldbündel auf und stürzte zum Ausgang. Alles lachte, als ich durch die Säle ging: mit prallvollen Taschen und wankenden Schritts – wegen des Goldgewichts, gut ein halbes Pud wird es gewesen sein. Etliche Hände streckten sich mir entgegen; ich teilte aus, soviel ich auf einmal greifen konnte. Zwei Juden hielten mich am Ausgang an.

»Sie sind kühn! Sehr kühn«, sagten sie, »aber beeilen Sie sich abzureisen, morgen früh, möglichst zeitig, sonst verspielen Sie alles…«

Kommentar

Bei dem Textauszug aus dem Roman »Der Spieler« von Dostojewskij wird in geradezu paradigmatischer Weise die Spielsucht zweier Personen geschildert und insbesondere das Süchtige des Verhaltens, dargestellt an zwei verschiedenen Protagonisten, herausgearbeitet. Der Roman beschreibt die vielen Facetten der Spielsucht mit den finanziellen und sozialen Konsequenzen einer nicht kontrollierten Spielsucht und deren Faszination und Gefahren für die davon Befallenen. Die Spielsucht wird zusammen mit dem pathologischen Stehlen (Kleptomanie) und der pathologischen Brandstiftung (Pyromanie) unter die übergeordnete Kategorie »abnorme Gewohnheiten und Störungen der Impulskontrolle« gefasst. Das gemeinsame Merkmal dieser Störungen ist das wiederholte, vollständige oder teilweise Versagen der »willentlichen« Kontrolle eines dranghaften Impulses. Durch das resultierende Verhalten kommt es meist zur Schädigungen der eigenen Person oder anderer.

Die heute noch gebräuchliche Bezeichnung für eine Störung der Impulskontrolle (Kleptomanie, Pyromanie) ging auf das Konzept der so genannten (instinktiven) Monomanien zurück, das besonders in der französischen Psychiatrie des vorletzten Jahrhunderts vertreten wurde. Dieser Bezeichnung lag die Vorstellung zugrunde, dass die Psyche dabei in nur einem Punkt krankhaft verändert sei, während Urteilsvermögen und gefühlsmäßige Schwingungsfähigkeiten ansonsten erhalten bleiben.

Das Hauptmerkmal des pathologischen Spielens ist eine chronische Unfähigkeit, der Versuchung zu Glücksspielen und anderem Spielverhalten zu widerstehen. Die Triebfeder zum Spielen ist dabei nicht der Wunsch nach Freizeitgestaltung. Auch die Chance auf einen finanziellen Gewinn ist eher sekundär. Im Vordergrund stehen vielmehr die Anspannung und Erregung, die mit dem Spielen verbunden sind.

Die Störung weist viele Ähnlichkeiten mit süchtigem Verhalten auf. So kommt es meistens zu einer Steigerung der Einsätze oder einer Zunahme der Spielhäufigkeit, um weiterhin die gewünschte Erregung zu erreichen. Ruhelosigkeit oder Reizbarkeit treten auf, wenn nicht gespielt werden kann. Wiederholte Versuche, das Spielen einzuschränken oder zu beenden, misslingen in der Regel. Häufige Folgen dieses Verhaltens sind totale Verschuldung, gestörte Familienverhältnisse, Vernachlässigung beruflicher Tätigkeiten sowie gegebenenfalls strafbare Handlungen, um Geld für das Spielen zu beschaffen. Die Häufigkeit des pathologischen Spielens scheint deutlich höher zu sein als die der anderen ›Störungen der Impulskontrolle‹. Größere Studien geben eine Häufigkeit zwischen 1 bis 3 Prozent in der Erwachsenenbevölkerung an. Heute steht dabei unter den Arten des Glücksspielens das Spielen an einem Geldspielautomaten bei weitem im Vordergrund. Die Zahl der behandlungsbedürftigen Glücksspieler dürfte in Deutschland bei ca. 100.000 liegen.

Gerhard Roth

Das Labyrinth

aus: Gerhard Roth. Das Labyrinth.

Einführung

Der österreichische Schriftsteller, Dramatiker und Filmemacher Gerhard Roth (Jahrgang 1942), Sohn eines Arztes, studierte Medizin, war dann Angestellter im Rechenzentrum von Graz und lebt seit 1978 als freier Autor. Er erhielt zahlreiche namhafte Literaturpreise und arbeitet in fast obsessiv zu nennender Art und Weise an einem riesigen epischen Kosmos, in dessen Zentrum nicht nur die Geschichte Österreichs steht, sondern alle denkbaren Abgründe und Verwerfungen der menschlichen Psyche.

Krankheit, Medizin und Psychiatrie durchziehen Roths Erzählkosmos ebenso artistisch wie leitmotivisch thematisch, wobei der Autor immer wieder neu versucht, auch experimentelle Erzählweisen als adäquate Formen für die epische Vergegenwärtigung dieses hochkomplexen und heterogenen Themenkreises auf deren Eignung hin zu reflektieren. Zu Roths Hauptwerken zählt »Der Wille zur Krankheit« (1973), »Landläufiger Tod« (1984), der 1991 abgeschlossene siebenbändige Zyklus »Die Archive des Schweigens« sowie der ebenfalls siebenteilige Zyklus »Orkus«, von dem mittlerweile mit »Das Labyrinth« (2005) sechs Bücher vorliegen.

Am Anfang des Romanes »Das Labyrinth« steht – nach einem Motto aus Tschechows Novelle »Krankenzimmer 6« – im Prolog und Krankenbericht der Verdacht des Psychiaters Heinrich Pollanzy, Leiter der Anstalt zu Gugging, sein pyromanischer Patient Philipp Stourzh könne die Wiener Hofburg in Brand gesetzt haben. Damit beginnt eine erzählerische Odyssee auf der stets changierenden Grenze zwischen Wahn und Wirklichkeit, die durch halb Europa und quer durch historische Epochen führt. Dabei werden die konventionellen Grenzen des Romangenres so oft ausgeweitet und schließlich gesprengt, bis sich der Leser einem kaum mehr über- und durchschaubaren Kompendium von Kunst, Religion, Geschichte, vor allem aber eben auch von Psychiatrie und nicht auslotbarer menschlicher Seelenpein ausgesetzt sieht.

Weiterführende Literatur:
Uwe Wittstock: Gerhard Roth. Materialien zu »Die Archive des Schweigens.« S. Fischer 1992

Das Labyrinth

Prolog
Krankenbericht

Mein Name ist Heinrich Pollanzy. Als Psychiater und Leiter der Anstalt Gugging bin ich es gewohnt, seltsame Lebensläufe und Ansichten zu hören. Meinen ehemaligen Patienten und heutigen Pflegegehilfen Philipp Stourzh kenne ich seit mehr als fünfzehn Jahren. Er wurde mit einem epileptischen Anfall in meine Abteilung eingeliefert, der auf den Schuß aus einem Flobertgewehr zurückzuführen war. Das Projektil war in den Hinterkopf des Patienten eingedrungen und, ohne das Gehirn zu verletzen, in einem Bogen unter der knöchernen Schädeldecke bis zur Nasenwurzel gelangt.
Auf der Röntgenaufnahme ist das steckengebliebene Geschoß deutlich zu erkennen. Hunderte Ärzte haben es auf Kongressen gesehen. Die Neurologen sind sich jedoch darüber einig, daß eine Operation ausgeschlossen ist, da die Gefährlichkeit eines Eingriffes in keinem Verhältnis zum Resultat steht. Zudem ist der Status quo für den Patienten nicht bedrohlich. Jedenfalls konnten keine Anzeichen festgestellt werden, daß das Projektil wandert, und auch der epileptische Anfall blieb ein einmaliges Ereignis.
Die Erinnerung an den Unfall ist vollständig aus dem Gedächtnis des Patienten gelöscht.
Philipp Stourzh hatte seinen Vater, einen Sportschützen, in das Überschwemmungsgebiet an der Donau begleitet und auf der Zielscheibe, wie er es immer tat, gerade die Treffer abgelesen, als sich aus dem Flobertgewehr der verhängnisvolle Schuß löste.
Der unglückliche Vater hatte bis vor kurzem das größte Briefmarkengeschäft von Wien besessen, in dem Philipp sechs Jahre nach dem Ereignis einen Brand legte, der aber keinen großen Schaden verursachte und daher von den Eltern vertuscht wurde. Sie bestanden je-

doch auf einer therapeutischen Behandlung ihres Sohnes, aus der sich ein gewisses Nahverhältnis zwischen Philipp und mir entwickelte. Ich fand heraus, daß er schon seit seiner Pubertät ein heftiges pyromanisches Verlangen verspürte.

Wann immer sich die Gelegenheit ergab, »zündelte« er an der Alten Donau. Dabei trug er eine Flugtasche der Austrian Airlines aus rotem Kunststoff mit sich, in die er alte Zeitungen, Kartonstücke und eine Flasche Petroleum gestopft hatte. Am Ufer eines versteckten Nebenarmes legte er dann Feuer. Der pyromanische Drang steht also nicht in Zusammenhang mit dem Kopfschuß. Ich halte Philipps Besessenheit vielmehr für das Ergebnis von unterdrücktem Haß auf die eigene Familie. Er warf seinen Eltern vor, daß ihr Briefmarkengeschäft vom Großvater Johann Stourzh nach dem Einmarsch Hitlers in Österreich dem jüdischen Eigentümer geraubt worden sei. Johann war ein sogenannter »Illegaler« gewesen, das heißt Mitglied der NSDAP, als sie in Österreich verboten war. Nach der Verschleppung des jüdischen Besitzers, der später in Dachau ermordet wurde, hatte er das Geschäft mit seltenen und kostbaren Postwertzeichen wie der *British Guiana IC* aus dem Jahr 1856, der *Bayerischen Schwarzen Einser mit Mühlradstempel »317«* und der schwarzen *One Penny mit Malteserstempel* zugesprochen erhalten. Sein Großvater log später, daß es sich bei den Raritäten um Fälschungen gehandelt hätte, die er nach der »Übernahme« des Geschäftes in den Ofen geworfen habe. Ich führe Philipps versuchte Brandstiftung auf diesen Vorfall zurück und auch seine pyromanische Leidenschaft, die etwas mit Rache zu tun hat, denn sein Vater hat ihm stets eine Antwort auf die Frage, woher der Reichtum der Familie komme, verweigert. Außerdem war Johann Stourzh in die »beschlagnahmte« Wohnung des jüdischen Besitzers eingezogen und hatte dessen Bücher, Ölbilder, Silbergeschirr und Teppiche geraubt, die er seinem einzigen Sohn Adolf weitervererbt hatte.

Ich vermittelte Philipp als Therapie gegen seine pyromanische Leidenschaft in den Sommerferien an eine Feuerversicherung (ein riskantes Experiment, wie ich zugebe), wo er in der Schadensabteilung aushalf. Dort lernte er Wolfgang Unger kennen. Unger ist von Beruf Restaurator im Kunsthistorischen Museum und arbeitet nur nebenbei als Fotograf für Brandschäden. Er zeigte Philipp das Archiv mit über 700 Ordnern, von dem Stourzh so fasziniert war, daß er stundenlang Akten und Fotografien studierte. Noch immer fuhr er an die Alte Donau, um alles mögliche anzuzünden und Zigaretten zu rauchen. Unger zeigte auch mir die ungewöhnliche Sammlung von Aufnahmen ausgebrannter Wohnungen und verkohlter Leichen, Ruinen von Gebäuden und verrußter Autowracks. Auf die Frage, warum die vom Feuer beschädigten und zerstörten Gegenstände auch einzeln fotografiert würden, Kleidungsstücke, Möbel, Uhren, Haushaltsgeräte, Bücher, Bilder, Füllhalter oder Brillen, erklärte er, dies sei notwendig, um die Höhe des Schadensersatzes zu bestimmen.

Kommentar

Der kurze Auszug aus der Geschichte von Roth »Das Labyrinth« beschreibt eine Pyromanie, ihre möglichen biographischen Hintergründe und einen ungewöhnlichen Therapieversuch. Die pyromanen Verhaltensmuster Philipps treten schon im Kindesalter auf und werden u.a. als das Ergebnis von unterdrücktem Hass auf die eigene Familie interpretiert.

Bei der Pyromanie handelt es sich um eine krankhafte Störung, bei der wiederholt vorsätzlich Feuer gelegt wird. Die Patienten sind in der Regel von Feuer und damit zusammenhängenden Situationen stark fasziniert. Die Brandstiftung erfolgt, zumindest oberflächlich betrachtet, nicht aus Wut, Rache oder um bestimmte Ziele durchzusetzen. Das Legen von Feuer ist mit einer intensiven Spannung und Erregung, teilweise mit Vergnügen und Befriedigung verbunden. Obgleich das Feuerlegen aus der Unfähigkeit resultiert, einem Impuls zu widerstehen, können dem Feuerlegen dennoch eventuell sogar umfangreiche Vorbereitungen vorangehen. Personen mit dieser Störung werden häufig als regelmäßige »Beobachter« angetroffen, wenn es in ihrer Nachbarschaft brennt. Oft geben sie falschen Alarm oder zeigen auffälliges Interesse an der Feuerbekämpfung. Die Faszination an allem, was mit Feuer zu tun hat, kann einige Betroffene sogar dazu bringen, im Rahmen der freiwilligen Feuerwehr tätig zu sein. Den Folgen, die aus ihrer Brandstiftung für das Leben oder den Besitz anderer Menschen resultieren, stehen sie oft gleichgültig gegenüber. Die Störung beginnt gewöhnlich in der Kindheit und verläuft periodisch mit Exazerbationen meist während Krisensituationen. Die pathologische Brandstiftung (Pyromanie) ist auf die Allgemeinbevölkerung bezogen zwar eine seltene Störung, unter Brandstiftern ist sie jedoch relativ häufig anzutreffen.

Leopold Günther-Schwerin

Der Kleptomane

aus: Leopold Günther-Schwerin. Der Kleptomane.

Einführung

Der Autor Leopold Karl Gustav Günther-Schwerin (1865 bis 1945) ist ein Unbekannter. Daher kann hier nur referiert werden, was die ebenso verdienstvolle wie liebevoll gestaltete Ausgabe von »Der Kleptomane« der Achilla Presse vermerkt.
Diesen Angaben zufolge besuchte der in Hamburg geborene Günther-Schwerin 1885 bis 1888 die Kunstakademie in Düsseldorf und lebte seit 1893 als akademischer Kunstmaler und Bildhauer in Wiesbaden. Zwischen 1891 und 1903 fanden Ausstellungen seiner Werke in Berlin und Wiesbaden statt. Er war Mitbegründer der Renten- und Pensionsanstalt für deutsche bildende Künstler und betätigte sich unter dem Namen Leopold von Schwerin auch als Schriftsteller (»Christentum und Spiritismus und die Gleichartigkeit ihrer Beweise«, 1895). Sein Erzählungsband »Wahr oder Wahn? Seltsame Geschichten« erschien 1910 in einem Wiesbadener Kleinverlag und wurde kaum wahrgenommen. Man weiß außerdem, dass der Künstler mit Emilie Pfefferkorn verheiratet war.
Die Literaturkritikerin Kristina Maidt-Zinke schreibt in der Süddeutschen Zeitung vom 10. Mai 2003, es handle sich bei »Der Kleptomane« um eine Geschichte, die »irgendwo zwischen Krimi, Krankenakte und Kleinstadtsatire irrlichtert und stilistisch mal mehr, mal weniger elegant am Sonntagsschreibertum vorbeischrammt, unter Verwendung vieler expressionistischer Gedankenstriche«.
Gelegentlich ist in Literatenkreisen auch die These zu hören, Günther-Schwerin sei ein Pseudonym (von wem?), oder der Autor sei in Wirklichkeit eine hübsche Fiktion. Mit Karl Valentin formuliert: »Nichts Genaues weiß man nicht.«

Weiterführende Literatur:
Fehlanzeige

Der Kleptomane

»Mit seiner Verhaftung hörten alle jene rätselhaften, unbegreiflichen Diebstähle in unserer Stadt auf.« – Beweis genug, hieß es, daß er, wenn man auch die Brillanten nicht bei ihm gefunden hatte, der Täter gewesen sein mußte, mit einem Raffinement und einer Fingerfertigkeit begabt, die kein Gegenstück in der modernen Verbrecherwelt fand – und das will was heißen!

Es handelte sich um Brillanten von größerem Wert, nur solche ließ der Herr verschwinden, und wie sich unsere Goldschmiede und Juweliere auch zu schützen suchten, es gelang diesem Meisterdieb doch, diese oder jene Steine an sich zu bringen. Similibrillanten wußte er, scheinbar auf den ersten Blick, als solche zu erkennen. Man stellte ihm Fallen damit, aber er fiel nicht darauf herein!

Man versah Türen und Auslagekasten mit elektrischer Leitung, ein Klingelzeichen verkündete ihre Berührung. Sogar die wertvollen Schmuck enthaltenden Kästchen wurden auf diese Weise gesichert, schon die geringste Verminderung des Gewichtes eines Schmuckes hätte genügt, die Klingel in Bewegung zu setzen – alles das half kurze Zeit, doch in dem Maße, wie das Gefühl der Sicherheit zunahm und die Wachsamkeit sich dagegen abschwächte, begannen die Diebstähle aufs neue und blieben jahrelang an der Tagesordnung. Unsere Polizei war außer sich, wurde sie doch zum Gespött des Publikums, der Nachbarstädte, ja des ganzen Landes!

Von auswärts kamen Privatdetektive – aber auch ihre Kunst scheiterte an der Geschicklichkeit des Diamantendiebes, der sich nicht scheute, sogar in Gesellschaften und auf Bällen der oberen Zehntausend sein Gewerbe zu treiben – wenigstens schob man seiner Tätigkeit die bei solchen Gelegenheiten vielleicht verlorenen Schmuckstücke in die Schuhe, wie sich denn auch schon eine Legende um die Person des Diebes zu ranken begann.

[…]

Jedenfalls aber war er – soweit man ihn in der Öffentlichkeit kannte – ein harmloser Mensch, ein großer Tierfreund, der keinem etwas zuleide tat. In punkto Weiber, überhaupt irgendeines dahin zielenden Gefühls, schien er ein vollkommenes Neutrum zu sein. Gleich konventionell höflich und phrasenhaft gegen Frauen wie Männer – auch letzteren keine stärkere Zuneigung beweisend, wie manche Leute wissen wollten.

Seine Mutter war, wie gesagt, als reiche Frau stadtbekannt, hielt Pferde und Wagen, Dienerschaft, gab große Gesellschaften, kurz, sie führte ein Leben, wie es einer Dame von Stand zukam. Wo sie in einen Laden trat, wurde sie mit Freude begrüßt und mit ausgesuchtester Höflichkeit bedient, denn ihr Besuch bedeutete stets ein gutes Geschäft.

Ihr Sohn also – Fritzchen –, wie er trotz seiner 31 Jahre von groß und klein, hoch und gering genannt wurde, erschien also eines Nachmittags vor der Auslage Nathans und betrachtete den dort alles beherrschenden Brillantschmuck mit scheinbar größtem Interesse, während der Eigentümer in seinem Versteck wie eine Kreuzspinne auf ihr Opfer lauertc.

Als er Fritzchen sah, begann sein Gesicht sich in schmunzelnde Falten zu legen, und viel hätte nicht gefehlt, so wäre er – wie er später nicht oft genug erzählen konnte – hinausgeeilt und hätte den »jungen Herrn Baron« – er nannte ihn selbstverständlich nur andern gegenüber Fritzchen – in den Laden komplimentiert. Aber er beherrschte sich und gab diesem Impuls zu seinem und seiner Kollegen Glück, wie wir sehen werden, nicht nach.

Währenddessen betrachtete Fritzchen den Schmuck weiter mit großen Augen. – Seine Augen waren überhaupt etwas hervorgequollen – gestielt, wie man es nennt – und von einem eigentümlichen Ausdruck, den man mit dem Wort verschwommen bezeichnen konnte, aber das war nicht ganz richtig – sie waren vielmehr denen der Hypnotisierten gleich, sie besaßen etwas Vages, Unbestimmtes, In-sich-Gekehrtes – ja es ist schwer, ihren Ausdruck zu beschreiben!

Voller Freude bemerkte nun Nathan, daß Fritzchens Augen immer größer zu werden schienen, immer stierer, daß er den Schmuck ordentlich mit den Augen verschlang und sich dabei die Nase an der Scheibe platt drückte! – Das bedeutete vielleicht den Verkauf des Geschmeides an die Frau Mama, zumindest ihren Besuch im Geschäft – und das war auch schon etwas, dabei blieb dann immer etwas hängen!

So kalkulierte Nathan, als er plötzlich zusammenfuhr! War's ihm doch gewesen, als sei – ganz leise – das Klingelzeichen ertönt, welches unter dem Schmuck Wache hielt! Mit schnellem Blick umfaßte er den

Laden, das Schaufenster, nichts – kein Mensch – die reine Nervosität also!
Aufatmend schaute er nun wieder nach Fritzchen aus, aber dieser war inzwischen fortgegangen – hinter dem Schaufenster standen andere Menschen – schade!
Nach Ladenschluß nahm Nathan den Schmuck aus dem Fenster und untersuchte ihn noch einmal, besonders den großen Diamanten, welcher das Mittelstück bildete, und fand diesen ein wenig locker in der Fassung. War er das schon immer gewesen? Er glaubte nicht. – Komisch! – Mit diesem Wort schloß er den Schmuck in den diebessicheren Schrank, um ihn am anderen Morgen wieder an seinen Platz, auf den elektrischen Kontakt, zu legen und um sein Versteck aufs neue zu beziehen.
Um dieselbe Zeit wie am Tage vorher erschien nun, zu seiner größten Freude, Fritzchen wieder vor dem Schaufenster und betrachtete den Schmuck. Während dies geschah und Nathan doppelte Hoffnungen an das wiederholte Erscheinen des jungen Mannes knüpfte, kam eine Dame in den Laden, um etwas zu kaufen.
Nathan schoß voll Eifer aus seinem Versteck hervor, klingelte schnell dem Gehülfen, doch entweder hatte die Leitung versagt, oder er hatte in der Eile nicht richtig auf den Knopf gedrückt, kurz, der Gehülfe kam nicht, und so mußte der dadurch etwas nervöse Juwelier der ihm gut bekannten Dame – der alten Gräfin Rosen – das Gewünschte selber vorlegen.
Zu diesem Zwecke mußte er auf einen Tritt steigen, um oben aus dem Auslageschrank die gewünschten Gegenstände – kostbare Prunkgläser – herabzunehmen, und mußte so lange dem Laden und dem Schaufenster den Rücken zuwenden.
In dem Augenblicke, als er hinaufstieg, entstand draußen auf der Straße ein Volksauflauf – Nathan hörte gleich darauf die Ladentür klingeln, und ehe er Zeit fand, sich auf dem kleinen wackelnden Tritt, in jeder Hand eines der zerbrechlichen Gläser, herumzudrehen, hörte er jemand in den Laden treten.
Von Mißtrauen erfaßt, sprang er nun vom Tritt, wobei ihm eines der Gläser aus der Hand und zu Boden fiel. Total verwirrt vor Schreck darüber, bückte er sich danach hinter den Ladentisch, stieß sich heftig den Kopf an und – in diesem Augenblick erscholl zu seinem Entsetzen das Klingelzeichen unter dem Brillantschmuck.
Nathan fuhr empor und überflog mit seinen Blicken den Laden und

das Schaufenster. – Die alte halbtaube Gräfin saß ganz ruhig auf dem Stuhl und hatte scheinbar nichts von allem gehört – aber in dem Augenblick seines Aufrichtens sah Nathan jemanden aus dem Laden verschwinden, denjenigen, dessen Hereintreten die Türglocke verkündet hatte, und dieser jemand war – wenn ihn nicht alles täuschte – der junge Herr Baron – Fritzchen!

Ein Blick nach dem Schmuck belehrte Nathan zu seiner Beruhigung, daß dieser noch auf seinem Platze stand; als er ihn aber, nachdem die alte Dame den Laden verlassen hatte, näher betrachtete, fehlte der große kostbare Mittelstein!

[…]

… der Haussuchung, und war sie ergebnislos, Fritzchen unschuldig, dann war es um die gute Kundschaft und um die ihres Bekanntenkreises geschehen!

Aber es kam anders! – Man fand bei Fritzchen, oberflächlich in einer Pappschachtel versteckt, den Nathan'schen Diamanten. Fritzchen selbst leugnete bei seiner Verhaftung absolut nicht, ihn im Besitz zu haben, und führte die Beamten selber zu seinem Versteck, ihnen den Stein ausliefernd. Andere ihn belastende Funde machte man, trotzdem kein Winkelchen undurchsucht blieb, nicht.

Er wurde abgeführt. – Seine Mutter war außer sich und schwur, sich von diesem Menschen, der nicht wert sei, ihr Kind zu sein, loszusagen, wie sie sich denn auch von Stund an vorläufig nicht mehr als wie sie unbedingt zur Regelung der Verhältnisse nötig hatte, um ihn kümmerte.

Fritzchen nun brachte bei seinen Verhören nichts als konfuses Zeug vor: Er sei kein Dieb – er habe den Diamanten nicht gestohlen!

Wo er ihn denn her habe?

Er sei zu ihm gekommen – Das sei wohl nicht gut möglich!

Ja – er sei zu ihm gekommen!

Dann Schweigen, kein Wort mehr – oder so merkwürdige, unmögliche Erklärungen, in abgerissenen, unzusammenhängenden Sätzen vorgebracht, daß sie das Gegenteil dessen erzeugten, als was er offenbar wünschte, nämlich, daß sie ihn um so mehr belasteten, je mehr er sich scheinbar Mühe gab, seine Schuld hinter allerhand mystischem Unsinn, den er den Richtern zu glauben zumutete, zu verstecken.

Nach Ansicht der Herren hatte man es mit einem abgefeimten, verstockten Dieb zu tun, und die ganze Ausführung des Diebstahls, bei welchem er erwischt wurde, ließ darauf schließen, daß er wohl auch

die früheren ausgeführt habe, mithin der lange gesuchte Diamantendieb sei!
Die Verhandlung begann – aber sein Rechtsbeistand beantragte, den jungen Mann, der doch in seiner gesellschaftlichen Stellung und Vermögenslage, bei seiner einfachen, soliden Lebensführung, kein gewöhnlicher Dieb sein könne, auf seinen Geisteszustand hin untersuchen zu lassen. Er hielte ihn für einen Kleptomanen! – Weiter führte der Justizrat aus, daß Fritzchen sicher nicht ganz normal sei und daß man gerade bei solchen Kranken bewunderungswürdige Gaben fände, die sich auf Kosten der anderen, zurückgebliebenen zu einer ungeahnten Blüte entwickelten. So könne man vielleicht seine Geschicklichkeit, sein Raffinement bei diesem letzten Diamantendiebstahl erklären, denn, daß die anderen ihm auch zur Last fallen sollten, sei unbewiesen und fraglich – er glaube in letzterer Beziehung nicht an die Schuld seines Klienten. Auch könne nach den Erfahrungen des Hypnotismus, durch das Beschauen der glitzernden Steine eine Auto-Hypnose bei ihm eingetreten sein – hypnotisierte doch Hansen mit sogenannten Theaterbrillanten –, und in diesem Zustand habe er wohl unbewußt seine diebischen Fähigkeiten entwickelt, die allerdings erstaunlich seien.
Dank der eindringlichen Verteidigung des geschulten und belesenen Juristen gelang es, sein Gesuch durchzusetzen, und so wurde Fritzchen zwecks Beobachtung und Feststellung seines Geisteszustandes in meine Irrenanstalt gesandt.
Was ich dort mit ihm erlebte, meine Herren, soll, nach dieser orientierenden Einleitung, meine eigentliche Erzählung abgeben, welche ich Ihnen neulich versprach, als wir über den mittelalterlichen Aberglauben wie über Inkubation und ihre Möglichkeit stritten. Also hören Sie:
Als Fritzchen eingeliefert wurde, ließ ich ihn einige Tage beobachten, aber sonst noch persönlich in Ruhe. Er trug ein gedrücktes Wesen zur Schau, war still, benahm sich aber, oberflächlich betrachtet, normal. Es ist meine Art, zuerst einmal das Vertrauen der Kranken zu gewinnen, wenn dies auch nicht immer gelingt. – Für krank hielt ich ihn, er war meiner Überzeugung nach geistig nicht normal und dazu Kleptomane.
Indem ich ihm freundlich begegnete und ihn nicht vom ersten Augenblick an mit Fragen belästigte oder mich ihm durch prüfende Blicke und dergleichen verdächtig machte, verlor sich nach und nach auch

bei ihm jene Vorsicht gegen mich, die namentlich den in Untersuchung befindlichen Kranken eigen ist. Jenes Mißtrauen und die Furcht fielen fort, durch eine unbedachte Äußerung oder Handlung sich – so oder so – bloßzustellen. – Man muß trotzdem noch äußerst individuell vorgehen, und besonders war es bei Fritzchen schwerer, die richtige Art und Weise des Benehmens zu finden als bei manchem anderen, denn auch ich hatte mich vorläufig auf den Standpunkt zu stellen, daß er Komödie spielte, Geisteskrankheit vorspiegelte, um die Verfolgung wegen bewußten Diebstahls von sich abzuwälzen.
Die chronologische Reihenfolge meiner Fragen und seiner Antworten ist mir natürlich entfallen. Ich vermag Ihnen also nur ein Bild dessen zu geben, was ich mit ihm erreichte.
In der ersten Zeit war er, wie gesagt, wortkarg und gedrückt. Die veränderten Lebensbedingungen gingen ihm scheinbar nahe. Er war, trotz seiner verhältnismäßig jungen Jahre, ein ganzer Gewohnheitsmensch, vermißte die herrische egoistische Mutter, die täglichen Spazierfahrten mit ihr, das Theater – ja sogar die Dienstleistungen, zu welchen sie ihn heranzuziehen liebte, die aber immerhin sein Gehirn ein wenig ausgefüllt hatten.
Den Alkohol vermißte er nicht, er hatte ihn nie oder beinahe damenhaft mäßig in Gestalt von – Sekt – getrunken. Sekt war sein Lieblingsgetränk, wie mir die Mutter auf meine Frage gesagt hatte. Raucher war er auch nicht, aber es fiel auf, daß er viel aß, namentlich viel Süßigkeiten, immerfort, ohne Ende, bis man ihn schließlich am Weiteressen hindern mußte. – Das ließ bereits, mit den anderen Anzeichen zusammen, auf einen Gehirndefekt schließen! Als er sich einmal unbeobachtet glaubte, nahm er ein Stück Fleisch mit den Fingern aus der Suppe, um es zu essen – fehlte da vielleicht der Bändigerblick der Mutter?
Er war auch nicht reinlich, man mußte ihn, wenn auch nicht gerade dazu zwingen, so doch an Waschen und Baden ständig erinnern, und häufiger passierten ihm in meiner oder in Gesellschaft Kranker – Damen und Herren – Dinge, die auf einen Mangel an Selbstbeherrschung schließen ließen und die in ärgster Weise gegen jede gesellschaftliche Form verstießen!
Das alles genügte mir wie gesagt schon, um ihn für nicht normal zu erklären, trotzdem er zuzeiten – später –, als er mehr Vertrauen zu mir gefaßt hatte, ruhig, ja auf seine Art unterhaltend sein konnte. Er zeigte eine gewisse oberflächliche Bildung und Belesenheit, klassische

Verse rezitierte er wie ein Papagei, so, als habe er sie nur dem Wortlaut, nicht dem Inhalt nach auswendig gelernt. Er konnte auch manchmal mit herrischer Gebärde und lauter Stimme die Wärter anfahren, die ihn bedienten, plötzlich in Wut geratend über Dinge, die ihn sonst gleichgültig ließen.
Es las viel, schrieb ein Tagebuch, unklar, unfertig wie ein Sextaneraufsatz – kurz, für mich stand es nach den ersten paar Wochen fest, daß ich in ihm einen geistig nicht normalen Menschen vor mir hatte, von harmloser Art – wenn die Kleptomanie nicht gewesen wäre –, von der Sorte, wie sie vielfach frei umherlaufen, ohne ihren Mitmenschen gefährlich zu werden.
Das letztere war ja nun durch Fritzchens Diebstahl anders. Er war jedenfalls ein Mensch – vielleicht durch die strenge Erziehung und Konsequenz der Mutter erst dazu gemacht –, der die gesellschaftlichen Formen, namentlich solange er sich unbeobachtet wußte, äußerlich wahrte. Es gab aber, wie schon erwähnt, Augenblicke, wo ihm dies nicht gelang, wo seine ureigene Natur mit ihm durchging, und dann fiel dieser künstliche gesellschaftliche Firnis, welchen ihm die Erziehung – besser Dressur – gegeben hatte, ab, und er sank ins Kinderstadium zurück.
So war der Mensch beschaffen, welcher mit der jenen Kranken oft eigenen Schlauheit den – vielleicht auch die – Diebstähle ausgeführt hatte, unter den schwierigsten Verhältnissen.
– Wie? – Das mögen die Götter wissen, ich weiß es heutigen Tags noch nicht, denn was er angab, war eitel Phantasterei, Dinge, die er irgendwo mal gelesen oder aufgeschnappt haben mochte und die ihm nun vielleicht helfen sollten, seine Kunstgriffe, auf die er offenbar stolz war und die ein ihm liebes Geheimnis bildeten, zu verschleiern.
Unser Gutachten hatte ihn außer strafrechtliche Verfolgung gesetzt, er verblieb aber in der Anstalt auf Wunsch der Mutter, um Heilung von seinen kleptomanischen Anfällen zu finden. Vom ersten Augenblick an hatte er geleugnet, gestohlen zu haben.
Er sei kein Dieb – der Stein sei zu ihm gekommen!
Wie? –
Ja, dann schwieg er oder erzählte jenes konfuse Zeug. – Als ich dann endlich sein Vertrauen erworben hatte, suchte ich, mehr aus Neugierde, ihm sein Geheimnis zu entlocken, nicht einmal, häufiger machte ich einen Anlauf dazu, – aber stets ohne Erfolg!
Da änderte ich meine Maxime:

Ich lud ihn eines Tages zu mir zu Tisch!
Er war hoch erfreut und begann sich, wie mir die Wärter erzählten, zu putzen und zurechtzumachen, wie er dies von den häufigen ähnlichen Gelegenheiten und Anlässen von zu Hause her gewohnt war.
Mit einigen konventionellen, gesellschaftlichen – scheinbar auswendig gelernten – Redensarten trat er bei uns ein, erkundigte sich nach meiner noch nicht anwesenden Frau und meinte dann, es sei schrecklich heiß bei uns, ob wir uns nicht die Röcke ausziehen wollten, so lange, bis die Dame des Hauses erschiene?
Ich versicherte ihm, daß ich ihr Kommen jeden Augenblick erwarte – und so behielt er glücklich den Rock an.
Sie kam. Er war sehr liebenswürdig, küßte ihr sogar die Hand und dankte auch ihr noch einmal für die Einladung.
Das Essen wurde aufgetragen. – Die Suppe schien ihm nicht scharf genug, und er entnahm mit den Fingern dem Salzfaß eine Prise, sie in seinen Teller werfend.
Ich bot ihm ein Glas Wein an: »Danke, ja!« – Ich goß ein, aber er trank nicht, Selterswasser dagegen in Menge.
Beim Essen schmatzte er häufig laut und kaute schnell und kurz wie ein Kaninchen.
Auf alle Fragen antwortete er – manchmal ganz richtig – und unterhielt uns viel vom Theater, seiner Leidenschaft.
Da fiel mir mein Kneifer zur Erde und in seine Nähe. Er hob ihn auf, und anstatt ihn mir zu reichen, schleuderte er ihn in hohem Bogen über den Tisch, so daß er auf meinen Teller fiel und dort zerbrach! – Ein »Ohhh« war alles, und dann griff er das durch diesen Zwischenfall unterbrochene Gespräch wieder auf.
So verlief das Essen, und Fritzchen fühlte sich sichtlich wohl.
Er begann lebhafter zu werden und redseliger.
Ich hatte mit meiner Frau verabredet, daß sie verschwinden solle, sobald das Essen vorüber sei, an dessen Schluß ich eine Flasche Sekt aufmachen ließ und, beim Dessert angekommen, Henkell's edles Naß in den Gläsern perlte.
Meine Frau entschuldigte sich gleich darauf damit, daß sie nach unserem leicht erkrankten Töchterchen sehen müsse, und hob die Tafel auf.
So saßen Fritzchen und ich uns denn allein gegenüber. Er nippte nur am Glase, aber ich animierte ihn fortgesetzt zu trinken – allein mit wenig Erfolg.
Er wurde jedoch lustiger, gab allerhand pfeifende oder zischende

Töne von sich, ungefähr wie sie der aus der Karpenterbremse entweichende Dampf erzeugt, und amüsierte sich sichtlich selber königlich über seine Künste! –
Dann stieß er mit mir auf das Wohl meiner Frau an. – Wir tranken –
– – – – – –

»Hören Sie, mein lieber Freund, Sie sind ja, wie Sie wissen, jetzt außer Verfolgung gesetzt wegen jener Geschichte da – bei Nathan –, die Sache ist also erledigt. Trotzdem sind Sie aber noch nicht wieder frei. Sie werden noch einige Zeit bei uns bleiben müssen, wir wollen sehen, ob wir Sie nicht heilen können von Ihrem Diamantenfieber – oder Sie vielmehr von den Besuchen der letzteren bei Ihnen befreien – Sie verstehen, nicht wahr?«
Fritzchen sah mich groß an – förmlich durchdringend, als wollte er in meiner Seele lesen –, dann nickte er eifrig mit dem Kopf:
»Ja gesund machen – von ihrem Zumirkommen heilen –, und dann darf ich wieder nach Hause zur Mama, nicht wahr?« –
»Gewiß«, sagte ich, »aber dazu gehört, daß Sie uns einmal beichten, wie Sie jenen Stein erlangt haben, ganz ehrlich und offen, durch welche – sagen wir – Kunstgriffe –«
Fritzchen blickte mich starr an:
»Ich sagte doch – ich bin kein Dieb – habe keine Kunstgriffe –«
Ich hob die Hand beschwichtigend und sagte:
»Nun ja, wenn Sie aber wollen, daß wir letzteres nicht mehr glauben, dann müssen Sie einmal im Zusammenhang erzählen, wie es denn ging – wie die Steine – zu Ihnen kamen – Sie verstehen, man kann sich doch keinen Begriff davon machen?«
»Keinen Begriff davon machen«, sagte er mit großen Augen vor sich hinblickend. Plötzlich raffte er sich aber auf, blies die Luft zischend zwischen den Zähnen durch, seufzte, schlug die Augen zu mir empor und sagte:
»Nun ja, dann will ich's Ihnen erzählen, so gut ich's kann. Ich weiß nicht, ob ich's noch so zusammenbringe, aber ich will's erzählen.«
Geräuschvoll machte er die Karpenterbremse, rückte sich in seinem Stuhl zurecht, aufrecht sitzend mit geradem Rücken und indem er sich die Weste herunterzog, begann er in abgebrochenen Sätzen mit wenig Erzählertalent, schwerfällig im Ausdruck und vielfach nach Worten suchend, folgendes zu erzählen:
»Das erste Mal – wissen Sie – das erste Mal – wann das war?
– Ja, das weiß ich nicht mehr – da machte mir ein Diamant, den eine

Bekannte von Mama als Brosche trug, Übelkeit. – Mein Magen begann – während mir die Augen überliefen und schmerzten und ich nichts mehr um mich herum sah wie den Diamanten, der riesengroß wurde – wie eine Sonne – sich zusammenzuziehen und wieder auseinander – zusammen und auseinander – wie eine Harmonika, wie eine Hand, die etwas greifen will, und das machte mich so übel, daß ich aus dem Zimmer gehen mußte.

Ich entsinne mich nur noch ganz dunkel – aber ich glaube, von da ab konnte ich keine glitzernden Diamanten mehr sehen, sie machten mich furchtbar übel – ich hatte Furcht vor ihnen – und ich versteckte deshalb einmal Mamas Brillantschmuck und bekam Schläge dafür – ja, jetzt weiß ich's –, ich war damals noch ein Junge.

Ich sah von da ab immer weg, wenn jemand in meiner Nähe Brillanten trug, ich konnte sonst nicht mehr los von ihnen, wenn sie mir einmal in die Augen geflimmert hatten – und dann wurde mir wieder so übel – ich haßte diese ekligen Steine!

Und wer die Steine trug, der konnte mit mir alles anfangen, dem mußte ich nachlaufen, ob Mann oder Frau, das war egal – ich mußte zu ihm und fürchtete mich doch davor.

Später – ich war wohl älter – wohl 15 Jahre – da war es einmal eine junge Französin, die so schrecklich glitzernde Steine trug und bei uns zu Besuch war. Da wurde mir nicht mehr allein übel, sondern wie ohnmächtig – es verging mir alles – ganz leicht wurd's mir – es war schön und übel zugleich. Die Steine, besonders ein großer in der Brosche, glitzerten so scheußlich – so, daß ich ihn nicht mehr aus den Augen lassen konnte – ich mußte ihn ansehen – sie meinte immer, ich sähe sie so an, aber es war der Stein – und da wurde mir auf einmal, als ob meine Augen in ihn übergingen, sich in ihm träfen – eins mit ihm wurden – es gab mir einen Ruck im Kopf – mein Magen krampfte auf und zu, und dann war der Stein fort – weg aus der Brosche! Ich war froh – aber mir wurd's wieder übel. Ich mußte in mein Zimmer, mich übergeben und – da kam etwas Glitzerndes mit heraus – ein Stein – ein Diamant – wohl jener der Dame! – Ich versteckte ihn schnell – wenn ich ihn ansah, wurd's mir wieder so komisch – daher versteckte ich ihn, damit ich ihn nicht mehr sah. Ich war froh, daß ich diesen gräßlichen Stein nun beherrschte, ihn unschädlich gemacht hatte – er war nun mein Gefangener – nun war's umgekehrt!

Am andern Morgen hörte ich, daß die Französin ihren prachtvollen Stein aus der Brosche verloren habe. Sie habe es am Abend, als sie

von uns nach Hause kam, bemerkt, es sei ihr aber nicht klar, ob sie ihn vielleicht schon auf dem Wege zu uns, bei uns oder auf dem Nachhausewege verloren habe. Er hätte sich jedenfalls aus der Fassung gelöst, schrieb sie, wir sollten mal suchen!
Ich freute mich, daß ich ihn hatte und daß er mich nicht mehr krank machen konnte, und ich sagte nichts.
Man fand ihn natürlich nie wieder!
Das war das erste Mal. – Es kamen neue Steine dazu. Ich habe auch sie nicht gestohlen – ich bin kein Dieb! Sie kamen zu mir, wie der erste zu mir kam – in mich – in meinen Magen – immer in meinen Magen – ich habe von ihnen zu leiden gehabt und mich dann gefreut, wenn sie da waren und ich sie in der dunklen Schachtel verstecken konnte. Es ging aber nicht immer: Manchmal hat mich so ein Ding gequält und immer gequält und konnte doch nicht zu mir. – Oh, wenn's immer gegangen wäre, hätte ich viele!« – Fritzchen schwieg und stieß zischend die Luft aus.
»Warum haben Sie denn niemandem – nicht einmal Ihrer Mutter oder Ihrem Hausarzt diese – merkwürdigen – Phänomene mitgeteilt?«, fragte ich.
»Ja, weil ich nie was sagte – das Ganze war mir auch egal, wenn ich den Stein erst hatte –«
»Und Sie«, fragte ich weiter, »was dachten Sie sich denn nun dabei? – Waren Sie denn gar nicht verwundert, erschrocken – das war doch nichts Natürliches? – Haben Sie sich nie vor den daraus entstehenden Konsequenzen gefürchtet?«
»Ich? – Nein! – Es war mal so, und da habe ich mir auch weiter nichts dabei gedacht – auch später nicht – ich wollte auch gar nicht! Wenn ich darüber nachdenke, wird's mir drehend – so leer im Kopf – ich denke über nichts mehr nach – auch nicht darüber, weshalb mein Arm manchmal so lang wurde – das ist eben alles da – ja –«
»Ihr Arm wurde lang«, fragte ich – neugierig, was die blühende Phantasie dieses eigentümlichen Menschen mir wohl noch alles vorzaubern würde. – »Wieso?«
»Nun, einmal ging ich an einem Juwelierladen vorüber, und da mußte ich wieder einen großen Diamanten ansehen, der, in einen Schmuck gefaßt, im Schaufenster lag. – Meine Augen zogen sich zusammen – ich sah ihn doppelt – konnten nicht mehr weg, ob ich auch wollte, sie wurden eins mit dem Stein – ich wartete auf den Ruck – aber er kam nicht – der Stein blieb, wo er war. Der Magen krampfte auf und zu –

mir wurde trotzdem nicht übel, und doch konnte ich nicht von der Stelle! – Da – auf einmal merke ich, wie sich mein Arm ganz von selber hebt und meine Hand mit gespreizten Fingern, zum Greifen bereit, gegen die Scheibe fährt – und – durch diese hindurch – den Stein erfaßt – nur den Stein – nicht den Schmuck – –«

»Sie haben also die Scheibe zertrümmert?«, fragte ich.

»Nein – ach wo – ich bin doch kein Dieb?! – Zertrümmert? Durch die Scheibe hindurch langte mein Arm – eine dünne Verlängerung von ihm – oder war's ein dritter Arm aus der Magengrube heraus mit meinem Magen als Hand? – Ach, ich weiß nicht. Er ging durch die Scheibe wie durch Luft, und dann hatte ich den Stein in mir. Ich fühlte ihn, wie er drückte und brannte – ich wurde auch frei, konnte weggehen und erbrach mich nachher – So mußten häufiger Steine in mich – durch doppeltes Glas hindurch – durch dreifaches – wenn ich sie nur sehen konnte –«

»Sie wollen also damit sagen«, unterbrach ich ihn, »daß Sie die Steine nicht mit Absicht, mit Gewalt, nicht mit Fingerfertigkeit oder Kunstgriffen sich angeeignet haben, sondern daß dieselben ganz von selber – wie durch die Art magnetische Kraft, die von Ihren Augen, Ihrem Magen, Ihrem – verlängerten – Arm ausging zu Ihnen kamen – angezogen wurden durch Sie – wie ein Magnet Eisen anzieht – in Ihren Organismus hinein, nicht auf dem gewöhnlichen Wege – sondern quasi durch die Augen?!«

»Ja«, sagte Fritzchen – mich harmlos ansehend und die leise Ironie in meinen Fragen nicht verstehend oder absichtlich überhörend. – »Gewiß – so ungefähr war es wohl – sie wollten zu mir – mußten zu mir – sonst machten sie mir Unruhe. – Ich konnte sie nicht hindern – sie kamen eben – mußten eben, und ich versteckte sie. Ich hatte große Furcht vor ihnen, und eines Tages warf ich sie ins Klosett. Da wurd's mir mit einem Mal ganz frei!

»Sehen Sie«, fuhr er nach einer Pause fort, »sehen Sie, Herr Doktor – so ging's mit allen. Ich wollte mich auch einmal zwingen, nicht hinzusehen, wo Diamanten lagen oder getragen wurden, wollte Juwelierauslagen vermeiden, aber es zog mich dahin – die Steine zogen mich auf weite Entfernung – bis ich sie in mich sog. – So war's auch bei Nathan. – Aber Stimmung mußte dafür sein, es ging nicht immer – meine Augen mußten erst eins sein mit dem Stein – dann kam er – dann kam er mit einem Ruck in mich – dann war er unschädlich für mich« – und bei diesen Worten begannen seine Augen größer zu wer-

den, zu schielen und auf einen Punkt hinzustieren, als ob dort ein Diamant läge.
Ein Erzschauspieler – sagte ich mir – halb Idiot, mit der diesen Menschen eigenen Phantasie ausgestattet – und eigensinnig dabei! Verstockt! – Nicht um die Welt gab er sein Geheimnis preis, die natürliche Erklärung, wie er die Brillanten an sich gebracht hatte. – Oder! – Oder waren diese Fähigkeiten, war dieser Teil der Diebstähle unbewußt vor sich gegangen? – Schlafwandler tun und vollbringen auch Kunststücke unbewußt, die z.B. nur geübte Seiltänzer vollbringen können?! – Vielleicht war es so – und er hatte sich zur Erklärung der Tatsachen, die er erlebte, dies alles nur zusammengereimt und glaubte nun selber daran? Fast schien es so – und vielleicht war er auch gar nicht der Dieb der anderen Diamanten, machte sich nur interessant damit, wie es hysterische Menschen manchmal tun?! – Jedenfalls war mir dieser Mensch ein Rätsel! Ich gab aber die Lösung desselben noch nicht auf und nahm mir vor, ihn noch einmal zu mir einzuladen und ihn dann auf eine Probe zu stellen. Ich entließ ihn für heute – Arbeit vorschützend und er entfernte sich dankend mit der Bitte, doch nichts von seinen Mitteilungen anderen Leuten zu erzählen – nicht einmal seiner »Mama«.
Der Kerl mußte – das wurde mir bei längerem Nachdenken immer klarer – einmal was von den wüsten Hexengeschichten des Mittelalters, von Besessenheit, von Inkubation – jener mystischen Einsaugung von Gegenständen durch die Augen in den Organismus – gelesen haben, vielleicht in einem Hexenroman verwendet oder in den Akten eines solchen Prozesses, die von ähnlichem Blödsinn wimmeln. Die damaligen hochgelehrten Herrn Doktores haben sich von diesen Schwindlern schon an der Nase herumführen lassen – das sollte Fritzchen in unserem Fall nicht gelingen, soviel er auch phantasierte, absichtlich oder unabsichtlich jenes Gelesene reproduzierte und es zur Verschleierung des natürlichen Vorganges benutzte! – Die Probe sollte gemacht werden, und bald!
Zu diesem Zwecke kaufte ich einen glitzernden Similibrillantschmuck und bat meine Frau, ihn an dem Tag, an welchem Fritzchen wieder bei uns essen würde, anzulegen.
Es war an einem Sonntag, als er – in seinem Gesellschaftsanzug glänzend – mit den gleichen konventionellen Redensarten wie damals mich begrüßte und dann auf meine später hinzukommende Frau zuschoß, um ihr sein Kompliment zu machen.

In dem Augenblick, als ihm der glitzernde Schmuck in die Augen fiel, stutzte er einen Moment – seine Augen bohrten sich schielend in den großen Stein in der Mitte –, dann verlor sich diese Augenstellung wieder, sein Blick wurde normal – und er redete nun und aß, ohne weiter von dem Schmuck Notiz zu nehmen, – er ließ ihn offenbar absichtlich oder unabsichtlich – kalt!
War das nun wieder Schauspielerei? – Er konnte allerdings viele Gründe – sehr gewichtige Gründe – dazu haben, wenn er mich – und es schien mir, daß es so sei – durchschaut hatte.
Das Essen ging vorüber, wir hatten uns zum Kaffee in das Zimmer neben dem Salon begeben und meine Frau uns bereits verlassen – als mir eine Dame gemeldet wurde, die beruflich zu mir kam.
Ich bat Fritzchen, ruhig im Zimmer zu bleiben, und ging in das Empfangszimmer der Dame entgegen.
Der Durchgang von letzterem zu dem Raum, in dem Fritzchen sich befand, war nun durch eine Portiere abgeschlossen, die seitlich gerafft einen Durchblick gestattete.
Die Dame, welche mit einer Frage wegen eines in unserer Anstalt befindlichen, ihr verwandten Herren zu mir kam, war dunkel gekleidet und trug, als einzigen Schmuck, einen großen Brillanten, welcher am Halsbund steckte. – Leider konnte ich ihr keine guten Mitteilungen machen, im Gegenteil – ich konnte ihr sogar den Hinweis auf das Schlimmste nicht ersparen – sie bekam Weinkrämpfe und dann einen plötzlichen tiefen Ohnmachtsanfall.
Ich eilte hinaus, um ein Glas Wasser zu holen, da die Bedienung auf mein Klingeln nicht gleich erschien, und sah noch im Vorbeigehen, daß Fritzchen mit langem Hals und großen Augen aus dem Nebenzimmer, beinahe im Türrahmen stehend, die Dame neugierig anstierte.
Ich winkte ihm zurückzubleiben, und als ich, das Wasser in der Hand, den Salon wieder betrat, sah ich, daß er ruhig im Nebenzimmer am Tische saß und in einem Buche blätterte.
Die Dame erholte sich langsam, entfernte sich dann, und – nach Fritzchen sehend – bemerkte ich, daß das Zimmer leer war, er sich also wohl – aus Langeweile – entfernt hatte.
Abends wurde ich zu ihm gerufen. Eine plötzliche Blinddarmentzündung mit vorhergehendem Erbrechen hatte ihn befallen, und zwar so heftig, daß sofort zur Operation geschritten werden mußte. Dieselbe wurde ausgeführt, und im Wurmfortsatz fand man einen

harten Gegenstand – einen Stein oder so etwas –, den der Operateur zur näheren Untersuchung fortlegte.
Leider starb Fritzchen – nachdem alles glücklich vorüber war – an einem Anfall von Herzschwäche.
Am andern Morgen kam der Arzt zu mir und brachte mir jenen bei Fritzchens Operation gefundenen Gegenstand – es war ein Stein – ein großer geschliffener Diamant! – Wo kam er her?
Einige Stunden später traf ein Brief jener Dame vom Tag vorher ein, in welchem sie anfragte, ob sie wohl bei ihrem gestrigen Besuch, vielleicht während ihrer Ohnmacht, einen großen Brillanten, den sie am Halsbund getragen habe, bei mir verloren hätte, ich möchte doch die Güte haben und nachsehen lassen, da sie dieses Wertstück seitdem vermisse.
Also ihr Diamant war's, den man bei Fritzchen gefunden hatte!
Ihr Diamant – von Fritzchen gestohlen? – Verschluckt? – – – Oder durch die Augen eingesogen??! – Das Rätsel wird ungelöst bleiben wie so vieles!« –

Kommentar

Die Geschichte »Der Kleptomane« von Leopold Günther-Schwerin schildert in einer faszinierenden Weise das Schicksal eines jungen Mannes aus bester Familie, der mit 31 Jahren noch bei seiner Mutter lebt und offenbar keine Neigung zu Männern oder Frauen verspürt. Allerdings ist der Akt der Aneignung von begehrten Gegenständen, in seinem Fall ausschließlich wertvollen Diamanten, mysteriös. Er berichtet, dass diese Diamanten – nur echte – von ihm in einem geheimnisvollen Vorgang und ohne sein intentionales Dazutun »aufgesaugt« werden. Auch seine Arme haben offenbar besondere Fähigkeiten, indem sie sogar durch Schaufensterglas gehen können, ohne dies zu zerbrechen, und so Diamanten entwenden. Dies mag eine geschickte Rationalisierung von hochqualifizierten Fähigkeiten eines Trickdiebes sein; der Autor lässt diese Möglichkeit offen. Interessant ist auch die Motivation des Täters. Er berichtet, dass die Diamanten in ihm eine eigenartige, größtenteils unangenehme Körpersensation hervorrufen, andererseits aber auch eine große Anziehung auf ihn ausüben, selbst in der Fernwirkung. Er hat die Tendenz, alle Diamanten an sich zu bringen, nicht aber, um sich an ihrem Besitz zu freuen, sondern größtenteils, um sie dann über die Toilette zu entsorgen. Die Steine interessieren ihn offenbar nicht mehr, nachdem er sie an sich genommen hat. Die eigenartige Faszination der Diamanten wird mit dem Hinweis darauf, dass manche Hypnotiseure glitzernde Steine verwenden, erklärt. Offenbar soll hier eine Art hypnotisches Geschehen suggeriert werden.

Auch wenn einiges an dieser Geschichte mysteriös klingt, so bleiben doch einige Charakteristika typisch für das kleptomane Stehlverhalten: u.a. das blitzschnelle Sichaneignen der Gegenstände, die vorausgehende und damit verbundene Anspannung und Erregung, das Desinteresse an der »Beute« nach dem kleptomanen Stehlakt sowie auch der persönliche Hintergrund eines eher unreifen, auch in sexueller Hinsicht unerfahrenen Menschen. Es sei darauf verwiesen, dass insbesondere die französische Psychiatrie die Kleptomanie auch mit sexuellen Problemen in Verbindung gebracht hat und eine quasisexuelle Befriedigung beim Stehlakt als ein wichtiges Motiv sieht.

Kennzeichen des pathologischen Stehlens (Kleptomanie) ist der unwiderstehliche Impuls, Dinge zu stehlen, die in der Regel nicht dem persönlichen Gebrauch oder der Bereicherung dienen. Die Gegenstände werden häufig weggeworfen, weggegeben oder gehortet. Die Betroffenen beschreiben gewöhnlich eine steigende Spannung vor der Handlung und ein Gefühl der Befriedigung während und sofort nach der Tat. Im Allgemeinen wird versucht, die Tat zu verbergen, dies geschieht aber oft nicht sehr konsequent. Der Diebstahl wird alleine und ohne Komplizen durchgeführt. Zwischen den einzelnen Diebstahlsdelikten kann es zu Angst, Verzagtheit oder Schuldgefühlen kommen, wodurch jedoch die Wiederholung in der Regel nicht verhindert wird. Die genaue Häufigkeit des pathologischen Stehlens ist nicht bekannt. Es ist jedoch davon auszugehen, dass bei weniger als 5 Prozent der Personen, die z.B. wegen Ladendiebstahls angezeigt werden, eine entsprechende Motivation oder Vorgeschichte besteht. In einigen Fällen von Ladendiebstahl wird durch die Betroffenen versucht, die Umstände des Diebstahls so darzustellen, dass die Kriterien einer Kleptomanie erfüllt werden, um negative forensische Konsequenzen des Diebstahlverhaltens zu vermeiden.

Virginia Woolf

Orlando

aus: Virginia Woolf. Orlando. Gesammelte Werke. Prosa 7.
Deutsch von Brigitte Walizek.

Einführung

Die englische Schriftstellerin Virginia Woolf (1882–1941) zog nach dem frühen Tod der Eltern mit ihren Geschwistern in ein Haus im Londoner Stadtteil Bloomsbury, das rasch zum Treffpunkt von Künstlern, Literaten, Verlegern und Bohemiens wurde. Woolf, geborene Stephen, gilt heute als bedeutende, richtungweisende Erzählerin spezifisch weiblicher psychischer Prozesse, deren konversationelle Erörterung auch im Zentrum der Bloomsbury Group stand.

Der Roman Orlando (1928) wurde erst spät von der Literaturkritik gewürdigt und lange Zeit als bloß historische Biographie missverstanden. Er gilt aber mittlerweile aufgrund seiner Idee einer sowohl die Zeit wie auch die Geschlechtereigenschaften übergreifenden Lebensgeschichte sowie der virtuosen Unterscheidung zwischen objektiv messbarer Zeit (clock-time) und innerlich, psychisch erlebter Zeit (mind-time), die erst das subjektive Empfinden einer Person erzählerisch verdeutlichen, als avantgardistisches Meisterwerk der Romanbiographie, die dennoch traditionell chronologisch sowie unter Verwendung der konventionalisierten Muster des historischen Romans und des Entwicklungsromans ein immerhin über 400 Jahre umfassendes Leben episch ausbreitet.

Das literarische Ideal der Androgynität ist zugleich das private Ideal der Autorin Virginia Woolf, die in Orlando deutlich erkennbare Teile der Familiengeschichte der englischen Schriftstellerin und Freundin Vita Sackville-West (1892–1962) in spezifisch britisch humorvoll-ironischem Erzählduktus verarbeitet.

Virginia Woolf war von höchst fragiler psychischer Konstitution und nahm sich während einer schweren Depression 1941 im Fluß Ouse bei Rodmell das Leben.

Weiterführende Literatur:
Hermione Lee: Virginia Woolf. Ein Leben. S. Fischer 1999

Orlando

Der Klang der Trompeten erstarb, und Orlando stand splitternackt da. Kein menschliches Wesen, seit Anbeginn der Welt, sah je hinreißender aus. Seine Gestalt vereinigte in sich die Kraft eines Mannes und die Anmut einer Frau. Während er da stand, verlängerten die silbernen Trompeten ihren Ton, als zögerten sie, den lieblichen Anblick zu lassen, den ihre Fanfare hervorgerufen hatte; und Keuschheit, Reinheit und Sittsamkeit, zweifellos von der Neugier getrieben, spähten durch die Tür und warfen ein Kleidungsstück wie ein Handtuch nach der nackten Gestalt, welches jedoch, unglücklicherweise, mehrere Zoll davor zu Boden fiel. Orlando betrachtete sich von Kopf bis Fuß in einem hohen Spiegel, ohne auch nur die geringste Spur von Fassungslosigkeit zu zeigen, und ging, vermutlich, in sein Bad.

Wir mögen uns diese Unterbrechung der Erzählung zunutze machen, um gewisse Feststellungen zu treffen. Orlando war eine Frau geworden – das ist nicht zu leugnen. Aber in jeder anderen Hinsicht blieb Orlando genauso, wie er gewesen war. Der Wechsel des Geschlechts, wenn er auch die Zukunft der beiden änderte, tat nicht das geringste, ihre Identität zu ändern, Ihre Gesichter blieben, wie ihre Porträts beweisen, praktisch dieselben. Seine Erinnerung – aber in Zukunft müssen wir der Konvention zuliebe »ihre« statt »seine« und »sie« statt »er« sagen –, ihre Erinnerung also reichte durch alle Ereignisse ihres bisherigen Lebens zurück, ohne auf ein Hindernis zu stoßen. Eine leichte Diesigkeit mag es gegeben haben, als seien einige dunkle Tropfen in den klaren Teich der Erinnerung gefallen; gewisse Dinge waren ein wenig verschwommen geworden; aber das war alles. Der Wechsel schien sich schmerzlos und vollständig und auf eine Art vollzogen zu haben, daß Orlando selbst keine Überraschung darüber zeigte. Dies berücksichtigend und mit der Behauptung, ein solcher Wechsel des Geschlechts widerspreche der Natur, haben viele Menschen keine Mühen gescheut, zu beweisen, 1.) daß Orlando immer eine Frau gewesen sei, 2.) daß Orlando auch in diesem Augenblick ein Mann sei. Sollen Biologen und Psychologen dies entscheiden. Für uns genügt es, die schlichte Tatsache festzuhalten; Orlando war ein

Mann bis zum Alter von dreißig Jahren; als er eine Frau wurde und es seitdem geblieben ist.

Doch mögen andere Federn sich mit Geschlecht und Geschlechtlichkeit befassen, wir verlassen derart odiose Themen, sobald wir können. Orlando hatte sich jetzt gewaschen und sich in jene türkischen Jacken und Hosen gekleidet, die unterschiedslos von beiden Geschlechtern getragen werden können; und war gezwungen, ihre Lage zu überdenken. Daß sie über die Maßen gefährlich und befremdlich war, muß der erste Gedanke eines jeden Lesers sein, der ihrer Geschichte mit Anteilnahme gefolgt ist. Jung, adlig, schön, war sie aufgewacht, um sich in einer Situation wiederzufinden, wie wir uns keine heiklere für eine junge Dame von Stand vorstellen können. Wir hätten ihr keinen Vorwurf gemacht, hätte sie geklingelt oder geschrien oder wäre sie in Ohnmacht gefallen. Aber Orlando zeigte keine derartigen Zeichen der Verstörung. All ihre Handlungen waren über die Maßen überlegt, und man hätte meinen können, sie zeigten Zeichen von Vorbedacht. Zunächst sah sie die Papiere auf dem Tisch sorgfältig durch; nahm jene, die in Versform geschrieben schienen, an sich, und verbarg sie an ihrer Brust; als nächstes rief sie ihren Seleukidenhund zu sich, der all diese Tage nicht von ihrem Bett gewichen war, obwohl er vor Hunger fast gestorben wäre, fütterte und kämmte ihn; steckte dann zwei Pistolen in ihren Gürtel; wand dann um ihren Leib mehrere Schnüre von Smaragden und Perlen von feinstem Glanz, die zu ihrer Ausstattung als Gesandter gehört hatten. Als dies erledigt war, beugte sie sich aus dem Fenster, stieß einen leisen Pfiff aus und stieg die zertrümmerte und blutbesudelte Treppe hinunter, die nun mit dem Abfall aus Papierkörben, mit Verträgen, Depeschen, Siegeln, Siegellack etc. übersät war, und betrat so den Hof. Dort, im Schatten eines riesigen Feigenbaums, wartete ein alter Zigeuner auf einem Esel. Er führte einen weiteren am Zügel. Orlando schwang ihr Bein darüber; und auf diese Weise, gefolgt von einem mageren Hund, auf einem Esel reitend, in Begleitung eines Zigeuners, verließ der Gesandte Großbritanniens am Hofe des Sultans Konstantinopel.

Kommentar

In der Geschichte »Orlando« von Virginia Woolf wird die geheimnisvolle Verwandlung eines Diplomaten vom Mann zu einem Transsexuellen dargestellt und die Faszination des Transsexuellen – »seine Gestalt vereinte in sich die Kraft eines Mannes mit der Anmut eines Weibes« – gerühmt.

Der Transsexualismus gehört wie der Transvestitismus zu den Störungen der Geschlechtsidentität. Charakteristisch für beides ist die tiefe Unzufriedenheit mit dem eigenen Geschlecht sowie dringender und anhaltender Wunsch, die Rolle des anderen Geschlechts teilweise (in der Kleidung) oder vollständig zu übernehmen. Beim Transsexualismus besteht der Wunsch, als Angehöriger des anderen anatomischen Geschlechts zu leben und anerkannt zu werden. Durch eine hormonelle und chirurgische Behandlung soll der eigene Körper dem bevorzugten Geschlecht so weit wie möglich angeglichen werden. Die »Mann-zu-Frau-Transsexualität« kommt etwa zwei bis drei Mal häufiger vor als die »Frau-zu-Mann-Transsexualität«.

Pauline Réage

Geschichte der O

aus: Pauline Réage. Geschichte der O. Rückkehr nach Roissy.
Aus dem Französischen von Simon Saint Honoré.

Einführung

Jahrzehntelang war unbekannt, wer hinter der Autorin Pauline Réage des Skandalbuches »Geschichte der O« (1954) wohl stecken mochte. Wilde Spekulationen benannten immer wieder andere Namen, der Romanist H. T. Siepe (Universität Düsseldorf) glaubte sogar, mit seiner abenteuerlichen Beweisführung den französischen Schriftsteller Alain Robbe-Grillet (geb. 1922) identifiziert zu haben. Feministische Literaturwissenschaftlerinnen wie Andrea Dworkin dagegen behaupteten, das weibliche Pseudonym diene bloß der primitiven Befriedigung von Männerphantasien, tatsächlich könne dieses Werk, das in Frankreich rasch mit mehreren angesehenen Literaturpreisen ausgezeichnet wurde, nur von einem Mann stammen. In Deutschland erfolgte kurz nach dem Erscheinen 1967 die Indizierung, nachdem das Buch zuvor nur gegen Personalausweis und Verpflichtungsschein verkauft werden durfte. 1991 erschien unter dem Titel »Die O hat mir erzählt« eine abgemilderte Fassung mit einem Apparat wissenschaftlicher Dokumentationen.

Die Autorschaft jedoch blieb weiterhin ungeklärt. Schließlich lüftete die französische Schriftstellerin Dominique Aury in einem Interview mit »The New Yorker« 1994 ihr Geheimnis: Unter dem Pseudonym Pauline Réage hatte sie den Roman über sadomasochistische Praktiken als anonymen Liebesbrief verfasst, weil ihr Liebhaber und Arbeitgeber, der französische Schriftsteller und Literaturorganisator Jean Paulhan sie mit der chauvinistischen Bemerkung provoziert habe, eine Frau könne keinen erotischen Roman schreiben. Paulhan habe das Vorwort verfasst. Der richtige Name der Autorin war jedoch nicht Pauline Réage, sondern Anne Desclos (1907 bis 1998): zweisprachig (französisch/englisch) aufgewachsen, Studium an der Sorbonne, bis 1946 Journalistin, danach bei Gallimard Publishers unter dem Pseudonym Dominique Aury, Literaturkritikerin und Jury-Mitglied bei Literaturpreisen.

Der in über 60 Sprachen übersetzte und von Eric Rochat 1994 in fünf Episoden verfilmte Roman »Geschichte der O« erzählt die homo- und heterosexuelle, stets aber sadomasochistische Beziehung einer jungen Frau namens O zu ihrem bzw. ihren Geliebten. Wie vom Anfang so gibt es auch vom Ende zwei Fassungen. Der zweite Schluss lautet: »Als O sah, dass Sir Stephen sie verlassen würde, wünschte sie sich den Tod. Sir Stephen erteilte seine Zustimmung.«

Weiterführende Literatur:
Regine Deforges: Die O hat mir erzählt. Hintergründe eines Bestsellers. Charon 2000

Geschichte der O

Ich weiß nun, daß sie O die Hände losbanden, die noch immer hinter ihrem Rücken gefesselt waren, und ihr sagten, daß sie sich ausziehen müsse und daß man sie baden und schminken werde. Sie wurde also entkleidet und ihre Kleider wurden in einem der Wandschränke verwahrt. Sie durfte sich nicht allein baden, sie wurde frisiert wie beim Friseur, indem man sie in einem dieser großen Sessel Platz nehmen ließ, die beim Kopfwaschen nach hinten gekippt und wieder gerade gestellt werden, wenn man, nach dem Einlegen, unter der Trockenhaube sitzt. Das dauert immer mindestens eine Stunde. Es hat tatsächlich über eine Stunde gedauert, sie war nackt auf diesem Stuhl gesessen, und man verbot ihr, die Beine überzuschlagen oder die Knie zu schließen. Und da sie vor einem großen Spiegel saß, der die Wandfläche von oben bis unten bedeckte und von keiner Konsole unterbrochen wurde, sah sie sich, weit klaffend, so oft ihr Blick den Spiegel traf.
Als sie fertig geschminkt war, die Lider leicht umschattet, den Mund sehr rot, Spitze und Hof der Brüste rosig, den Rand der Schamlippen rötlich, den Flaum der Achselhöhlen und des Schoßes, die Furche zwischen den Schenkeln und die Furche unter den Brüsten und die Handflächen lange mit Parfüm bestäubt, wurde sie in einen Raum geführt, wo ein dreiteiliger Spiegel und ein vierter Spiegel an der Wand dafür sorgten, daß sie sich genau sehen konnte. Sie wurde angewiesen, sich auf den Puff in der Mitte zwischen den Spiegeln zu setzen und zu warten. Der Puff war mit schwarzem Pelz bezogen, der sie ein bißchen stach, und der Teppich war schwarz, die Wände rot.

Sie hatte rote Pantöffelchen an den Füßen. An einer Wand des kleinen Boudoirs war ein großes Fenster, das auf einen schönen dunklen Park hinausging. Es hatte zu regnen aufgehört, die Bäume bewegten sich im Wind, der Mond lief hoch oben zwischen den Wolken hin. Ich weiß nicht, wie lange sie in dem roten Boudoir gewartet hat, auch nicht, ob sie wirklich allein war, wie sie annahm, oder ob jemand sie durch eine verborgene Öffnung in der Wand beobachtete. Dagegen weiß ich, daß eine der beiden Frauen, als sie wiederkamen, ein Maßband trug, die andere ein Körbchen. Ein Mann begleitete sie; er trug ein langes violettes Gewand mit Ärmeln, die oben weit und am Handgelenk eng waren, das Gewand öffnete sich beim Gehen von der Taille an. Man sah, daß er darunter eine Art anliegender Strumpfhosen trug, die Beine und Schenkel bedeckten, das Geschlecht jedoch freiließen. Dieses Geschlecht sah O als erstes beim ersten Schritt des Mannes, dann die Peitsche aus Lederschnüren, die im Gürtel steckte, dann, daß der Mann eine schwarze Kapuze übers Gesicht gezogen hatte – ein Netz aus schwarzem Tüll verbarg sogar die Augen –, und schließlich, daß er auch Handschuhe trug, ebenfalls schwarz und aus feinem Ziegenleder. Er sagte ihr, sie solle sitzenbleiben, dutzte sie dabei, und befahl den Frauen, sich zu beeilen. Die mit dem Zentimeterband nahm nun von Os Hals und Gelenken die Maße, die zwar klein, aber doch gängig waren. Es war leicht, in dem Korb, den die andere Frau trug, ein passendes Halsband und Armreifen zu finden. Sie waren folgendermaßen gearbeitet: aus mehreren Lederschichten (jede Schicht sehr dünn, das Ganze nicht mehr als einen Finger dick), mit einem Schnappverschluß, der automatisch einklickte wie ein Vorhängeschloß, wenn man ihn zumachte, und nur mit einem kleinen Schlüssel wieder zu öffnen war. An der dem Verschluß genau gegenüberliegenden Stelle, in der Mitte der Lederschichten und beinah ohne Spiel, war ein Metallring angebracht, der es erlaubte, das Armband irgendwo zu befestigen, wenn man das wollte, denn es schloß, wenn es auch gerade so viel Spielraum gab, um keine Verletzung zu bewirken, zu eng am Gelenk an, und das Halsband zu eng um den Hals, als daß man einen noch so dünnen Riemen hätte durchziehen können. Man befestigte nun Halsband und Armreifen an Hals und Gelenken, dann befahl der Mann ihr, aufzustehen. Er setzte sich auf ihren Platz auf den Pelzpuff und zog sie zwischen seine Knie, ließ die behandschuhte Hand zwischen ihre Schenkel und über ihre Brüste gleiten und erklärte ihr, daß sie noch an diesem

Abend vorgeführt werden solle, nach dem Essen, das sie allein einnehmen werde. Sie nahm es wirklich allein ein, noch immer nackt, in einer Art Kabine, in die eine unsichtbare Hand ihr die Speisen durch einen Schalter zuschob. Nach dem Essen kamen die beiden Frauen und holten sie ab. Im Boudoir schlossen sie gemeinsam die beiden Ringe ihrer Armreifen hinter ihrem Rücken zusammen, legten ihr einen langen Umhang um die Schultern, der an ihrem Halsband befestigt wurde und der sie ganz bedeckte, sich jedoch beim Gehen öffnete; sie konnte ihn ja nicht zusammenhalten, weil ihre Hände auf dem Rücken gefesselt waren. Sie durchschritten ein Vorzimmer, zwei Salons, und kamen in die Bibliothek, wo vier Männer beim Kaffee saßen. Sie trugen die gleichen wallenden Gewänder, wie der erste, aber keine Masken. Doch O hatte nicht Zeit, ihre Gesichter zu sehen und festzustellen, ob ihr Geliebter unter ihnen sei (er war unter ihnen), denn einer der Vier richtete den Strahl einer Lampe auf sie, die sie blendete. Alle Anwesenden verhielten sich regungslos, die beiden Frauen rechts und links von ihr und die Männer vor ihr, die sie musterten. Dann erlosch die Lampe; die Frauen entfernten sich. Man hatte O aufs neue die Augen verbunden. Nun mußte sie näherkommen, sie schwankte ein bißchen und spürte, daß sie vor dem Kaminfeuer stand, an dem die vier Männer saßen: sie fühlte die Hitze, sie hörte die Scheite leise in der Stille knistern. Sie stand mit dem Gesicht zum Feuer. Zwei Hände hoben ihren Umhang hoch, zwei weitere glitten an ihren Hüften entlang, nachdem sie sich überzeugt hatten, daß die Armreifen festgemacht waren: sie trugen keine Handschuhe und eine von ihnen drang von beiden Seiten zugleich in sie ein, so abrupt, daß sie aufschrie. Ein Mann lachte. Ein anderer sagte: »Drehen Sie sich um, damit man die Brüste und den Leib sieht.« Sie mußte sich umdrehen, und die Hitze des Feuers schlug jetzt an ihre Lenden. Eine Hand ergriff eine ihrer Brüste, ein Mund packte die Spitze der anderen. Plötzlich verlor sie das Gleichgewicht und taumelte nach rückwärts; sie wurde aufgefangen, von welchem Arm? während jemand ihre Beine öffnete und sanft die Lippen auseinanderzog; Haare strichen über die Innenseite ihrer Schenkel. Sie hörte jemanden sagen, man müsse sie niederknien lassen. Was auch geschah. Das Knien tat ihr sehr weh, zumal man ihr verbot, die Knie zu schließen und ihre Hände so auf den Rücken gebunden waren, daß sie sich vorbeugen mußte. Nun erlaubte man ihr, sich zurücksinken zu lassen, bis sie fast auf den Fersen saß, wie es die Nonnen tun. »Sie haben sie nie angebunden? – Nein, nie. – Auch nicht gepeitscht? – Auch das nie. Sie wissen ja …« Diese Antworten kamen von ihrem Geliebten. »Ich weiß, sagte die andere Stimme. Wenn man sie nur gelegentlich anbindet, wenn man sie nur ein bißchen peitscht, könnte sie Geschmack daran finden, und das wäre falsch. Man muß über den Punkt hinausgehen, wo es ihr Spaß macht, man muß sie zum Weinen bringen.« Einer der Männer befahl O jetzt, aufzustehen, er wollte gerade ihre Hände losbinden, zweifellos, damit man sie an einen Pfosten oder eine Mauer fesseln könnte, als ein anderer protestierte, er wolle sie zuerst nehmen und zwar sofort – so daß man sie wieder niederknien ließ, aber diesmal mußte sie, noch immer mit den Händen auf dem Rücken, den Oberkörper auf den Puff legen und die Hüften hochrekken. Der Mann packte mit beiden Händen ihre Hüften und drang in ihren Leib ein. Er überließ seinen Platz einem zweiten. Der dritte wollte sich an der engsten Stelle einen Weg bahnen und ging so brutal vor, daß sie aufschrie. Als er von ihr abließ, glitt sie, stöhnend und tränennaß unter ihrer Augenbinde, zu Boden: nur um zu spüren, daß Knie sich gegen ihr Gesicht preßten und auch ihr Mund nicht verschont würde. Schließlich blieb sie, hilflos auf dem Rücken, in ihrem Purpurmantel vor dem Feuer liegen. Sie hörte, wie Gläser gefüllt und ausgetrunken, wie Sessel gerückt wurden. Im Kamin wurde Holz nachgelegt. Plötzlich nahm man ihr die Augenbinde ab. Der große Raum mit den Büchern an den Wänden war schwach erleuchtet durch eine Lampe auf einer Konsole und durch den Schein des Feuers, das wieder aufflammte. Zwei Männer standen und rauchten. Ein dritter saß, eine Peitsche auf den Knien, und der vierte, der sich über sie beugte und ihre Brust streichelte, war ihr Geliebter. Aber alle vier hatten sie genommen, und sie hatte ihn nicht von den anderen unterscheiden können.

Man erklärte ihr, daß es immer so sein werde, so lange sie sich im Schloß aufhalte, daß sie die Gesichter der Männer nicht sehen werde, die sie vergewaltigen oder foltern würden, niemals jedoch bei Nacht, und daß sie niemals wissen werde, wer ihr das Schlimmste angetan hatte. Desgleichen wenn sie gepeitscht würde, nur wolle man dann, daß sie sehen könne, wie sie gepeitscht wurde, daß sie also zum ersten Mal keine Augenbinde tragen werde, daß die Männer dagegen ihre Masken anlegen würden und sie sie nicht unterscheiden könne. Ihr Geliebter hatte sie aufgehoben und in ihrem roten Umhang auf die Armlehne eines Sessels an der Kaminecke gesetzt, damit sie hören sollte, was man ihr zu sagen hatte und sehen sollte, was man ihr zeigen wollte. Sie hatte noch immer die Hände auf dem Rücken. Man zeigte ihr den Reitstock, der schwarz war, lang und dünn, aus feinem Bambus, mit Leder bezogen, wie man sie in den Auslagen der großen Ledergeschäfte sieht; die Lederpeitsche, die der erste der Männer, den sie gesehen hatte, im Gürtel trug, sie war lang, bestand aus sechs Riemen mit je einem Knoten am Ende; dann eine dritte Peitsche aus sehr dünnen Schnüren, die an den Enden mehrere Knoten trugen und ganz steif waren, als hätte man sie in Wasser eingeweicht, was auch der Fall war, wie sie feststellen konnte, denn man berührte damit ihren Schoß und spreizte ihre Schenkel, damit sie besser fühlen könne, wie feucht und kalt die Schnüre sich auf der zarten Haut der Innenseite anfühlten. Blieben noch auf der Konsole stählerne Ketten und Schlüssel. An einer Wand der Bibliothek lief in halber Höhe eine Galerie, die von zwei Säulen getragen wurde. In eine Säule war ein Haken eingelassen, in einer Höhe, die ein Mann auf Zehenspitzen mit gestrecktem Arm erreichen konnte. Man sagte O, die ihr Geliebter in die Arme genommen hatte, eine Hand unter ihren Schultern und die andere, die sie verbrannte, zwischen ihren Schenkeln, um sie zum Nachgeben zu zwingen, man sagte ihr, daß man ihre gefesselten Hände nur löse, um sie sogleich, mittels der Armreifen und einer der Stahlketten, an diesen Pfeiler zu binden. Daß aber nur die Hände über ihrem Kopf festgehalten würden, sie sich aber sonst frei bewegen könne und die Schläge kommen sähe. Daß man im allgemeinen nur Hüften und Schenkel peitsche, also von der Taille bis zu den Knien, genauso, wie sie im Wagen, der sie hierhergebracht hatte, vorbereitet worden sei, als sie sich nackt hatte auf die Bank setzen müssen. Daß jedoch einer der vier anwesenden Männer vielleicht Lust haben werde, ihre Schenkel mit dem Reitstock zu zeichnen, was schöne, lange und tiefe Striemen gebe, die man lange sehen werde. Es werde ihr nicht alles zugleich angetan werden, sie werde schreien können, soviel sie wolle, sich winden und weinen. Man werde sie Atem schöpfen lassen, aber weitermachen, sobald sie wieder Kräfte gesammelt habe, wobei die Wirkung nicht nach ihren Schreien oder Tränen beurteilt werde, sondern nach den mehr oder minder lebhaften und anhaltenden Spuren, die die Peitschen auf ihrer Haut zurücklassen würden. Man wies sie darauf hin, daß diese Methode, die Wirkung der Schläge zu beurteilen, nicht nur gerecht sei und alle Versuche der Opfer, durch übertriebenes Stöhnen Mitleid zu wecken, nichtig mache, sondern darüber hinaus auch erlaube, die Peitsche außerhalb des Schlosses anzuwenden, im Park, was häufig geschehe, oder in irgendeiner Wohnung oder einem beliebigen Hotelzimmer, vorausgesetzt natürlich, daß man einen Knebel verwende (den man ihr sogleich zeigte), der nur den Tränen freien Lauf läßt, aber alle Schreie erstickt und kaum ein Stöhnen erlaubt. An diesem Abend jedoch sollte der Knebel nicht verwendet werden, im Gegenteil. Sie wollten O brüllen hören, und so schnell wie möglich. Der Stolz, den sie darein setzte, sich zu beherrschen und zu schweigen, hielt nicht lange an: sie hörten sie sogar betteln, man möge sie losbinden, einen Augenblick einhalten, nur einen einzigen. Sie wand sich so konvulsivisch, um dem Biß der Lederriemen zu entgehen, daß sie sich vor dem Pfosten beinah um die eigene Achse drehte, denn die Kette, die sie fesselte, war lang und daher nicht ganz straff. Die Folge war, daß ihr Bauch und die Vorderseite der Schenkel und die Seiten beinah ebenso ihr Teil abbekamen, wie die Lenden. Man entschloß sich nun, einen Augenblick aufzuhören und erst wieder anzufangen, nachdem ein Strick um ihre Taille und zugleich um den Pfosten geschlungen worden war. Da man den Strick fest anzog, damit der Körper in der Mitte gut am Pfosten anlag, war der Oberkörper notwendig ein wenig zur Seite gebeugt, so daß auf der anderen Seite das Hinterteil stärker hervortrat. Von nun an verirrten die Hiebe sich nicht mehr, es sei denn mit Absicht. Nach der Art und Weise zu urteilen, wie ihr Geliebter sie ausgeliefert hatte, hätte O sich denken können, daß ein Appell an sein Mitleid die beste Methode sein würde, seine Grausamkeit zu verdoppeln, daß er größtes Vergnügen daran finden würde, ihr diese unzweifelhaften Beweise seiner Macht zu entreißen oder entreißen zu lassen. Tatsächlich war er derjenige, der als erster bemerkte, daß die Lederpeitsche, unter der sie zuerst gestöhnt hatte, sie weit weniger zeichnete, als die eingeweichte Schnur der neunschwänzigen Katze und der Reitstock, und daher erlaube, die Qual zu verlängern und mehrmals von neuem anzufangen, fast unverzüglich, wenn man Lust dazu hatte. Er bestand darauf, daß man nur noch diese Peitsche verwendete. Verführt von diesem hingereckten Hinterteil, das sich unter den Schlägen wand und sich in dem Bemühen, ihnen auszuweichen, nur umso mehr aussetzte, verlangte nun derjenige der Vier, der an den Frauen nur das liebte, was sie mit den Männern gemeinsam haben, daß man ihm zuliebe eine Pause einlegen solle, und er teilte die beiden Hälften, die unter seinen Händen brannten, und drang nicht ohne Mühe ein, wobei er die Überlegung anstellte, daß man diese Pforte leichter zugänglich machen müsse. Man kam überein, daß das zu machen sei und daß man entsprechende Maßnahmen ergreifen werde.

Kommentar

In der Geschichte von Pauline Réage »Die Geschichte der O« wird recht detailliert ein sado-masochistisches Szenario geschildert, in deren Mittelpunkt eine wehrlose Frau ist, die durch mehrere Männer, u.a. durch den »Geliebten« der Frau in sadistischer Weise behandelt wird und die sich dem in offensichtlich masochistischer Weise unterzieht.

Der Sadomasochismus hat offensichtlich viele Literaten als Thema interessiert und ist wohl die am häufigsten in der Literatur beschriebene Störung der sexuellen Präferenz (Paraphilie). Unter Störung der sexuellen Präferenz werden weitgehend fixierte Formen sexueller Befriedigung verstanden, die an außergewöhnliche Bedingungen geknüpft sind. Zu diesen Störungen gehört der Fetischismus, der Exhibitionismus, der Voyeurismus, die Pädophilie und auch der Sadomasochismus. Beim Sadomasochismus werden sexuelle Aktivitäten als Zufügen von Schmerzen, Erniedrigung oder Fesseln bevorzugt. Wenn die betreffende Person diese Art der Stimulation gerne erleidet, handelt es sich um Masochismus, wenn sie sie jemand anderem zufügt, um Sadismus. Häufig finden sich Partner zusammen, die sich in komplementärer Weise hinsichtlich ihrer sadomasochistischen Neigungen ergänzen.

Patricia Highsmith

Der Schrei der Eule

aus: Patricia Highsmith. Der Schrei der Eule.
Aus dem Amerikanischen von Irene Rumler.

Einführung

Schon mit neun Jahren studierte Patricia Highsmith, geb. Plangman (1921–1995), die texanische Schriftstellerin und hochbegabte Absolventin (Englische Literaturwissenschaft und Latein) des nur Frauen offen stehenden Barnard College die Werke des amerikanischen Psychiaters Karl A. Menninger (»The Human Mind«, 1930), unter dessen und Dostojewskijs Einfluss sie bereits während des Studiums erste Kurzgeschichten verfasste. Ihr erster Roman »Zwei Fremde im Zug« (1950) wurde von Alfred Hitchcock verfilmt und machte die Autorin, die seit 1951 zwischen den USA und Europa pendelte, sofort berühmt. Seit 1983 lebte sie bis zu ihrem Tod im schweizerischen Tessin.

Patricia Highsmith schrieb (auch unter dem Pseudonym Claire Morgan) mehr als zwanzig Romane und Bände mit Kurzgeschichten und gilt heute als die Grande Dame des psychologisch ausgefeilten Kriminalromanes (vgl. »Der talentierte Mr. Ripley«, 1955), der sich weniger um die Aufklärung von Verbrechen (whodunnit) als deren psychologische Motive (whydunnit) kümmert. Ein Zitat aus dem »Londoner Observer« charakterisiert ihren Stil kurz und prägnant: Patricia Highsmith beschreibt die Menschen, wie eine Spinne eine Fliege beschreiben würde.

Im Jahre 1991 tauchte ihr Name auf der Liste potenzieller Nobelpreisträger auf. Ihr Roman »The Cry of the Owl« (1962, dt. zuerst unter dem Titel »Das Mädchen hinterm Fenster«, 1964), verfilmt von Claude Chabrol (1987), erzählt die Geschichte des psychisch labilen Robert Forester, der auf seinen einsamen Spaziergängen in einem Haus ein Mädchen beobachtet, von deren Anblick er immer stärker angezogen wird. Als der Voyeur eines Tages Jenny kennen lernt, verliebt sie sich in ihn und löst seinetwegen ihre Verlobung mit Greg. Dieser jedoch will sie zurückgewinnen, denn Forester mag Jenny zwar, liebt sie aber nicht. Das Drama nimmt seinen Lauf.

Patricia Highsmith lebte zurückgezogen, mied Interviews und Auftritte, litt unter misslingenden lesbischen Beziehungen, die sie nervlich zerrütteten, wurde immer misanthropischer, sprach zunehmend dem Alkohol zu und starb vereinsamt in Locarno 1995 an einem Krebsleiden.

Weiterführende Literatur:
Franz Cavigelli/Fritz Senn: Über Patricia Highsmith. Diogenes 2002

Der Schrei der Eule

Die Nacht brach schnell herein, so schnell, daß man fast zusehen konnte, und legte sich wie ein düsteres Tuch über die Erde. Als Robert an den Motels und Würstchenbuden am Stadtrand von Langley vorbeifuhr, spürte er einen fast körperlichen Ekel bei dem Gedanken, jetzt in diese Stadt, zu seiner Straße fahren zu müssen. An einer Tankstelle wendete er und fuhr den Weg zurück, den er gekommen war. Es ist nur die Dämmerung, dachte er. Sogar im Sommer mochte er die Dämmerung nicht, wenn sie langsam hereinbrach und darum erträglicher schien. Im Winter kam sie in der öden Landschaft von Pennsylvanien, die ihm so wenig vertraut war, erschreckend, bedrückend schnell. Es war wie ein jähes Sterben. Samstags und sonntags, wenn er nicht arbeitete, ließ er die Jalousien schon um vier Uhr nachmittags herunter und machte Licht, und wenn er dann später wieder aus dem Fenster sah, lange nach sechs, dann war die Dunkelheit schon hereingebrochen. Sie war da; alles war vorüber. Robert fuhr nach Humbert Corners, einer kleinen Stadt, ungefähr neun Meilen von Langley entfernt. Von dort aus schlug er eine schmale Asphaltstraße ein, die in die Umgebung führte.

Er wollte das Mädchen wiedersehen. Vielleicht zum letztenmal, dachte er. Aber das hatte er schon oft gedacht, und dann war er doch immer wieder hingefahren. Er fragte sich, ob er nicht überhaupt wegen des Mädchens länger im Werk geblieben war. Hatte er vielleicht nur so lange gearbeitet, um sicher zu sein, daß es dunkel war, wenn er das Werk verließ?

Robert parkte den Wagen auf einem Waldweg in der Nähe des Hauses, in dem das Mädchen wohnte, und ging zu Fuß weiter. An der

Einfahrt verlangsamte er seine Schritte. Er bog um die alte Basketballwand am Ende der Einfahrt und ging auf die dahinterliegende Wiese.

Das Mädchen war wieder in der Küche; die erleuchteten Rechtecke der Küchenfenster schimmerten hell an der Rückseite des Hauses. Hin und wieder glitt ihr Schatten durch eines dieser Rechtecke, aber sie hielt sich meistens im linken auf, wo der Tisch stand. Von Roberts Platz aus wirkte das Fenster wie die Linse einer Kamera. Nur selten wagte er sich näher an das Haus heran. Zu sehr fürchtete er, von ihr gesehen zu werden. Doch heute war es sehr dunkel. Vorsichtig schlich er dichter an die Fenster heran.

Es war das vierte oder fünfte Mal, daß er hierherkam. Das erste Mal hatte er das Mädchen an einem Samstag gesehen, einem strahlenden, sonnigen Samstag im September, als er mit seinem Wagen planlos durch die Gegend gefahren war. Sie hatte vor der vorderen Veranda einen kleinen Teppich ausgeschüttelt, als er vorbeikam, und er hatte sie höchstens zehn Sekunden lang gesehen. Und doch war ihm der Anblick schon damals vertraut erschienen, wie ein Bild oder eine Person, die er irgendwo schon einmal gesehen hatte. Aus den Pappkartons, die auf der Veranda standen, und den gardinenlosen Fenstern schloß er, daß sie erst vor kurzem eingezogen sein mußte. Das Haus war zweistöckig, weiß mit braunen Läden, und brauchte dringend einen neuen Anstrich. Das Gras war lange nicht gemäht worden, und der weiße Zaun entlang der Einfahrt hing schief und drohte umzufallen. Das Mädchen hatte lichtbraunes Haar und war verhältnismäßig groß. Mehr hatte er aus den etwa zwanzig Metern Entfernung nicht feststellen können. Ob sie hübsch war, vermochte er nicht zu sagen, und das war ihm auch unwichtig gewesen. Aber was war denn wichtig? Robert hätte es nicht in Worte fassen können. Doch als er sie das zweite und dritte Mal sah, in zwei- bis dreiwöchigen Abständen, hatte er erkannt, was ihn so faszinierte: die ruhige Gelassenheit, die dieses Mädchen ausstrahlte, ihre deutlich spürbare Liebe zu diesem heruntergekommenen Haus, die sichtliche Zufriedenheit mit dem Leben, das sie führte. All das konnte er durch das Küchenfenster sehen.

Etwa drei bis vier Meter vor dem Haus machte er halt und stellte sich neben den Lichtschein, der aus dem Fenster kam. Er sah sich vorsichtig um. Das einzige Licht, das er entdecken konnte, schimmerte direkt hinter ihm, eine halbe Meile entfernt, jenseits der großen Wiese; ein einsames Licht im Fenster eines Farmhauses. In der Küche deckte das

Mädchen gerade den Tisch. Für zwei. Das bedeutete vermutlich, daß ihr Freund zum Essen kam. Robert hatte ihn schon zweimal gesehen – ein großer Bursche mit welligem, schwarzem Haar. Einmal hatten sie sich geküßt. Er nahm an, daß sie sich liebten und heiraten wollten, und er hoffte, daß das Mädchen glücklich werden würde. Robert schlich sich noch näher heran. Vorsichtig rutschte er vorwärts, um nicht auf einen Zweig zu treten. Dann blieb er stehen und hielt sich mit einer Hand am Ast eines Bäumchens fest.

Heute abend gab es Brathuhn. Auf dem Tisch stand eine Flasche Weißwein. Sie trug eine Schürze, um sich nicht schmutzig zu machen, aber während Robert zusah, fuhr sie zurück und rieb sich das Handgelenk, auf das heißes Fett gespritzt war. Er konnte hören, daß das kleine Radio in der Küche Nachrichten brachte. Das letzte Mal, als er hier gewesen war, hatte das Mädchen eine Melodie, die das Radio spielte, mitgesungen. Ihre Stimme war weder gut noch schlecht, nur natürlich und unverbildet. Sie war ungefähr ein Meter siebzig groß, hatte lange Glieder und angenehm proportionierte Hände und Füße. Er schätzte sie auf etwa zwanzig bis fünfundzwanzig Jahre. Ihr Gesicht war glatt und klar, und niemals schien sie die Stirn zu runzeln. Das lichtbraune Haar hing leicht gewellt bis auf die Schultern herab. Es war über den Ohren mit zwei Goldspangen zurückgehalten und in der Mitte gescheitelt. Ihr Mund war groß und schmal und trug gewöhnlich einen Ausdruck kindhaften Ernstes, genau wie ihre grauen Augen. Die Augen waren ziemlich klein. Auf Robert wirkte sie wie aus einem Guß, wie eine geschickt geformte Statue. Wenn ihre Augen auch zu schmal waren, sie paßten zu ihr, und er fand den Gesamteindruck schön.

Immer, wenn Robert sie nach zwei bis drei Wochen wiedersah, traf es ihn wie ein Schlag, so stark, daß sein Herz fast stillstand, um gleich darauf sekundenlang wie rasend zu klopfen. Eines Abends, etwa vor einem Monat, war es ihm vorgekommen, als sähe sie ihn durch das Fenster hindurch direkt an, und er hatte sich kaum zu atmen getraut. Er hatte zurückgestarrt, ohne Angst, ohne auch nur zu versuchen, durch Regungslosigkeit einer Entdeckung zu entgehen, in jenen kurzen Sekunden die unangenehme Erkenntnis vor Augen, daß er in Panik geraten würde, wenn sie ihn sähe, und daß im nächsten Moment alles aus sein konnte: sie würde die Polizei rufen, sie würde ihn genau ansehen können, er würde als Voyeur verhaftet werden, und damit wäre dann die unwürdige Geschichte zu Ende. Glücklicherweise je-

doch hatte sie ihn doch nicht gesehen und offenbar nur rein zufällig aus dem Fenster in seine Richtung gestarrt.
Sie hieß Thierolf – der Name stand auf dem kleinen Briefkasten an der Straße. Das war alles, was er über sie wußte. Und daß sie einen hellblauen Volkswagen fuhr. Er war in der Einfahrt abgestellt, denn das Haus hatte keine Garage. Nie war Robert ihr am Morgen nachgefahren, um herauszubringen, wo sie arbeitete. Es hing mit dem Haus zusammen, daß er ihr so gerne zusah. Ihr häusliches Wesen gefiel ihm, es machte ihm Freude, wenn sie so vergnügt Vorhänge aufsteckte und Bilder an die Wand hängte. Am liebsten sah er sie in der Küche herumwirtschaften, und es traf sich gut, daß die Küche drei Fenster hatte, vor denen Bäume standen, die ihm Deckung boten. Außerdem gab es auf dem Grundstück einen kleinen, zwei Meter hohen Geräteschuppen und die baufällige Basketballwand am Ende der Einfahrt, hinter der er sich einmal verborgen hatte, als ihr Freund mit voll aufgeblendeten Scheinwerfern hereingebraust kam.
Einmal hatte Robert gehört, wie sie ihm nachrief, als er das Haus verließ: »Greg! Greg! Ich brauche auch noch Butter! Mein Gott, wo habe ich nur meine Gedanken!« Und Greg war mit seinem Wagen losgefahren, um das Vergessene zu besorgen.
Robert lehnte die Stirn gegen seinen Arm und warf einen letzten Blick auf das Mädchen. Sie war jetzt mit ihrer Arbeit fertig und lehnte mit gekreuzten Füßen an der Arbeitsplatte neben dem Herd. Sie starrte auf den Boden, mit einem Ausdruck, als sähe sie weit in die Ferne. Ihre Hände, schlaff, fast leblos, hielten ein blauweißes Geschirrtuch. Dann lächelte sie plötzlich, stieß sich von der Platte ab, faltete das Tuch und hängte es über eine der drei roten Stangen, die über dem Spülstein an der Wand befestigt waren. Robert hatte zugesehen, als sie den Handtuchhalter eines Abends an der Wand befestigt hatte. Jetzt kam das Mädchen direkt auf das Fenster zu, vor dem Robert stand, und er konnte gerade noch hinter den kleinen Baum treten.
Er haßte es, sich wie ein Verbrecher zu benehmen, und da – ausgerechnet jetzt! – trat er auf einen dieser verdammten Zweige. Er hörte ein Klicken am Fenster und wußte sofort, was es war – eine ihrer Haarspangen hatte die Scheibe berührt. Vor Scham schloß er einen Moment die Augen. Als er sie wieder öffnete, sah er, daß das Mädchen dem Fenster ihr Profil zuwandte und in die andere Richtung blickte, der Einfahrt zu. Robert warf einen raschen Blick zur Basket-

ballwand hinüber und überlegte, ob er hinlaufen sollte, ehe sie aus dem Hause kam. Dann hörte er, daß das Radio lauter gestellt wurde, und lächelte. Sie hatte Angst, nahm er an, also drehte sie das Radio lauter, um sich nicht so allein zu fühlen. Eine sehr unlogische und doch wiederum sehr logische und rührende Reaktion. Es tat ihm leid, daß er ihr Angst eingejagt hatte. Und es war nicht das erste Mal, das wußte er. Er war ein äußerst ungeschickter Einschleicher. Einmal war er mit dem Fuß an einen alten Kanister neben dem Haus gestoßen, und das Mädchen, allein im Wohnzimmer und mit der Pflege ihrer Nägel beschäftigt, war aufgesprungen und hatte vorsichtig die Haustür aufgemacht. Sie hatte gerufen: »Wer ist da? Ist da jemand?« Dann war die Tür wieder geschlossen und der Riegel vorgelegt worden. Und dann, das letzte Mal, an jenem windigen Abend, als ein Ast an den Fensterläden gekratzt hatte. Das Mädchen hatte das Geräusch gehört, war ans Fenster gekommen, hatte dann wohl beschlossen, nichts zu unternehmen, und war wieder zu ihrem Fernsehapparat zurückgekehrt. Doch das Kratzen hatte nicht aufgehört, und schließlich hatte Robert den Zweig gepackt und ihn zurückgebogen. Dabei hatten die Spitzen ein letztes Mal über die Hauswand gekratzt. Dann war er fortgegangen und hatte den Zweig so zurückgelassen, abgebogen, jedoch nicht gebrochen. Angenommen, sie hatte den Zweig später gesehen und ihren Freund darauf aufmerksam gemacht …?
Die Schmach, als Voyeur erwischt zu werden, erschien ihm so unerträglich, daß er gar nicht daran denken mochte. Ein Voyeur ist ein Mann, der Frauen heimlich beim Ausziehen beobachtet und, wie Robert gehört hatte, noch andere anstößige Gewohnheiten besitzt. Was er fühlte, was ihn trieb, war eher wie ein großer Durst, der gestillt werden mußte. Er mußte sie sehen, mußte sie beobachten. Diese Erkenntnis brachte ihm auch zu Bewußtsein, daß er durchaus willens war, das Risiko einer eventuellen Entdeckung einzugehen. Er würde seine Stellung verlieren. Mrs. Rhoads, seine freundliche Vermieterin in den Gamelot Apartments, würde ihm entsetzt auf der Stelle kündigen. Die Kollegen im Büro? Nun ja, mit Ausnahme von Jack Nielson hörte Robert sie jetzt schon sagen: »Habe ich nicht gleich gesagt, daß mit dem Kerl was nicht stimmt? … Nicht ein einziges Mal hat er mit uns gepokert, hab ich recht?« Dieses Risiko mußte er eingehen. Selbst wenn kein Mensch je verstand, daß er, wenn er diesem Mädchen zusah, wie es ruhig seinen Haushaltspflichten nachging, selbst ruhiger wurde, daß er dabei erkannte, wie für manche Menschen das Leben

noch Sinn und Freude barg, und daß er dann fast wieder daran glauben konnte, diesen Sinn und diese Freude auch für sich selbst wiederzufinden. Das Mädchen half ihm.

Robert schauderte es, wenn er an seinen Gemütszustand im vergangenen September dachte, als er nach Pennsylvanien gekommen war. Er war nicht nur deprimierter gewesen als je zuvor, er hatte tatsächlich geglaubt, daß das letzte Restchen Optimismus, das er besaß, das letzte Restchen Willenskraft, ja sogar das letzte Restchen Verstand verrann wie die Sandkörner eines Stundenglases. Er war gezwungen gewesen, alles nach einem genauen Zeitplan zu tun, als wäre er eine kleine Ein-Mann-Armee: essen, Stellung suchen, schlafen, baden, sich rasieren, und wieder von vorne, wieder nach Zeitplan – sonst wäre er zusammengeklappt. Sein Psychotherapeut, Dr. Krimmler in New York, hätte das vermutlich gutgeheißen. Sie hatten sich so manches Mal darüber unterhalten. Robert: »Ich habe das bestimmte Gefühl, wenn nicht jeder seine Mitmenschen beobachtete, würden alle überschnappen. Ohne Verhaltensregeln wüßte kein Mensch, wie er leben sollte.« Dr. Krimmler, feierlich und mit Überzeugung: »Diese Verhaltensregeln, von denen Sie sprechen, sind gar keine Verhaltensregeln. Es sind die Gewohnheiten, die die menschliche Rasse im Laufe der Jahrhunderte angenommen hat. Wir schlafen bei Nacht und arbeiten bei Tage. Drei Mahlzeiten sind besser als eine oder sieben. Diese Gewohnheiten halten uns geistig gesund, insofern haben Sie recht.« Aber ganz zufriedenstellend war das nicht.

Was verbirgt sich dahinter, wollte Robert wissen. Das Chaos? Das Nichts? Das Böse, Pessimismus und Depressionen, die vielleicht zu rechtfertigen wären? Oder einfach der Tod, das Ende, eine Leere, so schrecklich, daß niemand davon zu sprechen wagte? Er hatte sich wohl doch nicht so klar ausgedrückt bei Krimmler, obwohl es ihm vorkam, als hätten sie geredet und geredet, ohne Unterbrechung, und kaum einmal geschwiegen. Doch andererseits war Krimmler Psychotherapeut und kein Analytiker. Und außerdem hatten seine Ratschläge geholfen, weil Robert sich daran gehalten und genau nach Vorschrift gelebt hatte. Und es war sicher, daß sie ihm sogar bei Nikkies Anrufen geholfen hatten. Nickie hatte ihn irgendwie aufgespürt, möglicherweise durch die Telefongesellschaft oder durch einen von ihren gemeinsamen Freunden in New York, denen er seine Nummer gegeben hatte.

Ohne sich umzusehen verließ Robert die Deckung, die das Bäumchen gewährte, machte einen Bogen um das helle Rechteck, das das Licht aus dem Fenster auf den Boden warf, und trat in die Einfahrt. In diesem Augenblick kam auf der Straße von rechts langsam ein Paar Scheinwerfer näher. Mit zwei Sätzen war Robert wieder hinter der Basketballwand, als der Wagen in die Einfahrt einbog. Das Licht der Scheinwerfer fiel zu beiden Seiten der zwei Meter breiten Holzwand an Robert vorbei, und da die alten Planken rissig waren, hatte Robert das Gefühl, als werfe sein Körper ein schwarzes Schattenbild auf die Bretterwand.

Kommentar

Die Geschichte von Patricia Highsmith »Der Schrei der Eule« beschreibt einen Mann, der wiederholt eine junge, verlobte Frau bei Tätigkeiten in der Küche oder in der Wohnung beobachtet. Er fühlt sich sehr zu dieser Frau und dem gesamten Szenario hingezogen. Es war »wie ein großer Durst«, der gestillt werden musste. Er musste sie sehen, musste sie beobachten, selbst wenn er dabei Risiken einging. Als möglicher psychodynamischer Hintergrund wird angegeben, dass diese Handlungsweise aus einer Sehnsucht nach geordneten bürgerlichen Lebensverhältnissen im Sinne einer festen Partnerschaft entspringt.

Es handelt sich also nicht um Voyeurismus im klassischen Sinne, der ausschließlich sexuell motiviert ist, sondern um eine voyeuristische Neigung, die im engen Sinne nicht der psychopathologischen Definition des Voyeurismus entspricht. Der Voyeurismus im psychopathologischen Sinne ist gekennzeichnet durch einen wiederholt auftretenden oder ständigen Drang, anderen Menschen bei sexuellen Aktivitäten oder Intimitäten, wie z.B. dem Entkleiden zuzusehen. Dies passiert in der Regel heimlich und führt zu sexueller Erregung und meistens auch zu Selbstbefriedigung durch Masturbation.

Leopold von Sacher-Masoch

Zwei Verträge

aus: Leopold von Sacher-Masoch. Venus im Pelz. Mit einer Studie über den Masochismus von Gilles Deleuze.

Einführung

Der österreichische Schriftsteller Leopold (Ritter) von Sacher-Masoch (1836–1895), Sohn des Polizeidirektors von Lemberg, wurde nach dem Studium von Jura, Mathematik und Geschichte Professor für Geschichte an der Universität Lemberg, ehe er seinen akademischen Beruf aufgab, um (auch unter den Pseudonymen Charlotte Arand und Zo von Rodenbach) Romane und Novellen zu schreiben. Er wurde zu einem europäischen Erfolgsschriftsteller seiner Zeit, bewundert von Victor Hugo, Emile Zola, Henrik Ibsen, aber auch von König Ludwig II. von Bayern. Auf dem Höhepunkt seiner Popularität wurde er 1886 in Paris triumphal empfangen und mit einem Orden ausgezeichnet.
Im selben Jahr veröffentlichte der österreichische Psychiater und Neurologe Wilhelm Krafft-Ebing seine »Psychopathia sexualis«, in der er die Symptome einer krankhaften Neigung zu Schmerz- und Unterwerfungsverlangen als Perversion unter dem Namen Masochismus zusammenfasste. Die ungeheuere Popularität des Werkes von Krafft-Ebing ließ die Einsprüche Sacher-Masochs und seiner Lesergemeinde rasch verblassen, denn der Begriff Masochismus setzte sich durch.
Von der Vielzahl von Romanen und Novellen Sacher-Masochs ist nur noch »Venus im Pelz« (1870) bekannt, 1968 verfilmt von Massimo Dallamano mit Laura Antonelli sowie 1994 von den Niederländern Nieuwenhuijs und Seyferth.
Die heute bedeutendste kulturwissenschaftliche Auseinandersetzung mit Sacher-Masoch stammt von dem französischen Philosophen Gilles Deleuze (siehe Quellenangabe).

Weiterführende Literatur:
Lisbeth Exner: Leopold von Sacher-Masoch. Rowohlt 2003

Zwei Verträge

Vertrag von Frau Fanny Pistor und Leopold von Sacher-Masoch.

Herr Leopold von Sacher-Masoch verpflichtet sich bei seinem Ehrenwort, der Sklave der Frau von Pistor zu sein, unbedingt jeden ihrer Wünsche und Befehle zu erfüllen und das sechs Monate hindurch.
Frau Fanny von Pistor dagegen darf nichts Unehrenhaftes von ihm verlangen (was ihn als Mensch und Bürger ehrlos macht). Ferner muß sie ihm täglich 6 Stunden für seine Arbeiten einräumen, seine Briefe und Schriften niemals ansehen. Bei jedem Vergehen oder Versäumnis oder – Majestätsverbrechen darf die Herrin (Fanny Pistor) ihren Sklaven (Leopold Sacher-Masoch) nach ihrem Sinne und Gutdünken strafen. Kurz ihr Untertan Gregor hat seiner Herrin mit sklavischer Untertänigkeit zu begegnen, ihre Gunstbezeugungen als eine entzückende Gabe hinzunehmen, keine Anforderung an ihre Liebe, kein Recht als ihr Geliebter geltend zu machen. Fanny Pistor dagegen verspricht, so oft als tunlich Pelze zu tragen, und besonders wenn sie grausam ist.
Nach Ablauf der sechs Monate ist von beiden Seiten dies Sklavenintermezzo als ungeschehen zu betrachten, keine ernste Anspielung zu machen. Alles, was geschehen, zu vergessen und in das frühere Liebesverhältnis zu treten. (Später wieder gestrichen.)
Diese sechs Monate müssen nicht in Reihenfolge sein, sie können große Unterbrechungen erleiden, enden und beginnen nach der Herrin Laune.
Zur Bekräftigung dieses Vertrages der Beteiligten

Unterschrift.

Begonnen, den 8. Dezember 1869.

Fanny Pistor Bagdanow.
Leopold Ritter von Sacher-Masoch.

Vertrag zwischen Sacher-Masoch und Wanda von Dunajew.

»Mein Sklave!
Die Bedingungen, unter welchen ich Sie als Sklave annehme und an meiner Seite dulde, sind folgende:
Ganz bedingungsloses Aufgeben Ihres Selbst. Sie haben keinen Willen außer mir.
Sie sind in meinen Händen ein blindes Werkzeug, das ohne Widerrede *alle* meine Befehle vollzieht. Sollten Sie vergessen, daß Sie Sklave sind und mir nicht in allen Dingen unbedingten Gehorsam leisten, steht mir das Recht zu, Sie ganz *nach meinem Belieben* zu strafen und zu züchtigen, ohne daß Sie wagen dürfen, sich darüber zu beklagen.
Alles, was ich Ihnen Angenehmes und Glückliches gewähre, ist *Gnade* von mir und muß nur *als solche* dankend von Ihnen angenommen werden; ich habe *keine Schuld, keine Pflicht* gegen Sie.
Sie dürfen weder Sohn, *Bruder* noch *Freund* sein, nichts als mein im Staub liegender Sklave.
So wie Ihr Leib, gehört auch *Ihre Seele* mir und mögen Sie noch so sehr darunter leiden, so müssen Sie doch Ihre Empfindungen, Ihre Gefühle, meiner Herrschaft unterordnen.
Die *größte Grausamkeit* ist mir gestattet, und wenn ich Sie verstümmle, so müssen Sie es ohne Klage tragen. Sie müssen arbeiten für mich wie ein Sklave, und wenn ich im Überflusse schwelge und Sie entbehren lasse und Sie mit Füßen trete, müssen Sie ohne zu murren, den Fuß küssen, der Sie getreten.
Ich kann Sie *jede Stunde entlassen,* Sie aber dürfen ohne meinen Willen nie von mir, und wenn Sie mir entfliehen sollten, so gestehen Sie mir die Macht und das Recht zu, Sie durch alle *erdenklichen Qualen bis zu Tode zu martern.*
Sie haben außer mir Nichts, ich bin Ihnen alles, Ihr Leben, Ihre Zukunft, Ihr Glück, Ihr Unglück. Ihre Qual und Ihre Lust.
Was ich verlange, *Gutes oder Schlechtes,* müssen Sie vollziehen, wenn ich ein Verbrechen von Ihnen fordere, müssen Sie auch *Verbrecher* werden, um meinem Willen zu gehorchen.
Ihre Ehre gehört mir, wie Ihr Blut, Ihr Geist, Ihre Arbeitskraft, ich bin Ihre Herrin über Leben und Tod.
Wenn Sie je meine Herrschaft nicht mehr ertragen könnten, daß Ihnen die Ketten zu schwer werden, dann *müssen Sie sich* töten, die Freiheit gebe ich Ihnen *niemals wieder.*«

»Ich verpflichte mich mit meinem Ehrenworte, der Sklave der Frau Wanda von Dunajew zu sein, ganz so, wie sie es verlangt, und mich Allem, was sie über mich verhängt, ohne Widerstand zu unterwerfen.

Dr. Leopold Ritter von Sacher-Masoch.«

(Aus Krafft-Ebing, Psychopathia sexualis, hrsg. von A. Moll, 1924, S. 213–15)

Kommentar

Die »Zwei Verträge« von Sacher-Masoch stellen in einer quasijuristischen Weise die gegenseitige Berechtigung bzw. Duldung zweier Sexualpartner im Sinne sadomasochistischer Aktivitäten dar.

Günter Grass

Die Blechtrommel

aus: Günter Grass. Die Blechtrommel. Werkausgabe Bd. 3.
Erstausgabe September 1959.

Einführung

Der sich politisch einmischende, vielfach international ausgezeichnete, häufig umstrittene Bildhauer, Grafiker, Lyriker, Dramatiker, Essayist und Romancier Günter Grass (Jahrgang 1927) ist mit seinem umfangreichen literarischen und bildkünstlerischen Werk einer der wenigen lebenden deutschen Schriftsteller von Weltrang (Nobelpreis 1999). Global berühmt wurde er mit seinem Roman »Die Blechtrommel« (1959), der 1978/79 von Volker Schlöndorff verfilmt und mit einem Oscar ausgezeichnet wurde. Der Roman erreichte bis heute eine Weltauflage von mehr als drei Millionen.

Der Bezug des Romans »Die Blechtrommel« zur Psychiatrie ist bereits in den ersten Sätzen enthalten. Zugleich wird hier die (häufig übersehene) Grundsituation des gesamten Romangeschehens erschlossen: »Zugegeben: ich bin Insasse einer Heil- und Pflegeanstalt, mein Pfleger beobachtet mich, läßt mich kaum aus dem Auge; denn in der Tür ist ein Guckloch, und meines Pflegers Auge ist von jenem Braun, welches mich, den Blauäugigen, nicht durchschauen kann. Mein Pfleger kann also gar nicht mein Feind sein. Liebgewonnen habe ich ihn, erzähle dem Gucker hinter der Tür, sobald er mein Zimmer betritt, Begebenheiten aus meinem Leben, damit er mich trotz des ihn hindernden Guckloches kennenlernt. Der Gute scheint meine Erzählungen zu schätzen …«

Anders ausgedrückt: Ein Patient einer psychiatrischen Anstalt erzählt seinem Pfleger sein Leben. Das psychopathologische Interesse an der Hauptfigur Oskar Matzerath erklärt sich aus dessen Entschluss, an seinem dritten Geburtstag durch einen vorsätzlich herbeigeführten Sturz von der Kellertreppe sein Wachstum einzustellen.

Weiterführende Literatur:
Dieter Stolz: Günter Grass. Der Schriftsteller. Eine Einführung. Steidl 2005

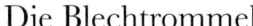

Die Blechtrommel

Beschrieb ich soeben ein Foto, das Oskars ganze Figur mit Trommel, Trommelstöcken zeigt und gab gleichzeitig kund, was für längstgereifte Entschlüsse Oskar während der Fotografiererei und angesichts der Geburtstagsgesellschaft um den Kuchen mit den drei Kerzen faßte, muß ich jetzt, da das Fotoalbum verschlossen neben mir schweigt, jene Dinge zur Sprache bringen, die zwar meine anhaltende Dreijährigkeit nicht erklären, sich aber dennoch – und von mir herbeigeführt – ereigneten.

Von Anfang an war mir klar: die Erwachsenen werden dich nicht begreifen, werden dich, wenn du für sie nicht mehr sichtbar wächst, zurückgeblieben nennen, werden dich und ihr Geld zu hundert Ärzten schleppen, und wenn nicht deine Genesung, dann die Erklärung für deine Krankheit suchen. Ich mußte also, um die Konsultationen auf ein erträgliches Maß beschränken zu können, noch bevor der Arzt seine Erklärung abgab, meinerseits den plausiblen Grund fürs ausbleibende Wachstum liefern.

Ein sonniger Septembertag, mein dritter Geburtstag. Zarte, nachsommerliche Glasbläserei, selbst Gretchen Schefflers Gelächter gedämpft. Mama am Klavier aus dem Zigeunerbaron intonierend, Jan hinter ihr und dem Schemelchen stehend, ihre Schulter berührend, die Noten studieren wollend. Matzerath schon das Abendbrot vorbereitend in der Küche. Großmutter Anna mit Hedwig Bronski und Alexander Scheffler zum Gemüsehändler Greif hinrückend, weil Greif immer Geschichten wußte, Pfadfindergeschichten, in deren Verlauf sich Treue und Mut zu beweisen hatten; dazu eine Standuhr, die keine Viertelstunde des feingesponnenen Septembertages ausließ; und da alle gleich der Uhr so beschäftigt waren und sich vom Ungarnland des Zigeunerbarons, über Greffs Vogesen durchwandernde Pfadfinder eine Linie an Matzeraths Küche vorbei, wo kaschubische Pfifferlinge mit Rührei und Bauchfleisch in der Pfanne erschraken, zum Laden hin durch den Korridor zog, folgte ich, leichthin auf meiner Trommel dröselnd der Flucht, stand schon im Laden hinter dem Ladentisch: fern das Klavier, die Pfifferlinge und Vogesen, und bemerkte, daß die Falltür zum Keller offen stand; Matzerath, der eine

Konservendose mit gemischtem Obst für den Nachtisch hochgeholt hatte, mochte vergessen haben, sie zu schließen.
Es bedurfte doch immerhin einer Minute, bis ich begriff, was die Falltür zu unserem Lagerkeller von mir verlangte. Bei Gott, keinen Selbstmord! Das wäre wirklich zu einfach gewesen. Das andere jedoch war schwierig, schmerzhaft, verlangte ein Opfer und trieb mir schon damals, wie immer, wenn mir ein Opfer abverlangt wird, den Schweiß auf die Stirn. Vor allen Dingen durfte meine Trommel keinen Schaden nehmen, wohlbehalten galt es, sie die sechzehn ausgetretenen Stufen hinab zu tragen und zwischen den Mehlsäcken, ihren unbeschädigten Zustand motivierend zu placieren. Dann wieder hinauf bis zur achten Stufe, nein, eine tiefer, oder die fünfte täte es auch. Aber Sicherheit und glaubwürdiger Schaden ließen sich von dort herab nicht verbinden. Wieder hinauf, zu hoch hinauf auf die zehnte Stufe, und endlich von der neunten Stufe hinab stürzte ich mich, ein Regal voller Flaschen mit Himbeersirup mitreißend, kopfvoran auf den Zementboden unseres Lagerkellers.
Noch bevor sich meinem Bewußtsein die Gardine vorzog, bestätigte ich mir den Erfolg des Experimentes: die mit Absicht herabgerissenen Himbeersirupflaschen lärmten genug, um Matzerath aus der Küche, Mama vom Klavier, den Rest der Geburtstagsgesellschaft aus den Vogesen in den Laden zur offenen Falltür und die Treppe hinunter zu locken.
Bevor sie kamen, ließ ich noch den Geruch des fließenden Himbeersirups auf mich wirken, nahm auch wahr, daß mein Kopf blutete und überlegte mir noch, während sie schon auf der Treppe waren, ob wohl Oskars Blut oder die Himbeeren so süß und müdemachend rochen, war aber heilfroh, daß alles geklappt und die Trommel dank meiner Vorsicht keinen Schaden genommen hatte.
Ich glaube, Greff trug mich hoch. Im Wohnzimmer erst tauchte Oskar wieder aus jener Wolke auf, die wohl zur Hälfte aus Himbeersirup und zur anderen Hälfte aus seinem jungen Blut bestand. Der Arzt war noch nicht da, Mama schrie und schlug Matzerath, der sie beruhigen wollte, mehrmals und nicht nur mit der Handfläche, auch mit dem Handrücken, ihn einen Mörder nennend, ins Gesicht.
Da hatte ich also – und die Ärzte haben es immer wieder bestätigt – mit einem einzigen, zwar nicht harmlosen, aber doch von mir wohldosierten Sturz nicht nur den für die Erwachsenen so wichtigen Grund des ausbleibenden Wachstums geliefert, sondern als Zugabe

und ohne es eigentlich zu wollen, den guten harmlosen Matzerath zu einem schuldigen Matzerath gemacht. Er hatte die Falltür offen gelassen, ihm wurde von Mama alle Schuld aufgebürdet, und er hatte Gelegenheit, Jahre an dieser Schuld, die ihm Mama zwar nicht oft, aber dann unerbittlich vorwarf, zu tragen.
Mir brachte der Sturz vier Wochen Krankenhausaufenthalt ein und danach, bis auf die späteren Mittwochbesuche bei Dr. Hollatz, verhältnismäßige Ruhe vor den Ärzten; schon anläßlich meines ersten Trommlertages war es mir gelungen, der Welt ein Zeichen zu geben, mein Fall war geklärt, bevor die Erwachsenen ihn dem wahren, von mir bestimmten Sachverhalt nach begriffen hatten. Fortan hieß es: an seinem dritten Geburtstag stürzte unser kleiner Oskar die Kellertreppe hinunter, blieb zwar sonst beieinander, nur wachsen wollte er nicht mehr.

Kommentar

Das Textsegment aus »Die Blechtrommel« von Günter Grass beschreibt eine kurze Szene des Kindes Oskar, der absichtlich einen Sturz von einer Kellertreppe mit entsprechenden Verletzungsfolgen herbeiführt, der seinen Kleinwuchs und seine »anhaltende Drei-Jährigkeit« begründen soll. Man könnte dies als autoaggressives bzw. parasuizidales Verhalten einstufen, wenn es nur darum ginge, eine Aufmerksamkeit zu erregen oder gegen eine Konfliktsituation zu »protestieren« bzw. in einem konflikthaften Zusammenhang appellativ um Hilfe zu suchen. In dem geschilderten Fall geht es aber offensichtlich um andersartige Motivationen und Begründungszusammenhänge, in dem Sinne, dass der Protagonist seinen Kleinwuchs durch diesen »Unfall« langfristig erklären möchte. Insofern ist der Sachverhalt eher als »artifizielle Störung« zu klassifizieren. Die artifiziellen Störungen umfassen Krankheitsbilder mit körperlichen und/oder psychischen Symptomen, die durch die Beroffenen selbst herbeigeführt, vorgetäuscht oder ernsthaft übertrieben werden. In ausgeprägten Fällen ziehen Patienten mit solchen erfundenen oder inszenierten Beschwerden von einer Klinik in die nächste, immer bereit sich auch aufwändigen und risikoreichen diagnostischen oder therapeutischen Maßnahmen zu unterziehen. Die Phantasie der mit dieser Störung Belasteten ist oft grenzenlos, so dass das Artifizielle der induzierten Krankheitsbilder über lange Jahre und manchmal gar nicht erkannt wird. Insbesondere Personen aus dem Kreis der Medizinberufe sind hierbei sehr erfindungsreich. Die Motivation ist unklar, vermutlich besteht das Ziel, dauerhaft die Krankenrolle einzunehmen. Von der Psychoanalyse wird eine Reinszenierung realer früherer Traumata als psychodynamischer Erklärungsgrund diskutiert. Die Störung steht meistens in komorbidem Zusammenhang mit Persönlichkeits- und/oder Beziehungsstörungen.

F7: Intelligenzminderung

Intelligenzminderung im psychopathologischen Sinne ist eine von Kindheit an bestehende, deutlich unterdurchschnittliche allgemeine intellektuelle Leistungsfähigkeit mit unterschiedlicher Ätiologie, heterogener Ausprägung und einem von fakultativen, sozialen und neurologischen Zusatzsymptomen abhängenden Schweregrad. Der IQ liegt unter 70. Die Intelligenz menschlicher Merkmale verteilt sich in der Bevölkerung näherungsweise wie eine Gauß-Kurve (Normalverteilung). Etwa 5 Prozent der Gesamtbevölkerung weisen eine Minderung der Intelligenz auf. Die leichteren Formen der Intelligenzminderung (Debilität) machen etwa 3 bis 4 Prozent, die schweren Formen (Inbizilität, schwere geistige Behinderung und Idiotie) weniger als 1 Prozent aus. In vielen Fällen bleibt die Ursache der Intelligenzminderung unbekannt. Dabei handelt es sich oft um die so genannte idiopathische Intelligenzminderung, die unterschiedliche Schweregrade haben kann. Bei einem beachtlichen Anteil der Intelligenzminderung – der durch die genetische Forschung zukünftig stark zunehmen wird – sind Ursachen aber zumindest teilweise bekannt. Neben genetischen Prädispositionen sind als weitere wichtige organische Ursachen von Intelligenzminderung Infektionen des ZNS, toxische Schädigung des ZNS, traumatische Schädigungen und hypoxische Schädigungen zu nennen. Diese Schädigungen können während der Schwangerschaft oder der Perinatalphase oder aber in der frühen Kindheit auftreten. Eine kausale Behandlung ist meistens nicht möglich. Wichtig ist die bestmögliche Frühförderung im Entwicklungsalter in Zusammenarbeit mit der Familie und später in Schaffung von geeigneten Arbeits- und Lebensbedingungen, die Schutz und Rehabilitation bieten.

John Steinbeck

Von Mäusen und Menschen

aus: John Steinbeck. Von Mäusen und Menschen. Roman.
Aus dem Amerikanischen von Elisabeth Rotten.

Einführung

Der amerikanische Nobelpreisträger der Literatur (1962) John Steinbeck (1902–1968) war studierter Meeresbiologe und Geisteswissenschaftler (Stanford University) und verdiente sich, obgleich aus wohl situierten Verhältnissen stammend, schon während seines Studiums als Wanderarbeiter und Erntehelfer seinen Lebensunterhalt. Die Not der aus Oklahoma und Arkansas vertriebenen Farmer rückte bald ins Zentrum seines Interesses und bildete schließlich den Stoff für seinen Roman »Früchte des Zorns« (1939), der zugleich seinen literarischen Durchbruch (Pulitzerpreis 1940) bedeutete. Weltruhm erlangte der von gesellschaftlichen Randfiguren, Verlierern, Huren, Kupplern, Stromern und Spielern sowie vom Leben Betrogenen faszinierte, unentwegt für ein menschliches und gerechtes Miteinander kämpfende Steinbeck mit seinem Roman »Jenseits von Eden« (1952), der von Elia Kazan mit James Dean in der Rolle des Caleb Trask (1955) kongenial verfilmt wurde. Während des Zweiten Weltkrieges arbeitete Steinbeck als Kriegsberichterstatter in Europa, das er später mehrfach bereiste und dessen Mythos von König Artus ihn im Alter zunehmend beschäftigte.

Von einer Reise nach Südostasien kehrte Steinbeck 1967 als kranker Mann zurück und erlag ein Jahr später in New York einem Herzversagen.

Der kurze, mehrfach verfilmte Roman »Von Mäusen und Menschen« (1937) greift wiederum die Thematik der Wanderarbeiter auf. Erzählt wird die Geschichte zweier Freunde, die sich in Kalifornien als Erntehelfer durchschlagen und davon träumen, einst eine eigene kleine Farm zu besitzen. George muss jedoch immer auf den bärenstarken, gutmütigen aber geistig zurückgebliebenen Lennie aufpassen, damit dieser mit seinen enormen Kräften nicht ungewollt Unheil stiftet. Lennie liebt alles, was sich zart anfühlt und weich: Kaninchen, tote Mäuse … Als er jedoch auch gegenüber der Frau des Farmers zärtliche Gefühle entwickelt und diese ihn verführt, ist das Unheil nicht mehr aufzuhalten, denn Lennie tötet sie mit seiner unkontrollierten Kraft, ohne es zu beabsichtigen oder überhaupt richtig zu begreifen. Die Freunde müssen fliehen, denn Lennie wird bereits von einer wilden Truppe des Farmers gesucht. George sieht nur noch einen Ausweg, seinen Freund vor der Lynchjustiz zu retten.

Weiterführende Literatur:
Annette Pehnt: John Steinbeck. DTV 1998

Von Mäusen und Menschen

Am Abend eines heißen Tages setzte ein leichter Wind ein und säuselte leise zwischen den Blättern. Der Schatten war schon hügelan die Höhe hinaufgeklettert. Auf den Sandbänken saßen eben noch die Hasen so unbeweglich wie graue behauene Steine. Da ertönte von der staatlichen Landstraße her ein Geräusch von Fußtritten auf dem dürren Laub der Maulbeerblätter. Eilends und unhörbar suchten die Hasen nach Deckung. Ein stelzfüßiger Reiher arbeitete sich in die Luft empor und bewegte sich flußabwärts. Einen Augenblick lang regte sich nichts mehr. Dann tauchten die Gestalten zweier Männer von dem Pfad her auf und kamen auf die Lichtung an dem grünen Teich zu. Sie kamen im Gänsemarsch den Weg herunter, und auch wo dieser sich lichtete, ging einer hinter dem anderen. Sie trugen Drillichhosen und ebensolche Röcke mit Messingknöpfen. Beide hatten schwarze zerknitterte Hüte und über den Schultern trugen sie fest zusammengerollte Decken. Der erste war klein und behend, mit dunklem Gesicht, unruhigen Augen und scharf geprägten Gesichtszügen. Alles an ihm war bestimmt: kleine, kräftige Hände, schlanke Arme, eine schmale knochige Nase. Hinter ihm erschien sein Gegenbild: ein hochgewachsener Mann mit ausdruckslosem Gesicht, großen farblosen Augen und breiten, herabhängenden Schultern; er ging schwer, mit schleppenden Füßen, wie ein Bär, der die Pfoten hinter sich her zieht. Seine Arme schwangen nicht am Körper, sie hingen lose herab und bewegten sich nur nach der Pendelbewegung der Hände.
Der Vordermann hielt in der Lichtung kurz an, so daß ihn sein Hintermann fast überrannt hätte. Er nahm seinen Hut ab und wischte

mit dem Zeigefinger über das Schweißband, die Feuchtigkeit abschüttelnd. Sein großer Gefährte warf seine Decken ab, stürzte sich der Länge nach hin und trank von der Oberfläche des grünen Teichs; trank in langen Zügen und schnaufte ins Wasser hinein wie ein Pferd. Der Kleinere trat hastig neben ihn.

»Lennie«, sagte er scharf. »Lennie, um Gottes willen, trink nich so viel. Lennie schnaufte weiter in den Teich hinein. Der andere lehnte sich über ihn und rüttelte ihn an der Schulter. »Lennie! Dir wird schlecht werden wie gestern abend.«

Lennie tauchte seinen Kopf unter, samt Hut und allem. Dann setzte er sich ans Ufer, und es tropfte vom Hut auf seinen blauen Kittel und lief ihm den Rücken hinunter. »´s gut«, sagte er. »Trink auch, George. Nimm ´nen guten großen Schluck.« Er lächelte glücklich.

George legte sein Bündel ab und ließ es sanft ans Ufer fallen. »Bin nich sicher, daß es gutes Wasser is. Sieht mir so schaumig aus.«

Lennie tauchte seine große Pfote ins Wasser und schnappte mit den Fingern, so daß es in kleinen Spritzern emporschnellte. Über den Teich zogen sich immer größere Ringe und kamen zur Ursprungsstelle zurück. Lennie sah ihrem Spiel zu. »Guck George. Guck, was ich gemacht hab.«

George kniete neben dem Teich und trank aus der hohlen Hand in kurzen Zügen. »Schmeckt ganz ordentlich«, gab er zu. »Scheint aber doch nicht richtig zu fließen. Solltest nie Wasser trinken, das nich fließt, Lennie. Würdest aus dem Rinnstein trinken, wenn du durstig wärst«, sagte er mutlos. Dann warf er sich eine Handvoll Wasser ins Gesicht und verrieb es mit der Hand bis unters Kinn und hinten den Nacken hinunter. Dann setzte er seinen Hut wieder auf, rückte ein Stück weg vom Fluß, zog die Knie hoch und umschlang sie mit den Armen. Lennie hatte ihn beobachtet und machte nun George alles genau nach. Er rückte ein Stück vom Wasser ab, zog die Knie hoch, umschlang sie und blickte zu George hinüber, um zu sehen, ob alles stimmte. Seinen Hut zog er etwas tiefer ins Gesicht, so wie George.

George starrte trübsinnig ins Wasser. Seine Augenränder waren von der grellen Sonne gerötet. Ärgerlich sagte er: »Wir hätten geradesogut direkt bis hin zur Farm fahren können, wenn der vertrackte Busfahrer Bescheid gewußt hätte. Wußte nich, was er redete. ›Ja, ‘n Stückchen auf der Landstraße‹, sagte er. ›Ja, ‘n kleines Stück.‹ Gott verdamm‘ mich, fast vier Meilen, so viel is es. Wollte nich am Farmtor halten, das war‘s. Zu verflixt faul, um zu stoppen. Wundert mich, daß er die Gnade hat, überhaupt in Soledad zu halten. Schmeißt uns raus, sagt: ›Ja, ‘n Stückchen auf der Straße.‹ Wetten, daß es mehr als vier Meilen is. Verdammt heißer Tag heute.«

Lennie sah schüchtern zu ihm hinüber. »George?« »Ja, was willste?«

»Wohin gehn wir, George?«

Der Kleine zog mit einem Ruck seine Hutkrempe hinunter und schaute finster zu Lennie. »Haste das schon wieder vergessen, was? Muß ich dir‘s nochmals sagen, ja? Jesus Christus, du bist ein elender Bastard!«

»Ich hab‘s vergessen«, sagte Lennie sanft. »Hab versucht, es nich zu vergessen. So wahr mir Gott helfe, George.«

»Schon recht, schon recht. Werd‘s dir nochmal sagen. Hab ja nix zu tun. Könnte meine ganze Zeit damit zubringen, dir was zu sagen, und du vergißt es, und ich sag dir‘s wieder.«

»Hab‘s probiert und probiert«, sagte Lennie. »Half nichts. Weiß aber von den Kaninchen, George.«

»Zum Teufel mit den Kaninchen. Alles an was du dich je besinnen kannst, sind de Kaninchen. Schon recht! Diesmal paß auf und behalt‘s gut, daß wir nich ins Unglück kommen. Weißte noch, wie wir auf der Howard Street am Rinnstein saßen und auf das Anschlagebrett guckten?«

Auf Lennies Gesicht zeigte sich ein verzücktes Lächeln. »Aber gewiß, George. Weiß noch gut. Aber was dann? Weiß noch, da kamen ´n paar Mädchen vorbei, und du sagst … du sagst …«

»Zum Teufel mit dem, was ich gesagt hab. Weißte nich, wie wir zu Murray und Ready hineingingen, und wie sie uns Arbeitsbücher und Buskarten gaben?«

»Doch, doch, George. Jetzt weiß ich wieder.« Seine Hand schlüpfte schnell in die seitlichen Rocktaschen. Zaghaft sagte er. »George – ich hab meins nich. Muß es verloren ha‘m.« Er schaute verzweifelt zu Boden.

»Hast nie eins gehabt, verrückter Bastard. Hab se beide hier. Meinste, ich ließe dich dein eignes Arbeitsbuch bei dir tragen?«

Lennie grinste erleichtert. »Ich … ich dachte, ich hätte meins in de Rocktasche gesteckt.« Seine Hand glitt in die Tasche zurück.

George blickte ihn scharf an. »Was haste da aus der Tasche genommen?«

»Nix is in meiner Tasche«, sagte Lennie schlau. »Stimmt. Hast‘s in der Hand. Was versteckste da in der Hand?«

»Nix, gar nix, George. Ehrlich.«
»Komm, gib's her.«
Lennie zog die geschlossene Hand von George weg. »Bloß ´ne Maus, George.«
»Eine Maus? Eine lebendige Maus?«
»Mm … mm. Bloß ´ne tote Maus, George. Hab se nich getötet. Hab se gefunden. Ehrlich! Tot gefunden.«
»Gib her«, sagte George.
»Ach, laß mich se haben, George.«
»*Gib sie her!*«
Langsam gehorchte Lennies geschlossene Hand. George nahm die Maus und warf sie quer über den Teich an die andere Seite, ins Gebüsch hinein. »Wozu brauchste überhaupt ´ne tote Maus?«
»Ich konnte se im Gehn mit dem Daumen streicheln«, sagte Lennie.
»Na ja, solang du mit mir gehst, wirste keine Maus streicheln. – Besinnste dich jetz, wohin wir gehn?«
Lennie fuhr hoch – dann barg er verlegen das Gesicht zwischen den Knien. »Habs' wieder vergessen.«
»Jesus Christus«, sprach George mit einem Stoßseufzer. »Also paß auf. Wir gehn auf einer Farm arbeiten, ähnlich wie die, von der wir kommen oben im Norden.«
»Oben im Norden?« »In Weed.«
»O ja doch. Ich besinn mich. In Weed.«
»Die Farm, zu der wir gehn, is da unten, etwa eine viertel Meile von hier. Müssen uns dem Chef vorstellen. Jetz gib acht. Ich werd' ihm unsre Arbeitsbücher geben, aber du wirst einfach kein Mucks sagen. Mußt einfach dastehen und ´s Maul nich aufmachen. Wenn er rauskriegt, was für´n verrückter Bastard du bist, dann kriegen wir keine Arbeit, aber wenn er dich schaffen sieht, eh du redest, dann sind wir gemachte Leute. Kapiert?«
»Jawoll, George. Hab' s bestimmt kapiert.«
»Gut so. Also wenn wir zum Chef gehn, was tuste dann?«
»Ich … ich …«, Lennie dachte nach. Sein Gesicht wurde straff unter der Anstrengung des Denkens. »Ich werde kein Mucks sagen. Bloß so dastehn.«
»Guter Kerl. Großartig. Nu sag das zwei-, dreimal vor dich hin, daß de's nich vergißt.«
Lennie brummelte leise zu sich selbst: »Kein Mucks sagen. Kein Mucks sagen. Kein Mucks sagen.«

»Recht so«, sagte George. »Und wirst nix Schlimmes anstellen wie in Weed – verstehste?«
Lennie sah verdutzt drein. »Wie in Weed?«
»Oh – haste das auch vergessen, was? Na, ich werd dich nich dran erinnern, sonst möchtest es nochmal machen.«
Ein Schimmer von Verständnis zog sich über Lennies Gesicht. »Sie haben uns rausgesetzt in Weed«, platzte er triumphierend heraus.
»Uns rausgesetzt, zum Teufel«, sagte George entrüstet. »Wir haben uns davongemacht. Sie waren hinter uns her, aber sie konnten uns nicht kriegen.«
Lennie kicherte glückselig. »Das hab ich nich vergessen, wetten?«
George lehnte sich in den Sand zurück und kreuzte seine Hände im Nacken. Lennie machte es ihm nach und hob den Kopf ein wenig, um zu schauen, ob er es richtig machte.
»Mein Gott, was machste für Mühe. Ich könnte so leicht und so gut vorwärtskommen, wenn ich dich nich im Schlepptau hätte. Könnte so bequem leben und vielleicht eine Liebste haben.«
Einen Augenblick lag Lennie still, dann sagte er hoffnungsvoll: »Wir gehn auf einer Farm arbeiten, George.«
»Richtig. Das haste kapiert. Aber wir schlafen hier. Hab' meine Gründe dafür.«
Der Tag neigte sich schnell seinem Ende zu. Nur noch die Gipfel des Gabilan-Gebirges flammten im Sonnenlicht, welches das Tal verlassen hatte. Eine Wasserschlange schlüpfte über den See, das Köpfchen hochhaltend wie ein kleines Periskop. Das Schilf bog sich leicht in der Strömung. Weit weg auf der Landstraße rief ein Mann etwas, und ein anderer rief etwas zurück. Die Äste des Maulbeerbaumes raschelten unter einem Windhauch, der sich aber gleich darauf legte.
»George, warum geh'n wir nich zu der Farm un krieg'n was zu essen. Es gibt Nachtessen auf der Farm.«
George rollte auf ihn zu. »Das is gar nicht sicher. Hier gefällt's mir. Morgen wer'n wir arbeiten geh'n. Hab schon Dreschmaschinen auf dem Weg hinunter gesehn. Das bedeutet, daß wir Kornsäcke laden werden, bis uns die Gedärme platzen. Heut abend will ich hier liegen un hoch gucken. Gefällt mir so.«
Lennie hockte auf den Knien und blickte zu George hinunter. »Ha'm wir dann kein Nachtessen?«
»Doch, natürlich, wenn du ´n paar dürre Weidenzweige sammelst. Hab' drei Büchsen Bohnen im Bündel. Mach du das Feuer. Wenn du

die Zweige zusammen hast, geb ich dir ein Zündholz. Dann machen wir de Bohnen warm und essen zu Nacht.«
Lennie bemerkte: »Ich eß gern Bohnen mit Ketchup.«
»Schön, aber wir haben halt kein Ketchup. Nu geh un such Holz. Un bummle nich rum. Nich mehr lang, un ´s is finster.«
Lennie machte sich schwerfällig auf die Füße und verschwand im Gebüsch. George blieb liegen und pfiff leise vor sich hin. Plötzlich hörte er Wassergeplätscher vom Fluß her, aus der Richtung, in der Lennie davon war. George hörte auf zu pfeifen und lauschte. »Armer Bastard», sagte er leise, und er fuhr fort zu pfeifen.
Einen Augenblick später kam Lennie geräuschvoll durch die Büsche zurück. Er trug eine kleine Weidengerte in der Hand. George richtete sich auf. »Na«, sagte er schroff. »Gib mir die Maus.«
Aber Lennie machte eine wohleinstudierte Geste der Unschuld. »Was für ´ne Maus, George? Hab keine Maus.«
George streckte seine Hand aus. »Komm, komm. Gib se her. Du beschwindelst mich nich.«
Lennie zögerte, trat zurück und blickte wild die Buschlinien entlang, als überlege er, in die Freiheit zu entrinnen. George sagte kühl: »Gibste mir die Maus, oder muß ich dich erst versohlen?«
»Was soll ich dir geben?«
»Verflucht, du weißt wohl, was. Die Maus will ich haben.«
Widerstrebend griff Lennie in seine Tasche. Seine Stimme brach fast. »Weiß nich, warum ich se nich behalten darf. Is doch niemands Maus. Hab se nich gestohlen. Hab se dicht am Weg liegen sehn.
Georges Hand blieb befehlend ausgestreckt. Langsam, wie ein Terrier, der keine Lust hat, seinem Herrn den Ball zu bringen, näherte sich Lennie, zog sich zurück, kam wieder näher. George schnappte scharf mit den Fingern. Daraufhin legte Lennie die Maus in seine Hand.
»Wollte doch nix Schlechtes damit machen, George. Bloß streicheln.«
George erhob sich und schleuderte die Maus, so weit er konnte, ins dunkle Gebüsch, und dann ging er zum Teich und wusch sich die Hände. »Narr, verrückter. Denkst, ich konnte nich sehn, daß deine Füße naß waren, wo du über den Fluß gegangen bist, um se zu holen?« Er hörte Lennies wimmernde Schreie und ging erregt umher. »Flennst wie ´n Baby! Jesus Christus! Ein großer Bursche wie du!«
Lennies Lippen bebten, Tränen stürzten in seine Augen. »Ach, Lennie!« George legte die Hand auf seine Schulter. »Hab‘ se dir nich aus Gemeinheit weggenommen. Sieh, die Maus war nich frisch, Lennie.

Außerdem haste se beim Streicheln durchgebrochen. Find dir ´ne andre Maus, und wenn se frisch is, darfst du se ´n bißchen behalten.«
Lennie hockte auf den Boden nieder und ließ den Kopf niedergeschlagen hängen. »Weiß doch nich, wo eine andre Maus is. Ich erinner‘ mich, eine Dame gab mir immer welche – jede Maus, die sie kriegen konnte. Aber die Dame is nich hier.«
George blickte spöttisch drein. »Dame? Puh – besinnst dich nich mal, wer die Dame war. War deine eigne Tante Klara. Und schließlich hat se dir keine mehr gegeben. Weil du se immer tot machtest.«
Lennie sah traurig zu ihm auf. »Se waren so klein«, sagte er entschuldigend. »Ich hab se gestreichelt, und bald bissen se mich in de Finger und dann zwickte ich se ´n bissel am Kopf – und schon war‘n se tot – weil se so klein war´n. Ich wünschte, wir könnten bald ein paar Kaninchen fangen, George. Die sind nich so klein.«
»Zum Teufel mit den Kaninchen. Und dir kann man keine lebende Maus anvertrauen. Deine Tante Klara gab dir eine Gummimaus, aber du wolltest nix damit zu tun haben.«
»War nich gut zu streicheln«, erklärte Lennie.
Das flammende Licht des Sonnenuntergangs verschwand hinter den Berggipfeln, und Dämmerung schlich sich ins Tal. Halbdunkel legte sich um die Weiden und die Maulbeerbäume. Ein großer Karpfen tauchte an der Oberfläche des Teiches auf, schnappte Luft und versank geheimnisvoll wieder ins dunkle Wasser, während oben sich Ringe bildeten und immer größere Kreise zogen. Oben fegten die Blätter wieder dahin, und kleine Bäuschchen Weidenwolle schwebten nieder und landeten an der Oberfläche des Wassers.
»Gehste jetz das Holz holen?« fragte George.
»Gibt‘n Haufen dort gradewegs hinter dem Maulbeerbaum. Angeschwemmtes Holz. Nu geh und hol‘s.«
Lennie ging hinter den Baum und brachte einige trockene Blätter und kleine Zweige. Er schichtete sie auf einen Haufen über der alten Asche und ging nochmals und holte immer mehr. Es war beinahe Nacht geworden. Ein Paar Taubenflügel glitt übers Wasser. George ging zur Feuerstelle und zündete die dürren Blätter an. Die Flamme prasselte durch die Zweige und breitete sich aus. George schnürte sein Bündel auf und förderte drei Büchsen Bohnen zutage. Er stellte sie ans Feuer, dicht gegen die Glut, doch so, daß die Flamme sie nicht berührte.
»Genug Bohnen für vier Mann«, sagte George. Lennie beobachtete

ihn über das Feuer hinweg. »Ich esse sie gern mit Ketchup«, wiederholte er gelassen. »Na, wir ha'm aber keins«, brauste George auf; »immer was wir nich ha'm, das willste. Allmächt'ger Gott, wär ich alleine, wie leicht könnt ich leben. Könnte Arbeit kriegen und schaffen, und keine Sorgen. Und Ende des Monats könnt ich meine fünfzig Dollar oder mehr einstreichen und zur Stadt gehn und damit machen, was ich wollte. Könnte die ganze Nacht ausbleiben. Könnte essen, wo ich wollte, im Hotel oder wo's mir einfiele, und bestellen, worauf ich Lust hätte. Jeden verflixten Monat könnt ich das alles machen. Könnte eine Gallone Whisky haben oder in einer Spielhalle sitzen und Karten oder Billard spielen.« Lennie kniete und blickte über das Feuer auf den erbosten George. Sein Gesicht verzog sich vor Schrecken. »Und was hab ich?« fuhr George wütend fort. »Dich hab ich! Du kannst bei keiner Arbeit bleiben, und durch dich verlier ich jede Arbeit, die ich kriege. So schieb ich die ganze Zeit übers ganze Land. Und das is noch nich das Schlimmste. Du rennst ins Unglück. Du stellst schlimme Sachen an, und ich muß dich raushauen.« Seine Stimme erhob sich fast zum Schreien. »Du verrücktes Mannsbild. Dank dir macht man mir immer die Hölle heiß.« Er schlug um in den gezierten Ton kleiner Mädchen, wenn sie einander nachmachen. »Wollte bloß das Kleid des Mädchens anfühlen – bloß es streicheln, als ob's 'ne Maus wär – wie zum Teufel konnte se wissen, daß du bloß ihr Kleid anfühlen wolltest? Sie prallt zurück und du hältst sie fest, als wär's wahrhaftig eine Maus. Sie schreit, und wir müssen uns in einem Abzugsgraben verstecken, und den lieben langen Tag suchen uns die Burschen, und wir müssen uns im Dunkeln rausschleichen und aus dem Staube machen. Und immer so was – immerfort. Wollt, ich könnt dich in einen Käfig stecken mit einer Million Mäuse und dich deinen Spaß haben lassen.«

Sein Ärger war plötzlich verflogen. Er sah durch das Feuer hindurch Lennies angstverzerrtes Gesicht, und beschämt starrte er in die Flammen.

Es war jetzt stockdunkel, aber das Feuer erleuchtete die Baumstämme und die gebogenen Äste zu ihren Häupten. Langsam und vorsichtig kroch Lennie um das Feuer herum, bis er dicht bei George war. Dann setzte er sich rücklings auf die Fersen. George drehte die Bohnenbüchsen um, so daß eine andere Seite zum Feuer gekehrt war. Er tat, als bemerkte er nicht, daß Lennie so nah bei ihm war.

»George«, tönte es sanft. Keine Antwort.

»George!«
»Was willste?«
»Ich habe nur Unsinn gemacht, George. Ich will gar kein Ketchup. Ich würde keins essen, wenn es hier neben mir stünde.«
»Wenn welches hier wäre, könnste's haben.«
»Aber ich würde keins nehmen, George. Ich würde dir alles lassen. Könntest deine Bohnen ganz damit bedecken, und ich würde nix davon anrühren«.
George starrte immer noch trübsinnig auf das Feuer. »Wenn ich denke, wie flott ich's ohne dich haben könnte, dann werd ich verrückt. Ich komm nie zur Ruhe.«
Lennie kniete noch immer. Er schaute zum Fluß hin ins Dunkel. »George, möchtst du, daß ich weggehe und dich allein lasse?«
»Wo, zum Teufel, könntest du hingehn?«
»Könnte schon. Könnte dort in die Berge gehn. Irgendwo würd ich ´ne Höhle finden.«
»Ja was! Was würdste essen? Hast nicht Verstand genug, um was zu essen zu finden!«
»Würde schon finden, George. Brauch kein feines Essen mit Ketchup. Würde in der Sonne liegen und keiner würde mir weh tun. Un wenn ich ´ne Maus fände, könnt ich se behalten. Keiner würde se mir nehmen.«
George blickte ihn ruhig und forschend an. »Ich war gemein, was?«
»Wenn de mich nich mehr willst, kann ich in die Berge fortgehn und ´ne Höhle finden. Kann jederzeit fortgehn.«
»Nein, sieh, Lennie, ich hab bloß dummes Zeug geredet. Ich will doch, daß de bei mir bleibst. Das Elend mit den Mäusen is, daß de se immer umbringst.« Er hielt inne. »Weißte was, Lennie. Sobald es geht, geb ich dir ´n jungen Hund. Den würdste vielleicht nich töten. Der wär besser als Mäuse. Und du könntest ihn doller streicheln.«
Lennie ließ sich nicht ködern. Er spürte seinen Vorteil. »Wenn de mich nich mehr willst, brauchst es bloß zu sagen, und weg bin ich dort zwischen den Hügeln – da kann ich für mich leben. Und keiner stiehlt mir keine Maus nich.«
George antwortete: »Ich will, daß de bei mir bleibst. Jesus Christus, wenn de allein wärst, würd dich jemand niederschießen, als wärste ´n Präriewolf. Nein, du bleibst bei mir. Deine Tante Klara möcht's nich ha'm, daß du alleine losliefst, selbst wenn se tot is.«
Lennie sagte pfiffig: »Erzähl mir – wie früher.«

»Was erzählen?«
»Von den Kaninchen.«
George ging hoch. »Du sollst mir nichts weismachen.« Lennie bettelte: »Komm, George. Erzähl mir. Bitte, George. Wie früher.«
»Das macht dir Spaß, wie? – Meinetweg'n. Ich will dir erzählen, und dann woll'n wir zu Nacht essen.«
Georges Stimme bekam einen tieferen Klang. Er sagte die Worte rhythmisch her, als hätte er schon viele Male das gleiche gesagt. »Leute wie wir, die auf Farmen arbeiten, sind die einsamsten Geschöpfe auf der Welt. Haben keine Familie. Gehören nirgends hin. Sie kommen auf eine Farm und legen was auf die hohe Kante, und dann gehn se zur Stadt und hui fliegt das auf, was se verdient ha'm. Das nächste is, daß se's auf ner andern Farm probieren. Se sehn nix vor sich.«
Lennie war wie verzückt. »So is es – so is es. Nu sag, wie's mit uns is«. George fuhr fort. »Nich so mit uns. Wir ham ne Zukunft. Wir ha'm jemand, mit dem wir reden können, das tut verflucht gut. Wir brauchen nich im Wirtshaus zu sitzen un unsern Verdienst in de Luft zu blasen, bloß weil wir nich wissen, wohin sonst. Wenn so'n Bursche ins Kittchen kommt, dann geht er zugrund, und jeder verdammt ihn. Aber mit uns is es nich so.«
Hier fiel Lennie ein. *»Nich so mit uns! Un warum? Weil … weil du für mich sorgst, und du hast mich, um für dich zu sorgen, und darum …«* Er lachte vor Seligkeit.
»Weiter, George.«
»Du kannst's auswendig. Kannst selber weiter machen.«
»Nein, du. Ich hab 'n paar Sachen vergessen. Erzähl, wie's sein wird.«
»Also gut. Eines Tages schmeißen wir unsern Verdienst zusammen un kaufen 'n kleines Haus und 'n paar Acker Land und 'ne Kuh und 'n paar Schweine un …«
»un leben vom Fett der Erde«, rief Lennie aus. »Un ha'm Kaninchen. Weiter, George. Erzähl, was wir im Garten ha'm werden un von den Kaninchenställen un vom Regen im Winter und dem Ofen, und wie dick der Rahm auf der Milch is, daß man'n kaum schneiden kann. Erzähl davon, George.«
»Na tu's doch selbst. Weißt es alles.«
»Nein – erzähl du. Is nich dasselbe, wenn ich erzähle. Weiter, George. Wie ich de Kaninchen versorgen werde!«
»Also«, sagte George. »Wir werden 'n großes Gemüsebeet ha'm und

'n Kaninchenstall und Hühner. Un wenn's im Winter regnet, dann sagen wir: ›zum Teufel mit der Arbeit‹, un machen uns 'n Feuer im Ofen und sitzen drum rum un hörn auf den Regen, wie er aufs Dach platscht … Ach Quatsch.« Er nahm sein Taschenmesser heraus. »Hab keine Zeit mehr.« Er trieb sein Messer durch den Deckel der einen Bohnenbüchse, sägte diesen aus und reichte Lennie die Büchse. Dann öffnete er die zweite. Aus der Seitentasche zog er zwei Löffel heraus und gab Lennie den einen.

Sie saßen am Feuer und stopften sich den Mund voll Bohnen und kauten mächtig. Ein paar Bohnen schlüpften Lennie zum Mund heraus. George machte ihm ein Zeichen mit dem Löffel. – »Was sagste morgen, wenn der Chef dich ausfragt?«

Lennie hielt mit Kauen und Schlucken inne. Man sah die Konzentration auf seinem Gesicht. »Ich … ich … werd nich 'n Mucks sagen.«

»Braver Junge! Das is gut, Lennie! Kann sein, daß es besser mit dir wird. Wenn wir die paar Acker Land krieg'n, dann kann ich dich die Kaninchen versorg'n lassen. Besonders, wenn du so ein gutes Gedächtnis hast wie jetz.«

Lennie schnappte nach Luft vor Stolz. »Ich kann's behalten«, sagte er.

George fuchtelte wieder mit dem Löffel umher. »Paß auf, Lennie. Ich möchte, daß du dich hier gut umsiehst. Kannst du dir diesen Platz merken, he? Die Farm liegt etwa eine Viertelmeile von hier in dieser Richtung. Immer den Fluß entlang. Kapiert?«

»Bestimmt«, sagte Lennie. »Das kann ich behalten. Hab ich's nich auch behalten wegen kein Mucks nich sag'n ?«

»Freilich. Nu gib acht. Wenn's wieder passieren sollte, daß du ins Unglück rennst, wie bis jetz immer, dann möcht ich, daß de genau nach hier kommst und dich im Gebüsch verstecken tust.«

»Im Gebüsch verstecken«, sprach Lennie langsam nach.

»Im Gebüsch verstecken, bis ich dir nachkomme. Kannste das behalten?«

»Bestimmt, George. Im Gebüsch verstecken, bis du mir nachkommst.«

»Aber de wirst nich ins Unglück rennen, denn wenn's so kommt, dann laß ich dich nich de Kaninchen versorgen.« Er schmiß die leere Bohnenbüchse ins Gebüsch.

»Ich werd nich ins Unglück rennen, George. Ich werd kein Mucks nich sagen.«

»Recht so. Bring dein Bündel hierher zum Feuer, 's wird fein sein, hier

zu schlafen. Hochgucken. Und de Blätter. Schichte kein Feuer mehr auf. Wollen's ausgehn lassen.«
Sie richteten sich im Sand ihr Lager her, und wie die Glut zusammenfiel, wurde der Lichtkreis des Feuers kleiner. Die Blätter kräuselten sich und verschwanden, und nur noch ein schwacher Schimmer ließ erkennen, wo die Baumstämme waren. Aus der Dunkelheit tönte Lennies Stimme: »George, schläfst du?«
»Nein. Was willste?«
»Wir wolln Kaninchen von verschiedner Farbe ha'm, George.«
»Klar«, murmelte George schläfrig. »Rote und blaue und grüne Kaninchen. Millionen, wenn de willst.«
»Mit dickem Fell, George, wie ich auf dem Markt in Sacramento gesehn hab.«
»Ja, ja, mit dickem Fell.«
»Denn ich kann grad so gut fortgehn, George, und in 'ner Höhle leben.«
»Kannst grad so gut zum Teufel gehn«, sagte George. »Jetz halt's Maul.«
Der rote Schein auf den Kohlen verglomm. Auf dem Hügel am Ufer heulte ein Präriewolf, und von der anderen Seite des Flusses gab ein Hund Antwort. Die Maulbeerbäume säuselten unter einem leisen nächtlichen Windhauch.

Kommentar

Im Roman »Von Mäusen und Menschen« von John Steinbeck wird das teilweise abenteuerliche Zusammenleben zweier Freunde, von denen der jüngere offensichtlich intelligenzgemindert ist, in einer z. T. sehr liebenswürdigen und verständnisvollen Weise geschildert, ohne die für den älteren Freund entstehenden Belastungen auszusparen. Eine genaue graduelle Einordnung der Intelligenzminderung ist aufgrund der zu geringen Informationen nicht möglich. Es besteht aber sicherlich eine deutliche intellektuelle Minderbegabung, u.a. kenntlich daran, dass bereits einfache Problemlösungen und Handlungsstrategien von dem jüngeren Freund nicht erbracht werden können, und dass er auch dazu neigt, Wünschen bzw. triebhaften Durchbrüchen nicht in ausreichendem Maße standhalten zu können. Gleichzeitig wird die überstarke Sehnsucht nach Nähe erkennbar. Es ist schön, dass in der Geschichte nicht nur der Belastungsaspekt für den älteren, in verantwortlicher Weise sorgenden Freund beschrieben wird, sondern auch das positive solidarische Gefühl der Gemeinsamkeit und Mitmenschlichkeit.

F8: Entwicklungsstörungen

Umschriebene Entwicklungsstörungen wurden im deutschen Sprachraum bislang als Teilleistungsstörungen bezeichnet, die lange Zeit mit verschiedenen emotionalen Störungen unter den Begriffen »minimal cerebral dysfunction« bzw. »minimal brain dysfunction« subsumiert wurden. Diese Begriffe sind überholt und sollten nur für die kleine Gruppe von Kindern verwendet werden, die tatsächlich eine neurologische, neuroradiologische oder neurophysiologisch nachweisbare Schädigung des Gehirns aufweisen. Die umschriebenen Entwicklungsstörungen sind als eigenständige Bereiche herausgelöst worden und können in allen Leistungsbereichen auftreten. Von klinischer und kultureller Bedeutung sind insbesondere Störungen, die zu Schwierigkeiten in der Schule oder anderen Leistungsbereichen führen.
Bei der umschriebenen Entwicklungsstörung der motorischen Funktionen ist das Hauptmerkmal eine Entwicklungsbeeinträchtigung der motorischen Koordination, die nicht allein durch eine Intelligenzminderung oder eine spezifische angeborene oder erworbene neurologische Störung erklärbar ist. In den meisten Fällen zeigt eine sorgfältige klinische Untersuchung dennoch deutliche entwicklungsneurologische unreife Zeichen, ebenso wie Zeichen einer mangelhaften fein- oder grobmotorischen Koordination.

Sten Nadolny

Das Dorf

aus: Sten Nadolny. Die Entdeckung der Langsamkeit.

Einführung

Der deutsche Schriftsteller Sten Nadolny (Jahrgang 1942), Sohn des Schriftstellerehepaares Burkhard und Isabella Nadolny, ist promovierter Historiker, war zeitweilig Studienrat und Aufnahmeleiter beim Film, ehe er 1980 freier Autor wurde. Er debütierte mit dem ursprünglich auf einem von ihm verfassten Drehbuch basierenden Roman »Netzkarte« (1981). Schon sein zweiter Roman »Die Entdeckung der Langsamkeit« (1983), für dessen fünftes Kapitel er bereits 1980 den Ingeborg-Bachmann-Preis erhielt, wurde in alle Weltsprachen übersetzt.

»Die Entdeckung der Langsamkeit« erzählt in einer sympathisch gekonnten Kreuzung aus Abenteuer- und Entwicklungsroman die Geschichte des englischen Seefahrers, Nordpolforschers und Entdeckers der Nordwest-Passage John Franklin (1786 bis 1847), der es bis zum Gouverneur Australiens brachte, ehe er an einem Schlaganfall auf seiner dritten Expedition ins ewige Eis starb. Fiktion und historische Realität werden dabei ebenso souverän wie unaufdringlich ineinander verwoben. Zwar bieten historisch verbürgte biographische Fakten Franklins das Bett des Erzählflusses, entscheidend ist jedoch die literarische Zutat Nadolnys: Er macht seinen Protagonisten langsam – im Denken, im Sprechen und im Handeln. Auf diese Weise widersetzt sich Franklin dem Zeitgeist einer auf Beschleunigung ausgerichteten Epoche der Industrialisierung und der Suche nach dem schnellen Erfolg. Die vermeintliche Schwäche des Außenseiters, der als Kind nicht einmal einen Ball fangen kann, erweist sich schließlich als Stärke, die auf Ausdauer, Gründlichkeit und Gelassenheit beruht. Das erst macht die Humanität dieser hinreißend sympathischen Figur aus. Dies ist jedoch keine scharf ideologische Zivilisationskritik, sondern der Beweis dafür, dass man Forscher, Entdecker und Mensch zugleich sein kann. Franklin zeigt mit seiner Langsamkeit, welche Voraussetzungen eine humane Gesellschaft haben könnte, die zugleich auf Verantwortung aufbaut. Bestraft wird er nur von der Politik, die er nicht von den Grundlagen seines humanen Gesellschaftsideales überzeugen kann. Die bedächtige Art John Franklins jedoch beweist

zuletzt, dass Vita activa und Vita contemplativa keine unvereinbaren Gegensätze sein müssen, solange man sich auf Humanität und Vernunft besinnt.

Weiterführende Literatur:
Ralph Kopeiß: Sten Nadolny »Die Entdeckung der Langsamkeit«. Interpretationen. Oldenbourg 1995

Das Dorf

John Franklin war schon zehn Jahre alt und noch immer so langsam, daß er keinen Ball fangen konnte. Er hielt für die anderen die Schnur. Vom tiefsten Ast des Baums reichte sie herüber bis in seine emporgestreckte Hand. Er hielt sie so gut wie der Baum, er senkte den Arm nicht vor dem Ende des Spiels. Als Schnurhalter war er geeignet wie kein anderes Kind in Spilsby oder sogar in Lincolnshire. Aus dem Fenster des Rathauses sah der Schreiber herüber. Sein Blick schien anerkennend.
Vielleicht war in ganz England keiner, der eine Stunde und länger nur stehen und eine Schnur halten konnte. Er stand so ruhig wie ein Grabkreuz, ragte wie ein Denkmal. »Wie eine Vogelscheuche!« sagte Tom Barker.
Dem Spiel konnte John nicht folgen, also nicht Schiedsrichter sein. Er sah nicht genau, wann der Ball die Erde berührte. Er wußte nicht, ob es wirklich der Ball war, was gerade einer fing, oder ob der, bei dem er landete, ihn fing oder nur die Hände hinhielt. Er beobachtete Tom Barker. Wie ging denn das Fangen? Wenn Tom den Ball längst nicht mehr hatte, wußte John: das Entscheidende hatte er wieder nicht gesehen. Fangen, das würde nie einer besser können als Tom, der sah alles in einer Sekunde und bewegte sich ganz ohne Stocken, fehlerlos.
Jetzt hatte John eine Schliere im Auge. Blickte er zum Kamin des Hotels, dann saß sie in dessen oberstem Fenster. Stellte er den Blick aufs Fensterkreuz ein, dann rutschte sie herunter auf das Hotelschild. So zuckte sie vor seinem Blick her immer weiter nach unten, folgte aber höhnisch wieder hinauf, wenn er in den Himmel sah.

Kommentar

In der Einleitungsgeschichte aus Stan Nadolnys Roman »Die Entdeckung der Langsamkeit« wird das Schicksal eines 10-jährigen Jungen geschildert, der offenbar unter einer motorischen Störung leidet, die es ihm unmöglich macht, einen Ball zu fangen, was das Spielen beeinträchtigt. Offensichtlich ist der Junge, soweit dem kurzen Textauszug entnommen werden kann, nicht durch andere Störungen beeinträchtigt, insbesondere scheint sein Sozialverhalten unauffällig zu sein. Aufgrund der sehr geringen Informationsbasis muss aber offen bleiben, ob es sich um eine isolierte Störung der Psychomotorik handelt, oder ob noch andere Störungen vorliegen. Auch bleibt unklar, ob es sich um eine umschriebene Entwicklungsstörung handelt oder um eine spezielle neurologische Erkrankung im engeren Sinn des Wortes.

F9: Verhaltens- und emotionale Störungen mit Beginn der Kindheit und Jugend

Zu dieser heterogenen Gruppe von Störungen gehört u.a. das Aufmerksamkeits- und Hyperaktivitäts-Syndrom (ADHS). ADHS gehört zu den häufigsten kinder- und jugendpsychiatrischen Erkrankungen. Sie setzt meist vor dem 6. Lebensjahr ein, erreicht aber oft erst nach der Einschulung eindeutig störende Ausmaße, da erst dann die Kinder damit konfrontiert sind, wesentliche Teile des Tages im Sitzen verbringen zu müssen. In unselektierten Populationen sind Jungen dreimal häufiger, in Klinikpopulationen sogar sechs- bis neunmal häufiger betroffen als Mädchen. In den meisten Fällen bleibt die Ursache ungeklärt. Ein einheitliches Erklärungskonzept fehlt. Organische Faktoren sind in Form von diskreter Hirnfunktionsstörung beteiligt sowie mit pränatalen Traumen oder genetischen Faktoren vorstellbar. Sie sind dann anhand von zerebralen Dysfunktionen, umschriebenen Entwicklungsstörungen und feinen neurologischen Ausfällen erkennbar (Koordinierungsstörungen, assoziierte Bewegung). Auf genetische Einflüsse verweisen das ungleiche Geschlechterverhältnis und der Befund über die in der Familie vorkommende Häufung von hyperaktivem Verhalten und kognitiven Defiziten. Das ADHS gehört zu den klassischen Indikationen für eine modale Therapie, bei der psychopharmakologische Ansätze (Stimulanzien wie z.B. Methylphenidat und neuerdings Atomoxetin) verbunden werden mit psychosozialen Maßnahmen. Bei einem Teil der Kinder bildet sich die Symptomatik im Jugendalter zurück und ist später nicht erkennbar. Bei einem anderen Teil bleibt die Störung im Erwachsenenalter persistent.

Heinrich Hoffmann

Die Geschichte vom Zappel-Philipp

aus: Heinrich Hoffmann. Der Struwwelpeter. Lustige Geschichten.

Einführung

Heinrich Hoffmann (1809–1894) war nicht nur der erste Kinderbilderbuchautor von Rang und Verfasser des allseits bekannten »Struwwelpeter« (1845), sondern ein politisch leidenschaftlich engagiertes Mitglied der ersten deutschen Nationalversammlung in der Frankfurter Paulskirche. In erster Linie aber war er Arzt, der in Heidelberg, Halle und Paris studiert hatte. Neben seiner politischen Tätigkeit, die ihn mit einer Vielzahl von Künstlern, Schriftstellern und Gelehrten in Verbindung brachte, machte er Karriere als angesehener Psychiater, deren Höhepunkt die 1851 übernommene Leitung der Frankfurter Anstalt für Irre und Epileptische war. Die grundlegende und zukunftsbestimmende Reformierung dieser Klinik darf als Glanzleistung seines Lebens betrachtet werden.

Erst 1888 ging der ambitionierte Arzt und vom Reformgedanken durchdrungene Anstaltsplaner, nach dessen Vorstellungen schließlich auch das weltberühmte Zürcher Burghölzli erbaut wurde, im Alter von 79 Jahren in Pension. Wenige Wochen später wird Alois Alzheimer für ein Jahresgehalt von 1200 Mark Assistent der Klinik (vgl. Konrad und Ulrike Maurer: Alzheimer, 1998).

Der »Struwwelpeter« begründete nicht nur die Gattung des Kinderbilderbuchs im deutschsprachigen Raum, sondern formulierte auch erstmals aus der Perspektive des Kindes dessen Rechte. Seine Entstehung verdankte das Buch der entrüsteten Ablehnung Hoffmanns dessen, was er an zeitgenössischen gelehrten und moralisierend ideal typisierenden Kinderbüchern vorfand. Der Familienvater griff daraufhin kurz entschlossen selbst zur Feder und zeichnete und reimte für seinen Sohn Carl eine Reihe von Geschichten, die rasch für Aufsehen sorgten. Die Erstausgabe unter dem Titel »Lustige Geschichten und drollige Bilder mit 15 kolorierten Tafeln für Kinder von 3 bis 6 Jahren« erschien noch unter dem Pseudonym Reimerich Kinderlieb, ehe es der angesehene Arzt wagte, sich als Autor zu bekennen.

Heute ist der »Struwwelpeter« in einer Auflage von mehr als 15 Millionen Exemplaren in allen wichtigen Sprachen weltweit bekannt.

Weiterführende Literatur:
Marie Luise Könneker: Dr. Heinrich Hoffmanns »Struwwelpeter«. Untersuchungen zur Entstehungs- und Funktionsgeschichte eines bürgerlichen Bilderbuchs. Metzler 1977

Die Geschichte vom Zappel-Philipp

»Ob der Philipp heute still
wohl bei Tische sitzen will?«
Also sprach in ernstem Ton
der Papa zu seinem Sohn
und die Mutter blickte stumm
auf dem ganzen Tisch herum.
Doch der Philipp hörte nicht,
was zu ihm der Vater spricht.
Er gaukelt und schaukelt,
er trappelt und zappelt
auf dem Stuhle hin und her.
»Philipp, das mißfällt mir sehr!«

Seht, ihr lieben
Kinder, seht,
wie´s dem Philipp weiter geht!
Oben steht es auf dem Bild
Seht! Er schaukelt gar zu wild,
bis der Stuhl nach hinten fällt;
da ist nichts mehr, was ihn hält;
nach dem Tischtuch
greift er, schreit.
Doch was hilft´s?
Zu gleicher Zeit
fallen Teller, Flasch und Brot.
Vater ist in großer Not
und die Mutter blicket stumm
auf dem ganzen Tisch herum.

Nun ist der Philipp
ganz versteckt
und der Tisch ist abgedeckt,
was der Vater essen wollt,
unten auf der Erde rollt;
Suppe, Brot und alle Bissen,
alles ist herabgerissen;
Suppenschüssel ist entzwei
und die Eltern stehn dabei.
Beide sind gar zornig sehr,
haben nichts zu essen mehr.

Kommentar

»Die Geschichte vom Zappel-Philipp« des Arztes und Familienvaters Heinrich Hoffmann gilt als paradigmatisches Beispiel für das Hyperkinetische Syndrom bzw. das Aufmerksamkeits- und Hyperaktivitäts-Syndrom (ADHS) im Kindes- und Jugendalter. Als hyperaktiv wird ein Kind bezeichnet, das eine für sein Alter inadäquat ausgeprägte motorische Hyperaktivät, erhöhte Impulsivität sowie emotional und sozial störende Verhaltensweisen, wie erhöhte Erregbarkeit oder Irritierbarkeit, aufweist.

Fotonachweis

Archiv Verlag C.H. Beck (S. 323); Armin Ayren (S. 221); Jerry Baur (S. 38); Carl Hanser Verlag (S. 118); Philipp Horak (S. 370); Interfoto Bildverlag (S. 105, 202, 225, 277, 311, 331, 403, 411, 415, 421, 438,) Rowohlt Verlag (S. 46, 78); Suhrkamp Verlag/Simone Sassen (S. 232); Carl van Vechten (S. 256)